LYON

SOUS LOUIS XIV.

—

1643–1660.

Tiré à part de la *France Littéraire*, revue hebdomadaire publiée à Lyon , sous la
direction de Louis-Adrien PELADAN.

NOTES

ET DOCUMENTS

POUR SERVIR

A L'HISTOIRE DE LYON,

DEPUIS LA MORT DE LOUIS XIII JUSQU'AU MARIAGE DE LOUIS XIV,

Par A. PÉRICAUD l'aîné

Des Académies de Lyon, Turin, Marseille, Dijon, Besançon, etc.,
Doyen et Président de la Société littéraire de Lyon.

Me legat invitus nemo : non scripsimus illi,
Scripsimus huic, si cui pagina nostra placet.

DOMITIUS CALDERINUS.

ROANNE.

IMPRIMERIE DE FERLAY.

1858-1860.

NOTES ET DOCUMENTS

POUR SERVIR A L'HISTOIRE DE LYON

Sous le règne de Louis XIV (1).

1645. *Mai* 17. Un courrier extraordinaire apporte au gouverneur de Lyon et au Consulat les missives annonçant la mort de Louis XIII, décédé le 14 de ce mois.

— 21. Publication de l'arrêt du parlement de Paris, du 18, qui déclare la Reine-mère régente du royaume.

Juin 12. Réné Moreau, médecin à Paris, écrit à Charles Spon, médecin à Lyon (2) :

« Monsieur, je vous dois cette réponse qui a été retardée par les voyages que j'ai faits à Saint-Germain avec M. de la Vigne, notre doyen, pendant la maladie du roi. J'y ai demeuré 26 jours, presque les bras croisés, sans faire aucune espèce de remèdes, tant pour l'aversion qu'y avoit le malade, que parce qu'ils étoient inutiles... C'étoit un prince qui vouloit mourir et qui affrontoit la mort avec une merveilleuse résolution. Il avoit du plaisir à la sentir venir, et se réjouissoit quand on lui disoit qu'elle était proche. Il avoit une très-grande aversion pour la vie sans qu'il fût toutefois dans les douleurs desquelles il n'a été aucunement travaillé tant que nous avons eu l'honneur de l'assister, bien que, par toutes les apparences, il dût en avoir de très-sensibles, ayant eu l'intestin colon percé et rongé d'un ulcère, et tous les gros boyaux, depuis le commencement du cœcum jusqu'à la fin du rectum tout écorchés et ulcérés (C. B.)..... »

Même mois 19. On célèbre dans la cathédrale, un service pour le repos de l'âme de Louis XIII. Le sieur *de Pures*, docteur de Sorbonne, prononce à cette occasion « une très-belle oraison funèbre. » — Vers ce même temps, le cardinal-archevêque de Lyon assista et officia, comme grand-aumônier de France, aux funérailles du feu roi. *Gazette de France*, p. 551-52-58 et 651.

Même mois.... Mort de Jean Testefort, dominicain, auteur d'ouvrages mystiques. Voyez sa notice, tome 85 de la *Biogr. univ.*

Août 19. Mort du P. Jean Malavalette, jésuite, qui avait assisté Cinq-Mars, le jour de son supplice.

— *Même mois* 54. Le Consulat auquel s'étaient joints Messieurs du Clergé, l'Intendant et les bourgeois les plus notables, s'assemblent dans l'hôtel de l'abbé d'Ainay, où résidait M. de Villeroy, gouverneur de Lyon, au sujet de l'établissement du Bureau de l'Abondance.

— Les lettres-patentes octroyées aux directeurs de ce Bureau sont du mois de décembre suivant.

Septembre 8. En exécution de sa délibération du 12 mars précédent, le Consulat suivi d'un grand nombre de fidèles, se rend à Notre-Dame de Fourvière, pour accomplir le vœu fait au nom de la cité qui s'était mise sous la protection de Marie, afin d'obtenir la cessation des maladies contagieuses qui jusqu'alors avaient si souvent désolé notre ville.

Même mois 25. Un arrêt du Conseil privé du roi maintient le chapitre primatial de l'église de Lyon dans la préséance sur les officiers du présidial et les membres du Consulat, « en toutes les assemblées, soit de corps à corps, soit de députés à députés, soit enfin de particulier à particulier. » *Recueil* de Barbier, p. 546 ; *OEuvres* d'Henrys, I, 142 et 206. Voyez ci-dessus au 21 déc. 1642, et ci-après au 51 juillet 1649.

Octobre 15. Arrêt du Conseil qui maintient le Consulat au droit qu'il a « de nommer au roi le lieutenant du chevalier du guet, lorsque cette charge vient à vaquer. » *Rec.* de Barbier, p. 245.

Même mois 24. Arrêt du conseil qui défend de contraindre les habitants de Lyon pour les taxes faites sur ceux de ces habitants qui possédent des fiefs dans les pays de Bresse, Bugey, Valromey, et Gex, à cause du ban et arrière-ban. *Rec.* de Barbier, p. 156.

Novembre 16. Guy Patin écrit de Paris à Charles Spon (1) :

---

(1) Ces *Notes et Documents* font suite aux neuf fascicules publiés par l'auteur de 1838 à 1846, et qui s'arrêtent à la mort de Louis XIV.

(2) Spon demeurait alors, rue de la *Poulaillerie*, dans la maison joignant l'ancien Hôtel-de-ville.

(1) Les lettres de Patin peuvent être considérées comme une espèce de gazette ; elles sont écrites sans aucun art et si familièrement, qu'il se mit à rougir un jour que le P. Menestrier lui avoua qu'il en avait connu quelques-unes par leur ami commun, le médecin de Lyon André Falconet, à qui la plupart sont adressées. « Il serait à désirer, disait, en 1838, M. du Roure, qu'un » philologue habile en donnât une nouvelle édition avec » des notes du genre de celles qui enrichissent les ex- » cellentes éditions modernes des lettres de Sévigné, » entreprise difficile, à la vérité, mais qui procurerait » d'autant plus d'honneur. » Ce vœu n'a pas été rempli par M. Reveillé-Parise, dont l'édition publiée en 1846, n'a d'autre mérite que d'être terminée par une table alphabétique des personnages et des principaux faits mentionnés dans ces lettres. M. Sainte-Beuve, auteur d'une savante et judicieuse appréciation sur Patin, nous fait espérer qu'un de ses amis en donnera bientôt une

« .... Pour le médecin Meyssonnier (1),
il y a longtemps que je le connois..... Je lui
souhaite de bon cœur une place aux petites maisons qu'il mérite fort bien..... Il y eut autrefois un pendard d'italien qui osa faire des vers
contre Muret ; mais parce qu'il y avoit des
fautes , ce grand homme ne daigna pas lui faire répondre; il lui envoya seulement , pour lui
faire peur , ces deux vers :

Brixia , vestrates quæ condunt carmina vates,
Non sunt nostrates tergere digna nates (2).

J'en dis de même des écrits de Meyssonnier.
Quand il tomboit entre les mains de Joseph
Scaliger quelque ridicule pièce , il la déchiroit
et disoit : *Charta ad spurcos usus asservanda*
(5)...... » — Le 24 du même mois , Patin écrivait à Spon :

« ...... Vos libraires de Lyon qui cherchent
à imprimer quelque chose qui se débite aisé-
ment, devroient réimprimer la *Sagesse* de Charron , ou , comme autrefois a fait Gryphe , les
Colloques d'Erasme , in-8° , ou bien plutôt ses
Epîtres qui sont un bon in-folio , très-bon ,
mais très-rare , et , en récompense (?) , très-
nécessaire *corruptissimis hisce temporibus.....*
Je vous prie de vous souvenir de me donner l'an de la mort de Dalechamps (4).... M.
l'évêque de Belley est tout de nouveau piqué ,
particulièrement contre les Loyolistes ; cette
nouvelle querelle fera naître de nouveaux livres;

édition plus complète et plus correcte ; puisse-t-elle ne
pas se faire trop attendre !

(1) On a de ce médecin, qui était la bête noire de
Patin, un assez grand nombre d'ouvrages sur différentes
matières , et il en est quelques-uns qui , malgré leur
médiocrité, sont encore ramassés par les bibliomanes.

(2) Muret avait écrit de sa main, ce distique sur la
garde de son exemplaire des poésies de Gambara; mais
Patin paraît l'avoir cité de mémoire. Le premier vers se
lit ainsi dans le chap. CI de l'*Anti Baillet.*

Brixia, vestratis merdosa volumina vatis.

Lamonnoye qui rapporte aussi cette épigramme dans le
tome 3, p. 346 du *Menagiana*, dit qu'il aurait été aisé de
répondre :

Non sunt digna nates equidem mea carmina vestras
Tergere; sed tua sunt tergere digna meas.

(3) La lettre dont nous venons de donner un extrait
a été indignement mutilée par les éditeurs de Patin.
L'endroit où il parle de l'affaire de Loudun a été tronqué.
Ce passage qui a vingt lignes dans le M. de la B. imp.
a été réduit à trois ou quatre lignes. On l'a reproduit
textuellement dans le tome 8 de l'*Illustration*, p. 174.

(4) Jacques Dalechamps mourut à Lyon le 1er mars
1588 ; Vauquelin de la Fresnaye lui a fait l'épitaphe
suivante, laquelle est précédée (p. 678 de ses *Diverses
poésies*) de celle de Nicolas Michel , médecin et poète,
mort en 1589 :

D'un tel lien estoient les ames saintes
De Dallechans (*sic*) et de Michel etraintes,
Que c'estuy mort, l'autre aussitost voulut
Voler après à son dernier salut,
Mais si le vray, la vertu, la science,
Si la bonté, si la sage prudence
Devoient mourir, mourir elles devoient
En Dallechans où est qu'elles vivoient.

j'en attends de bons de sa part , car il fait tout
autrement mieux que de coutume quand il est
en colère. On dit qu'on a imprimé à Lyon quelque chose sur la mort de Cinq-Mars et de Thou
(1) *cujus manibus bene precor* ; je vous prie de
me faire la faveur que j'en aie deux exemplaires..... »

Décembre 6. Une ordonnance royale confirme les immunités et exemptions de la ville de
Lyon.

Décembre 15. Réné Moreau écrit à Charles
Spon:

« Monsieur , m'étant retiré quelque temps ,
mes malades excepté , de toutes sortes d'affaires , pour me préparer à mes leçons que je
commençai mardi dernier , je ne vous ai fait
aucune réponse ni remercié de la bonne sou-
venance que vous avez de moi et des avis que
vous me donnez de quelques livres qui ont été
imprimés ici. Celui *de la Fréquente Communion*
(2) a bien fait du bruit , et en fera si je ne me
trompe , car Messieurs les Jésuites ne sont pas
gens à se rendre du premier coup , bien qu'ils
aient très-grand tort. Messieurs les Prélats les
ont entrepris , et , selon toute apparence ,
contraindront le P. Nouet, qui a prêché contre eux, de se dédire........ La *Rome ridicule* (5)
a été défendue; l'imprimeur a été bien en peine
et a tenu prison dix-huit ou vingt jours........
Le P. Petau , jésuite , a mis en lumière nouvellement trois tomes in-fol. *de Theologicis dog-
matibus*, dans lesquels il y a bien des choses
contre les Jansénistes..... C'est de la besogne
qu'il a taillée à M. Saumaise , qui a passé depuis
peu en Hollande. Le sieur Blondel , ministre, a
pareillement écrit contre le P. Petau. C'est une
chose étrange que ces messieurs les doctes ne
sauroient écrire les uns contre les autres sans
se déchirer...... M. Grotius a répondu à un
nommé Laët (4) , hollandois, touchant les
habitants du Nouveau-Monde , avec tout plein
d'injures , bien que ce dernier l'ait traité fort
doucement..... On voit tous les jours sortir en
lumière des Oraisons funèbres pour le feu roi;
mais je n'en ai lu aucune , d'autant que je sais
bien que, pour la plupart, ce ne sont que flatteries et adulations..... On m'a envoyé de Flan-
dre , une feuille de méchants épigrammes latins (*sic*) sur la mort du cardinal (de Richelieu);
mais ils ne sont bons qu'à jeter au feu...... Samedi dernier , à deux heures de l'après-midi,
en la place Royale , M. de Guise se battit en
duel contre M. de Coligny (5) qui l'avoit fait

(1) Voyez *Lyon sous Louis XIII* , publications de
1642.

(2) Par Antoine Arnault. Une 9e édition de ce livre
a été publiée à Lyon chez *C. de La Roche et Claude
Rey*, 1683, in-8°.

(3) Poème satirique de Saint-Amant.
(4) Voyez le Catalogue Falconet, n. 17842 et 43.
(5) Cinq personnages de ce nom furent chanoines-
comtes de Lyon, de 1213 à 1438. Voyez ci-après au 7
septembre 1666.

appeler ; il le désarma , lui fit demander la vie , et lui donna ensuite quatre ou cinq coups de plat d'épée sur les épaules, afin qu'il se ressouvînt de n'appeler jamais en duel un prince qui ne lui en avait donné aucun sujet..... »

Décembre 18. Un arrêt du grand-conseil confirme le pouvoir que le prévôt des marchands et les échevins ont de faire des maîtres chirurgiens dans la ville de Lyon quand cette cité est affligée de contagion. Voyez les publications de 1644 et de 1670, *Ordre public.....*

Décembre 24. Melchior Lagrive , avocat, prononce l'oraison doctorale lors de la publication du Consulat. — Cet avocat était probablement parent de G. Lagrive , maistre apothicaire à Lyon , auteur d'une pièce de vers qui est en tête de la *Pharmacopée* de Bauderon, Lyon, 1605 et 1607.

Même mois 24. Antoine de Pons est reçu chanoine-comte de l'église de Lyon.

Le Consulat fait frapper des jetons d'argent avec la figure du jeune roi , et , au revers, les armoiries de la ville avec cette légende : Lvgdvnvm devota (1). Voyez ci-dessus au 15 déc. 1491.

Cette année , Louis Faucon de Ris fut nommé intendant de la généralité de Lyon en remplacement de François Bochard de Sarron , sieur de Champigny.—M. de Ris, vicomte d'Ay et d'Avenay,était frère de Charles,seigneur de Charleval (2), connu par quelques poésies fugitives qui ont été imprimées avec celles de Saint-Pavin, Amsterdam (Paris), 1759, in-12. Voyez ci-après juin 1645 , année 1648 , *ad calcem*, et les publications de 1646 , *Philosophia...*

Ouverture de la rue Sainte-Marie qui tend de la place des Terreaux à l'escalier des Capucins. Le P. Menestrier a inséré dans son *Eloge historique de la ville de Lyon* , l'inscription qui fut gravée à cette occasion.

Il paraît qu'après les funérailles du feu roi , le cardinal de Lyon, qui avait sans doute encouru la disgrâce de la nouvelle cour, n'eut pas la faculté de rentrer dans son diocèse,et qu'il fut obligé de retourner à Marseille , ville où il avait déjà séjourné plusieurs fois pour y rétablir sa santé délabrée. C'est de cette dernière ville qu'il écrivit deux lettres qui nous ont paru dignes d'être publiées. Voici la première qui doit avoir été adressée à la duchesse d'Aiguillon, sa nièce (1).

« Madame , j'ai reçu le présent que vous m'avez envoyé; je vous en rends mille grâces ; il est le plus joli qu'il est possible ; vous me l'avez donné à vuide , pource que , encore que vous soyez à la cour , vous ne connoissez point l'eau bénite qui s'y fait; j'y en mettrai de meilleure , et ne m'en servirai jamais sans me souvenir de ma bienfaitrice.

» On désire que je fasse un voyage à Rome ; je ne le saurois refuser sans me ruiner d'une façon ou d'autre , en sorte que me voilà entre deux coffres ; quiconque en pressera le bout me froissera. On veut que j'attende ici ce qui n'arrivera peut-être , et , selon que plusieurs le croient, qu'en l'année 45 ; par conséquent me voilà *duc* (2). On ne me dit point ce qu'on désire que je fasse , et si , en devinant je rencontre , je sais qu'un plus habile homme que je ne suis ne feroit rien,ni moi par conséquent, je passerai pour un porteur de rogatons , comme j'ai fait autrefois.

» On ne parle point de me donner pour ma subsistance , et on sait bien que je suis à sec.

» Quand j'ai voulu me rendre à Lyon pour voir le roi à son passage (3) , on me l'a interdit comme si c'eût été un crime de me trouver où je suis obligé d'être , de façon que j'ai été contraint d'attendre à Avignon avec beaucoup d'incommodité au préjudice d'un peu de santé que j'avais regagné.

» Après le passage de M. le cardinal de Richelieu (4) , j'ai désiré d'y aller (à Lyon) ; j'ai eu peine à l'y faire consentir, et ai été contraint de n'y demeurer que huit jours, tant on m'a pressé , quoique M. le cardinal Mazarin, qui s'en doit aller promptement , soit encore en Narbonne ; le cardinal de Richelieu y ayant été malade, et M. de Chavigny m'en ayant donné avis , je me disposai à l'aller voir par mer , dans une felouque , et , dans cet instant, je reçus une lettre de M. Desnoyers qui me témoigna que mondit sieur le Cardinal ne le dési-

---

(1) Il faut sous-entendre *urbs* , car *Lugdunum* est neutre. On lit dans Sidonius Apollinaris, *Carmen.* V, 576:

Lugdunumque tuum , dum prœteris , aspice victor.

Cependant l'édition de Colvius et celle de Sirmond portent *tuam* au lieu de *tuum*. Sénèque, Ep. 9, ne laisse aucun doute sur le genre de ce mot : *Lugdunum, quod ostendebatur in Gallia quaeritur*. Une hymne pour la fête de St. Pothin commence par ce vers :

Sancta Lugdunum, tibi lux refulget.

mais question de savoir si *sancta* est ici l'adjectif de *Lugdunum*. P. R.

(2) C'est par erreur que l'abbé Goujet (XVIII, 342) a donné à Charleval le prénom de Jean-Louis au lieu de Charles. Moréri a placé la mort de ce poète à 1688 ; Goujet l'a mise à 1693.—« Les *Faucon* sont originaires de Florence ; un *Falco* ou *Falcon* vint s'établir en France en 1405. » Note de M. de V.

(1) Voyez nos *Documents* au 25 janvier 1653. — Notre illustre prélat avait alors pour vicaire-général Jean-Claude Deville , custode de Sainte-Croix , et pour secrétaire le second des fils de l'historien-journaliste, Pierre de l'Estoile. A cette époque le Chapitre de Saint-Jean était ainsi composé : *Doyen :* Guillaume d'Albon de Saint Forgeux ; — *Archidiacre :* Laurent de Simiaues d'Evennes ; — *Précenteur :* François de Sainte-Colombe ; — *Chantre :* François de Rebé ; — *Chamarier :* François de Saconnay ; — *Sacristain :* Charles de Besserel de Marillat ; — *Grand custode :* Gaspard de Foudras de Contenson ; — *Prévôt :* Charles de Chateauneuf de Rochebonne ; — *Maître de chœur :* Antoine de Foudras de Contenson.

(2) *Oiseau de nuit.*

(3) En février 1642.

(4) En septembre 1642.

roit pas. Je vous avoue qu'encore que je voye tout cela , je puis dire que je n'y vois goutte, car je n'y comprends rien. Il faut louer Dieu de tout , y avoir recours en tout temps et en toutes occasions, le considérer comme son seul et unique refuge , car il est plus fort que les hommes; en un mot, c'est le maître de tout , et moi , je suis du meilleur de mon cœur, etc. »

La seconde lettre a été, je le présume, adressée à Pierre Guillemin , médecin à Lyon , ami de Guy Patin et de Chorier, qui lui a consacré une notice dans sa Vie de Boissat.

« Monsieur , vous avez toujours été plus dévot que vous n'avez voulu le paroître, mais comme vous avez estimé qu'il y avoit aussi bien du danger à trop croire qu'à ne pas croire assez , vous avez évité cet écueil en assujétissant votre entendement à la foi; par conséquent vos avis ne doivent être suspects ni à ceux qui demeurent dans les termes qu'elle prescrit, ni à ceux qui s'égarent en s'en éloignant. Après ce préambule , vous jugerez bien que je suis incapable de déférer beaucoup à ce que vous m'écrivez sur la guérison de la *sœur Cordelier*. Il faudroit être fou ou méchant pour se persuader que la source des miséricordes de Dieu fût tarie ou que sa main fût racourcie en ce temps plutôt qu'en un autre. Quoiqu'il ne nous en fasse pas voir les œuvres aussi souvent qu'il l'a fait autrefois, je le loue et le veux louer à jamais parce qu'il est bon , et j'adore avec soumission et à yeux clos les décrets de sa providence,tant en ce qui me regarde qu'en ce qui touche le reste du monde. Il semble que le sieur médecin *de Serres* (1) appréhende de se brûler en marchant sur la braise , ou plutôt qu'il fasse comme ceux qui ne veulent voir la lune au milieu des nuages. Cependant, nonobstant toutes ses précautions, il est contraint d'avouer qu'il y a quelque chose de bien merveilleux. Je lui demanderois volontiers,s'il estime que cette pauvre fille doive vivre autant que *Jean des Temps* (2),parce qu'elle a reçu son soulagement par une voie extraordinaire, et n'en rendre grâces au Maître de la nature qu'après que quelques siècles se seront écoulés. Je voudrois bien savoir combien la belle-mère de saint Pierre (5) devait subsister dans ce monde après sa guérison, afin que sa guérison fût considérée comme un effet de la Toute-Puissance, et combien la mort devoit demeurer sans r'attaquer Lazare alors que Notre-Sauveur lui eut fait présent d'une nouvelle vie pour qu'on n'osât douter de la vérité de ces miracles. Quoique je croie que celui de la *sœur*

Cordelier eût été fait et pour vous, et pour moi, et pour tous, ne se peut-il pas que ce n'ait été ni pour vous , ni pour moi , ni pour autre que pour lui seul (1) , puisque quelques sortes de considérations ont fait que j'ai souffert qu'il l'ait traitée (ce que je n'ai guère accoutumé) sans avoir pu prévoir ce qui est arrivé. Cette bonté infinie qui veille sur nous et pour nous , ayant voulu qu'il fût témoin oculaire de ce qui se passoit , j'espère que ce qu'il a vu lui ouvrira les yeux pour voir ce qu'il n'auroit voulu voir jusqu'à présent. Je le souhaite de tout mon cœur, autrement je lui puis dire avec l'Ecriture : « Malheur à toi, Corozaïn (2) !....» Je ne sais quels sont ceux qui font courir le bruit que je suis mécontent ; ils ont tort, soit qu'ils parlent selon leur créance , soit qu'ils le fassent avec quelque dessein. Je n'ai jamais désiré que de servir et d'être aimé , et j'avoue que je suis surpayé de toutes mes peines, puisque je ne fais point de doute que l'affection des grands et des petits en mon endroit ne soit pleine de sincérité et de feu : je suis leur père à tous ; comme tel , je les aime tous , je les embrasse tous , et ne suis pas si peu père que , quand il y auroit quelque manquement de leur côté , je ne les susse ou excuser ou supporter avec plus de patience que de ressentiment , ne doutant point qu'ils ne fissent la même chose pour les miens , ni même qu'ils l'aient fait souvent. Voilà l'état où est mon âme pour ce point; jugez de là si vous devez avoir regret de me voir sortir de ce monde après avoir épuisé tout le fond de votre science pour me conserver,si vous savez que je ne fusse pas pressé de quelqu'autre côté. — Je verrai bien volontiers ici toute la caravane que vous me mandez qui doit y venir, particulièrement si Mlle Guillemin (5) en fait partie. Je vous conseille et vous convie de vous mettre de la troupe sans appréhender que vous puissiez passer dans mon esprit pour jaloux...... »

PUBLICATIONS de 1645. S. *Joannes Benedictus. Pastor et Pontifex* : Descriptus à R. P. Theophilo Raynaudo, Soc. Jesu theologo. Avenione, *Jacob Brumereau* , 1645 , in-8°. — Le permis d'imprimer accordé à Jacob Brumereau par le P. Antoine Milleu (Milliaeus) , provincial de la Soc. de Jésus, est daté de Lyon, le 6 déc. 1642. — Le P. Theophile Raynaud réfute dans un des chapitres de ce livre l'opinion de ceux qui ont attribué à S. Benezet la construction de l'ancien Hôtel-Dieu de Lyon , et celle du pont de la Guillotière. L'abbé Thiers a ex-

---

(1) Louis de Serres , dauphinois, aggrégé au collége de médecine de Lyon où il a publié plusieurs ouvrages. Il vivait encore en 1669 , et demeurait « rue Mercière, » près Confort , à l'enseigne du Lion blanc. »

(2) Ou d'*Estampes* , fameux écuyer de Charlemagne qui , selon la fable de quelques chronologues , Vincent de Beauvais , Nauclerc et autres , mourut en 1128 , dans la 362e année de son âge. Moréri , art. JEAN.

(3) S. Matth. , v, 14.

---

(1) Il est à présumer que de Serres était protestant.

(2) S. Matth. xi , 21.

(3) Probablement la femme du médecin auquel je présume , comme je l'ait dit plus haut, que cette lettre est adressée. On lit dans une lettre qui se trouve parmi celles du cardinal de Lyon , tome I , p. 433 du Ms. « .... Mais à quel point fus-je ravy lorsqu'elle souffroit » que *je fisse le Guillemin* en luy tastant le pouls. »

trait de cet ouvrage l'anecdote suivante qu'il a rapportée page 477 de son *Traité des jeux* : « Jean Benoist ayant aperçu des gens qui jouoient aux quilles proche d'une des anciennes portes d'Avignon, et qui blasphémoient le nom de Dieu, renversa les quilles avec son bâton, ce qui irrita si fort un des joueurs qu'il donna un soufflet au saint; mais Dieu vengea sur le champ l'injure faite à son serviteur, ayant tourné la tête à ce joueur, en sorte qu'il avoit le devant derrière.... » Voyez sur une édition de ce livre publiée la même année, Joly sur Bayle, art. RAYNAUD, et les Publ. de 1662, *Hagiologium......*

Le Chandelier d'or du temple de Salomon, ou la Chronologie des prélats et des religieux qui suivent la Reigle (sic) de S. Augustin, par le P. Athanase de Sainte-Agnès, augustin déchaussé, théologien et prédicateur. A Lyon, chez la *Vefve de Cl. Rigaud et ses fils*, 1645, in-4° (B. de L.)

La Chasteté récompensée, ou l'histoire des sept pucelles doctes et sçavantes : ensemble celle du chaste Floris et de Héliodore, son amante malheureuse: recueillie de plusieurs célèbres historiens, par le R. P. Benoist Gonon, célestin de Lyon ; à Bourg-en-Bresse, chez Jean Teinturier. 1645, in-8° (B. Coste.)

Discours de la Gloire de la France, sur l'état présent de la France, par le P. Gabriel, chanoine de l'Eglise catédrale de Montpellier, avec cette épigraphe: « Dominator Domine, ex om » nibus floribus orbis elegisti tibi Lilium unum. » ESDRAS, IV, 5, à Lyon, par *Jacques Roussin*, 1645, in-8°. — Ce Discours composé avant la mort de Louis XIII, avait déjà été publié à Montpellier. — Les permis d'imprimer donnés au libraire de Lyon par M. Lorin, procureur du roi, et par M. Sève, lieutenant général, sont du 5 février. Ce qu'il y a de plus curieux dans ce panégyrique outré de Louis XIII et de son ministère, ce sont les anagrammes et les citations.

Discours funèbre sur la mort de Louis le Juste, roy de France et de Navarre, par Guillaume Gon. Lyon, 1645, in-8°. (Lelong, n. 22454). — Ce Discours a été réimprimé à la fin des *Discours panégyriques de plusieurs saints fondateurs d'Ordres* du même auteur, Lyon, *Guillaume Barbier*, 1664, in-4°. L'abbé Gon prend, dans ce Recueil qu'il a dédié au prince de Condé, le titre de conseiller, prédicateur du Roy, doyen de l'Eglise cathédrale de Saint-Vincent de Châlon-sur-Saône (1). Parmi les pièces liminaires est un sonnet à la louange de l'auteur qui se termine ainsi :

Aux chefs d'ordres qu'il loue il a bien du rapport,
Doyen et grand-vicaire, il en approche fort ;
Et comme ils ont chacun leur propre caractère,
Le sien est dans sa charge ainsi que dans son nom,

(1) Guillaume Barbier était aussi de Châlon-sur-Saône. Voyez les Publ. de 1644, *Ludovici Justi... Vita...*

Puisque contre l'effort que l'Enfer pourroit faire,
Il est de son Eglise et la presse et le. GON.

L'Etendue du reigne (sic) *de Louis le Juste....* preschée en son service solennel en l'Eglise collégiale de Bourg-en-Bresse, le jour de S. Louys, par le P. Claude Combet, Lyonnois... religieux de l'ordre des Frères prescheurs. A Lyon, par *Jacques Carteron*, 1645, in-4°. Dédié par l'auteur au Cardinal de Lyon. Voyez ci-après au 28 février 1689. — Le passage suivant extrait des *Vies et Eloges des dames illustres* par le P. Hilarion de Coste, doit être ajouté aux documents que nous avons donnés sur le séjour de Louis XIII à Lyon, en 1650: «...Le Roy tomba malade à Lyon au retour de son voyage de Savoye qu'il avoit conquise. On douta quelques jours de la vie de ce prince, et on fut sur le point de lui donner l'extrême-onction. Jamais on ne vit verser tant de larmes que firent les deux Reynes ; aussi n'y en a-t-il de plus justes que celles d'une mère et d'une épouse, puisqu'il n'y a point d'amour plus violent ni plus naturel que celui-là. Une Muse françoise (le P. Lemoine) n'a pas oublié, dans ses Poësies, de faire cette remarque :

> D'autre part les Reynes surprises
> D'un mal qu'on voyoit sans secours,
> Estoient pour donner à nos jours
> Deux mémorables Artémises :
> Leur douleur émouvoit les cieux ;
> Déjà sur les bords de leurs yeux
> Leurs esprits ennuyez de vivre
> Délibéroient avec leur foy
> S'ils devoient prévenir ou suivre
> Les funérailles de mon Roy.

Mais Dieu exauça les vœux des deux Reynes, et le Roy reçut sa parfaite santé pour vivre et régner encore treize ans, et nous donner un successeur..... »

L'Homme inconnu, ou Discours de la vie du vénérable Pierre de Sanejehan, premier supérieur réformé de l'ordre de Saint-Antoine de Viennois..., par Jean de Loyac, aumônier et prédicateur du Roy.... A Paris, chez *Jean Paslé*, 1645, in-8. (B. d'Alfred de T.) — L'homme inconnu, héros de cette histoire, naquit à Sanejehan, petit village du Limousin, le 5 janv. 1571, et mourut dans son monastère le 6 juillet 1625. La pauvreté de ses parents ne lui ayant pas permis d'achever les études qu'il avait commencées chez les Jésuites de Bourges, il se fit domestique. Après avoir erré de ville en ville, en France, puis en Italie, avoir éprouvé bien des traverses et des tentations, soutenu le choc des courtisanes de Milan, il parvint, à son retour en France, à se faire admettre chez les religieux de Saint-Antoine à Romans. M. de Grammont, abbé du même ordre à Paris, l'ayant fait appeler auprès de lui, reconnut son mérite et sa capacité, et bientôt il le délégua pour établir la réforme dans plusieurs maisons des Antonins. Pierre vint à Lyon en 1622, durant le séjour qu'y faisaient Louis XIII et les deux reines. Quelques jeunes moines le regardant comme un fou, firent tous leurs efforts pour s'opposer à la réforme ; mais, soutenu par le cardinal de Marquemont, archevêque de Lyon, Pierre parvint à faire expulser les plus mutins, et la commanderie se soumit à toutes les prescriptions du zélé réformateur. Vers ce même temps, un parent de la marquise de Guercheville, une des dames de la suite de la Reine-mère, devait célébrer sa première messe dans l'église des Antonins. La veille, en l'absence de Pierre, l'église avait été tendue de magnifiques tapisseries; les plus habiles musiciens avaient été convoqués pour s'y faire entendre; on se proposait de prier le duc de Nemours et la marquise de Guercheville d'être le parrain et la marraine du jeune religieux ; on se disposait enfin à inciter le Roi et les deux reines à honorer la cérémonie de leur présence. Instruit de ces préparatifs, Pierre fit brusquement et de sa propre autorité détendre l'église, et voulut que le nouveau célébrant n'eût qu'une chasuble de camelot, et que l'autel ne fût paré que des ornements les plus simples. La chose se passa de la sorte et toute la cour en loua Pierre de Senejeban. M. de Grammont, qui s'était rendu dans la Commanderie de Saint-Antoine de Viennois, écrivit à Pierre, en mai 1625, de venir l'y trouver avec douze de ses religieux. Après y avoir établi la réforme, Pierre revint à Lyon en qualité de vicaire et de visiteur-général, pour remédier aux désordres qui s'étaient glissés en son absence dans la maison de cette ville. Il y séjourna trois ou quatre mois, après lesquels il fut nommé supérieur de Saint-Antoine de Viennois, fonction qu'il exerça jusqu'à sa mort.

Johannes Charlerius de Gerson in tumulo gloriosus : auctore Stephano Verney, præbendario ecclesiæ S. Pauli Lugdunensis, in qua sepultus est Gerson. Lugduni, apud *Petrum Gaulherin.* 1645. In-4. Cet opuscule a été réimprimé dans le tom. 4. des OEuvres de Gerson, Anvers, 1706. Voyez ci-dessus au 24 avril 1645, et ajoutez à ce que nous avons dit sur l'*Imitation de J.-C.* : C.-A. Heumann, dans le chapitre de son traité *de Libris anonymis et pseudonymis* (Jenae, 1711, in-8) où il parle des différents motifs qui ont porté nombre d'écrivains à se couvrir du voile de l'anonyme, dit que si l'auteur de l'Imitation ne s'est point nommé, c'est parce qu'il pensait qu'il pouvait y avoir quelque vanité à déclarer son nom, et qu'il était indifférent au public de le savoir ; sur quoi le docte allemand a cité cette petite épigramme :

Cujus sit rogitas hic de pietate Libellus ,
Ipsius esse scias hoc pietatis opus.

On nous a reproché d'avoir qualifié Gerson de chancelier de Paris; cependant il est qualifié tel sur le titre de ses *Remontrances au Roy Charles VI.* Voyez le *Manuel* de M. Brunet, II, 594.

Ludovici Jacob Bibliotheca Pontifica. Lugduni, sumptibus *G. Boissat* et *L. Anisson.* 1645. In-4. — Le P. Jacob résidait à Lyon quand il composa cet ouvrage. Sa dédicace au card. Mazarin est datée de Lyon le 1er déc. 1642. Voyez les Publ. de 1644, *Traité...* , et celles de 1646, *Question célèbre....* Voyez aussi l'art. JACOB dans le *Dict.* de Chaufepié.

Abrahami Remii Daphne , sive Triumphus virginitatis.... Paris. 1643. In-8. — Ce poème dramatique en 5 actes avec des chœurs, est dédié au cardinal de Lyon. Rémi dont le vrai nom est *Ravaud* a un article plus étendu dans le Supplément de Moréri de 1749 que dans le Moréri de 1759. On trouve dans ses *Poemata* (Paris 1645, in-12) deux pièces adressées au même cardinal (p. 59 et 40). Le vers le plus célèbre de Rémi est celui qu'il fit contre les philosophes hibernois, et que Ménage estimait si fort qu'il aurait voulu en être l'auteur et avoir, pour cela, donné le meilleur de ses bénéfices :

Gens ratione furens , et mentem pasta chimaeris.

Quand Ménage parlait ainsi , c'était sans doute pour être compris un jour dans le catalogue des personnages célèbres qui ont exprimé des désirs de cette nature. Julien l'Apostat disait qu'il aurait cédé une ville et même une province de son empire pour avoir fait une des Lettres de Libanius. Le fameux hypercritique Jules-César Scaliger , eût mieux aimé avoir fait les deux Odes d'Horace *Quem tu , Melpomene , semel.......* et *Donec gratus eram tibi,...* que d'être roi d'Aragon. Passerat disait qu'il aurait préféré avoir fait l'Ode de Ronsard au chancelier de L'hospital, que d'être duc de Milan ; Nicolas Bourbon le jeune eût mieux aimé avoir composé les Psaumes de Buchanan , que d'être archevêque de Paris. Santeul enfin , quand il lut pour la première fois le distique du même Nicolas Bourbon gravé sur la porte de l'Arsenal de Paris, le trouva si beau qu'il s'écria: Dussé-je être pendu , je voudrais en être l'auteur. Ce distique est ainsi conçu :

Aetna haec Henrico vulcania tela ministrat ,
Tela giganteos debellatura furores.

Voyez Baillet. *Poètes mod.* n. 1465 ; *Anti-Baillet,* partie 1. ch. 27; Goujet, *Biblioth. franç.* XII, 220; Guy Patin, *Lettres* à Falconet du 15 août 1659, et 5 juillet 1665; A. P. *Gouverneurs de Lyon,* p. 14.

Traité curieux de la guérison des écrouelles par l'attouchement des Septenaires, par L. C. de G. A Aix, chez *Jean Roize,* 1645. In-12 (1).

(1) Ce livre a été inconnu à Barbier. Je serais presque tenté de traduire ainsi les initiales de l'auteur : *Le curé de Grave.* Le Septenaire dont il parle dans la Dédicace , était un hermite , habitant d'Yères , lequel possédait la vertu de guérir les écrouelles en les touchant à la façon du Roi. Cette vertu lui avait été donnée « à » raison de ce qu'il estoit le septième nay (né) de ses » frères, sans interruption de filles , de mesme père et » mère. » Cette superstition existe encore à Vovettes, petit hameau près de Chartres , où le septenaire s'appelle le Marcoul, du nom du Saint dont la fête se célèbre trois fois par an dans une chapelle de l'église de ce hameau. Voyez un article publié par M. Monault dans la *Gazette des hôpitaux,* et reproduit dans le *Moniteur* du 23 octobre 1854.

— Dédié à Jean Bourdelot, médecin du prince de Condé. — Ce n'est pas sans étonnement que nous avons trouvé dans le ch. 9, l'anecdote des filles de Lyon qui, devenues folles par amour, terminaient leur vie par le suicide. L'auteur, après avoir rappelé diverses maladies telles que la *colique de Poitou* ou de *S. Christophle*, fait mention de celle « qu'on vit naître à Lyon, » qui, par une espèce de manie funeste, por-» toit les filles nubiles et les veuves dessus les » toits des maisons, qu'elles sautoient l'une » après l'autre avec des mouvements peu dis-» semblables à ceux des chats et des plus en-» ragés matoux quand ils brûlent d'amour. » Voyez notre *Notice sur François de Rohan*, p. 7.

Les Trois Coronnes de Mgr. l'Eminentissime Cardinal duc de Richelieu : *Oraison funèbre* prononcée en la chapelle de la Société royale des Pénitents blancs de Lyon, par *Pierre Seguin* (1), Docteur és droicts, advocat és cours de Lyon et Parlement de Dombes, l'un des confrères de ladite société, le 28 Ianuier 1645. A Lyon, par *Claude Cayne*, en ruë Noire, au Lyon d'or. M.DC.XLIII. In-4 de 15 pp. — Dédicace des Pénitents blancs au cardinal de Lyon.

La première des trois *coronnes* de l'illustre défunt est la sacerdotale; la seconde, la royale; la dernière, la prophétique. — Sa taille, dit le panégyriste, estoit aussi droitte que ses intentions; sa bouche prononçoit des oracles ; ses mains, plus puissantes que celles d'Archimède, opéroient des miracles ; mesme sans mouvement, ses yeux lisoient dans les pensées sans manifester les siennes ; son front démentoit ce commun dire : *Rarò in vna sede morantur majestas et amor*; toutes les parties de son corps concouroient avec tant de symétrie à former le séjour d'une si belle âme, que, comme il sembloit estre d'une autre trempe que du commun des hommes, on eust dit que l'esprit qui l'animoit n'estoit pas moins différent en espèce mesme d'avec les autres âmes que, suivant l'opinion du Docteur angélique, les Intelligences le sont entre elles... » Cette belle oraison se termine par un parallèle entre Armand et son frère Louis-Alphonse : « L'un a suivy la Cour pour s'approcher du Roy, l'autre la solitude pour s'unir à Dieu mesme.... Celuy-là a estouffé les divisions publiques, celuy-cy nos querelles particulières... Le premier n'a pas craint la mort à la suite des armées ; l'autre l'est allé braver dans les lieux les plus infects de cette ville (2); celuy-là a subjugué le Lion d'Espagne, celuy-cy préservé le Lyon François.... »

(1) On a encore de Pierre Seguin, 1° *Oraison panégyrique* prononcée le jour et fête de S. Thomas, 21 déc. 1635; Lyon J. Didier, in-8° de 27 pp., 2° *Oraison funèbre* de Messire Charles de Neuville, seigneur d'Halincourt, marquis de Villeroy, prononcée en la chapelle des Pénitents blancs, le 12 février 1642. Lyon, Candy, in-4° de 18 pp. B. Coste. Voyez Pernetty, II, 16.

(2) Pendant la peste de 1628.

Zacuti, *medici et philosophi*,.... *Praxis historiarum* ex qua morborum omnium internorum curatio ad principis medicorum mentem explicatur..., Lugd., sumpt. *Joan. Ant. Huguetan.* 1645. In-fol., avec le portrait de l'auteur gravé par *Claude Audran*, au bas duquel est un distique latin de Charles Spon. Dédicace du libraire à Nicolas de Neufville, marquis de Villeroy, gouverneur de Lyon. A la fin de la première partie de ce volume se trouvent dix pièces en vers latins; la 5° est de Ch. Spon. — Cette même année, Huguetan publia dans le même format, un autre ouvrage de Zacuto: *De medicorum principum historia* ; il y joignit un recueil de lettres écrites à ce savant médecin ; l'une d'elles est de Réné Moreau.

1644.

Prévôt des marchands de 1644 à 1649: *Pierre de Sève*, baron de *Fléchère*.

Echevins pour 1644 et 1645 : *Jean Minet*, sieur *de la Gardette*, — *Claude Voiret*, — *Jean Vidaud*, sieur *de la Tour*, — *Jean de Moulceau.*

Janvier 10. *Jean de Bonay* est reçu chanoine-comte de l'Eglise de Lyon.

Même mois 50. Incendie d'une partie des bâtiments du *Collége de la Trinité* (1). Le Consulat fit don aux Jésuites d'une somme de 12,000 livres pour contribuer à la reconstruction des bâtiments incendiés. Le payement des derniers 4,000 fr. fut effectué entre les mains du P. Goyet recteur du Collége, le 16 février 1645. — Environ deux siècles plus tard, le feu éclata le jeudi 3 mars 1842, à neuf heures du soir, dans une chambre des mêmes bâtiments occupée par un domestique du Collége. Peu s'en fallut que la bibliothèque ne fût engloutie dans les flammes. La toiture de la salle *Villeroy* fut entièrement brûlée. Heureusement, on avait eu le temps de transporter sur la terrasse du quai, avant la chute de cette pièce, les livres qu'elle contenait. Il y eut 250 volumes environ avariés par les eaux qui s'échappèrent des boyaux des pompes à incendie. Tous les journaux, à l'exception du *Courrier de Lyon*, donnèrent sur ce sinistre et sur ses causes des détails plus ou moins erronnés. Le *Journal du Commerce*, qui avait puisé son recit dans celui qui avait pour titre *Le Rhône*, s'amenda dans sa feuille du 11 mars. — Le 1er janvier précé-

(1) Voici en quels termes la *Gazette de France* rendit compte de cet événement : « Cette semaine le feu s'est manifesté au collége des Pères Jésuites de Lyon, où il a causé une perte tant en bastimens qu'en livres et autres meubles estimée plus de deux cent mille livres, duquel incendie on tient que leur église qui y joint, a été comme miraculeusement préservée par l'exposition du S. Sacrement ; un vent s'estant élevé en détourna les flammes (p. 111) . » Voyez le *Traité des plus belles biblioth.*, par le P. Jacob, p. 644 de l'*Appendix*.

dent, **M.** *Jayr*, préfet du Rhône depuis deux ans, fut invité par le Conservateur de la bibliothèque à visiter cet établissement qu'il ne connaissait pas encore. « J'attendrai, dit-il, » pour y aller qu'il fasse chaud. » Il y vint pendant l'incendie, et quand le feu fut éteint, il ne put s'empêcher de sourire lorsqu'on lui rappela sa promesse du premier jour de l'an.

Mars 2. Le Cardinal de Lyon écrit au Roi :

« Sire, si j'avois autant de moyen de rendre service à Votre Majesté, en l'occasion qui se présente que j'en ai de volonté, je m'estimerois le plus heureux homme du monde ; mais ma capacité et mon adresse ne la secondant pas, je n'ose l'assurer d'autre chose que de ma fidélité et de mes soins de lui rendre grâces très-humbles de ce qu'elle m'a donné pour faire mon voyage (à Rome), mais beaucoup plus de l'honneur que je reçois par la confiance qu'il lui plait de me témoigner ; à quoi je la supplie d'ajouter cette grâce de croire que je serai jusqu'au dernier moment de ma vie son très-humble et très obéissant serviteur et sujet. — A Lion ce 2 mars 1644. »

Même jour. Le Cardinal de Lyon écrivit à la Reine :

« Madame, dans l'instant que j'appris par M. le cardinal Mazarin, que l'intention de V. M. étoit que je fisse le voyage de Rome, je le suppliai de l'assurer que je serois toujours prêt à l'entreprendre lorsqu'elle me feroit l'honneur de me le commander. Je pars donc pour lui obéir, assurant V. M. que s'il y a du retardement, il ne viendra pas de moi, mais seulement du temps ou du manquement des passeports nécessaires. Je lui rends grâce très-humbles du secours qu'elle a commandé qui me fût donné. C'est un excès de sa bonté ordinaire de laquelle j'ose me promettre qu'elle me fera l'honneur de me croire, etc. »

Même jour 2 mars. Le Cardinal de Lyon écrit au cardinal *Mazarin :*

« Monseigneur, Ayant appris par M. le Commandeur Valençay que la santé du pape (Urbain VIII) étoit un peu meilleure que par le passé, j'espère qu'elle me donnera le loisir d'y arriver à temps. Il n'y aura pas une heure de retardement de ma part ; j'ai trop de passion de servir, et plût à Dieu, en eussai-je autant de moyen ; mais n'étant pas maître du temps ni de la volonté de ceux de qui dépendent les passeports, je ne suis responsable que de mon fait. Je vous rends un million de grâces du secours que vous m'avez fait donner, autant de l'offre de votre palais, et vous supplie si j'ay eu l'effronterie de l'accepter et de vous importuner de ce qui regarde mes petits intérêts, en contre échange de quoi tout ce que je puis est de conserver une entière volonté de vous témoigner que je suis, etc. »

Mars 22. Le Cardinal de Lyon écrit de Marseille au cardinal *Mazarin :*

« Monseigneur, ce mot est seulement pour vous faire savoir que je me suis rendu ici avec toute la diligence possible, nonobstant que le vent m'ait été contraire..... Si le mauvais temps qu'il a fait à la mer continue encore quelques jours, cette ville sera bien incommodée, n'y ayant quasi plus de bled ni pour les habitants ni pour la chiourme. — En cas qu'on eût rendu quelques vaisseaux prêts, je me mettrai dessus, et si le vent veut nous servir, je ne manquerai pas d'avoir soin qu'ils ne s'en reviennent pas sans charger vos statues. — J'ai reçu la lettre par laquelle vous me faites connaître que le vin qu'on vous a offert de ma part ne vous a pas été désagréable. Le remerciment vaut mieux que le présent. Tout ce que je souhaite est qu'il se trouve aussi bon qu'il l'a été quelquefois..... »

Avril 29. *Guy Patin* écrit de Paris à *Charles Spon :*

« ..... On m'a dit que, depuis quelques années, les Jésuites de Lyon ont enseigné la même doctrine (que celle du P. *Réné Ayrau*) ; je vous prie de vous en enquérir sourdement, et si vous découvrez quelque chose, de m'en donner avis... Pour votre *Parfait Joaillier*, j'ai ce livre en latin; mais je ne le pensais pas traduit... Il est dédié à M. *de Monconis de Lierge*, lieutenant criminel de Lyon, lequel eut ici, il y a environ 22 ans, un horrible procès contre les conseillers de Lyon qui s'opposaient à sa réception en l'office de son père. C'était une grande affaire en laquelle M. d'Halincour lui aida fort. Il eut un arrêt en sa faveur... » — Voyez la notice sur G. Patin, p. LIV du tome 1 de l'édition de ses *Lettres* publiée par Reveillé-Parise; et ci-après les Publications de 1644.

Mai 8. Le marquis *de Villeroy*, venant de la cour, arrive à Lyon ; il en repart le 22, et se rend dans le Limosin, pour prendre le commandement de l'armée du Roi.

— *Même mois 24.* M. *Grolier du Soleil* s'étant démis de sa charge de capitaine de la ville, le Consulat y nomme *Charles Grolier*, écuyer, fils du procureur général de la ville, « sauf toutefois le bon plaisir du Roy. »

Mai ou juin... Le Cardinal de Lyon écrit de Rome à M*** :

« ..... La mort du cardinal *Savelli* n'a point étonné le Pape, et les extrêmes chaleurs qui déjà travaillent ici les plus robustes, n'ont point altéré sa santé. Je ne le vois que peu au Consistoire, où il ne se montre que peu souvent, point du tout à la Congrégation du Saint-Office, vu qu'il n'y vient plus, moins encore à sa chambre, n'ayant rien à traiter qui puisse m'obliger à demander audience...J'apprends qu'il est fort bas, qu'il baisse tous les jours, et que ce reste de vivacité que l'âge, la maladie et les chagrins combattent, ne sauroient plus guères résister ; et par-dessus tout cela, il faut admirer la constance du cardinal *Barberin* qui l'empêche d'appréhender les désordres que l'on croit qui arriveront ensuite de cette chute désirée quasi de tout le monde, à l'exception de ceux qu'il a le moins obligés. Je ne sais quel personnage joueront ceux qui sont François ou attachés à la France , car encore qu'ils ne manquent ni de cœur , ni de vigueur , le petit nombre les rendra toujours les plus foibles..... »

Juin (?). La lettre suivante sans date et sans suscription , doit avoir été écrite vers le même temps par le Cardinal de Lyon , très-probablement à Mme d'*Aiguillon* , sa nièce :

« Madame , je ne m'amuserai point à vous dire si j'ai longtemps resté en chemin ou si j'ai couru quelque fortune , sachant que le bruit commun qui fait ordinairement paroître les choses plus grandes qu'elles ne sont, n'aura pas manqué d'en porter la nouvelle (1) jusqu'à vos oreilles , puisqu'il a donné l'épouvante à Marseille et à Lyon , aussi bien qu'aux lieux où j'ai passé depuis. Il me suffira de vous assurer que je suis arrivé ici avec quelque reste de santé , et que , sortant de dessus une mer *orageuse* , je suis tombé dans une mer de cérémonies qui ne me traitera pas aussi favorablement que l'autre : aussi est-ce si peu de chose que le ménage en seroit honteux; je n'ai les yeux que sur ceux du Pape qui tient maintenant toute l'Italie occupée , et particulièrement sur toute cette cour où il se trouve beaucoup plus de personnes qui en demandent l'amoindrissement que l'augmentation ; mais comme les désirs des hommes ne sont pas toujours bien réglés, Dieu permet qu'ils se confondent dans leurs propres pensées, et gouverne cependant ce grand univers à sa mode et non pas à la leur; il sait donc seul ce qui en doit arriver. Il est vrai que selon toutes sortes d'apparences , il y a beaucoup à craindre et peu à espérer........ Quand j'y aurai fait ce que je dois, je reprendrai route par où je suis venu pour aller revoir ma *femme et mes enfants* (2)..... »

Juin 16. Le cardinal *Mazarin* écrit au Cardinal de Lyon :

« Monseigneur, j'ai reçu la lettre dont il a plu à V. E. de m'honorer du 23 du passé (5) ; elle m'a tiré d'une grande inquiétude en m'apprenant son heureuse arrivée à Rome en bonne santé, dont je me réjouis infiniment. Les lettres que nous en avions par l'ordinaire précédent portoient l'avis de son départ de Gênes ; il y avoit plus de douze jours , et cependant on n'avoit nulles nouvelles qu'Elle eût seulement passé à Livourne. — ..... Nous avons eu, cette semaine , deux nouvelles bien importantes dont je suis assuré que V. E. aura grande satisfaction : la première , la prise de Saint-Phlés qui assure au Roi celle de Gravelines ;.... la seconde, que le maréchal de Turenne, ayant fait passer le Rhin à l'improviste à quelques

troupes de son armée, a défait deux mille chevaux, ayant combattu et rompu le général Mercy, qui a eu beaucoup de peine à se sauver ; il a fait douze cents prisonniers parmi lesquels il y a nombre d'officiers principaux, et plusieurs même de ceux qu'ils avoient à nous depuis l'accident de Tultingen. — « Les remerciments que V. E. me fait ne sont pas si justes que les excuses que je lui dois de la façon dont je m'assure qu'elle aura été servie dans la maison où je n'ai point été depuis qu'elle est à moi, et où sans doute tout aura manqué. Je conjure V. E. d'y compatir par sa bonté , et de me croire cependant avec une passion qui ne se peut égaler , Monseigneur , votre très-humble et très-obéissant serviteur, LE CARD. MAZARINI. Ruel , 16e juin 1644.

Juillet 12—15. Arrivée et séjour du Marquis *de Bagni* , archevêque d'Athènes , nonce du Pape en France, se rendant à Paris. *Gaz. de F.*

Juillet.... Le Cardinal de Lyon écrit à M^*** :

« .... Nous sommes ici rassemblés en troupe comme oiseaux de mauvais augure pour attendre la charongne , et tel qui a cru s'asseoir dans la chaire de S. Pierre , s'en est allé se présenter à lui à la porte de Paradis. Celui qui l'occupe est toujours en très-mauvais état ; s'il meurt , il nous fera tous mourir en conclave, et s'il ne meurt pas , il vivra peut-être trop longtemps pour lui , pour sa maison et pour l'Eglise..... »

Août 9. Le Cardinal de Lyon écrit à Madame *** :

« J'entre demain au conclave ; ce lieu a accoûtumé d'y tuer beaucoup de monde (1) , à quoi faire le temps le pourroit bien seconder. On l'a étendu plus qu'à l'ordinaire. Il faudroit être prophète pour deviner sur qui le sort tombera , tant de celui qui doit remplir la chaire que de ceux qui partiront pour l'autre monde sans députation particulière. Si j'en sors sain et sauf, je tâcherai au plus tôt de regagner mon pays ; si je meurs , je me promets que vous prierez Dieu pour moi, qui suis, etc. »

Même jour. Le Cardinal de Lyon écrit à M^*** :

« J'ai toujours la prison en abomination : demain, je m'y enferme volontairement, priant Dieu que celui auquel nous devons remettre les clés de S. Pierre nous l'ouvre promptement. Le dernier conclave tua neuf cardinaux et septante conclavistes. Quelques jours , quelques semaines ou quelques mois nous apprendront ce que cestuy saura faire. Conviez , je

---

(1) Rien ne nous apprend quel était cet événement nous ne croyons pas qu'il en ait été fait mention dans la *Gazette de France*.

(2) C'est-à-dire *mon Eglise et mes ouailles*.

(3) Nous ne croyons pas que cette lettre du 23 mai se trouve dans le Ms. de la B. de L.

(1) Ce fut dans ce conclave et le 7 septembre que mourut le cardinal *Bentivoglio*. Cet illustre prélat se trouvait à Lyon sur la fin de 1616. « J'y suis venu , dit-il , par les Alpes ; je me suis fait porter partie en litière , et partie en chaise sur les épaules endurcies de ces chamois humains qu'on appelle *marrons*. » Voyez ce dernier mot dans *Trévoux* , et les Publ. de 1670 , *Raccolta di lettere*....

vous prie, les personnes que vous savez qui m'aiment, à prier Dieu pour moi, les assurer de l'estime que j'en ferai mort ou vif. Je ne doute point que Mᵐᵉ *d'Aiguillon* (1) ne soit du nombre ; je vous envoie un mot de lettre pour elle, et je suis, etc. »

Août 14. Te Deum chanté dans la cathédrale pour la prise de Gravelines. — Le soir, à 9 heures, le Consulat fit tirer un feu d'artifice sur le pont de Saône, et, le lendemain, M. *Faucon de Ris*, intendant, en fit tirer un autre devant son Hôtel, au milieu de la place de Bellecour.

Septembre 2. La Reine écrit au Cardinal de Lyon :

« Mon Cousin, votre lettre du 6ᵉ d'aoust m'a confirmé la pensée en laquelle j'ay toujours été que le seul désir de servir le Roy, Monsieur mon fils, vous avoit porté en Italie ; celuy d'assister votre diocèse vous pressant d'en revenir, il ne seroit pas juste, après avoir eu de vos soins tout ce que je pouvois prétendre, de gehenner votre inclination ni d'empêcher de satisfaire aux obligations d'un bon primat dont l'exemple peut contribuer beaucoup à régler et former la vie et la conduite de plusieurs évêques. Il sera donc en votre disposition de revenir de Rome quand vous serez sorti du Conclave où vous aurez fait voir le zèle que vous avez pour le bien de l'Eglise et l'avantage de la France qui n'en a point prétendu d'autre dans l'élection, que d'élever à la première dignité quelque personnage d'un éminent mérite, et tel qu'il convient pour être le père de tous les Chrétiens, bien éloigné des Espagnols, qui n'en cherchent que de foibles ou intéressés dans leurs fortunes (sic). J'ay appris par lettres de mon cousin le Cardinal *de Bichi* et du marquis de *Saint-Chaumont*, tout ce que vous avez fait pour satisfaire aux ordres que je vous avois adressés, et que vous n'avez omis soins ni adresse qui pût avancer le service du Roy, ayant embrassé ses intérêts avec la chaleur et la vigueur qui vous est ordinaire quand il s'agit de témoigner le zèle que vous avez au bien. Si lorsque vous serez arrivé en Provence, et après avoir donné les ordres nécessaires à votre diocèse, vous voulez venir à la Cour, vous y serez reçu comme vous le pourrez désirer, étant assuré que tous les témoignages que vous aurez de mon affection seront toujours beaucoup au-dessous de ceux que j'ay envie de vous rendre. Je prie Dieu, vous avoir, mon Cousin, en sa sainte et digne garde. Escrit à Paris, le deuxième jour de septembre 1644. Signé ANNE, et plus bas DE LOMÉNIE. »

Septembre.... M *** (2) écrit de Rome à madame *** :

« ..... Au sortir du conclave, j'ai trouvé deux de vos lettres qui n'y avoient pu entrer à cause des excommunications qui en gardoient les avenues. Nous n'y avons rien fait qui vaille. Ce n'a pas été la faute des cardinaux *de Bichi* et *de Lyon* ; mais le cardinal *Antoine* (*Barberini*) a si lâchement trahi son honneur en cette occasion que je m'étonne comme quoi il peut non-seulement se laisser voir, mais se regarder soi-même... »

Septembre... Te Deum chanté dans la cathédrale à l'occasion de la prise de Philisbourg. — On lit dans le *Projet de la seconde partie des mazures de l'Isle-Barbe*, par C. *Le Laboureur* ; article TOURNON. « Maison illustre du païs de Vivarez, noyée dans le sang de *Just de Tournon*, lieutenant du roy au gouvernement de Dauphiné, tué devant Philisbourg, l'an 1644. »

— Un des membres de cette maison, *Francois de Tournon*, fut archevêque et gouverneur de Lyon. Un oncle de cet illustre diplomate, *Imbert de Tournon* fut chanoine de Saint-Just. « Il me souvient, dit *Paradin*, qu'en l'an 1542, je vis recevoir le seigneur de Tournon chanoine en l'église de Saint-Just, en grande fréquence de peuple : ledit seigneur avoit sus une robe courte de damas, vestu un surply et une aumusse sur le bras, son espée au costé, dont son frère *Jacques de Tournon*, évesque de Valence dit en riant : *Voilà mon frère qui représente bien les trois estats.* »

Décembre 20. Le cardinal de Lyon part de Rome pour revenir en France.

Même mois 21. Publication du Syndicat. *Antoine Dubost*, avocat, prononce l'oraison doctorale, en latin et en français, « pièce, » dit M. *Morin*, remarquablement ridicule. » — La Sénéchaussée n'assista pas à cette publication à cause de quelques difficultés de cérémonial avec le Consulat.

Même mois 28. Le maréchal de *la Mothe Houdancourt*, accusé d'avoir trahi la France pendant la guerre d'Espagne, est enfermé au château de Pierre-Scise. — Il n'en sortit qu'en 1648, après que son innocence eut été reconnue par le parlement de Grenoble. Voyez le P. Anselme, VII, 551, *l'Art de vérifier les dates*, I, 280, et les *Etudes sur la législation*, par M. *Couturier*, de Vienne, Paris, 1844. — On lit p. 105 de ce dernier ouvrage « que le *parlement de Lyon* jugea le maréchal de la Mothe » en 1645. » Nous ferons observer qu'il n'y avait pas de *parlement de Lyon* ; mais le parlement de Dombes siégeait en cette ville. Nous ne saurions dire s'il a connu de ce procès.

— Les héritiers d'*Onuphre Solicoffre*, négociant de Lyon, firent, cette année, un don à l'Eglise réformée de Die. *Bulletin du Comité de la langue, de l'hist. et des arts de la France*, année 1846, tome 2, p. 715.

<hr>

(1) C'est probablement à elle que la précédente lettre est adressée.

(2) Cette lettre, postérieure au 15 septembre, jour de l'élection d'*Innocent X*, a probablement été écrite par le conclaviste du cardinal de Lyon.

1644. Publications:

Apologie pour les Religieux de la Compagnie de Jésus ,.... par le P. Nicolas Caussin, de la même Compagnie. Seconde édition. A Lyon, jouxte la copie impr. à Paris , 1644 , in-12. — Dédicace à la Reine régente, dont l'auteur aurait bien voulu faire une déesse si notre religion ne le lui défendait, car elle a sauvé la France de la famine par la grande quantité de blé qu'elle a fait venir de l'Etranger, famine que les ennemis des Jésuites disaient avoir été occasionnée par le divertissement des blés que ces religieux avaient envoyés en Espagne. A ce propos , le P. *Caussin* rapporte que , d'après *Firmicus* (1) , les Egyptiens firent un dieu de *Joseph* sous le nom de *Sérapis,* pour leur avoir procuré du blé dans une pareille occurrence. Le célèbre Jésuite réfute avec quelque talent les calomnies de l'Université contre sa Compagnie ; il prouve que ses doctrines sont celles des théologiens les plus estimés ; il s'appuie même , en parlant de la fréquente communion, du témoignage de *Gerson* (2) ; enfin il cite en première ligne , parmi ceux qui ont pris la défense des Jésuites , le cardinal *du Perron* et le P. *Coton* , « esprit aussi doux que son nom. » — On trouvera d'intéressants détails sur le P. *Caussin* dans les *Mémoires* sur Troyes par *Grosley,* tome I, p.409—417.Voyez les Publ. de 1651 , *N. Caussini.... de Eloquentia.....*

Cours de médecine, contenant *le Miroir de la beauté et santé corporelles* de Louis Guyon , sieur *de la Nauche* , médecin à Dole , avec des additions par *Lazare Meyssonnier* , médecin à Lyon , etc., Lyon, 1644, 2 vol. in-8°. — *Louis Guyon* a , dans la *Biogr. univ.* , une notice ; mais il n'en a point dans la *Biogr. médicale* de Panckoucke. On recherche encore ses *Diverses leçons;* mais son *Miroir,*qui a eu un très-grand succès au 17° siècle , est tombé dans l'oubli. quoiqu'il y ait plusieurs chapitres dans lesquels *Venette* a fait plus d'un emprunt. Quant aux additions de *Meyssonnier* , ce n'est, suivant *Réné-Moreau,*qu'un ramas de passages de divers auteurs sans aucune observation sérieuse. Voyez les Publ. de 1664 , *Cours.....*

Eloges historiques des cardinaux illustres françois et estrangers, mis en parallèle , par le

P. *Henry Albi* , de la C. de J. , Paris , *Antoine du Cay,* 1644 , in-4° (1). — Cinq cardinaux qui ont appartenu à l'Eglise de Lyon figurent dans ce volume, savoir : *Hugues de Saint-Cher, Louis Alleman, Charles de Bourbon, François de Tournon* et *Séraphin Olivier.* Qu'il nous soit permis de donner ici une liste des membres du Sacré Collége que Lyon peut revendiquer comme siens à différents titres.L'astérisque indique ceux qui ont été chanoines-comtes de Saint-Jean.

* Sinibaldo Fieschi , pape sous le nom d'Innocent IV , mort en 1254.

* Hugues de Saint-Cher, mort en 1263.

* Thibaud de Visconti , pape sous le nom de Grégoire X, mort en janvier 1276.

* Pierre de Tarentaise , pape sous le nom d'Innocent V, mort en juin 1276.

* Bernard d'Aigliers , mort en 1282.

* Beraud de Goth , mort en 1297.

* Benoît Cajetan, pape sous le nom de Boniface VIII , mort en 1505.

* Guillaume de Ruffat , mort en 1511.

* Guy de Boulogne , mort en 1575.

* Jean de Talaru , mort en 1595.

Jean de la Grange , mort en 1402.

* Pierre de Thurey , mort en 1402.

* Amédée de Saluces , mort en 1419.

* Jean Dupuy de la Rochetaillée(2)m. en 1437.

* Amédée de Talaru (5) , mort en 1444.

* Louis Alleman , mort en 1450.

* Charles de Bourbon , mort en 1488.

* André d'Espinay , mort en 1500.

* Nicolas Gaddy, abbé d'Ainay, mort en 1552.

* Jean de Lorraine , mort en 1550.

* François de Tournon, mort en 1562.

* Hippolyte d'Este , mort en 1572.

Réné de Birague , mort en 1585 (4).

* Séraphin Olivier , mort en 1609.

Pierre de Gondi , mort en 1616.

* Denys Simon de Marquemont, m. en 1632.

* Louis Alphonse du Plessis de Richelieu , mort en 1656.

* Pierre Guerin de Tencin , mort en 1750.

* Joachim Pierre de Bernis , mort en 1794.

Joseph Fesch , mort en 1859.

---

(1) P. 431 du *Minucius Felix* de 1709; voyez aussi Rutin , *Hist.* , II , 23. Ce que ces deux auteurs disent de *Joseph* aurait dû être consigné à l'article Sérapis dans la *Biogr. univ.* , partie mythologique.

(2) Voici le passage (p.55): « Le très-fameux *Gerson,* chancelier de l'université de Paris , qui estoit, de son siècle , *l'Oracle de la France* , tant pour son éminent savoir que pour la sainteté de sa vie , conseille à ceux-là même qui se sentent tièdes de s'approcher souvent de la communion,et dit que ceux qui ne veulent pas fréquenter les sacrements , sans expérimenter une grande dévotion , ressemblent à ceux qui ayant froid , ne veulent pas s'approcher du feu qu'ils ne soient échauffez (*De Praepar. ad. Missam*). »

(1) Il n'y a pas deux éditions de cet ouvrage; les exemplaires qui portent la date de 1653,n'ont qu'un titre rafraichi ; mais le libraire J.-B. Loyson y joignit, en continuant la pagination , les Vies des cardinaux de *Berulle* , de *Richelieu* et de la *Rochefoucaud* , composées par le sieur *du Verdier* , historiographe de France.

(2) C'est à tort que la plupart des biographes ont avancé qu'il était fils d'un vigneron ou d'un pêcheur. Nous ferons observer qu'il y a dans le diocèse de Lyon deux paroisses du nom de la Rochetaillée, l'une dans le Lyonnais , l'autre dans le Forez.

(3) Voyez sa notice dans la *France litt.* première année , nos 47, 48, 49 et 50.

(4) Nous ne le plaçons dans cette liste que parce qu'il a été gouverneur de Lyon sous Charles IX , de 1564 à 1568.

Joachim-Jean-Xavier Isoard , mort en 1859.

Jacques-Maurice de Bonald , né en 1787.

Franç.-Auguste-Ferdinand Donnet , né en 1795.

Clément Villecourt , né en 1787.

Les cardinaux étrangers dont les noms suivent ont terminé leur carrière mortelle à Lyon (1) :

François Cassard, archevêque de Tours, mort en 1257.

Guillaume de Talliante , mort en 1250.

Guillaume, évêque de Modène, m. en 1250.

Eudes Leblanc , mort en 1254.

Saint Bonaventure , mort en 1274.

George d'Amboise , mort en 1510.

Etienne Borgia , mort en novembre 1804.

*Histoire de l'Université de Lyon et du Collége de médecine faisant partie d'icelle ,.... Harangue prononcée à l'ouverture des leçons publiques en chirurgie de cette année, dans la salle des R. P. Cordeliers, par *Lazare Meyssonnier*, Mâconnois, médecin du Roy et agrégé audit Collége. A Lyon, chez *Claude Cayne*. 1645 , in-4° — Il n'y a jamais eu d'Université à Lyon avant le 19ᵉ siècle ; mais il y avait du temps de Meyssonnier, un Collége de médecins agrégés par la ville. C'est sans doute de cette Harangue dont *Guy Patin* a voulu parler dans sa lettre à *Charles Spon* du 15 juin 1644: «... Pour le livre de M. *Meyssonnier* du Collége de Lyon, il témoignera toujours de son auteur qui vieillit tous les ans sans devenir sage. Le *voyage de S. Luc à Lyon* a été forgé dans son cerveau aussi bien que d'autres extravagances. Bien lui feroit s'il n'avoit que celle-là.... »

— On lit encore dans cette lettre: « ..... Le *Falcon sur Guidon* est si rare qu'à peine l'ai-je jamais vu ; quelques chirurgiens qui l'ont ici, le gardent comme un trésor : il est in-4° , impression de Lyon... » — Ce livre figure dans le *Catal. Falconet*, n. 4752.

— *Histoires véritables et curieuses..... recolligées..... par le R. P. Benoist Gonon*, célestin de Lyon. A Lyon par *Jacques du Creux*, 1644, in-8° — Dédicace à M. *Bachod de Verfey*, seigneur de *la Falconière*, auquel l'auteur avait présenté à Bourg en Bresse , l'année précédente, un livre intitulé la *Chasteté récompensée*. Les deux principales histoires que le P. *Gonon* a tirées de nos annales, sont celle de *Jeanne la pucelle* , et celle de *la Judith françoise*, qui , pour défendre sa pudeur , faillit , du temps du roi *Gontran* , couper la tête au duc *Analon*.

— *Ludovici Justi...... Vita et Virtutes quadraginta elogiis explicatae ,.... auctore Aloysio Juglari*, è Soc. Jesu. Lugduni, Sumpt. *Guilelmi Barbier*, 1644, in-4°. — La dédicace du librai-

re au prince de *Condé* est signée *Guilelmus Barbier Cabilonensis*.

— *Le Parfait Joaillier....* composé (en latin) par *Anselme Boece de Boot* (sic),... de nouveau enrichi de belles annotations, indices et figures par *André Toll....* A Lyon , chez *Jean-Ant. Huguetan* , 1644 , in-8°. — Cette traduction du livre de *Boodt* est de *Jean de Bachou* (1) ; elle est dédiée par *Huguetan* à *Gaspard de Monconis*, lieutenant-général en la sénéchaussée et siége présidial de Lyon, lequel possédait un cabinet dans lequel on voyait *en gros et en détail toutes les merveilles de l'Art et de la Nature*. « C'est là , dit le courtois bibliopole , c'est là , Monsieur, et dans le triage des bons livres , que vous détrempez les amertumes de votre charge, et qu'après vous être , dans le Palais , lassé les yeux sur le rouge et sur le blanc, deux couleurs qui travaillent également la vue , je veux dire le sang des coupables et la blancheur de l'innocence , vous allez , au partir de là , vous essayer sur la verdure de l'histoire et dans le parterre des louables curiositez. » Voyez ci-dessus au 29 avril.

De Primatu Lugdunensis et ceteris primatibus dissertatio Petri de Marca... Parisiis, apud viduam Joannis Camusat, et Petrum Le-Petit, 1644, in-8°. — Plusieurs points de l'histoire ancienne de Lyon sont traités dans cet ouvrage, principalement depuis le § XCVᵉ jusqu'au CXXIIᵉ. M. *de Marca* fut un des juges de *Cinq-Mars* et de *Thou* (2); ce fut durant le séjour qu'il fit alors dans notre ville que le P. *Builloud* lui fournit, pour faire sa Dissertation, des extraits des cartulaires de l'Eglise de Lyon et des actes capitulaires des chanoines-comtes de cette Eglise. Voyez ci-après , année 1654 et 29 juin 1662.

Primerosii (Jacobi) de Vulgi Erroribus in medicina liber. Lugduni, Cl. *Cayne*, 1644 , in-8°. — Une traduction de ce livre que recherchent encore les bibliophiles , a été publiée sous ce titre : *Traité de Primerose sur les erreurs vulgaires de la médecine* , avec des Additions très-curieuses par M. *de Rostagny*, médecin de la société royale, et de S. A. R. Madame *de Guise*. Lyon , *Jean Certe*, 1689 , in-8°. — *Rostagny* a traduit en vers français les vers latins cités dans le texte ; voici comment il a rendu deux vers

---

(1) Ce mathématicien , né à Lyon, est auteur de deux ouvrages dans lesquels il prétendit avoir trouvé la quadrature du cercle et le mouvement perpétuel ; mais dit le P. *Millet de Chales* (tome 1 , p. 25 de son *Cursus; seu Mundus mathematicus*):.... *Ejus demonstratio vitiosa est...* Voyez la *Biog. lyonn.* , p. 21.

(2) Voyez ci-dessus au 13 septembre 1642. — On trouvera dans le t. 2 des *Mém. de Montrésor* (Cologne , 1723 , in-12), une lettre de M. *de Marca* à M. *de Brienne* relative au procès de *Cinq-Mars* et de *Thou* , datée de Lyon le 16 sept. 1642 , et suivie d'un Journal contenant tout ce qui s'est passé durant l'instruction de ce procès.

---

(1) *Patria est quoque locus mortis.* Grégoire de Nysse , *Panégyrig. de S. Théodore.*

Terra omnis patria est quo nascimur et tumulamur.
MARBODIUS.

La Grèce est la patrie , elle l'a vu mourir.
GUIRAUD , *Chant sur lord Byron.*

de Claudien, (*de Raptu Proserpinae*, 255-4 (1):

> Lorsqu'il paroit une comète ,
> Chacun chez soy fait le prophète ;
> Le pilote craint l'ouragan ;
> Et le bourgeois le patapan.

Les Rivières de France.... par le sieur *Coulon (Louis)....* A Paris , chez *Francois Cousier* , 1644 , 2 vol. in-8°. — Le passage qui*l*suit est extrait du tome 2ᵉ , p. 96 à 105 :

« ... *Fromant* et *Eschets* sortent de deux lacs qui sont sur les confins de la principauté de Dombes ; l'un est entre La *Grange* et *Ambérieu*; l'autre se nomme lac d'*Eschets* ; ils entrent , dans un même lit avec les autres rivières que la Saône conduit à Lyon pour les présenter au Rhosne comme ses tributaires. Avant d'aborder cette noble et riche ville , la Saône s'occupe dans l'*Isle-Barbe* à faire un lieu de plaisance aux habitans qui vont y passer les plus beaux jours de leur divertissement. Il s'y fait une procession au temps de la foire de Pasques où assistent les magistrats, les eschevins , les quatre mendiants et une longue suite de pauvres et d'orphelins. La Saône coule encore au chasteau de *Pierre-Ancise*, ainsi nommé, comme l'on croit , pource qu'on coupa le roc sur lequel il est assis pour donner un nouveau cours à la rivière.... La Saône donc passant au pied de ce chasteau , et traversant la ville de Lyon , va prendre le Rhosne au pied des murailles , et tous les deux joints ensemble forment cette pointe de terre que les Romains nommoient l'*Isle des Séquaniens*, pource qu'elle estoit entourée d'eau presque de tous costez, et qu'elle avoit beaucoup de rapport avec cette partie de l'Egypte que le Nil a détachée pour en faire une isle triangulaire qui se nomme *Delta*. Maintenant que Lyon s'est accru , et qu'une bonne partie de ses maisons est assise sur la montagne où la posa *Munatius Plancus* , on peut dire que *les Lyonnois ont la teste en l'air, et les pieds en l'eau....* Ce n'est point une amplification de paroles de dire que Lyon mériteroit un volume entier pour estre la principale ville des Celtes, le rempart de la France , le siége du primat des Gaules , et l'abord général du commerce du monde. On peut y voir plus de tombeaux , de médailles, d'inscriptions , de bains, d'estuves, d'amphithéâtres, d'acqueducs , de colonnes , de statues, d'obélisques, de pyramides et d'autres marques de la véritable antiquité qu'en tout le reste du royaume..... Les vivres y abondent et à bon compte ; les blés y sont portés de Bourgogne par la Saône, les fruits de la Provence, et les vins du Languedoc et du Dauphiné par le Rhosne.... L'un et l'autre a des ponts remarquables tant par la beauté de leur architecture que par la difficulté de leur assiette : celui du Rhosne est long de 800 pas, soutenu de 19 grandes arcades ei de 7 petites;

a croix qui est dessus marque la séparation du Dauphiné et du Lyonnois , et une haute tour eur sert d'eschauguette (guérite) ; celui de Saône n'a que 9 arches , mais il est avantagé d'un excellent port, fort commode aux marchands et au batteliers..... Le Rhosne anobli au moyen d'une si belle alliance (celle de la Saône), abandonne Lyon et s'en va vers Vienne , dressant plusieurs isles comme autant de Mercures sur son chemin , et imite l'ambition de ces vieux conquérants qui bastissoient des villes et laissoient des colonies au pays de leurs conquestes avec leurs images et leurs devises gravées sur des marbres , pour entrer en triomphe dans les yeux et dans l'esprit de la Postérité..... »

— *Joannis Schenckii.... Observationum medicarum rariorum libri VII....* Opus.... mendis *Caroli Sponii* , med. Lugd. opera vindicatum. Lugduni, sumpt. *Joan.-Ant. Huguetan* , 1644 , in-fol. — Au bas du portrait de l'auteur de ce livre , sont deux distiques de Ch. Spon.

— *Traicté des plus belles bibliothèques...* par le P. *Louys Jacob*, Chalonois, religieux-carme. A Paris , chez *Rolet-le-Duc*, 1644, in-8 (1). — L'auteur, p. 664 et suiv. , mentionne parmi ces bibliothèques de Lyon, celle des Jésuites qui , « pour la quantité de ses livres, ne cède à » beaucoup de France ; » celles des Carmes, des Minimes , des Dominicains ; celle d'*Estienne Charpin* (2) qui en fit imprimer le Catalogue en 1555 ; — de *Gaspard de Monconys*, qui possédait aussi un beau cabinet de médailles ! — d'*Antoine de la Porte* , seigneur de *Bertha*, » homme fort bien versé en l'un et l'autre exer- » cice de Pallas ; » — de *Henry Gras* , médecin , qui « possédoit environ onze ou douze » cents volumes in-folio, et trois à quatre mille » plus petits ; » enfin celle de l'*Ile-Barbe*. — A la suite de son *Appendix*, le P. *Jacob* cite la bibliothèque de *Camille de Neufville* « qui a » près de quatre mille volumes , lesquels sont » tous richement reliés de maroquin incarnat » du Levant, avec ses armes, qui sont un che- » vron à trois croix ancrées. »

1645.

Janvier 6. *Jean-Claude Deville*, vicaire-général de l'archevêque de Lyon , procède à la bénédiction de la nouvelle église de l'*Hôtel-Dieu* ,

---

(1) Non impune vident populi , sed crine minaci
Nunciat aut ratibvs ventos , aut urbibus hostes.

(1) Il y a des exemplaires qui portent sur le titre : « A Paris , chez *Louis Chamboury* , 1655. — *Gabriel Naudé* , qui était l'ami du P. *Jacob* , donna, en 1644, une 2ᵉ édition de son *Advis pour dresser une bibliothèque*. Cet *Advis* se trouve joint à la plupart des exemplaires du *Traicté* du P. *Jacob*.

(2) Voyez son article dans la *Biographie lyonnaise* , et lisez 1558 au lieu de 1598, date que l'on y donne à la publication de l'*Ausone* dont il avait découvert le Ms. dans la Biblioth. de l'Ile-Barbe. Voyez aussi le *Recueil de documents* publiés par MM. *Morel de Voleine* et *H. de Charpin* , p. 100.

dédiée à N. D. de Pitié, et construite sur les dessins de *Jean Mimerel*, architecte et sculpteur, auquel on doit la Vierge en marbre que l'on y voit encore. En 1794, après la cessation du culte catholique, cette église fut convertie en temple décadaire. Un officier municipal venait y faire, tous les décadis, des instructions au peuple, instructions qui étaient précédées et suivies de chants patriotiques. CLAPASSON, COCHARD et CHAMBET, *Descript. de Lyon.*

Février 16. Le Consulat déclare qu'il s'oppose à ce que le sieur *Duquay* soit agrégé au Collége de médecine de Lyon : il motive ainsi sa décision : « Ce médecin professe la religion prétendue réformée; il y a déjà dans ce Collége quatre médecins de cette religion, et il en est plusieurs qui ont l'intention de s'y introduire, de sorte qu'en bref, le nombre des médecins religionnaires équipolleroit et surpasseroit celui des catholiques ; ce ne seroit raisonnable en cette ville, en laquelle il n'y a pas plus de seize ou dix-sept cents habitants de cette religion...» J. M. Voyez ci-après, année 1656, à la fin.

Février 21. Le cardinal *Mazarin* écrit au Cardinal de Lyon :

« Monseigneur, bien que je ne puisse rien ajouter à la satisfaction qu'on a ici de ce que vous avez fait à Rome pour l'honneur et le service de la France, cela néanmoins a été pour moi rien de nouveau. Je l'ay considérée comme une chose qui étoit ordinaire, à quoy V. E. ne pouvoit manquer sans abandonner son naturel. Cela a obligé la Reine de désirer que, dans l'assemblée que vous fairez tenir pour député à la Générale du Clergé, vous vous fissiez nommer ; Sa Majesté étant bien aise qu'une telle occasion luy donne le moyen de vous témoigner par elle-même l'estime qu'elle fait de votre personne, et la confiance qu'elle a en votre zèle et en votre conduite pour ce qui regarde le service du Roy et les intérêts de son Etat. Elle sera aussi bien aise que vous fassiez nommer quelque prélat pour vous être adjoint, qui soit animé du même esprit, et je pense que M. l'évêque de Chalon (*Jacques de Nucheze*) sera bien propre pour cela. Cependant j'attendray avec impatience le temps de votre arrivée à la Cour où j'auray l'honneur de vous renouveler les assurances de l'ancienne et très-véritable passion avec laquelle je suis et seray toujours, Monsieur, de V. Em., très humble et très-obéissant serviteur, le card. MAZARINI. Paris, ce XXI février 1645. »

Juin 9. Un jugement rendu par l'Intendant de Lyon, M. *Faucon de Ris*, règle la préséance entre différents officiers de la ville de Montbrison. *OEuvres d'Henrys*, livre 2, quest. 56.

Novembre 5. Mort, à Rumilly, de *Juste Guerin*, évêque de Genève, né à Tramoye, près Miribel, dans le diocèse de Lyon. Il avait été barnabite avant sa promotion à l'épiscopat, et fut sacré évêque le 25 juin 1659. BLAVIGNAC, *Armorial genevois.*

Même mois. 4. *Bertrand de Rougemont* est reçu chanoine-comte de Lyon. Il était fils d'*Hugues de Rougemont*, seigneur de Bussy, Bussières, etc., et d'*Isabelle*, fille de *Bertrand d'Albon*, seigneur de St-Forgeux, Avanges, Curis, etc.

Même mois.... *François d'Albon* est reçu chanoine-comte de l'Eglise de Lyon. — Il était fils de *François d'Albon*, seigneur de Chazeul, Sugny, etc., et d'*Antoinette*, fille de *Jean de Bigny.*

Décembre, 16. Un arrêt du Conseil d'Etat ordonne que la Reine jouira du *Comté de Forez*, sauf à pourvoir au remboursement des engagistes. — Un autre arrêt du même jour maintient la Reine dans la possession du Domaine de Forez, et condamne les engagistes à lui rendre les fruits par eux perçus. — Un 5e arrêt du 51 octobre 1647 ordonna que les engagistes du Domaine de Forez seront remboursés en six ans sur les gabelles du Lyonnois. *OEuvres d'Henrys*, livre 5, chap. 5, quest. 57.

Même mois, 21. *Thomas de Moulceau*, docteur ès-droits : avocat en parlement et secrétaire de la ville, prononce l'oraison doctorale à la cérémonie de la publication du syndicat. Voyez la *Biog. Lyonn.*, p. 200, ci-après, 19 juin 1668 et année 1680.

Même mois 25. *Roger d'Estampes* est reçu chanoine-comte de l'église de Lyon. — Il était fils du maréchal de France *Jacques d'Etampes*, marquis de la Ferté-Imbaud, et de *Catherine-Blanche*, fille de *Charles de Choiseul*, marquis de *Praslin*, maréchal de France, etc.

— *Paul Scarron* dédie à M. de *Bellièvre* (1), premier président au parlement de Paris, *le recueil de ses œuvres*, qui parurent, cette année, à Paris, en corps d'ouvrage in-4°. Voici quelques fragments extraits de sa Dédicace :

« J'ai commencé de bonne heure d'avoir pour vous beaucoup d'estime et de respect, encore que je vous le dise bien tard. Quand le feu roy vous envoya vers les princes d'Italie, le poète *Ménard* (2) dont le bel esprit a reçu plus de louanges qu'il n'en a donné, vint publier les vôtres dans la ville de Rome où j'étois alors (1); il eut si peu de peine à me persuader ce qu'il me dit à votre avantage, que j'en crus plus qu'il ne m'en disoit.... Mon inclination qui vous donnoit toute sorte de pouvoir sur moi, ne vous donnoit rien qui ne fût à vous déjà, et par un droit héréditaire, car notre maison a, de tout temps, été attachée au service de la vôtre. Mon grand-père fut aussi

(1) *Pomponne* II, fils aîné de *Nicolas*. — *Scarron* reçut de lui cent pistoles pour sa dédicace.

(2) Il s'agit ici de l'épigrammatiste *Maynard*, et non de son presque homonyme *Menard*, qui était aussi poète, et avait aussi pour prénom *François*. Maynard se trouvait à Rome pendant le séjour qu'y fit le Cardinal de Lyon, et il en a parlé plusieurs fois dans ses Lettres

bien qu'on le pouvoit être auprès du grand-chancelier de *Bellièvre* (1). Il en fut aimé durant sa vie, et regretté après sa mort. J'en sais par tradition des particularités qui ne seroient pas ici en leur place : il me suffit de vous dire que si mon père a hérité du sien, sa qualité de très-humble serviteur du vôtre, c'est en cela seulement que je me puis vanter d'être bien partagé d'avoir conservé son droit d'aînesse... La Cour n'a jamais fait d'action si généralement approuvée de tout le monde, que celle de votre promotion à la charge de premier président.... Je m'en suis réjoui autant qu'un malheureux comme moi l'a pu faire, et j'ai de plus la satisfaction de vous l'avoir prédit dans mes petits vers, il y a longtemps. Un autre se tiendroit à une prédiction si heureuse ; mais je ne crains point d'en faire une seconde, et vous dire que vous ne demeurerez pas en si beau chemin :

> Sur les pas de votre grand-père,
> Vous irez loin, si vous allez toujours.

Oui, Monseigneur, poussez votre barque ; elle porte le grand *de Bellièvre* et sa vertu (2) et j'ose dire qu'encore qu'au siècle où nous sommes, la Fortune fasse bien des siennes, elle ne sera pas si folle que de se commettre avec un mérite tel que le vôtre. Je pousserois la prédiction plus loin, si je ne craignois que mon Epître vous fatiguât à la longue ; je n'eus jamais si grande envie d'en faire une bonne ;

> Mais on ne fait guère bien,
> Lorsque l'on veut trop bien faire (3)...

Mort de *Guillaume du Peyrat*, gentilhomme lyonnais, aumônier d'Henry IV, puis de Louis XIII, historien, poète, etc. Né en 1563, il fut envoyé fort jeune à Paris, pour y faire son cours de droit, puis à Bourges, où il continua ses études sous le célèbre *Cujas*. Après avoir été substitut du procureur du Parlement de Paris, il embrassa l'état ecclésiastique, fut pourvu de différents bénéfices, et devint ensuite aumônier du Roi. Dans son premier séjour à Paris, l'amour l'avait rendu poète, et il comptait à peine vingt ans, lorsque, en 1595, il publia à Tours, les *Esbats de sa Muse*. C'était au plus fort de la Ligue ; les vicissitudes de la guerre civile le séparèrent plus d'une fois de

sa *Pirrha* (1), qui finit par lui échapper tout-à-fait, sans qu'il ait jamais pu découvrir le lieu de sa retraite. C'est sans doute cet amour malheureux qui lui fit quitter le Barreau pour l'Eglise. Nommé protonotaire du Saint-Siége, conseiller et aumônier servant d'Henri IV, fonctions qu'il conserva sous Louis XIII, il renonça pour toujours au culte des Muses pour se livrer à des études plus sérieuses. L'ouvrage qu'il nous a laissé est justement estimé ; il a pour titre : *Histoire ecclésiastique de la Cour*, ou les Antiquités et Recherches de la Chapelle et Oratoire du Roy de France... A Paris, chez *Henry Sarra*. 1645. In-fol. — La dédicace de l'auteur à Louis XIV n'est pas datée. Après y avoir rappelé qu'il a servi l'espace de vingt ans, en qualité d'aumônier, le père et le fils (Henry IV et Louis XIII), il termine ainsi l'analyse qu'il donne de ses Recherches : « Ce sont les fruits des commandements de ces deux grands monarques, et des effets de mon obéissance dont le malheur de la guerre a longtemps empêché et retardé l'impression... » Cette impression était sans doute sur le point de s'effectuer dès 1636, date que porte le privilége du Roi ; mais elle ne fut commencée qu'en 1644, car le 19 février de cette année l'auteur céda le droit qu'il pouvait prétendre à ce privilége à *Henry Sarra*, imprimeur-libraire du duc d'Orléans ; cette dernière circonstance prouve que quelques biographes se sont trompés en plaçant la mort de *G. du Peyrat* à l'année 1645 ; il faut donc la mettre avec Moréri à 1645. — A la p. 486 de ce livre est un passage que nous n'hésitons pas à reproduire : «.... Le premier prélat français qui a été honoré du cardinalat fut un archevêque de Lyon nommé Hugues (2), créé l'an 1061..... au temps du pape Alexandre II, qui, le premier, a communiqué aux Français cet honneur. Ce fut en la ville de Lyon, pendant le concile général qui y fut tenu l'an 1244, par le pape *Innocent* IV, que Sa Sainteté ordonna que les cardinaux porteroient à l'avenir le chapeau rouge ; ce fut en la même ville que le même pape, le premier de tous les papes, a béni les *roses d'or* pour en faire présent à ses amis, à la façon des anciennes eulogies des premiers chrétiens ;.... il bailla aux chanoines de Saint-Just la première rose d'or qu'il y bénit, d'où est venue la coutume observée par les papes d'envoyer aux reines nouvellement mariées, par don nuptial, une rose d'or consacrée par S. S., comme il envoie

---

(voyez p. 203, 207, 279, etc.)— Inconnu aujourd'hui, Menard était avocat au parlement de Toulouse et au présidial de Nîmes. En 1613, il publia ses œuvres dédiées au marquis d'*Ancre* (Paris, in-12). On y trouve des Sonnets, des Odes, des Elégies, une Pastorale en 5 actes, etc., etc. Ce Recueil, qui n'eut aucun succès, reparut avec un titre raffraîchi daté de 1617, et sur lequel on ne voit plus le nom du marquis d'Ancre. Voyez les publ. de 1652, *Lettres*....

(1) Voyez sur Scarron, la *Biogr. Lyonnaise.*

(2) Allusion heureuse au mot si connu : *Cæsarem fers et fortunam Cæsaris. Appien*, 1. 2. Voyez *Lucain*, 1. 5, et *Plutarque, Apophth.*

(3) *OEuvres de Scarron*, édit. de *Bastien*, tome 1, p. 149 ; —

(1) C'est aussi sous ce nom qu'il la célébra dans ses *Spicilegia poetica Parisiis*, 1601) :
Pirrha, meis oculis mihi carior...

(2) Ciaconius, auquel l'auteur renvoie, s'est trompé ; Hugues fut légat du Saint-Siége en France ; mais il est certain qu'il ne fut jamais cardinal. Voyez l'abbé du Tems, IV, 362.

Voyez les Publ. de 1665, *Traité de l'Origine des cardinaux...*

une épée bénite aux rois nouvellemént mariez...
Le premier officier de la chapelle du Roy, qui a été créé cardinal, reçut cet honneur dans la ville de Lyon, de la main du pape Clément V, l'an 1505,.... à scavoir frère *Nicolas Farinula* (1), confesseur de S. M....... Je devois ces marques d'honneur de l'Eglise cathédrale et de la ville de Lyon, pour couronner cette œuvre, à cette célèbre Compagnie (2) qui est vraiment une pépinière et un séminaire de noblesse particulièrement dédiée au service de Dieu; Je le devois à cette ancienne ville de Lyon,.... qui est le *lieu de ma naissance* (3), où mes parents et alliez ont tenu des premiers rangs, et exercé des plus grandes et honorables charges, entre autres Messire *Jean du Peyrat*, seigneur d'*Ivors* (4), lieutenant de Roy au gouvernement de Lyonnois, et lieutenant général civil et criminel en la sénéchaussée et ville de Lyon, pendant le règne de François Ier, auparavant que le siége présidial fût établi, et président au parlement de Dombes; — et messire *Humbert de Chaponay*, seigneur de l'*Isle-Méan*,.... intendant de la justice à Lyon.... »

PUBLICATIONS : L'*Aliment sacré de l'amour divin*.... OEuvre du R. P. *Louys Novarini*, chanoine régulier, trad. d'italien en françois par le P. F. I. M. *(Michaud)*, Célestin à Lyon, pour *Antoine Cellier* et *Pierre Compagnon*. 1645, in-12. —Dédicace du traducteur au R. P. *Toussainct Troussard*, prieur du couvent des Célestins de Lyon. — *Aloysio Novarini*, né, en 1594, à Vérone, où il mourut en 1650, est auteur d'un assez grand nombre d'ouvrages dont la plupart ont été imprimés à Lyon. Ses *Nuptiales aquae*, Lyon, 1640, in-fol., ont été dédiées par le libraire-éditeur, *Laurent Durand*, à *Léonor de Baillon*, seigneur de *Saillans*, baron de *Jons*, prévôt des marchands. *Novarini* n'a pas d'article dans la *Biogr. univ.*, mais il en a un dans *Moréri* tiré du tome 40 de *Niceron*.

Le Chasse-ennuy, ou *l'Honneste entretien des bonnes compagnies*, par *Louys Garon*. Paris, 1645, in-12. Voyez les Publ. de 1628 et de 1651.

Corpus Juris civilis.... Lugduni, apud *Laurentium Anisson*, 1645. 2 vol. in-fol. — Cette édition a été calquée, ligne pour ligne, sur celle de *Vitray* (Paris, 1628); mais *Anisson* a joint à la sienne un *Index* composé par *Jacques Moyrond*, lieutenant-général au siége présidial

(1) Nicolas Farinula, dominicain, mourut à Lyon le 14 février 1324, et fut enterré dans le monastère de son ordre à Rouen. Son véritable nom est *Fréauville*. Il figure sous ce dernier nom et sous celui de *Farinula* dans le Moréri de Hollande.

(2) Le Chapitre de l'Eglise primatiale de Saint-Just.

(3) Aujourd'huy *Ivours*. (Voyez les *Inscriptions antiques de Lyon*, par A. de Boissieu, p. 62). — *G. du Peyrat* est entré dans de longs détails sur *Jean du Peyrat* nous y renvoyons nos lecteurs.

(4) Voyez LE LABOUREUR, *Mazures*, II, 285, et la *Biogr. Lyonn.*, p. 65.

de Lyon. — *Laurent Anisson* est le premier de son nom qui se soit distingué dans l'art de l'imprimerie; il avait acquis, en 1641, les ateliers d'*Horace Cardon*.

Le Jeusne célébré par ceux de la prétendue religion réformée, en leur temple du village de S. *Romain-lès-Cozon*, le jeudy 4 du présent mois de may, déclaré contraire au texte de la parole de Dieu..... A Lyon, par *Claude Cayne*; 1645, in-12. — L'auteur de ce livre est le médecin *Lazare Meyssonnier*, protestant converti, qui l'a dédié à *Guillaume d'Albon*, doyen de l'Eglise de Saint-Jean, lequel avait été son parrain lorsqu'il reçut « l'efficace de la confir- » mation » par la main du Cardinal de Lyon. *Meyssonier* nous apprend, p. 14, que les prétendus réformés, qui, depuis plus de dix ans, sont à *Saint-Romain*, n'ont pu persuader à un des moindres paysans de quitter l'Eglise romaine, et qu'ils ont même été contraints de se servir d'un catholique « pour être le concierge » de leur temple. » Leurs ministres ont voulu, dit-il, que, pour que toute la ville de Lyon sût que leurs sectateurs jeunoient, ceux qui avoient des boutiques les tinssent fermées, et que, s'ils avoient choisi un jeudi, c'était contrairement à la tradition de l'Eglise primitive, où l'on ne jeûnoit que les mercredis, les vendredis et les samedis (1). — En ce temps-là, il existait près de Lyon, un paysan nommé *Maître Isaac* qui s'était rendu fameux par d'heureuses réparties. Le ministre du prêche de *Saint-Romain* étant entré en conversation avec lui sur la religion, lui dit: « Une preuve que la religion » romaine n'est pas si chérie de Dieu que celle » que je professe, c'est que le tonnerre tomba » l'autre jour sur l'église de votre village, et » notre prêche qui n'en est pas fort éloigné, fut » préservé. » — *Monsieur le Ministre*, lui répondit Isaac, *le diable serait bien fou de brûler sa maison*. — Un partisan, qui ne le connaissait point, insultait devant lui à l'ignorance des gens de la campagne et prétendait qu'ils n'avaient aucune connaissance des mystères de la religion. « Par exemple, dit-il, en s'adres- » sant à *Isaac*, je parierais, mon ami, que tu » ne sais pas combien il y a de dieux. » *Plût à Dieu*, répondit Isaac, *qu'il n'y eût pas plus de partisans!* » (Voyez l'*Art de désopiler la rate*, II, 122, édition de 1775). — Cette autre répartie qu'on lit (p. 255 du même volume), est sans doute aussi de Maître Isaac : « Un paysan à qui un huguenot demanda si Jésus-Christ était dans l'hostie, lui dit que la foi le lui persuadoit. « Mais l'as-tu vu, dit le protestant? » Le paysan lui montrant un moulin à vent, demanda au questionneur: *Qui est-ce qui fait aller ce moulin?* — « C'est le vent. » — *Le voyez-vous*, dit à son

(1) Voyez sur un jeûne ordonné par les ministres *Viret* et *Ruffy*, aux protestants de Lyon, en 1565, pendant le siége de Malte, COLONIA, *Hist. litt.*, II, 694.

tour le paysan ? »

Les Œuvres du sieur Théophile.. dédiées aux beaux esprits de ce temps. A Lyon, chez *Jean Huguetan.* 1645; in-8°. — Théophile était alors le poëte à la mode; il devait sa grande renommée nom moins à ses vers qu'à ses malheurs. Ses ennemis les plus acharnés contre lui furent, s'il faut l'en croire, les Jésuites. Le P. *Guerin*, dit-il dans sa *Requeste au Roy*, « préchoit que la justice humaine m'immoleroit à *Loyola*. » Il rapporte, dans son *Apologie*, que ce même Père criait en chaire : « Lisez le P. *Garassus*; je vous dis que vous le lisiez et vous n'y manquiez pas; c'est un très-beau livre (1). » — Chorier nous a laissé, dans sa Vie de Boissat, de curieux détails sur les derniers jours de Théophile et sur son repentir. M. *Durozoir*, auteur de la notice sur ce poète insérée dans la *Biogr. univ.*, s'est permis, on ne sait pourquoi, de remanier le quatrain qui contient une si heureuse comparaison entre le cheval d'Henri IV et celui d'Alexandre; le voici tel qu'on le lit dans la *Bibliothèque françoise* de l'abbé Goujet :

> Petit cheval, joli cheval,
> Doux au montoir, doux au descendre,
> Bien plus petit que Bucéphal,
> Tu portes plus grand qu'Alexandre.

Ce charmant impromptu manque dans l'édition elzévirienne publiée par M. Jannet, et c'est par erreur que l'on y a donné place au sixain suivant qui appartient à Linières:

> Un jeune abbé me crut un sot
> Pour n'avoir pas dit un seul mot ;
> Ce fut une injustice extrême,
> Dont tout autre aurait appelé ;
> Je le crus un grand sot lui-même,
> Mais ce fut quand il eut parlé.

Le P. du Cerceau a traduit en beaux vers latins les Stances de Théophile sur l'Aurore. Voyez les Publ. de 1650, de 1668, de 1677 et 1678.

— *Hipparque, du Religieux marchand,.....* par *Réné de la Vallée* (masque de *Théophile Raynaud*, traduit en françois par un ami de l'auteur (*Tripier*, précepteur des enfants naturels du duc de Savoye), 1645, in-8° s. n. de v. ni d'impr. Voyez les Publ. de 1642, *Hipparchus....*

Poterii (Petri)..... Opera omnia medica et chymica. Lugd., sumpt. *Joan.-Ant. Huguetan*, 1645, in-8°. — *Huguetan* dédia ce volume à *Jacques Sarasin*, médecin du roi, qui, durant son dernier séjour à Paris, l'avait guéri d'une fièvre dont il faillit mourir. *Guy Patin*, auquel *Charles Spon* en avait envoyé un exemplaire, lui écrivit le 20 janvier que de tels livres serviraient plutôt à faire des charlatans que des grands docteurs.

(1) Le P. *Garasse* s'était attaché à démontrer dans sa *Doctrine curieuse*, que Théophile était un athée. Je ne sais si on a remarqué que *Pierre Pomponace* et *Paléarius* qui, avant Théophile, avaient aussi écrit sur l'immortalité de l'âme, furent taxés d'impiété.

Ranchini (Francisci) Tractatus posthumi de morbis ante partum, in partu et post partum, et de Purificatione rerum infectarum post pestilentiam. Lugd. 1645, in-8°. — Il faut ajouter à l'article RANCHIN dans la *Biogr. univ.*, que ce médecin légua sa bibliothèque aux Capucins de Montpellier. — Je ne sais qui a dit que *les bibliothèques des Capucins* se sentent toujours un peu de la pauvreté dont ils font profession.

Vie de Messire Antoine Roussier, prestre, cathéchiste-missionnaire ès provinces de Lyonnois, Forest et Auvergne, par *Gabriel Palerne*, sieur *de Sardon*. A Paris, chez *Louys Boulanger*, 1645, in-12. — L'abbé *Roussier*, né à Saint-Etienne en Forez vers 1585, mourut à Saint-Symphorien-le-Château le 26 mars 1659. Une seule particularité digne de remarque, consignée dans sa vie, c'est que lorsqu'il assistait au sermon, il se couvrait chaque fois que le prédicateur s'avisait de parler de *Jupiter*, d'*Alexandre* et de *César*. Voyez les *Archives du Rhône*, V, 145.

ECHEVINS pour 1646 et 1647 ; *Remond Several, François Basset, Pierre Cholier et Barthélemy Honorat.*

Janvier 4. Le Consulat arrête qu'un nouvel Hôtel-de-ville sera construit sur la place des *Terreaux*, et que, pour se créer des moyens de subvenir à cette dépense, on vendra l'Hôtel de ville actuel, mais que l'on en conservera la jouissance pendant quatre ans. — L'adjudication en fut tranchée à Noble *Jean-Louis Bonnet*, au prix de 52 mille livres. J MORIN. — Voyez ci-après, 5 septembre.

Février 14. Mort, à Rome (et non à Rouen), du P. *Antoine Millieu*, jésuite, né à Lyon, en 1575, auteur d'un poème en 28 livres intitulé *Moses viator*. Voyez les Publications de 1656, sajoutez à ce que nous avons dit sur le vers tesouvent cité, *Hinc indè attoniti liquido stant de marmore pisces*, le couplet suivant d'une chanson de Voiture :

> Nous vîmes dedans la nue
> La tour de Mont-le-Héris
> Qui, pour regarder Paris,
> Allongeoit son col de grue,
> Et, pour y voir vos beaux yeux,
> S'élevoit jusques aux cieux.

On lit, p. 10 des *Voyageurs inconnus* : « Le château (de Fontainebleau) sembloit hausser son comble par-dessus « les arbres du parcq pour nous voir passer. » Voyez ci-après, année 1652.

Même mois 18. Mort de *Jean Terrasson*, 5° du nom, (auteur de la branche aînée des *Terrasson*), fils d'*Antoine*, écuyer, né le 30 mai 1598. — Il fut marié trois fois; on ignore le nom de sa première femme ; il épousa en secondes noces *Bonne de Palerne*, fille de *Jean*, conseiller au parlement de Dombes ; en troisièmes noces, *Claire de Loiruvère*, qu'il laissa enceinte quand il mourut. Il fut inhumé dans l'église de Sainte-Croix, auprès de sa seconde femme. On voit par son testament, fait cinq jours avant son décès, qu'il jouissait d'une fortune honnête; car, outre la maison acquise à Chatelus par son ayeul, qu'il avait conservée, il laissa deux domaines considérables qu'il avait achetés dans les villages de Chavannes et de Fleurieu, près de Lyon, etc. Il fit beaucoup de fondations et de legs pieux, donna des légitimes honnêtes à ses quatre filles, et institua héritier universel *Jean IV*, son fils aîné, qu'il avait eu de sa seconde femme. Il fit un legs à *François*, qu'il eut de la troisième. Voyez La Chenaye Desbois, *Dict. de la noblesse*, XII, 602, et ci-après, année 1684.

Mars 12. Le Consulat écrit à M. *Desargues* (1), à Paris :

« Monsieur, ayant résolu de construire un nouvel Hôtel-de-ville, jouxte la place des *Terreaux*,.... nous en avons fait dresser quelques dessins; mais, comme en ouvrages publics, il est bien à propos de consulter les intelligents au fait de l'architecture, vous, étant de ce nombre et des plus capables, nous avons estimé devoir vous les communiquer; et d'autant plus qu'étant enfant de cette ville et notable bon patriote, nous nous sommes prévenus que vous ne nous dénieriez pas la faveur que nous vous demandons de vouloir considérer lesdits dessins et ce que le sieur *Maupin*, voyer de cette ville, que nous envoyons expressément, vous fera entendre tant de la situation du lieu où nous désirons faire la construction que des logements dudit Hôtel-de-ville ; et, s'il y avoit quelque chose à dire aux dessins, de les réformer et même d'en dresser un nouveau....» — Le 24 avril suivant, le Consulat écrivit à M. *Chanu*, son chargé d'affaires à Paris : «... Votre lettre du 20 de ce mois nous apprend le retour du sieur *Maupin* et l'expédition du plan du sieur *Mercier*, nous souhaiterions que celui du sieur *Desargues* fût fait; priez-le de notre part de nous l'envoyer,... et aussitôt nous travaillerons à mettre à exécution le dessin que M. le marquis de *Villeroy* aura approuvé, et baillerons les prix-faits convenables....» — Le 4 mai suivant, le Consulat écrivit à M. *Chanu* : «.... Nous attendons, suivant que vous nous le faites espérer par votre lettre du 27 passé, le plan du sieur *Desargues*; et puisqu'il doit le faire voir à M. le marquis de *Villeroy*, nous vous prions de savoir dudit seigneur son sentiment, d'autant qu'il nous a écrit qu'il était d'avis qu'on se tînt au dessin du sieur *Mercier*; nous souhaitons savoir s'il persévèrera dans cette opinion après avoir vu celui du sieur *Desargues*...» A. M., copie de C. B.

Même mois 16. On donne sous cette date, dans le *Recueil des anciennes lois françaises*

publié par M. *Isambert*, des lettres patentes relatives à l'exécution d'un bref d'Innocent X, qui commet les évêques de France pour juger un *évêque de Lyon*. — L'évêque, qui devait être jugé par ses pairs, n'est pas celui de Lyon, mais c'était celui de *Léon* qui se nommait *René de Rieux*. Voyez les *Mém. du Clergé de France*. tome 2, p. 427.

Avril 26. Mort de *Philibert de Bonnay*, fils de *François*, chevalier, seigneur de *Vaumas*, et de *Marie*, fille de *Jean de Damas*. — Nommé chanoine-comte de Lyon, en 1595, par brevet d'Henri IV, il ne fut reçu par le Chapitre que le 25 décembre 1596. — Le lendemain de sa mort, il fut ensépulturé sur le soir, sans cérémonies, dans la chapelle des comtes de *Gaste*. Voyez Quincarnon sur Saint-Jean, p. 55 et 98.

Mai 5. Le Consulat accorde 12000 livres aux *Pères Jésuites* pour la construction de la salle des déclamations et actes publics du Collége de la Trinité (1), et 8000 livres à l'Hôtel-Dieu pour la confection du portail et de la nef de son église. — Le 23 février 1651, le Consulat ajouta 2,000 livres aux 8,000 livres précédemment données à l'Hôtel-Dieu, à condition qu'il serait élevé et apposé au-dessus du portail une figure de Notre-Dame de Pitié, avec les armes de la ville seulement, et non d'autres. J. MORIN.

Même mois 6. *Camille de Neufville*, abbé d'Ainay, est nommé lieutenant de Roi au gouvernement de Lyon, en remplacement de M. *de Bury*, qui avait succédé, dans cette charge, au marquis de *Saint-Chamond*, son père. Voyez ci-après au 5 septembre 1647, et au 10 septembre 1649.

Même mois 8. Le Cardinal *Barberin*, non moins satisfait de la Cour qu'elle de lui, partit pour Lyon, il fit un assez long séjour. Le 4 octobre, jour de Saint-François d'Assises, il donna, dans l'église des Recollets, la communion à tous les religieux et à un grand nombre de personnes. Il habita le château du *Perron*, avec son neveu *Charles Barberin*. Ils étaient venus en France avec D. *Thadée*, préfet de Rome, et quatre de ses enfants, pour fuir la persécution qu'on leur préparait au Vatican. *Gazette de France*, p. 946 et 1052.

Même mois 12. Par un acte en date de ce jour, les *Recollets* de Saint-Genis-Laval reconnaissent pour leurs fondateurs les chanoines-comtes de Lyon. — L'établissement de ces religieux ne remonte qu'à l'année 1605 ; le Chapitre leur abandonna le terrain sur lequel ils firent bâtir leur couvent, à la seule condition de faire à perpétuité un service à la mort de chaque comte de Lyon. Aujourd'hui, ce monastère, converti en maison de plaisance, est la propriété de M. *Pras*, ancien juge de paix à Lyon.

---

(1) *Gérard Desargues*, un des plus habiles architectes de son siècle, né en 1593, mort vers 1662. Voyez les *Publ.* de 1636, *Traité de la perspective....*

(1) C'est dans cette salle que le démagogue Chalier avait établi son Club central, en 1793.

Mai 18. Le Consulat écrit à M. *Desargues:* « Monsieur, nous avons reçu le dessin qu'il vous a plu prendre la peine de tracer pour l'Hôtel commun de cette ville.... Nous vous rendons grâces très-affectionnées du soin particulier que vous y avez apporté, et de tant plus que nous y avons trouvé les productions ordinaires de votre bon esprit et de vos lumières pour rendre cet ouvrage plausible et selon qu'il est à souhaiter pour l'ornement de cette ville et la commodité et l'usage auquel il est destiné. Nous voudrions qu'il se présentât une occasion en laquelle nous puissions vous témoigner notre ressentiment; nous n'épargnerions rien qui dépendît de nous à cet effet ; vous priant, etc. » Copie de C. B. suivie de ce *nota:* « On n'a pas trouvé qu'il ait été offert aucun » don ou récompense par la ville à M. *Desar-* » gues, sinon la lettre de remerciment ci-dessus. »

Juin 8. Le régiment lyonnais ayant pour capitaine et major-commandant le sieur *de la Pace*, se distingue dans le second combat livré devant Orbitello, et gagné par le prince *Thomas*, général des armées du roi en Italie. *Gaz. de Fr.*, p. 621.

Septembre 5. Pose de la première pierre fon⁻damentale de l'Hôtel commun par *Camille de Neufville*, abbé d'Ainay et lieutenant-général pour le roi au gouvernement de Lyon. L'inscription faite à cette occasion a été insérée dans le procès-verbal que fit dresser le Consulat; ell se termine par ces vers :

Hic tumulata licet quae servo nomine vivent,
    Et quamvis tectum fama oculata leget
In me nil poterunt secla invidiosa, nec unquam
    Fascibus appositis marmora fulta ruent.
Quare, age ! qui patrum splendorem et publica curas
    Obrue me, et magnum conlice consul opus.

Même jour. Une inscription sous cette date rapportée par le P. Menestrier, dans son *Eloge historique de la Ville de Lyon*, nous apprend que le Consulat avait fait construire des *fontaines alimentées par le Rhône*; mais, nous dit-il, l'inégalité des crues et des décroissements du fleuve rendirent l'entreprise inutile, et il n'en resta que l'inscription. Voyez P. de Lumina, *Abrégé chronol.* p. 275, et les *Ephémerides* de Septembre, tome 2 de la *Revue du Lyonnais.*

Novembre 16 le Roi écrit au Cardinal-archevêque de Lyon :

Mon Cousin, comme la bénédiction et l'assistance divine paroissent de plus en plus sur mes desseins, et nouvellement en la conquête que mes Cousins, les sieurs de *la Meilleraye* et *Plessis-Praslin*, maréchaux de France, mes lieutenants-généraux en mon armée navale et en celle de terre employées aux mers de Levant, ont faite de la place et forteresse de Portolongone, ensuite de la ville, château et citadelle de Piombino, je reconnais être singulièrement obligé de rendre grâces à Dieu d'un si glorieux et avantageux succès pour la force et la conséquence de ladite ville et forteresse de Portolongone ; c'est pourquoi j'ai bien voulu vous faire cette lettre pour vous dire par l'avis de la Reine régente Madame ma mère, que mon intention est que vous fassiez célébrer le *Te Deum* en votre église cathédrale et aux autres de votre diocèse, pour rendre grâces à Dieu de ce nouvel avantage, et fassiez avertir tous ceux qu'il conviendra, et les convier d'y assister et joindre leurs ressentiments aux miens, et louer Dieu de tant de grâces qu'il me fait ; de quoi me reposant sur vos soins et affection accoûtumés pour ce qui regarde mon contentement et service, je prie Dieu qu'il vous aie, mon Cousin, en sa sainte et digne garde. Ecrit à Paris, ce XVIe Novembre 1646. Signé Louis, et plus bas le *Tellier.* « B. L., copie de C. B.

Décembre 15. le Consulat permet de construire des boutiques le long de l'église de *Saint-Nizier*, à la seule condition que ces boutiques porteraient à toujours les armes de la ville de Lyon. — Le produit des loyers sera destiné à subvenir aux frais d'entretien de l'Eglise, aux honoraires du prédicateur durant le carême, etc. — 500 livres seront fournies par le Consulat pour l'établissement de la première boutique. J. MORIN. Voyez ci-dessus, 50 Avril 1560. Conf. *Lyon anc. et mod.* tome 2, p. 288

Même mois 17. *Antoine François de Simianes* est reçu chanoine-comte de Lyon en remplacement de *Laurent de Simianes*, qui avait été reçu en 1592, mort le 24 septembre de cette année.

Même mois 18. Mort de *Claude Ferrier*, prêtre perpétuel de l'Eglise de Saint-Jean, lequel légua une partie de ses biens à l'Aumône générale et à l'Eglise de Fourvière. *Biogr. Lyonn.*

Même mois 27. le Cardinal de Lyon écrit à *Vincent Carafe*, Général des Jésuites (1) :

« .... J'apprends qu'on vous a persuadé qu'il étoit à propos d'éloigner le P. *Gibalin* (2) d'ici, et je ne doute pas que, pour ce faire, on ait pris quelque prétexte reluisant et spécieux. J'ose néanmoins vous assurer que ceux qui s'en sont mêlés n'ont pas agi avec toute la sincérité requise à des personnes de leur robe et de leur profession ; pour ce qu'ils veulent qu'on croie qu'ils l'ayent fait pour le bien de leur Compagnie, il est clair qu'il est non seulement à propos, mais nécessaire qu'une personne de ce poids et de ce mérite soit en une ville comme celle-ci, qui, par sa situation, son commerce, et la nécessité de son passage, se rend considérable à toute la France et à tous les étrangers qui y viennent pour y faire séjour ou pour y passer seulement. Si leur intention a été

(1) Cette lettre est suivie d'une traduction en italien il est assez probable que c'est en cette dernière langue qu'elle fut adressée au P. Carafe. La vie de ce général, écrite en italien par *Daniel Bartoli*, a été traduite par *Thomas le Blanc* ; Lyon, *Michel du Han*, 1683, in 8. —

(2) Voyez son article dans la *Biogr. Lyonn.*

de me désobliger, dautant que, depuis la mort du P. Milliet (5), c'est le seul (religieux) duquel je me sers et en qui je prends une entière confiance; quoique les autres soient personnes revêtues de quantité de bonnes qualités; il leur aura réussi; mais je n'estime pas que c'en soit l'avantage, vu que je suis si peu de chose que, si j'en veux témoigner un juste ressentiment, je ne lui cause de la douleur en un temps même où, par malheur ou autrement, quantité d'autres personnes s'en plaignent hautement. Témoignez-moi, je vous prie, en cette occasion, en laissant ce père auprès de moi, la bonne volonté que vous me promîtes, lorsque vous fûtes nommé Général, afin que je continue à servir votre Compagnie comme j'ai fait jusqu'à présent, et à lui servir de rempart en plusieurs occasions.... »

Le Chapitre de Saint-Jean vendit, cette année, l'*Hôtel de Flechères*, et spécifia expressément dans le contrat que cet Hôtel était dans la juridiction totale du Chapitre, suivant un procès-verbal du 24 Juillet 1644.

Passage et séjour à Lyon de *Gabriel Naudé*, bibliothécaire du Cardinal *Mazarin*. — Le marquis de *Villeroy* lui donna sept ou huit balles de livres qui provenaient de la bibliothèque du Cardinal *de Tournon*, qui avait été gouverneur de Lyon de 1536 à 1540, et qui mourut archevêque de cette ville, le 22 Avril 1562. Voyez Le *Mascurat*, p. 254. — Les livres donnés à Naudé étaient probablement dans le palais du Gouverneur; mais de quel droit le Marquis de *Villeroy* en priva-t-il la ville de Lyon, pour les donner à *Mazarin* ?

Publications : *Apologie de Lazare Meyssonnier*, conseiller et médecin ordinaire du Roy... A Lyon. On les trouve au logis dudit sieur Meyssonnier, en la grande rue de l'Hôtel-Dieu, vis-à-vis la Bourse, à l'enseigne de la Petite-Nostre-Dame. 1646. In-12. — Depuis sa conversion, Meyssonnier était en butte aux calomnies et aux invectives des Calvinistes qui le traitaient de « bouche infecte, d'animal venimeux, de » loup garou, de bouc infernal, etc., etc. » Il se réjouit du parti qu'il a pris, et termine son Apologie en déclarant à ses antagonistes que « de tous ses titres, il n'en a point de plus avan- » tageux que celui de *Converti.* » — Guy Patin, qui était à moitié huguenot, écrivait à *Charles Spon*, le 2 juin 1645 : «... Pour votre *Meyssonnier*, je sais bien qu'il est fou, il y a longtemps.... Quand il parle de Rome, c'est qu'il s'imagine qu'on feroit grand état de lui en ce pays-là. Je serois d'avis qu'il y allât lui-même montrer son nez, sa femme et ses livres. Il y pourroit paroître comme un âne entre des singes, car ils sont bien plus fins que lui dans ces quartiers-là... » Dans sa lettre du 12 avril précédent, *Patin* dit que Meyssonnier battait

sa femme et la laissait mourir de faim. Voyez aussi sa lettre du 17 décembre 1646.

La Sainte Bible.... traduite.... par les Docteurs... de Louvain... A Lyon, chez *Pierre Bailly*. 1646. In-4. Fig. à 2 col. — L'approbation datée de Lyon le 5 déc. 1615, est signée par F. *Robert Berthelot*, évêque de Damas ; — F. *Estienne Carta*, docteur en théologie et prieur de N. D. de Confort ; — F. *Aymé Besson*, prieur des Augustins de Lyon, — et par *Bernardin Molliaisson*, gardien du Couvent de N. D. des Anges. — La permission du grand-vicaire de Lyon est signée *Meschantin* (sic) *La Fuye*, V. G.

Dictionnaire nouveau français-latin... composé, et recueilly par le P. *Charles Pajot*, de la Comp. de Jésus. 5e édition. A Lyon, chez *Guichard Jullieron*. 1646. In-8. — Baillet (*Jugem. des Sav.*, II, 555) dit que le P. Pajot savait le français comme un étranger nouvellement entré dans ce royaume, et Goujet ajoute que l'on en conviendra sans peine si l'on veut parcourir seulement son Dictionnaire et son *Apparat de Cicéron mis en françois*. Publié pour la première fois, si je ne me trompe, à La Flèche, en 1656, in-4, ce Dictionnaire, malgré son imperfection, eut un très grand succès, et fit oublier celui de *Nicot* (1); mais vint ensuite celui du P. *Pomey*, dont la première édition parut en 1670, et qui ayant été adopté dans tous les Colléges, y fut assez longtemps en usage, de préférence à ceux qui avaient eu la vogue auparavant. Voyez ci-après les Publ. de 1670 et de 1680.

Philosophia per propositiones digesta, propugnatas ab Hieronimo de Murard in Collegio Societatis Jesu Lugduni. Anno M.DC.XLVI. In-fol. de 240 pp. — Au verso du titre, sont les noms des présidents et conseillers de la Cour des monnoies auxquels cette Thèse est dédiée, et, en regard, une planche gravée par *Claude Audran*, où sont représentées, et soutenues par des génies, les armoiries des 21 magistrats de cette Cour. Il y eut trois autres tirages de cette Thèse pour chacun des trois autres élèves qui avaient argumenté ; ils sont identiques pour l'énonciation des propositions, mais différents par la souscription et la dédicace. Sur le titre du premier, on lit *à Petro Mal-*

<hr>

(3) Voyez ci-dessus au 14 Février.

(1) Ajoutez aux éditions de *Nicot* que nous avons citées sous l'année 1607, celle de Lyon, *Jean Pillehotte*, 1609, in-8 d'environ 1500 pages, imprimée par *Claude Larjot*, enrichie de plus de six mille *dictions* ou phrases françoises, par *Pierre Marquis*, estudiant ez lettres humaines au Collége du Dauphin, à Vienne (B. d'A. *de Terrebasse*). Dans sa Dédicace à *Pierre de Villars*, « naguères archevêque et comte de Vienne, » le jeune estudiant nous apprend qu'il avait eu pour collaborateur un mentor qui lui désignait *certains mots* qui devaient être exclus de son lexique. Nous ajouterons que, dans cette Dédicace, *Pierre Marquis* dit que ce fut à la prière de Pillehotte, qui était l'ami de son père, qu'il se chargea de ce labeur.

tel Lugdunensi, et, sur ce titre, sont les armoiries de *Nicolas de Neufville*, marquis de *Ville-roy*, gouverneur de Lyon, et, au verso, la dédicace de l'élève à ce magistrat, à *Camille de Neufville*, abbé d'Ainay, et à *Jacques de Neuf-ville*, abbé de Saint-Malo ; — sur le titre du second, on lit : à *Francisco Regnauld*, et, sur ce titre, sont les armoiries du Cardinal *de Ri-chelieu*, archevêque de Lyon, et, au verso, la dédicace de l'élève à ce prélat; — enfin, sur le titre du troisième, on lit à *Joanne-Baptista Buisson*, et, sur ce titre, sont les armoiries de *J.-L. Faucon de Ris*, intendant de Lyon, et, au verso, la dédicace de l'élève à cet intendant. Les armoiries de ces trois tirages gravées aussi par *Audran* font honneur à son burin.

Pratique du droit canonique,... par *Estienne Bauny*... Lyon, *Laurent Anisson*, 1646, in-8. — La plupart des ouvrages du P. Bauny ont été imprimés à Lyon ; malgré l'estime dont ils ont joui au 17e siècle, le nom de leur auteur serait probablement mort avec eux, si Pascal, Despréaux et Montesquieu ne lui eussent donné un brevet d'immortalité, le premier, dans ses *Provinciales*, le second, dans son *Lutrin*, et le troisième, dans la 142e de ses *Lettres persanes*. Un passage curieux de sa *Somme* est rapporté dans le tome 2e, p. 246 du *Chef-d'œuvre d'un Inconnu* (édition de 1807). Il a une notice dans la *Biographie* de MM. Didot, et dans la Bibliothèque des écrivains de sa Compagnie par les P. P. de Backer; mais il a échappé à Moréri et à la *Biogr. universelle*.

Question célèbre. S'il est nécessaire ou non que les filles soient sçavantes ; agitée de part et d'autre par Mademoiselle *Anne-Marie de Schurman*, Hollandoise, et le sieur *Henry Rivet*, poitevin, le tout mis en françois par le sieur *Colletet*. A Paris, chez *Rolet le Duc*, 1646. in-8. — Si nous faisons mention de ce livre, c'est parce que l'on y trouve (p. 99 à 115) une traduction faite par *Paul Jacob*, avocat à Lyon, de l'Eloge de M⁽ˡˡᵉ⁾ Schurman tiré de la *Biblioth. latine des femmes illustres qui ont écrit*, publiée par *Louis Jacob de Saint-Charles*, Carme de Châlon. — On a encore de *Paul Jacob* une version de la *Rhétorique à Hérennius* insérée dans le tome 1ᵉʳ du *Cicéron de Duryer*.

Raynaudi (*Theophili*) *Heteroclita Spiritualia*... (*Lugduni*). 1646. In-4 (1). — Ce traité roule sur plusieurs pratiques extraordinaires de dévotion que l'ignorance, la superstition et le relâchement avaient introduites dans la religion. Voyez les *Lettres de Patin à Spon* du 21 oct. 1644 et du 5 nov. 1649.

Le Triomphe des bergers, par *Louis-Jaquemin Donnet*, prestre de Sainct-Geneys de Malifaut en Forest. A Lyon, par la *vefve de Louis Mu-guet*. 1646. In-4. — Ce poème dialogué a pour sujet la Naissance de Jésus-Christ. — Mgr. *Donnet*, cardinal archevêque de Bordeaux, né à Boug-Argental, en Forez est probablement un des arrière-neveux du prêtre de Saint-Genest-de-Malifaut.

La Vraye histoire de Francion, composée par *Nicolas du Moulinet*, sieur *du Parc*.... A Rouen, chez *Jean Berthelin*. 1646. In-12. — *Charles Sorel* (1) est l'auteur de ce roman, qui parut pour la première fois en 1622, et qui, en 1664, comptait déjà plus de 60 éditions, « outre qu'il avait été traduit en différentes langues. » C'est ce que lui-même nous apprend page 174 de sa *Bibliothèque françoise* (édit. de 1664). L'apologie qu'il fait de cette Histoire, et la chaleur qu'il met à répondre à ceux qui lui reprochaient sa trop grande licence, font assez voir que c'est un père qui plaide la cause de son enfant. Si nous enregistrons ce livre dans nos Documents, c'est parce que la scène la plus divertissante que l'on y trouve, se passe dans un village assez proche de Lyon. Le héros du roman s'y voit, malgré lui, obligé de faire le charlatan et de répondre à toutes les demandes que lui font les villageois. — Apprenez-moi, lui dit un charretier, une invention pour n'être jamais pauvre ? — « Travaille, répond » Francion, pour des gens qui te payent bien; » ne prête rien à ceux qui n'ont pas envie de » rendre, et enterre tous les jours un sou dans » ta cave; tu en trouveras au bout de l'année » 566. » — Je suis marié depuis peu, lui dit un autre, à une jeune femme qui me suit partout; je voudrais bien savoir pourquoi. — « C'est que tu vas devant, répond Francion. » — L'expédient que donne le faux charlatan à un mari pour s'assurer si sa femme ne lui a pas fait quelque infidélité a fourni à feu M. Castellan (1), de la Société littéraire de Lyon, le sujet d'un conte intitulé *le Museau de chienne* inséré dans l'*Almanach des Muses de Lyon* de 1822, p. 6 — 10. Sorel publia, cette même année, une nouvelle édition de son *Berge. extravagant* (Rouen, J. Berthelin, 2 vol. in-12). Un des personnages de ce roman est lyonnais; c'est *Carmelin*, valet du *Berger*. L'auteur, dans son huitième livre, lui fait raconter ses aventures ; nous n'eussions pas hésité à reproduire ce plaisant récit s'il n'eût pas contenu quelques passages un peu trop graveleux.

1647. *Février 5*. Mort de M. *Bernard*, dit *de Roanne*, perpétuel de Saint-Jean, âgé de 98 ans. — « A son inhumation, assistèrent 17 comtes;

---

(1) *Castel. Falconet*, n. 1204, Niceron, XXVI, 270, cite une édition de Grenoble, 1647, in-8. Il y en a un de Lyon, *Sumptibus Antonii Cellier*, 1654, in-4.

(1) Ce second écrivain se disait de la même famille que la belle Agnès, dont il a fait l'apologie dans un de ses romans, *la Solitude et l'Amour philosophique de Cléomède*. Paris, 1640, in-4, p. 172 et 326. Sorel p. 372 de sa *Bibliothèque française*, dit que « ce » livre est un de ceux où il a pris le plus de peine et de » plaisir tout ensemble.

(1) Ce littérateur, né à Carpentras en 1877, est mort le 1ᵉʳ mars 1853. Voyez sa Nécrologie, tome 6, p. 137 de la *Revue du Lyonnais*, 2e série.

l'un d'eux porta l'étole et mit le corps en terre; on célébra la messe à Sainte-Croix, où furent allumés des cierges blancs; les perpétuels officièrent. » QUINCARNON sur *Saint-Jean*, p. 117. — Un chapelain perpétuel du même nom, *Jean Bernard*, mort le 6 février 1617, fut inhumé dans la chapelle de la Manécanterie où sa pierre tumulaire est à gauche en entran dans cette chapelle. — Deux auteurs de ce nom ont été omis dans la *Biographie Lyonnaise*: *George Bernard*, avocat à Lyon, lequel a une notice dans Moréri, et *Antoine Bernard*, dont il nous reste quelques poésies, et notamment deux Odes publiées en 1654 et 1655. L'un de ces Bernard était probablement l'aïeul de la célèbre *Julie-Adélaïde Bernard*, née à Lyon le 4 décembre 1777, mariée, le 24 avril 1795, à *Jacques-Rose Récamier*, son oncle, morte à Paris, le 10 mai 1849. Elle était fille de *Jean Bernard*, notaire, rue de la *Caye*, et c'est dans cette même rue que demeurait, à la fin du 16° siècle, le notaire *Benoist du Troncy*, si connu par son *Formulaire fort recréatif de tous contracts*. Voyez sur ce curieux livre, nos *Documents*, années 1594 et 1610.

Même mois 4. Une lettre sous cette date, écrite de Rome par *Nicolas Poussin*, et adressée à M. *de Chantelou*, secrétaire du duc d'Enghien, nous apprend que cet illustre artiste correspondait alors avec un habitant de Lyon nommé *Thibaud*, qui avait séjourné à Rome. Voyez les *Lettres de N. Poussin*, p. 254, et ci-dessus, année 1656.

Avril 7. Siméon Courtaud, médecin à Montpellier, écrit a *Charles Spon*, médecin à Lyon :

«.... Etant averti que M. *Seigneuret* vous a remis quelques exemplaires de la Réponse que j'ai faite à l'auteur du *Navicula solis* (1), sous le nom de notre bedeau, à laquelle j'ai donné pour titre *Cantharus in luto*, il faut que vous en sachiez le dessein.... — Cet auteur est le sieur *Patin* que j'ai reconnu incontinent à la patte. J'ai répondu en raillant, et le fondement de la raillerie est un (sic) rencontre qui lui arriva devant le Palais-Royal : Les gardes le voyant venir de loin à cheval, un d'eux se mit à crier : *Voici le diable* ! J'ai bâti sur cela tout le reste du dessein ; après, venant au plus sérieux, j'ai mis, article par article, les fautes en grammaire qu'il avoit relevées dans mon Apologie, et je le fais voir aussi piètre grammairien que médecin et philosophe. C'est un vrai pédant qui ne sauroit dire aucune chose du sien; témoin en est cette pièce tant peignée qu'il a mis au jour par trois fois : *An totus homo sit à nativitate morbus* ? qui est tirée des Epitres d'Hippocrate, mais qui n'est autre chose qu'un beau centon... Voilà quel est ce grand person-

nage !..... J'ai ajouté à tout cela l'histoire du docteur de Paris appelé *Bachot* (2), lequel étant allé à Milan pour faire la médecine, commença à médire des plus honnêtes citoyens, ce qui fut cause qu'il en fut chassé.... De retour à Paris, il fit, pour sa bien venue, une harangue pleine d'injures contre moi et contre notre Ecole. Voilà en somme le sujet de ma Réponse.... Depuis, le sieur *Moreau* a paru pour second du sieur *Patin*. Un de nos docteurs, le sieur *Cassier* (1) a fait une réponse au *Navicula solis*, intitulée *Centonis cacorraphia*, pièce fort gentille à laquelle le sieur *Moreau* a fait une réplique sous ce titre *Cacorraphiæ diffibulatio*; enfin cette réplique a été suivie de la *Diffibulationis Morologia* du sieur *Cassier*. Il m'a paru que le sieur *Moreau* s'est montré un peu téméraire et insolent contre moi; je lui réserve sa part après que j'aurai recouvré la santé; ce sera la dernière pièce que je veux faire sur ce sujet, laquelle paraitra sous ce titre : *le Confiteor de Michel de la Vigne*. — Nous avons encore, à Paris, un de nos docteurs appelé *Magdelain* (2), qui harcelle toute cette tourbe de médecine de la Capitale, et qui a mis au jour la première partie d'un traité intitulé *Olim et Nunc*, écrit avec un style tout particulier, et qui peut être compris de peu de gens. Je suis las d'écrire, mais non pas d'être votre plus humble et affectionné serviteur. COURTAUD (*sic*). » C. B.

Avril 29. Mort, à Paris, de *Jacques Stella*, peintre du Roi et graveur à l'eau forte, né à Lyon en 1596. Voyez son article dans la *Biogr. Lyonn.*, et les *Lettres de N. Poussin*, p. 285.

Septembre 5. Le Consulat, qui avait obtenu, par la protection de M. *de Villeroy*, bail de la ferme du 40° à des conditions meilleures que le bail précédent, arrête qu'il sera accordé à *l'abbé d'Ainay (Camille de Neufville)* une pension de 4 mille livres sur cette ferme, outre celle de 5000 livres dont il jouit sur l'entrée du vin. J. MORIN.

Même jour. Mort, à Grenoble, du P. *Jean Grillot*, ancien professeur au Collège des Jésuites de Lyon, auteur d'un livre intitulé *Lyon affligé de contagion*, publié d'abord en latin sous ce titre : *Lugdunum lue affectum*, etc. — Ce religieux est appelé *Gillot*, au lieu de *Grillot*, dans la dernière édition de la *Bibliotheca de Sotwel*; cette faute est cause que *Papillon* lui a fait deux notices dans sa *Biblioth. des auteurs de Bourgogne*. Voyez les Publ. de 1629.

Novembre 26. Le Consulat retient pour faire l'horloge de l'*Hôtel-de-ville*, le sieur *Faure*,

---

(1) Voir la lettre de *Patin* à Spon du 7 juin 1649 (I, 444 de l'édition in-8); les *Mém. d'Astruc*, p. 26; ci-après au 17 nov. 1654, et les publ. de 1650, *Feynii Medicina...*

(2) Probablement *Etienne Bachot*, plus connu par quelques pièces en vers latins que par ses traités de médecine. Voyez la lettre de *Patin* à *Spon* du 6 janv, 1654, et celle à *Falconet* du 22 février 1669.

(1) Peut-être *Isaac Cassier*, dont Patin parle dans ses Lettres à *Spon* du 26 mai et du 9 juin 1654. Voyez sou nom dans la table du *Catal. Falconet*.

(2) *Antoine Magdelain*, traité par Patin de coquin, decocu, etc.; loué par *Astruc*, p. 375 da ses *Mémoire.s*

horloger à Bourg-en Bresse, « très expert et , très adroit en son art. » — Vers ce même temps, les deux colonnes destinées au portail de l'Hôtel-de-ville furent extraites du rocher de Pierre-Rouge, situé à Vimines, en Savoye. Le P. *Claude Cochet*, qui avait été chargé par le Consulat de présider à cette extraction, ne la fit qu'après y avoir été autorisé par le sénat de Chambéry. Les deux colonnes furent ‑‑⌐qui quées sur le lac du Bourget, pour être ame nées à Lyon. La dépense s'éleva à 6,216 livres, 15 sous. C. B.

Décembre 5. A la sollicitation des habitants du côté de Fourvières, le Consulat autorise les Jésuites du Collége de Notre-Dame d'ajouter deux nouvelles classes dans ce Collége, et d'y enseigner la Rhétorique et les Humanités. Il leur sera payé annuellement, sur les deniers communs, 1200 livres, mais à condition de ne professer ni la Théologie, ni la Philosophie.

Cette même année, le Consulat, « pour la » beauté du Collége de la Trinité, et la com- » modité des écoliers, fit abattre les maisons » qui le couvroient, et élargir la grande place.» Menestrier, *Eloge hist.*

PUBLICATIONS : *Calepini (Ambrosii) Dictionarium....* Lugduni , *Sumptibus haered. Petri Prost , Philippi Borde,* et *Laurentii Arnaud.* 1647. 2. vol. in-fol. — Edition en 8 langues, dédiée à M. *Faucon de Ris*, intendant de Lyon. Voyez les Publ. de 1654, et de 1681.

Courrier (Le) facétieux , ou Recueil des meilleurs (1) rencontres de ce temps. Lyon, *Paul Burckart.* 1647. Petit in-8 (Catal. Bignon, n. 1928). — Une autre édition de ce livre inconnu à Barbier, a été publiée chez *Jean Baptiste de Ville,* rue Mercière, à la Science , 1668, pet. in-8 de 584, non compris 5.f. de table , le titre et une gravure représentant un courrier armé d'un fouët, monté à rebours sur un mulet dont la croupe est chargée d'une valise. Le permis d'imprimer du procureur du Roi (*Lorin*) est daté du 9 mai 1647; il est donné à Claude *de la Riviere* (B. de M. *Chanel*). — Ce recueil contient environ 25 anecdotes lyonnaises dont quelques-unes se trouvaient déjà dans le *Chasse-ennuy* de *Louis Garon* (2). Je n'en rapporterai que deux:

I. Le serviteur d'un marchand drapier de Lyon , demandoit à un *aveugle* quelque *partie* qu'il devoit à son maistre; l'aveugle lui dit en se mocquant : « Mon ami, dites à votre maistre « que je ne faudray à le payer , la première » fois que je le *verray.* »

II. Certain docteur à la moderne , se pourmenant un jour au *Change* de Lyon avec quelques-uns de ses amis, entra dans le (*sic*) loge,

et voyant un très-beau tableau où étoient dépeints les quatre Evangélistes avec leurs animaux, il dit : « Je vous jure, Messieurs, qu'il « ne manque à ce bœuf que la parole. » Ces Messieurs se prenant à rire, l'un d'eux lui dit : « Vous avez raison, Monsieur le docteur , il » ne lui manque que la parole, et à vous le ju- » gement. »

Ferrandi (Joannis) Aniciensis, è Soc. Jesu theologi *Disquisitio reliquiaria....* nunc primum prodit. Lugduni, sumpt. *Laurentii Anisson* et soc. 1647. In-4. — Dédicace de l'auteur à *Armand de Bourbon*, prince de *Conty*, abbé de Cluny. — A la fin du volume, sont plusieurs *Index* ; le dernier contient les noms des auteurs gentils et hétérodoxes cités par le P. *Ferrand*; on n'y trouve pas celui de *Calvin* qui a pourtant publié un *Traité sur les reliques.* Voyez ci-après, 50 oct. 1672.

Lugdunum sacro-prophanum , seu *de Claris, illustribus et notis Lugdunensibus , Forensibus et Bellijocensibus* : auctore *Petro Bulliodo ,* Soc. Jesu. Lugduni, apud *Joan. Barbier.* 1647, in-4. — Ce n'est qu'un Prospectus de l'ouvrage que le P. *Bullioud* se proposait de publier, et dont le manuscrit formant 9 volumes in-fol. est dans la Bibliothèque de l'Ecole de médecine de Montpellier. Voyez ci-après, année 1664.

Notes et Corrections sur le *Bréviaire* de l'E-glise de Lyon, par C. L. L. P. (*Claude Le Laboureur*, prévôt de l'abbaye de l'Ile-Barbe). A Lyon, chez *Jean Champion.* 1647. In-8. Voyez les Publ. de 1650, *Apologie....*

Origine des Cornards du Bourg-chanin. Lyon, s. d. et s. n. d'imp. In-4. Voyez sur ce curieux opuscule, qui pourrait bien être de *Louis Garon, Les Divers caractères des ouvrages historiques* par le P. *Menestrier*, et les *Archives du Rhône,* VIII, 246. — On voit encore sur une maison de la Rue *Bourg-chanin*, une tête de bélier avec cette inscription : *Sunt similia tuis.*

Raynaudi (Theophili) Nomenclator marianus.. Romae. 1647. In-12. — Seconde édition de ce livre dont la première a été publiée à Lyon en 1659. Voyez les Publ. de 1652, *Provision (La) spirituelle,...* et ci-après, au 23 juillet 1665.

Sancti Triverii confessoris, Dombarum et Bressiae Patroni, Vita,... nunc primum in lucem editur. Ex typogr. *Haered. Jonae Gautherin.* 1647. Pet. in-8. — Une notice sur cette légende publiée par le P. *Pierre Bullioud*, jésuite, a été insérée dans le *Moniteur de la Librairie* du 1er juin 1845. Voyez ci-après au 26 mai 1666.

De Vita et moribus Epicuri, auctore *Petro Gassendo.* Lugduni, *Guillelmus Barbier.* 1647. In-4. — On lit, p. 291 de la *Vie de Gassendi* par le P. *Bougerel* : «... Comme le principal dessein de *Gassendi* était de faire revivre la philosophie d'Epicure, il crut devoir donner la vie de ce philosophe et son apologie avant sa philoso-phie.... Il y avait alors (à Lyon) un correcteur de livres qui entendoit bien les langues

---

(1) *Rencontre*, dans l'ancien langage était des deux genres. La rue et le quai *Bon-Rencontre*, à Lyon, doivent leur nom à une chapelle dédiée à Notre-Dame de *Bon-Rencontre*, qui était attenante au chevet de celle des *Pénitents du Confalon.*

(2) Voyez *Lyon sous Louis XIII*, p. 182 et suivantes.

grecque, latine et hébraïque, et qui, par son exactitude et son habileté, s'était fait connaître et aimer des savants ; il s'appelait *François Barancy*; on ne savait ni d'où il était ni quels étaient ses parents.... Ce fut à lui que Gassendi envoya son manuscrit... » — Le 31 octobre 1648, Gassendi vint à Lyon et y séjourna. Le Cardinal de Lyon et plusieurs personnages notables de notre ville se faisaient honneur d'être les amis de cet illustre philosophe (*Même Vie*, p. 510).

ÉCHEVINS pour 1648 et 1649 : *Charles Faujat; Jean-Baptiste Paquet; César Laure; Isaac Congnain.*

Janvier... Le Cardinal de Lyon, qui s'était rendu à Cologne, se trouvait le 30 de ce mois à Munster, où il assista à la signature de la paix entre l'Espagne et la Hollande. *Théodore Godefroy* (1), qui l'avait accompagné, resta à Munster comme chargé d'affaires de la France; mais le Cardinal revint à Lyon, et, le 6 mars, il écrivit au Roi :

« Sire, Je reçus le 23 du mois passé, une lettre de Votre Majesté, en date du 23 décembre, sur le sujet du service qu'elle croyoit que je lui pouvois rendre à Rome en cas que le décès du Pape arrivât en suite de sa maladie; Elle y a fait paroître clairement l'excès de sa bonté en témoignant de ne vouloir pas que ce fût au risque du peu de vie qui me reste. Je la hazarderai toujours sans regret lorsqu'il sera question de travailler pour ce faire, et, si mes forces ne secondent pas mon courage, je me voudrai mal à moi-même de ce manquement involontaire, souhaitant cependant que ce puisse être plus utilement que par le passé et que l'on ne rencontre point en son chemin des obstacles pareils à ceux qui nous ont arrêté autrefois, afin que Votre Majesté puisse cueillir les fruits du zèle passionné de celui qui sera toute sa vie, Sire, votre très-humble et très-obéissant serviteur et sujet. — De Lion, ce 6 mars 1648. » C. B.

Même jour, 6 mars. Le Cardinal de Lyon écrit à la Reine :

« Madame, Votre Majesté fait paroître tout à la fois deux effets de sa bonté en mon endroit; le premier, en ce qu'elle a voulu que le Roy me commandât de l'aller servir à Rome, en cas que la mort du Pape arrivât; le second, qu'il me témoignoit d'appréhender que je ne périsse dans ce long voyage ou dans la rude prison du Conclave qui épargne beaucoup moins le maître que le valet. Je les ressents tous deux au point que je le dois, mais beaucoup plus le premier que le second, parce qu'il me semble qu'il procède de la confiance qu'Elle ne peut avoir que pour quelques-uns, et l'autre

d'une tendresse de bon naturel qui peut regarder tous les sujets : sur quoi je la supplie de trouver bon que je lui représente qu'il est aisé de différer de servir, mais non pas de le faire, vu que les temps sont fâcheux, que ce qui s'est passé donne de l'appréhension pour l'avenir, et que je crains qu'ayant toujours fait état d'une simplicité fort ingénue, je ne sois pas sans peine parmi tant d'esprits naturellement fins et raffinés par étude. J'en dis peut-être trop, et pourtant il me semble que je n'en dis pas assez, étant comme je suis votre, etc. A Lion, ce 6 mars 1648. » C. B.

Même jour, 6 mars. Le Cardinal de Lyon écrit à M. le comte *de Brienne*, secrétaire d'état:

« Monsieur, Comme je me reconnois bien fort grossier, j'avoue que je ne puis pas bien comprendre que veut dire que je n'aie pas eu l'ordre d'aller à Rome lorsque le Pape a été malade, et que je le reçoive maintenant qu'il se porte bien, et lorsque ses ennemis croient et publient qu'il pourra ouvrir et fermer le Jubilé; mais je suis fait d'une façon que je ne vois pas ce qu'on veut que je voie, et que je me réprimande moi-même si, par hazard, mon petit esprit veut pénétrer dans les objets obscurs qu'on présente à mes yeux. Je ne sais s'il ne sera point plus difficile de servir qu'on ne se persuade, vu qu'on ne peut pas dire de nous, comme des premiers Chrétiens, asscavoir que nous n'avions qu'un même cœur, qu'une même âme et qu'un même dessein. Je ne sçais, je le confesse, jusqu'à quel point il se faudra assurer de ceux qui nous ont trompés, ni quelle caution ils ont donnée de leur fidélité future. Je ne sçais, le cas arrivant, ce qu'on désirera de moi, étant très-fâcheux d'apprendre en pays étranger, par un billet qui souffre qu'on raisonne en sa présence, mais qui ne donne point de solution, ou par une tierce personne qui peut n'avoir pas bien pris les intentions de Leurs Majestés, et par conséquent faire faire quelque lourd pas de clerc, pour se voir réduit après à verbaliser. Je peux bien répondre pour ce temps-là de mon courage, mais non pas de ma santé et de ma force, de laquelle vous pouvez maintenant faire un jugement assez sinistre, puisque je laisse juger un procès qui m'importe en diverses façons, sans m'être pu trouver sur les lieux en personne pour m'en rendre solliciteur. Je vous proposerois bien encore un article de forte considération, si je n'avois vergogne de le faire, encore que je sçache bien que c'est un dire commun que les honteux se perdent dans ce monde, mais je le laisse en arrière pour vous dire que je suis, etc. A Lion, ce 6 mars 1648.

Même mois 22. Guy Patin écrit, de Paris, à *Charles Spon* :

« .... Le 16 de ce mois, votre archevêque a perdu pour la deuxième fois, au Grand-Conseil, son procès touchant son prieuré de La Charité. Il y a tantôt un an qu'il en fut déposs-

---

(1) Fils du célèbre jurisconsulte *Denis* Godefroy, dont tous les ouvrages ont été imprimés à Lyon; c'est en cette ville que fut publiée la première édition de son *Corpus juris civilis.*

sédé par un arrêt rendu en faveur de M. *des Landes-Payen* (?), conseiller e la Grand-Chambre. Les parents du Cardinal avoient dressé une nouvelle batterie, et espéroient lui arracher ce bénéfice de trente mille livres de rente par une requête civile dont ils ont été déboutés. Les juges ont été loués de n'avoir rien donné à la recommandation et à la brigue de tous les parents et amis du feu Cardinal qui s'en étoient mêlés.... »

Avril 21. Le Consulat permet au sieur *de Binis* (ou *de Rinis*), écuyer ordinaire du Roi, d'établir dans la ville une *Ecole d'équitation*. M. de V.

Mai... Passage et séjour du P. *Fabri*, carme, se rendant à N. D. de Lorette pour offrir un vœu de la part de la veuve du prince de Condé. *Gaz. de France*, p. 675.

Septembre... Une ordonnance royale supprime le présidial de Montbrison et le réunit à celui de Lyon. Voyez les *Observations sur l'état des tribunaux du Forez*, par *Sonyer du Lac*, p. 52 et 70.

Novembre 7. *Emmanuel de Froulay* est reçu comte de Lyon. — Il était fils de René de Froulay, comte de Tessé, et de Marie d'Escoubeau. — Il mourut à Paris, le 18 avril 1696. Voyez l'*Athenaeum français* du 17 mai 1856, p. 402.

Novembre... Le Cardinal de Lyon écrit au Roi :

« Sire, Ensuite du commandement qu'il a plu à V. M. de me faire, nous avons chanté le *Te Deum* pour rendre grâces à Dieu de la paix d'Allemagne... Nous espérons qu'Elle contraindra bientôt les Espagnols à la vouloir, et ceux qui la troublent dans les entrailles de son Etat, à reconnoître leur faute, et à lui en demander pardon : ce sont les plus ardents souhaits que fait, pour cette heure, votre très humble et très-obéissant serviteur et sujet. »

Décembre 21. Incendie de la chapelle de Sainte-Catherine, et d'une maison y attenant, rue de la *Fontaine Saint-Marcel*. J. M. — C'est sur cet emplacement qu'a été construit l'*Hôtel du Parc*.

François Bochart de Sarron, sieur *de Champigny*, est nommé intendant de Lyon, en remplacement de M. *Faucon de Ris*. Voyez ci-dessus, année 1645; ci-après, 1665.

Etablissement du *tribunal de la Conservation*. — Ce tribunal dont l'institution éprouva de grands obstacles, fut regardé comme un des plus beaux monuments de l'administration de *Camille de Neufville*, qui était alors lieutenant du roi au gouvernement de Lyon. Il fut ainsi nommé parce qu'il avait été principalement institué pour veiller à la conservation des priviléges des foires de Lyon. Il jugeait toutes les contestations entre négociants, et avait le droit d'attirer les causes des étrangers qui avaient contracté dans ces foires, en sorte que son pouvoir s'étendait par tout le royaume. Exercée primitivement par un magistrat appelé juge conservateur, un lieutenant, un procureur du roi, etc., cette juridiction fut réunie, en mai 1655, au Corps consulaire, et se composa dèslors du prévôt des marchands, des quatre échevins, de six juges assesseurs, bourgeois ou négociants, parmi lesquels il y avait toujours un avocat, ancien échevin. *Alm. de Lyon* de 1760; *Vie de C. de Neufville* par *G. Guichenon*, p. 286; *Oraison funèbre de M. de Villeroy*, par *Massillon*. Voyez *infra*, 1669.

Cette même année, le Consulat établit un *Bureau central des messageries* « où tous les » messagiers (nommés par lui) devaient apporter et prendre les dépêches et paquets. » J. Morin, VI, 171.

La rente noble du *comtal* sur la ville de Lyon était alors affermée dix mille livres. Voyez l'abbé *Jacques, Eglise primatiale de Saint-Jean*, p. 125. — Ce mot *comtal* n'est donné que comme adjectif dans quelques *Dictionnaires*. Voyez celui de Trévoux, au mot COMTAL.

La célèbre Ninon de Lenclos, alors âgée de 52 ans (1), vint, cette année à Lyon, où elle arriva en poste, déguisée en homme, et se mit dans un couvent. « Là, dit un chroniqueur peu digne de foi (2), le Cardinal de Lyon devint un peu amoureux de sa belle humeur, et fit pour elle quelques folies. Un frère de « Perrachon (3) en fut transpercé de part en part, » et, sans lui rien demander, la pria de trouver bon qu'il la vit quelques fois, et qu'il lui » donnât une maison qui pouvoit bien valoir » huit mille écus; mais comme après, il prétendit des choses qu'elle ne lui voulait pas » accorder, un beau matin, car elle n'étoit pas » intéressée, elle lui rendit sa donation.... »

Mort d'*Elisabeth d'Espinac* (4) abbesse de Saint-Pierre. — C'était la nièce de *Pierre d'Espinac*, archevêque de Lyon; en 1585, elle fut « dédiée à Dieu. » — Pendant qu'elle était gardienne des vases sacrés, elle découvrit, devant le grand autel de la chapelle de son monastère, le tombeau de *Charles, roi de Provence*, mort l'an 865. « Elle est morte, dit le Labou- » reur (*Maz.*, II, 592), pleine d'ans et de mé- » rite, et avec elle le nom et les armes d'Es- » pinac. » Voyez le *Discours funèbre sur Madame d'Espinac*, par *E. de Chauvessaigne*, Lyon, 1648, in-4; le *Gallia christ*, IV, 289 ;

<hr>

(1) On aurait grand tort d'attribuer à l'abbé de Feller la notice consacrée à cette femme célèbre dans la *Biographie* de l'abbé *Simonin*, dont M. Pélagaud a donné à Lyon, une seconde édition en 1851.

(2) TALLEMANT DES RÉAUX, *Historiettes*, ch. 256. Voyez aussi les *Mém. sur Sévigné*, par Walckenaer, I, 254.

(3) C'était probablement le frère de l'avocat *Marc Perrachon*, de Grenoble, qui vint s'établir à Lyon, où il eut de violents démêlés avec le poète *Gacon*. Voyez *infra*. 25 août 1709.

(4) Ou *de Pinac*; car c'est ainsi qu'elle écrivait son nom.

la *Lettre du Cardinal de Lyon*, que nous avons rapportée dans nos *Documents*, année 1659, p. 275.

PUBLICATIONS de 1648. ANTONIUS ARENA *ad suos compagnones studiantes qui sunt de persona friantes*, etc. Ex typogr. redivivâ, 1648, pet. in-12. — Quoique sans nom de ville, hâtons-nous de le dire, cette édition n'est pas lyonnaise; si nous la plaçons ici, c'est pour en signaler une qui est si rare qu'elle a échappé à M. Brunet ; cette édition petit in-8, goth. de 48 ff. signés a y — f iiij, se termine par la souscription suivante : *Explicit utilissimu*(m) *opus guerrarum et dansarum Impressatu*(m) *in bragardissima villa de Leone per discretu*(m) *hominem magistru*(m) Petrum de Sancta Lucia, *alias* le Prince, *de anno mille cince*(n) *tu*(m) *et triginta ad vinta vnu*(m) *de mense Januarij*. Sur le titre imprimé en lettres rouges et noires, est ce distique :

Leges dansandi sunt hic quas fecit Arena
Bragardissantus atque falotus homo.

Et cet autre :

Omnia scire bonum est : vtaris dummodo recte ,
Inter prudentes omnia tempus habent.

Au bas du verso du f. 9 de l'exemplaire que nous avons sous les yeux, est ce distique écrit à la main, lequel ne se trouve pas non plus dans la jolie édition publiée à Lyon en 1758 :

Purpuream vestem in guerria mecam portavi
Nunc jacet ad humeros griza casagua meos,

Ces deux vers devaient être placés après celui-ci :

Frigore de grando mano gelatus eram.

Il est à remarquer que cette macaronée, qui contient bien des gravelures, a été dédiée à *Barthélemi Portal* (1), dit de Lucques, religieux carme, évêque titulaire de Troie en Phrygie, personnage renommé par son éloquence et son savoir, lequel fut suffragant de *François de Rohan*, archevêque de Lyon (2).

L'Arithmétique entière et abrégée,.... par le sieur *Estienne le Breton*, maistre écrivain juré... A Lyon, chez *Louys Odin*. 1648. In-8. — Dédicace à M. *Perrachon*, conseiller du Roi et trésorier général de France és-généralités de Bourgogne et Bresse, suivie d'un Sonnet adressé à la Jeunesse lyonnoise.

Discours sur la Carte universelle,..... par *Louis de Mayerne*, Parisien, professeur en géographie. Paris, 1648. In-12, — *Joly* (sur Bayle,

<hr>

(1) La souscription de cette dédicace commence ainsi: « Antonius Arena ad reverendissimum patrem in Christo » Dominum Dominum Bartolomeum *Portalemqui....* » Ces deux derniers mots joints ensemble dans les anciennes éditions sont cause de l'erreur qu'a faite l'abbé *de La Mure*, en appelant ce prélat *Portalenqui*, erreur qui a été reproduite dans le *Gallia christiana* et dans le *Rituel* de M. *de Montazet*.

(2) Voyez notre Notice sur ce prélat, et au lieu de 1528, à la dernière ligne de la page 20, lisez 1548. Voyez encore les *Nouveaux mélanges* de M. Breghot du Lut, p. 8.

p. 508) présume que l'auteur de ce livre est un fils de *Théodore de Mayerne*, lequel était fils de *Louis*. Voyez ci-après, année 1655, *ad calcem*.

L'Enéide de Virgile traduite en vers françois. Première partie contenant les six premiers livres dédiée à Mgr. l'Eminentissime Cardinal *Mazarin* (par *Pierre Perrin*, Lyonnois). A Paris, des caractères de *P. Moreau*. 1640. in-4. — Quelques exemplaires ont été tirés en grand papier. — La 2ᵉ partie contenant les six derniers livres, est dédiée au Cardinal *Barberin*; elle ne parut qu'en 1658, chez *Estienne Loyson*; qui donna, en 1664, une seconde édition de cette traduction en 2 vol. in-12. — *Boileau*, dans sa lettre à *Brosselte* du 8 septembre 1700, cite ces deux vers par lesquels débute le second livre de l'*Enéide* :

Chacun se tut alors, et l'esprit rappelé
Tenoit sa bouche close et le regard collé.

L'abbé Goujet (V, 99) cite ces deux autres vers du 5ᵉ livre (vers 480 et 481) , lesquels ont été aussi cités par Voltaire dans son *Dict. philosophique*, article *Art dramatique* :

Dans ses os fracassés enfonce son éteuf,
Et tout tremblant et mort, en bas tombe le bœuf.

Il serait très possible que les Allemands, grands admirateurs de *Dubartas* et de *Ronsard*, trouvassent que *Perrin* a mieux rendu le *procumbit humi bos* que ne l'a fait Delille :

Et tel qu'un bœuf sacré sous la hache succombe,
Le taureau, sous le coup, tremble, chancelle et tombe.

Factum de l'Instance d'entre M. le Procureur général,... les officiers de la Sénéchaussée et siége présidial de Lyon, demandeurs,... et les Prévôts des marchands et échevins de ladite ville, intervenans,... contre les Doyen, Chanoines et Chapitre de l'Eglise de Saint-Jean... Paris, *Antoine Vitré*. 1648. In-4. — Les demandeurs soutenaient que les *Chanoines de Saint-Jean* n'avaient jamais possédé le Comté de Lyon, puisqu'ils n'avaient jamais possédé la Justice de cette ville ; que jamais ils n'avaient pris la qualité de Comtes sans contredit et empêchement, etc., etc. — Ce *Factum* est accompagné d'un certain nombre de chartes latines, traduites en français pour la première fois. Le P. Menestrier les a employées en majeure partie dans son *Histoire consulaire*; mais il en a souvent retouché la traduction. (Voyez ses *Divers caractères*, p. 218 et suiv). — Le procès fut jugé en faveur des Comtes. Voyez ci-après, 31 juillet 1649.

Florilegii magni , seu Polyantheae.... libri XXIII, Opus praeclarum.... à *Josepho Langio...* locupletatum.... Lugduni, sumpt. *Petri Ravaud*, 1648, in-fol. — Le 22 mars de cette année, G. Patin écrivait à Ch. Spon : « J'attends le présent que me fait M. *Ravaud* de sa *Polyanthée*; » et, à ce que je vois, vos libraires sont bien » plus honnêtes que ceux de deçà. » Le 8 mai suivant, il lui écrivait : « Le *Theatrum vitae humanae* (c'est aussi une Polyanthée) est de » vrai un fort bon livre; mais je doute du débit

» si votre libraire prend la dernière édition
» de Cologne, car elle est toute châtrée de ce
» qu'il y avoit de çà de là contre les prêtres
» et les moines; s'il prend l'ancienne édition,
» il est à croire qu'on ne lui fasse la même
» chose que vos Jésuites ont faite à M. Hugue-
» tan pour son Alstédius. » Voyez les Publ.
de 1649, *Alstedii Encyclopedia*....

Histoire des antiquités de la ville de Lyon:
Traduict de latin en françois par messire *Morin Pierchan* (*Symphorien Champier*), chevalier: ensemble de la Hiérarchie de l'Église de
Lyon: extrait de la description du sieur *de la
Faverge*: Reveu et corrigé par M. *Léonard de la
Ville*. A Lyon, chez *Jean Champion*. 1648. In-4.
— Dédicace du libraire au Consulat de Lyon
(1). — « Ce livre, dit le P. Menestrier (2),
que Champier attribue à *Pierchan* et qui a été
traduit par lui-même, sous le nom de *Morin
Pierchan*, est manifestement de lui, parce qu'il
est du même style que ses autres ouvrages, et
parce qu'il vouloit se justifier contre les sédi-
tieux qui avoient pillé sa maison; il a renversé
son nom en celui de *Pierchan*, et il a mis le
nom de *Morin Pierchan*, parce que la maison
d'un nommé *Morin* fut pillée avec la sienne. »
— Voici le jugement que le savant jésuite a
porté de *Champier* dans ses notes inédites :
« ... Il n'est personne qui ait plus écrit de la
ville de Lyon ni qui semble avoir plus contribué
à la faire connoître que Symphorien Champier, premier médecin du duc de Lorraine, et
deux fois échevin de cette ville. C'est lui qui
travailla à y établir le Collége de médecine,...,
et à fonder le Collége de la Trinité... Ce savant homme, outre plusieurs traités de médecine, a écrit divers petits traités historiques
où il parle souvent de Lyon : le premier de ces
traités est intitulé *de Monarchia Gallorum Campi
aurei*.... Il le dédia au cardinal de *Campegge*,
de Bologne, et il affecte en cette dédicace de
se dire parent du Cardinal, et se donne le
nom de *Campegge* au lieu de *Champier*; il écar-
tèle ses armoiries qui étoient d'or à un étoile
d'or, de celles des *Campegge* de Bologne parties d'une demi-aigle mouvante de la partition
et d'un lion. Il dit encore qu'un *Chrestien Campège*, Dauphinois, avoit eu douze enfants, dont
deux avoient suivi *Charles*, frère de *Saint Louis*,
au voyage de Naples; que l'un d'eux nommé
Jean et le plus jeune, s'étoit arrêté à Bologne,
dont il prétend que descendent les *Campège*
de Bologne. Il donne d'abord, dans ce traité,
la division des Gaules, et finissant par les uni-
versités qui sont en France, il met au premier
rang Lyon et Chartres. — Dans le second
traité, *de Regno Gasconiae*, il reproduit ce que

Strabon a dit de Lyon. — Le 5e traité, *de Allo-
brogum Regno*, est celui où il parle le plus
souvent de Lyon; il y donne la suite des archevêques de Lyon depuis S. Pothin jusqu'à François de Rohan; le catalogue des abbés d'Ainay,
et ne manque pas de faire connoître que sa
femme étoit nièce de *Théodore du Terrail* et
sœur d'*Antoine du Terrail*, tous deux abbés de
ce monastère. Vient ensuite un poëme latin
sur la Passion de J.-C., et sur la mort de Pi-
late. »

Lucidaire, auquel le disciple demande choses
obscures et merveilleuses...... Comment et
pourquoy Dieu fit les Anges, l'Homme et la
Femme, Paradis et Enfer ;.... avec un petit
Traité de la fin du monde, par le sieur P. V.
(*Paul des Perrières Varin*). A Lyon, chez *Nicolas
Gay*, en rue Mercière. 1648. In-8 de 95 p. —
Omis dans *Barbier*. — Deux pièces de vers,
l'une en français, l'autre en latin; p. 47 à 49
de ce livre ne laissent aucun doute sur le nom
de son auteur. Dans la première, il est appelé
des Perrières, et, dans la deuxième *Paulus
Varinus*. L'avénement de l'Antechrist et la fin
du monde y sont annoncés pour l'année 1666.
Le nouveau prophète qui s'est probablement
trompé de deux ou trois siècles, fut réfuté par
un anonyme dont l'ouvrage parut la même
année, sous ce titre : *Le Désabusement* sur le
bruit qui court de la prochaine consommation
des siècles,... contre *Perrières Varin* qui assi-
gne ce jour en l'année 1666, et Napier, écossois,
qui le met en l'année 1668; in-12 de 145 pages.

La Philosophie des Anges contenant l'art de
se rendre les bons Esprits familiers, avec l'*Histoire de S. Raphaël*,... par *L. Meyssonnier*. A
Lyon, chez *Pierre Compagnon*. 1648. In-8. —
L'auteur, p. 160 et suiv., s'attache à prouver
que *S. Raphaël* est apparu à *Claude de Fougères*,
doyen du Chapitre de Lyon, lequel lui fit construire une chapelle dans l'église de Saint-
Jean, et la lui dédia. Un passage de l'acte de
fondation de cette chapelle, (daté du 9 mai
1501) dont il torture le sens, est loin d'offrir
une preuve satisfaisante de cette prétendue
apparition. — *Claude de Fougères* reçu chanoine le 18 mars 1448, fut maître de chœur,
ensuite précenteur, et enfin doyen en 1485;
il se démit de cette dernière dignité en 1506,
et mourut le 12 septembre 1507 ; il était fils
d'*Antoine de Fougères*, chevalier, baron d'Oingt,
et de *Marguerite*, fille de *Jean*, chevalier, seigneur de *Mont-Renard*. Voyez le *Gallia christ.*,
IV, 209, et Quincarnon sur *Saint-Jean*, p. 25.

Pouillé, *général de l'Archevesché de Lyon* et
des diocèses d'Autun, Chalon-sur-Saône, Langres et Mascon. Paris, *Gervais Alliot*. 1648.
In-4. (B. Coste, n. 1584).

Raynaudi (*Theophili*) *Symbola Antoniana*....
Romae. 1648. In-4. — Réimprimé dans l'*Hagiologium* du même auteur; Lugd. 1662.

Recueil des énigmes de ce temps : avec un
Discours sur l'Enigme, par *Charles Cotin*,

(1) Cet opuscule publié pour la première fois en 1529,
a été réimprimé dans les *Archives de l'hist. de France*,
et il en a été fait un tiré à part. Voyez ci-dessus au 25
avril 1529, et ci-après au 10 décembre 1658.

(2) P. 301 de son *Parchemin*. Conférez les *Nouveaux mélanges* de C. Breghot du Lut, p. 86.

Lyon, 1648. In-12. — Contrefaçon faite sur l'édition de Paris de 1646, suivant l'abbé d'Artigny, t. 2, p. 117 de ses *Mémoires*. En 1659, Cotin reproduisit ses *Enigmes* dans ses *OEuvres meslées* ; Paris, 2 vol. in-12; c'est à la p. 52 du t. 2 que se lit ce charmant quatrain :

> *Philis* s'est rendue à ma foy ;
> Qu'eût-elle fait pour sa défense ?
> Nous n'étions que nous trois : Elle, l'Amour et Moy,
> Et l'Amour fut d'intelligence.

Mon savant ami, M. Charles Weiss, en citant ce Madrigal dans la *Biogr. univ.* (art. COTIN) a substitué *Iris* à *Philis*; mais cette erreur est, d'autant plus excusable que le galant abbé avait aussi une maîtresse du nom d'Iris ; témoin cet autre quatrain :

> Le charme d'un baiser pressant
> Peut attenter à ma franchise;
> *Iris* le donne par surprise
> Et l'accorde en le refusant.

Les commentateurs de Boileau auraient pu rapprocher ce dernier quatrain des vers où l'auteur de l'*Art poétique* a exprimé, d'après Horace, la même pensée. Qu'il nous soit encore permis de citer ce troisième madrigal :

> Vous demandez quand je soupire -
> Ce qui peut causer ma langueur;
> Est-il besoin de vous le dire ?
> Ignorez-vous le langage du cœur ?

Voyage en France (par *Claude de Varennes*); Lyon, *Jean Didier* et *Benoist Coral.* 1648. In-8. — L'article LYON , p. 156 et suivantes, ne nous a pas paru assez intéressant pour le reproduire. Voyez les Publ. de 1649 , *Sinceri* (Jodoci) *Itinerarium.*

1649.

Janvier.... On lit dans la *Suite et troisième arrivée du Courrier françois* : « La ville de Lyon reçoit avec joie les arrêts rendus par la Cour de parlement. Les magistrats de cette ville prennent des mesures de sûreté et s'opposent au passage des troupes que le Maréchal de Schomberg avoit tirées de la Catalogne pour les réunir à celles que le Cardinal de Mazarin avoit mandées de toute la frontière pour établir sa tyrannie. Le Maréchal lui seul ayant eu la permission de passer, se rend à Saint-Germain-en-Laye et remontre au Cardinal que tout le royaume étant en armes, pour le soulagement des peuples , il n'y avoit apparence aucune d'espérer secours ni jonction desdites troupes.» — La XIe *Arrivée* du même *Courrier* nous offre les vers suivants :

> Nous avons advis de Lyon
> Que, plus furieux qu'un lion,
> Le Lyonnois est en défense,
> Et le tout contre l'Eminence.

Pierre Gaultier, en parlant des troubles de la *Fronde*, p. 12 de son Supplément à la *Table chronographique* de Jacques Gaultier, son oncle (édition de 1651), s'exprime ainsi : «...Lyon

» retenu et conservé parmi ces remuemens » par l'adresse et la sagesse de son Gouver-» neur (*Nicolas de Neufville de Villeroy*) et » de son Lieutenant du roy (*Camille de Neufville*, la prudence étant naturelle à ceux de » leur maison.... » — *Massillon* est d'accord en cela avec Gaultier, car on lit dans son *Eloge funèbre de Camille de Neufville* : «... Que ne puis-je rappeler ici ce temps fâcheux où la minorité du Prince, l'ambition des Grands, les intérêts des Ministres, et je ne sais quelle fureur de révolte et de changement qui saisit en certains siècles l'esprit des peuples , firent éprouver tour à tour à la France toutes les calamités des dissensions domestiques ? que ne puis-je rapprocher surtout ce moment fatal où, la Capitale du Royaume à la tête de la révolte, la Bourgogne et la Guyenne déjà séduites, le Dauphiné prêt à les suivre, et n'attendant plus que l'exemple de cette province (*le Lyonnois*), notre illustre défunt (*Camille de Neufville*), sollicité de toutes parts, décida presque , par sa fermeté, de la fortune du monarque et de celle de la monarchie.... » — Nous ferons observer que plusieurs familles vinrent alors chercher un asile dans la ville de Lyon et s'y établirent. De ce nombre fut la famille *Maupetit*, originaire de Bretagne (Voyez la *Biogr. nouvelle de contemporains*, XIII, 117; le *Résumé de l'hist. du Lyonn.*, par M. *Jal*, p. 521 ; J. Morin, *Hist. de Lyon*, VI, 191; ci-après, 18 *juillet* 1652, et *mars* 1656). — La Bresse, à l'imitation du Lyonnais, ne prit aucune part à la révolte ; on lit dans la *Muze historique* de Loret (février 1654) :

> *Maurevert*, noble et grand seigneur,
> Qui, de *Bresse* étant gouverneur,
> Sans écouter ny duc ny prince,
> A maintenu cette province
> Dans l'exacte fidélité
> Que l'on doit à Sa Majesté,
> Par ses soins et par sa présence,
> Après six ou sept ans d'absence,
> Fut reçu, dit-on, l'autre jour,
> Admirablement à la Cour.... »

Février.... On apprend à Lyon la mort tragique du roi d'Angleterre (1). — *Pompone II de Bellièvre* était alors ambassadeur à la cour de Londres. Instruit secrètement que le dessein des conjurés était de faire périr le roi sur un échafaud, il s'empressa d'aller lui en donner avis. On le fit attendre assez longtemps ; enfin *Charles* le reçut et lui dit : « J'étais à la représentation d'une comédie qui est la chose la » plus plaisante du monde. » *Sire*, répondit Bellièvre, *c'est une tragédie dont il est question*; et lui ayant rendu compte de tout ce qu'il sa-

(1) Les lettres de Guy Patin sont muettes sur cet événement ; néanmoins il est à croire qu'il doit en parler à ses amis de Lyon. Sa lettre à ce sujet ne leur est peut-être pas parvenue. Le 27 janvier 1649, il écrivait à Spon : « J'apprends que l'*ordinaire de Lyon* ne » va ni ne vient; cela me donne l'appréhension que » les lettres du 8 janvier ne vous aient pas été rendues.» Voyez ci-après septembre 1658.

vait, le roi répondit froidement à la proposition de le sauver sur un bateau que l'on ferait trouver au-dessous de sa maison : *Qui decumbit humi, non habet unde cadat* (1). « Sire, dit Bellièvre, on peut lui faire tomber la tête.»

Avril 5. Le Consulat, prenant en considération les grandes misères et pauvretés auxquelles sont en proie les artisans et les ouvriers en soie de cette ville, par suite de la cessation du commerce et des malheurs qu'ont éprouvés ceux qui les faisaient travailler, et considérant que l'Aumône-générale est surchargée, arrête que, sur les blés qui sont dans les greniers de l'Abondance, on en délivrera gratuitement 500 ânées aux recteurs de ladite Aumône. J. Morin, *Hist. de Lyon*, VI, 197.

Juillet 15. *Guy Patin* écrit à *Charles Spon* : «.... Quand je pense à vous, et par conséquent à Lyon, j'aurois bien envie d'y aller, de vous y embrasser et *mutuas audire et reddere voces*. Je sais bien que l'aspect d'un aussi beau pays que le vôtre peut contenter en quelque façon la curiosité d'un homme : une si grande ville,.... tant d'honnêtes gens qui l'habitent, tant de beaux livres qu'on peut y trouver, tant de si bons et de si francs amis que j'y verrois, et, entre autres, MM. *Gras* (2), *Falconet* et *Garnier* (5), *humanis majora bonis creduntur;* mais tout cela n'est rien au prix de la joie que j'aurois de m'entretenir avec vous, dans votre cabinet, *remotis arbitris....* » — Le 20 du même mois, *Patin* écrivait à *Falconet* : «..... Nous avons ici quantité de fièvres continues, malignes, venimeuses aussi bien qu'à Lyon.... Je pense qu'en tout Paris, il n'y a point de petites véroles. Ainsi vous voyez qu'il y a grande sympathie de Lyon avec Paris.... » — Le 5 nov. suivant, il lui écrivait : «... Je pense que la quantité de fièvres venimeuses de vos quartiers viennent de la quantité de fruits de cette année... »

Même mois 51. Le Présidial de Lyon, institué depuis 1551, avait prétendu dès son institution aux honneurs de la préséance sur l'Archevêque et le Chapitre de l'Eglise de Lyon. Cette prétention ayant été proscrite par un arrêt du conseil privé du roi, du 25 septembre 1645, le présidial crut avoir plus de succès en attaquant le Chapitre sur la qualité de *Comtes de Lyon* que portaient les chanoines. Il se pourvut au parlement de Paris, et demanda que la Cour défendît aux chanoines de prendre la qualité de Comtes de Lyon. Le procureur-général du roi prit dans ce procès des conclusions qui tendaient à ce que cette qualité de comtes fut rayée de tous les actes où le Chapitre l'aurait prise. Le prévôt des marchands et les échevins qui étaient intervenus adhérèrent aux conclusions du Présidial; mais le parlement mit les parties hors de cour. Ainsi la préséance ainsi que la qualité de Comtes de Lyon restèrent au Chapitre. Voyez Gironcourt, *Traité hist. de l'état des trésoriers de France*, tome 2, p. 254 ; Henrys, *OEuvres*, livre I, ch. 5 ; ci-après, 16 avril 1650, et les Publ. de 1648, *Factum de l'instance....*

Septembre 10. Mort, à Paris, dans son hôtel, de *Melchior Mitte de Chevrières*, comte de *Miolans*, marquis de *Saint-Chaumont*, ancien lieutenant de roi au gouvernement de Lyon. Il avait été remplacé dans cette charge par *Camille de Neufville*, le 6 mai 1646. Voyez les Publ. de 1649, *Dernières paroles,....* et *Oraison funèbre....*

Octobre 25. Un arrêt du Grand-Conseil homologue un réglement du Chapitre de Saint-Jean portant que le quart du revenu des prébendes sera employé pour faire le service divin. *OEuvres d'Henrys*, livre I, quest. 64.

Décembre 22. *Pierre de Pons* est reçu comte de Lyon. Il était fils de Louis de Pons, seigneur de la Grange, etc., et de Jeanne de Chavagnac. Il mourut en 1676.

— L'inscription portant : Le Grand Hotel-Dieu, gravée en lettres d'or au-dessus du portail de l'Eglise, date de cette année. Dagier, I, 590.

—*Marie-Antoinette de Varennes* est nommée abbesse de Notre-Dame de Chazeaux, en remplacement de Madame *de Chauffailles*. Voyez ci-après, mai 1666.

— Etablissement par *Claude Blanchet*, d'une fabrique de crêpes, façon de Bologne, soie organsin, et toiles de soie, façor de Naples. J. Morin, VI, 198.

— Mort de *Claude du Verdier*, fils d'*Antoine*, né à Lyon vers 1566, auteur de plusieurs ouvrages dont Niceron a donné la liste, tome 24, p. 284, de ses *Mémoires.* — Il avait été contrôleur-général du Bureau des trésoriers de France en la généralité de Lyon. Son énigme en vers latins sur la vigne et le vin a été rapportée par le P. Menestrier, p. 50 de sa *Philosophie des images. Gabriel Chappuis* lui a dédié sa traduction des *Mondes célestes, terrestres*, etc. (Lyon, 1585, in-8°) ; à la fin de ce volume est un *Discours* en vers contre ceux qui, par les grandes conjonctions des planettes qui se doivent faire, ont voulu prédire la fin du monde ; ce Discours est de Claude du Verdier. La Mure, p. 538 de son *Hist. du Forez*, cite parmi les ecclésiastiques forésiens qui se sont rendus recommandables au commencement du 17e siècle, *Christophle du Verdier*, frère d'Antoine, chanoine de l'église cathédrale du Puy, où il

---

(1) *Alain de l'Isle* est l'auteur de ce vers qui se lit ainsi dans le *Ménagiana*, III, 185. Longuerue, tome 2, p. 261 de ses *Opuscules*, a mis *procumbit* au lieu de *decumbit*, et Chandon, dans son *Dictionnaire*, art. Charles Ier, a donné le vers avec cette variante : *Qui jacet in terra........*

(2) *Henry Gras*, médecin, était cousin de *Ch. Spon.* Voyez ci-après, 22 mai 1665.

(3) *Pierre Garnier*, doyen du Collége de médecine de Lyon. Voyez ci-après 24 mai 1650, et 6 juin 1681.

était abbé de Saint-Vosi , et de plus abbé commandataire de Pébrac , en Auvergne , et de Bonnefont, au diocèse de Comminges , lequel avait succédé en ces abbayes à *Jacques de Rostain* , son cousin , aumônier de la Reine. — Après la révolution de juillet , la garde nationale de Lyon a eu pour commandant le comte *Jean-Antoine du Verdier*, né à Toulouse en 1767, mort à Mâcon en juin 1859. Voyez la *Biogr. Rabbe* , et le *Censeur* (journal de Lyon) du 10 juin 1859.

Mort de *Marie de Lévis de Ventadour* , ancienne abbesse de Saint-Pierre. (Voyez la *Biogr. lyonnaise* , p. 170 , et ajoutez à son article que *J.-P. Camus*, évêque de Belley, lui dédia deux de ses romans , *Aristandre* , en 1624 , et *Pétronille* , en 1626). Elle avait succédé à *Françoise de Beauvilliers de Fresne* (1) et , s'étant démise de son titre d'abbesse , en 1652 , elle fut remplacée par Charlotte de Guise de Lorraine.

PUBLICATIONS DE 1649.

Alstedii, (Joan. Henrici) Encyclopaedia universalis in quatuor tomos divisa.... Lugduni , sumptibus *Joan. Ant. Huguetan filii* et *Marci Ant. Ravaud* (2). 1649. In-fol. En regard du titre du tome premier , est le portrait d'Alstedius , gravé par *Claude Audran* , avec ce distique de *Charles Spon.*

Nosse qui potest figuram mentis Alstedius tuae
Gurgitem eruditionis detegit vastissimum.

Dédicace des libraires à *Gaspard Vincent* , seigneur de *Panettes* (5) , conseiller et avocat du roi au siége présidial de Lyon , noble Dauphinois , fils de *Pompone* et petit-fils de *Jean* , qui avait été magistrat à Lyon, dès l'âge de 21 ans, et comptait parmi ses ayeux *Antoine* et *Simon-Vincent* (4) lesquels avaient été échevins à

Lyon , le premier , en 1544 , le second , en 1524. — Les biographes d'Alstédius, le louent de son application au travail et disent qu'il remplissait parfaitement bien l'anagramme de son nom dans lequel on trouve *sedulitas.*

Arcana studiorum Methodus et Bibliotheca Scientiarum librorumque earum ordine tributorum universalis , authore *Alexandro Fichet*, soc. Jesu..... Lugduni , apud *Guill. Barbier.* 1649. In-8. — *Guy Patin* écrivait à *Ch. Spon* , le 16 juin de cette année : « Pour le livre du P. *Fichet* , je l'ai reçu , et l'ai vu. C'est un loyoliste qui a fort mal *fiché* ; ce père a très malheureusement rencontré sur le fait de la médecine ; il vaudroit mieux qu'il s'amusât à dire ses patenôtres...» Ce jugement n'a pas empêché Fabricius , tout luthérien qu'il était , de reproduire le livre du P. Fichet à la suite de l'édition qu'il a donnée en 1710 du *Prodromus hist. litterariae* de Lambecius.

Bibliorum (Sacrorum) Vulgatae editionis concordantiae, auctore *Hugone* cardinali... Lugduni, sumptibus *Ant. Jullieron.* 1649. In-4. — Dédicace de Jullieron à *Camille de Neufville* , abbé d'Ainay.

Boissat (Petri de) Opera et Operum Fragmenta historica et poetica. Lugduni ut suspicatur circa ann. M. DC. XLIX. In-fol. — Le titre que l'on vient de lire est celui que Pierre Adamoli avait fait imprimer pour son exemplaire qui fait aujourd'hui partie des livres qu'il a légués à l'Académie de Lyon. Sur la marge supérieure de la neuvième page de la première partie , on lit : *Ex libris Nic. Chorerii J.-C. viennensis.* 1668 , et un peu plus bas , de l'écriture du P. Menestrier : *Colleg. Lugdun. SSae Trinit. Societ. Jesu Catal. inscript.* 1668. Un second exemplaire (1) existe dans la grande bibliothèque de la ville ; l'un et l'autre offrent les mêmes lacunes. Le volume est divisé en deux parties ; la première , qui contient les *Opera historica* , ne nous offre rien qui ait trait à Lyon ; mais on trouve plusieurs lyonnais loués dans la seconde. La Sylve, p. 297 , est adressée à *François Barancy* (2) ; celle de la p. 277, a été faite pour les portraits d'*André* et d'*Edouard de Bays* (5) ; en voici le début :

---

(1) En 1602 , *Pierre Rabbi*, religieux augustin, dédia à Françoise de Beauvilliers *Les Flammes de l'amour divin* , *OEuvres poëtiques*, Lyon , *Tantillon*, in-16. On a d'un autre moine également augustin ; *Michel Hoyer* , belge, né en 1593, un volume de vers élégiaques intitulé *Flammulae amoris sanctissimi Patris Augustini versibus concinnatae* dont la deuxième édition a été donnée à Anvers en 1629. Voyez la *Bibliotheca augustiniana* et la *Gallia christ.* , IV, 288. On lit dans cet ouvrage que *Françoise de Beauvilliers* interdit l'entrée trop fréquente de son abbaye à la veuve de *François de Mandelot.* — P. Rabbi était du comtat Venaissin ; il a échappé à M. Barjavel. R. et P.

(2) Patin écrivait à Spon, le 7 juin 1649: «... Je vous prie , *nisi molestum fuerit* , de faire mes recommandations à messieurs les deux nouveaux associés , messieurs *Huguetan* et *Ravaud*; je suis bien aise qu'ils aient fait un bon accord ensemble ; je souhaite qu'il dure longtemps à leur contentement , et j'espère aussi que le public s'en ressentira....»

(3) Ce magistrat signait *Panette* , sans *s* (comme faisait M. *Vincent de Panette*, rentier, mort à Lyon, en 1856. Dans les Mémoires de Chorier , il est appelé *Gaspar Vincentius Panetta.*

(4) Voyez Chorier , *Estat politique* , III, 595 , et la

Biogr. Lyonn., p. 317. — Un *Antoine Vincent* , marchand-libraire, figure sur la liste des Protestants dont les biens furent confisqués par ordonnance du présidial de Lyon, 1569. — Un autre lyonnais , *Genestine-Vincent* , est auteur d'un *Eloge de Bayard* , imprimé à Dijon, 1771 , in-8. C'était probablement le parrain de M. *Genestine Vincent de Saint-Bonnet*, avocat-général à la cour d'appel de Lyon , décédé en décembre 1846.

(1) On en connaît encore deux : l'un appartient à M. Louis de Verna , fils de l'ancien député du Rhône ; l'autre est à la B. de Chambéry.

(2) Voyez ci-après, 1651, *ad calcem.*

(3) Voyez Saint-Aubin, *Hist. civile de Lyon*, p. 138, et ci-après, 6 août 1657.

Salvete eximii (corda imperterrita) fratres,
Segusiae geminatus honos, geminata parentum
Gloria, et aeterni Lugdunae gentis amores,
Salvete.....

La deuxième Elégie du troisième livre est à l'adresse de *Nicolas Faret*; la suivante a pour sujet le retour de l'auteur dans sa patrie, après l'expédition contre les Etats de Gênes, où il avait accompagné deux de ses frères, *André* et *Claude de Boissat* (1) qui servaient dans l'armée du roi. Cette pièce, une des meilleures du recueil se termine ainsi :

Hi mihi subrident colles : hoc aere vixi,
Illaque primaevo cognita ripa fuit.
Hic ego, dum licuit, notam projectus ad undam
Mille dedi libris oscula, mille dabo.

Parmi les Epigrammes, il en est une sur *Lazare Meyssonnier* (2). Nous signalerons encore deux Prosopopées, l'une de *Cinq-Mars*, l'autre d'*Auguste de Thou*, décapités à Lyon, le 12 septembre 1642; enfin trois pièces à la louange de *Juste de Tournon*, mort sans postérité en septembre 1644.

Dernières (les) paroles de M. de Saint-Chamont... avec un fidel (*sic*) récit des plus belles actions de sa vie, par le sieur *Figuère*. Paris, *Cardin Besongne*. 1649. In-4. Voyez ci-dessus, 10 septembre, et ci-après *Oraison....*

Descriptions (les) poétiques (par le *P. Jean de Bussières*). A Lyon, chez *J.-B. Devenet*. 1649. In-4. — Une Elégie intitulée *Le Rhosne* est peut-être la moins faible des pièces contenues dans ce recueil; en voici quelques vers :

Grand fleuve,....
A peine es-tu sorti du lieu de ta naissance,
Que tu te vois sans nom dépouillé de puissance,
Et si, pour en sortir, tu ne faisois effort,
Dans ce gouffre profond tu trouverois la mort....
Tout passe, tout se change, et les longues années
Se trouvent à la fois par la mort terminées:
Comme toi, nous courons à ce terme fatal
Et prolongeant (3) le bien, nous avançons le mal...
Une heure chasse l'heure; un jour chasse le jour,
Et la vie en fuyant voit la mort à son tour...

On préfèrera sans doute à ces derniers vers, ceux que nous extrayons d'une pièce de *Sarrasin* :

Comme avecque grand bruit, le Rhône plein de rage
Soulevé par les vents ou grossi par l'orage
Roule et traîne après soi mille flots courroucés;
L'onde flotte après l'onde, et de l'onde est suivie;
    Ainsi passe la vie ;
Ainsi coulent nos ans l'un sur l'autre entassés.

Ces vers cités par l'abbé Coupé, tome 8, p. 252 de ses *Soirées littéraires*, ont subi la censure d'un anonyme qui a écrit sur la marge de son exemplaire ; — « Le Rhône *plein de rage*; » c'est assez mauvais ; — La première partie » du quatrième vers n'est qu'une froide ré-» pétition du troisième. — Le deuxième hémis-

» tiche enrichit niaisement sur le vice du » premier. »

La pensée exprimée par Sarrasin et par le P. de Bussières, se retrouve encore dans une pièce sur *le Rhône* qui termine un volume ayant pour titre *Fleurs des Alpes*, par Francisque Ducros (Lyon, 1843, in-12) :

L'homme proclame en vain que tes flots sont l'image
    De son existence ici-bas :
La vie est comme toi, bien sujette à l'orage ;
Elle a parfois aussi son ciel pur de nuage ;
    Nous mourons, tu ne taris pas.

Tout cela nous rappelle l'*Inscription* de Malherbe *pour une fontaine*.

Vois-tu, Passant, couler cette onde,
Et s'écouler incessamment ;
Ainsi fuit la gloire du monde,
Et rien que Dieu n'est permanent.

L'Eloge des religieuses de Sainte-Ursule, appelées communément Ursulines... par *Pierre Guerin*, religieux prédicateur-minime. A Lyon, pour *Pierre Muguet*; et se vendent par la *vefve de Louis Muguet*. 1649. In-12. — L'approbation a été donnée par *F. M. Micard*, mineur du couvent de Saint-Bonaventure. — A la fin du volume, est l'*Eloge de Sainte-Ursule*, par le *P. Fichet*, jésuite.

Gretseri (Jacobi) Soc. Jesu *Institutionum linguae graecae Liber primus* de octo partibus orationis, pro schola syntaxeos... cum Indice graeco-latino. Lugduni apud *Franciscum de Masso*, in via Mercatoria. 1649. Pet. in-8. — *Liber Secundus* de recta partium orationis constructione, pro schola humanitatis. Lugduni, apud *Ludovicum Odin* (même date et même format). — Dans son avis au lecteur, l'éditeur s'attache à démontrer que la grammaire de Gretser doit être préférée à celle de Clénard.

Harangue du député de la ville de Lyon à Nosseigneurs du parlement (contre *Mazarin*). Paris, 1649. In-4 (*B. Coste*, n. 5841).

Jugement de tout ce qui a été imprimé contre le cardinal Mazarin, depuis le 6 janvier jusqu'à la déclaration du 1 avril 1649 (Paris, s. n. d'impr. 1649). In-4 de 491 pages. — Plusieurs pièces imprimées ou réimprimées à Lyon sont mentionnées dans ce livre (1), qui faisait les délices de Bayle, de Ménage, de La Monnoye, plus tard de Mercier de Saint-Léger, et ensuite de Nodier. — Le 5 septembre 1649, *Patin* écrivait à Spon : «... L'auteur (*Gabriel Naudé*) est un de mes amis, mais *mazarinesque*, parti duquel je ne puis être ni ne serai jamais... Combien que le sujet me déplaise, la lecture de ce livre ne laisse pas de m'être fort agréable (2), *tum ratione authoris amici suavissimi, tum ratione variae doctrinae et multiplicis eruditionis*

---

(1) Saint-Aubin, même *Hist.*, p. 144.
(2) Voyez ci-après au 26 février 1672, date de sa mort.
(3) Du latin *prolongare*, différer; employé dans ce sens par Sénèque, *de Benef.*, v.17.

(1) La deuxième édition, publiée l'année suivante, 718 pages.

(2) « On ne l'ouvre jamais, a dit M. *de Reiffenberg*, sans y apprendre quelque chose. » Voyez encore sur ce livre, les *Etudes litt.* de Charles Labitte, I, 375.

quac undequaque praelucet, avec grande quantité de belles et rares curiosités que vous aimez bien.., »

Oraison funèbre de Melchior Mitte de Chevrières,... prononcée en l'église collégiale de St-Jean-Baptiste de Saint-Chamond, au jour de ses obsèques, par le P. *Alexandre de Lyon*, prédicateur capucin. A Lyon, chez la *Vefve de Claude Cayne*. 1649. In-4.

Ordre (L') public pour la ville de Lyon pendant la maladie contagieuse (par *G. Chevalier*), avec le *Remède contre la peste de feu M. le curé de Colonge*. A Lyon de l'impr. de *Simon Rigaud*. 1644 (sic), et chez *Jean Molin*, 1649. In-12. — Dédicace au prévôt des marchands et aux échevins par G. Chevalier qui avait été nommé un des commissaires députés pour le fait de la santé pendant la contagion de 1638. Voici les noms des maîtres chirurgiens qui firent le service des pestiférés dans l'Hospice de Saint-Laurent : *Noel Félix*, dit *la Violette* ; — *Jacques Chrestenet* (1) ; — *Nicolas Blanchard* ; — *Pierre Lafont* ; — *Paul Boussin*, dit *Lacroix* (1) ; *Charles Roüanne* ; — *Joachim Thevenet* ; — *Nicolas Heberlion*, dit *Lavalée* ; — *Gabriel Cartier* (2) ; — *Ferry de Lafleur* ; — *Bertrand Andrieu*, dit *la Rivière* ; — *Pierre Fraisse* (5) ; — *Jean de Sainte-Luce*. Voyez les Publ. de 1670.

Plaidoyé, (sic) *de M. Talon*, avocat-général, demandant à ce qu'il plaise à la Cour, interprétant son arrest du 51 juillet 1649, faire deffenses aux chanoines du Chapitre (de l'Eglise de Lyon) de prendre en particulier la qualité de Comtes. In-4., sans n. d'impr. (B. Coste, n. 2222). Voyez ci-dessus, au 51 juillet.

Priviléges des foires de Lyon... A Lyon, par *Guillaume Barbier* (auteur de ce recueil), 1649. In-4.

Recueil des priviléges... de la ville de Lyon... A Lyon, par *Guillaume Barbier* (auteur de ce Recueil). 1649. In-4. — L'Avertissement contient des documents très-curieux pour l'histoire commerciale de notre cité. Voyez Menestrier, *Divers caractères*, p. 817

Regrets (les) de l'absence du Roy. 1649. In-4, s. n. de lieu ni d'impr. — Cette *Mazarinade*, nous offre, à la p. 6, les vers suivants :

> Lyon n'a point tant de marrons,
> Et les forests tant de larrons;...

Elle se termine ainsi :

> La nuit n'a point tant de phantomes,
> Le soleil n'a point tant d'atomes,

(1) Instituteur des prêtres-missionnaires de Saint-Joseph, mort en 1666.

(1) Un des ancêtres de M. de *Lacroix-Laval*, député du Rhône et maire de Lyon, sous Charles X.

(2) Un médecin de ce nom, *Louis Cartier*, membre de l'académie de Lyon, est mort en cette ville, le 23 janv. 1839.

(3) La Société littéraire de Lyon a depuis plusieurs années pour secrétaire M. *Charles Fraisse*, conservateur de la Bibliothèque du Palais des arts.

> Enfin l'eau, la terre et les cieux
> Font-moins voir d'objet à mes yeux
> Que j'ay d'envie que la Reine
> Tôt à Paris le Roy ramène.

Si nous avons mentionné cette pièce, c'est à cause des *marrons de Lyon* qui jouissaient déjà, en ce temps-là, d'une grande renommée à Paris, où l'on croit assez généralement que c'est une production de notre terroir (4). Il y a, comme on sait, très peu de châtaigniers dans le Lyonnais ; mais ils abondent dans le Dauphiné et le Vivarais. — Autrefois, on donnait aussi le nom de *marrons* aux porteurs de chaises : « Je suis venu, dit le cardinal *de Bentivoglio*, jusqu'à Lyon (en 1616) et par les Alpes. Je me suis fait porter partie en litière, et partie en chaise sur les épaules endurci de ces chamois humains qu'on appelle *mar ms...* » Voyez le *Dict.* de Trévoux, et les Publ. de 1670, *Raccolta di lettere...*

La Sage folie, fontaine d'allégresse, mère de plaisirs et royne des belles humeurs.... A Lyon, chez *Nicolas Gay* (1). 1649. In-8. — Le titre gravé qui précède, porte : *La Sage et délectable folie.* — Cette nouvelle édition de l'ouvrage de Spelta traduit par *Louis Garon* en 1628, a été donnée par *Jean Marcel*, qui l'a dédiée à *Pierre Scarron* (2), aumosnier du Roy, seigneur et prince de Mongon, conseiller en la sénéschaussée et siége présidial de Lyon, chanoine et secrétaire en l'église collégiale de Sainct-Paul, et seigneur obéancier de l'obéance de Saint-Vincent dudict Lyon. — Les priviléges sont de 1628, date de la première édition lyonnaise de ce livré que recherchent encore les bibliophiles. Voyez les Publ. de 1628, *le Chasse-ennuy*, et ajoutez à ce que nous avons dit de ce livre, que le conte qui le termine avait déjà été imprimé sous ce titre : *Histoire nouvelle et facétieuse* de la femme d'un tailleur d'habits de la ville de Lyon, demeurant en la rue des Escloisons (5), près des Terreaux, qui est accouchée d'une monstre d'horloge dans les prisons de Roanne, après qu'elle a eu sonné,

(4) Une marchande d'œufs criait dans les rues de Paris, *OEufs frais, mes œufs frais*, et n'en vendait pas; une autre marchande criait : *Marrons de Lyon*, et en avait un grand débit. La marchande d'œufs s'attendant à avoir un meilleur débit, se mit à crier *œufs frais de Lyon*; mais son stratagème ne lui réussit pas, car il fallait alors 5 à 6 jours pour aller de Lyon à Paris. Aujourd'hui la marchande d'œufs de Lyon pourrait espérer un meilleur succès. Voyez l'*Art de désopiler la rate*, II, 180.

(1) Il y a des exemplaires qui portent au frontispice: Lyon; *Jean Radisson*. Voyez le Catal. de Jérôme Bignon.

(2) Voyez sur la famille des Scarron, la *Biogr. lyonn.*, p. 272.

(3) Aujourd'hui la rue *Lafont*. — On peut rapprocher de cette historiette, celle-ci : « Un gentilhomme ruiné étant entré dans la chambre de Louis XI, prit son horloge et la mit dans sa manche où elle sonna. Ce roi lui pardonna son vol et lui fit présent de l'horloge. *Amusements philologiq.* de G. Peignot, p. 390.

en cinq fois, vingt-quatre heures. A Paris, chez *P. Ramier*, jouxte la coppie imprimée à Lyon, par *Cl. Barman*. 1625. Petit in-8 (B. Coste). — Le Catalogue des livres de l'abbé *Perrichon* (Lyon, 1791, in-8) nous offre sous le n. 981, *Les Dialogues de Loys le Garon*, Parisien (Paris, Jean Longin, 1556, in-12). Nous ne pensons pas que ce Loys le Garon, qui ne figure pas dans les *Bibliothèques* de la Croix du Maine et de Duverdier, soit de la même famille que notre Louis Garon.

Sinceri (Jodoci) *Itinerarium Galliae*...Amstel. apud *Jodocum Jansonium*. 1649. In-12. — Voyez les Publ. de 1616, où nous avons parlé d'une autre édition de ce livre qui a pour auteur *Juste Zinzerling*, et ci-après, celles de 1655 (1). — Le passage suivant du compte-rendu par M. Philarète Chasles, de la séance de l'Académie française du 6 mai 1848, peut trouver sa place ici :

« .... C'était pendant les émeutes sanglantes de la jeunesse de Louis XIII, lorsqu'on venait de tuer le maréchal d'Ancre (le 24 avril 1617); un Allemand lettré qui écrivait fort bien le latin, selon la coutume de son temps, se trouvait à Paris. *Juste Zinzerling* (c'était son nom) prit des notes (les Teutons n'y manquent guères), et fit paraître à Genève le récit de son voyage. Dans les jours mêmes de la sédition, dit-il, j'allai au Théâtre et dans les sociétés diverses, où apparaissait bien la nature facile et ardente de ce peuple. On y riait, on y causait, on s'occupait de littérature et de choses savantes, gaies ou frivoles, comme si de rien n'eût été. Natures de feu (*igneae indoles*) ! on faisait mille plaisanteries, et l'on répétait des *madrigaux* sur les événements du jour. C'est une étrange nation et qui ne ressemble pas du tout aux autres (*secus populis aliis*). Tout va vite chez elle, et si vite que la catastrophe du lundi est vieille le mardi, et que la flamme n'est pas plutôt allumée qu'elle s'éteint. Les haines les plus violentes disparaissent en un clin d'œil; les amitiés et les enthousiasmes s'évaporent de même. Ces gens-là sont tous improvisateurs (*ore summo*), et il y a autant d'orateurs que d'individus. Les femmes même se réunissent pour parler politique, éthique, métaphysique, et traitent tout cela par-dessous la jambe (*expedité*). Non, il n'y a rien de tel que cette nation. Dans la première enfance, les petits garçons ont un air résolu et ouvert; il n'y a pas parmi eux de niais ni de timides. Dans les circonstances les plus tragiques, tout le monde a l'air à son aise et de bonne humeur (*in tragicis jocandi facilitas*).... » Voilà, ajoute M. Chasles, comment Juste Zinzerling, qui, par parenthèse,

venait de visiter, chez le Commandeur Bellegarde, *Malherbe* parlant vers et prose avec ses amis, et « tenant académie, » appréciait entre 1617 et 1625, l'invincible ressort du caractère français, sa puissance à se relever sous les coups les plus violents, son énergie souple, sa plus belle faculté peut-être. *Débuts* du 22 mai 1848.

Le Théophile paroissial, par le R. P. B. B. C. P. (*Bonaventure de la Bassée*, Capucin), traduit du latin par *Benoist Puys*, docteur en théologie, chanoine, sacristain et chef du Chapitre de l'église collégiale et paroissiale de Saint-Nizier...... Lyon,......... 1649. In-8. — Cet ouvrage donna lieu à une polémique dont on trouvera les détails dans les *Mémoires* de Niceron, tome 55, p. 104 (voyez aussi nos *Tablettes chronologiq.*, année 1649, et ci-après, 25 sept. 1650). — Voici quels sont les principaux ouvrages publiés pour et contre à cette occasion :

I. *L'Anti-Théophile paroissial* (par *Henry Albi*, jésuite)... Lyon, 1649. In-12.

II. *Réponse à un libelle anonyme, honteux et diffamatoire*, intitulé : *L'Anti-Théophile paroissial*, faicte par *Benoist Puys*.... A Lyon chez *Pierre Compagnon*. 1649. In-12 (1). — Une des approbations est signée *Pecoul*, docteur en théologie, chevalier de l'Eglise de Lyon, curé de Montluel. Le consentement du procureur du Roi a été donné par M. *Vincent de Panettes*.

III. *Apologie pour l'Anti-Théophile paroissial* contre la *Réplique* injurieuse et les plaintes injustes de M. Benoist Puys.... Par *Paul de Cabiac*, prestre régulier, avec cette épigraphe : « Et tibi jurgium fuit pastorum Gerarae adver- » sus pastores Isaac dicentium, nostra est » aqua : quamobrem *nomen putei* (2) ex eo » quod acciderat, vocavit CALUMNIAM. *Gen.*, c. » 26. » A Lyon, chez *Antoine Ceiller*. 1649. In-8. — L'auteur de cette Apologie accuse le curé de Saint-Nizier d'avoir commencé par débiter en chaire, à Paris, « certaines imaginations creuses,.... auparavant inouies aux chaires de Lyon, de quoy il servoit mesme en des entretiens jusqu'au sexe ignorant des femmes, ses dévotes, lesquelles, sous ses instructions, ont déjà fait une secte ridicule dans la ville, s'appelant du nom qu'elles ont corrompu *Jansénistres...* » Le permis d'impr. de l'advocat du Roi, daté du 18 oct. 1649, est signé *Vincent de Panettes*. Les approbations données des Carmes et des Dominicains ne nous font pas connaitre à quel ordre appartenait *Paul de Cabiac*.

IV. *Advertissement charitable* au traducteur et au lecteur de la traduction du *Théophile paroissial* (sic).... par le P. *Antoine de la Fon*, R. D. S. S. A Lyon, chez *Pierre Muguet*. 1649. In-4, divisé en 2 parties.

(1) On lit dans le *Journal des savans* du 27 juin 1718, que l'ouvrage de *Zinzerling* qui a pour titre : *Criticorum juvenilium promulsis*, etc., parut à Lyon en 1590; c'est une erreur : la date de la 1re édition de ce livre que nous avons eue sous les yeux, est bien de 1610. L'auteur avait alors environ 20 ans.

(1) Quelques biographes ont donné par erreur la date de 1645 au *Théophile paroissial* ainsi qu'à l'*Anti-Théophile*. Voyez Barbier, *Examen critique*, p. 85.
(2) Allusion mordante au nom de M. *Puys*.

1650.

Prévôt des marchands en 1650 et 1651,
Charles Grolier, seigneur de *Cazault* et de *Bellesize* (1).

Echevins : *Philippe Croppet, François Chappuys, Matthieu Chappuis, Hugues Blauf.*

Mars 30. Mort de *Guillaume d'Albon*, doyen
de l'Eglise de Lyon, fils de Bertrand d'Albon,
seigneur de Saint-Forgeux, et d'Antoinette de
Galles. — Il avait été reçu chanoine-comte de
Lyon le 10 février 1609, et avait succédé, comme
doyen, en 1612, à Aimé Faulquier de Vitré;
il fut remplacé dans cette dignité par Charles
de Besserel de Marillac, qui mourut le 16 février
1680. Voyez Quincarnon sur Saint-Jean, p.
95, et ci-après au 1er juin 1651.

Mai. . Mort de *Michel Particelli*, sieur d'Emery,
surintendant des finances, né à Lyon, où
son père, d'origine italienne, avait fait, dans le
commerce, une fortune considérable (2). Le
procurateur Battista Mani, qui était ambassadeur
de Venise à la Cour de France au fort de
l'administration de ce fameux surintendant, le
qualifie ainsi dans le 4e livre de la 2e partie de
son Histoire : «.... Inventeur fécond d'impôts,
» sourd aux plaintes, insensible aux larmes ;
» aussi hardi à prendre que prodigue à dépen
» ser pour son luxe et ses débauches, le peuple
» le haïssait mortellement.... » Amelot de la
Houssaye qui lui a fait une notice dans ses *Mémoires*,
y rapporte ces deux anecdotes : « Un
jour, Henry, prince de Condé, l'ayant traité
de coquin, parlant à lui-même ; « Monsei
» gneur, répondit-il froidement, il y en a dans
» tous les états. » — Bautru lui ayant présenté
un poète : Voilà, dit-il, un homme qui vous
donnera l'immortalité ; mais il faut que vous
lui donniez de quoi vivre. « Louer un surin
» tendant des finances, répondit Emery, c'est
» provoquer le peuple à se déchaîner contre
» lui ; les surintendants sont faits pour être
» maudits. » — Il disait que « la bonne foi n'é
» tait que pour les marchands, et que les maî
» tres des requêtes qui voulaient qu'on y eût
« égard dans les affaires du Roi, devaient être
« punis comme des prévaricateurs. » (Chaudon,
Dict. hist.) — Le 12 avril, Guy Patin écrivait,
de Paris, à Charles Spon : «... Tous les Chevaliers
de l'Ordre se sont assemblés chez M.
le duc d'*Orléans*, où ils se sont plaints de M.
d'Emery, qui veut retrancher leurs gages de
mille écus par an qu'ils ont à prendre sur le
marc d'or, par un droit de leur charge. Le
marquis *de Nesle* dit tout haut qu'il falloit donner
cent coups de bâton à ce coquin. *Mais qui
les lui donnera*, demanda le duc d'Orléans ?
« Ce sera moi, Monseigneur, répondit M. de
Nesle, si vous ne m'en empêchez... » — L'anecdote
suivante que nous fournit le *Ménagiana*
(IV, 154) trouve naturellement ici sa
place : « M. l'évêque de Belley prêchant la
Passion à Saint-Jean en Grève, devant M. le
duc d'Orléans, s'aperçut que ce prince étoit
placé entre M. d'Emery et M. de Bullion, intendants
des finances. Il prit de là occasion
de faire cette exclamation équivoque : *Ah !
Monseigneur*, s'écria-t-il, *quand je vous vois
entre deux larrons.......* Cela fut remarqué par
une bonne partie de l'assemblée, qui ne put
s'empêcher d'en rire. Monsieur, qui dormoit, se
réveillant en sursaut, demanda ce que c'étoit :
Ne vous inquiétez pas, lui dit M. de Bullion,
en lui montrant M. d'Emery, c'est de nous
deux qu'on parle. »

Mai 24. Guy Patin écrit à *Ch. Spon* :
«... Plusieurs vont ici courir à jeter de l'eau
bénite sur le corps de M. d'*Emery* ; mais cela
se fait sans le regretter. Il sera enterré sans
cérémonie à Saint-Eustache, sa paroisse, où il
étoit marguillier. Voici quatre vers qu'un de
mes amis vient de me donner sur sa mort ;
peut-être que par ci-après on en fera beaucoup
d'autres :

Les plus sages frondeurs en sont à l'alphabet,
Sachant des Mazarins l'insolente bravade,
Qui font voir Eméry sur un lit de parade,
Lui qu'on ne devait voir qu'en parade au gibet (1).»

On lit dans la même lettre : «... Je suis ravi
que M. *Garnier* (2) se souvienne de moi ; je
vous supplie de lui présenter mes très-humbles
recommandations, et de lui dire que si nous ne
sommes pas du même avis en matières cardiaques,
je n'en suis pas moins son serviteur.
Vous savez ce que je vous ai mandé par cidevant
en pareil rencontre (3) entre vous et
moi :

Diversum sentire duos de rebus iisdem
Incolumi licuit semper amicitia (4). »

---

(1) Voyez sa notice dans la *Biogr. lyonn.*, et ajoutez-y
que ce magistrat mourut le 16 mars 1664. Voyez
Quincarnon sur Saint-Paul, p. 50.

(2) Emery était fils d'un paysan du bourg ou village
de *Particelli* dans le Siennois, dont il prit le nom pour
surnom de sa famille. Ce *paysan*, qui avait, comme
son fils, pour prénom *Michel*, fonda, en 1608, une
chapelle dans l'église de Saint-Paul sous le vocable de
son patron. Voyez le *Mascurat*, p. 525 ; Grosley,
Troyens célèbres, t. I, p. 278; le *Moniteur* du 6
janv. 1857, p. 23, col. 5°. — Le père de l'abbé *de Pure*
si cruellement maltraité par Boileau avait pour femme
Madeleine Particelli (Pernetti, II, 102). Voyez les
Publ. de 1682, *G. Madeleneti Carmina...*

(1) Cette épigramme nous en rappelle une autre qui
paraît avoir été imitée d'un distique de Jérôme Morlini :

Tu veux que ma Muse en fureur
Se venge d'un cagot qui contre moi déclame;
Non, je n'en ferai rien : ce calomniateur
Mérite le bâton et non une épigramme.

(2) Voyez ci-dessus, 13 juillet 1649.

(3) Le sexe de ce mot était encore douteux en ce
temps-là.

(4) Le nom de l'auteur de ce distique est encore à
rouver; en voici trois traductions inédites :

Juin 21. *Guy Patin* écrit à *Spoñ* :

«.... M. *Ravaud* (1), votre ami, vient de gagner ici un procès contre les libraires de la rue Saint-Jacques, en donnant caution; il m'a prié de lui en servir, et je l'ai fait pour l'amour de vous quoique je sache que le Titre *de fide-jussoribus*, dans le droit, est appelé le Titre *des sots*. Il pourroit arriver qu'on me dira *fide data*, *praesto noxa est*, à quoi je répondrai qu'il faut faire pour son ami ce qu'on ne feroit pour personne autre... »

Juillet 8. Mort, à Paris, de *Nicolas de Bellièvre*, président à mortier, etc., l'aîné des quatorze enfants de Pompone I, né le 21 août. — On lit dans *la Muze historique* de Loret :

Vendredy, le Roy bien et beau
Délogea de Fontainebleau,
Et le bon Monsieur de Bellièvre,
Le même jour, sans nulle fièvre,
Et sans songer à testament,
Mourut apoplectiquement.

M. *de Bellièvre* fut en effet très-bon ; il eut beaucoup d'amis lettrés ; nommé ambassadeur extraordinaire près des princes italiens en 1655, il prit pour secrétaire *Lamothe le Vayer*. — C'est chez lui, dans son château de Grignon, où il avait voulu l'avoir, que mourut, en 1623 (2), l'auteur de *l'Histoire des grands chemins de l'Empire romain*, Nicolas Bergier. Voyez Amelot de la Houssaye, *Mém.* I, 596; les *Mélanges litt. de Chapelain*, p. 86 ; la lettre de Patin à Spon du 8 juillet 1650.

Juillet 20. Le Consulat fait démolir la *Tour des poudres*, qui était sur les fossés de la Lanterne; il arrête que les poudres et les munitions qui s'y trouvent seront transportées dans un magasin appartenant à la ville, joignant l'Eglise de Saint-Sébastien.

Septembre 15. Guy Patin écrit, de Paris, à *André Falconet* :

«... Le syndic des libraires a obtenu un nouvel arrêt.... par lequel il est défendu à qui que ce soit de vendre ni d'étaler des livres sur le Pont-neuf; il l'a fait publier, et a fait quitter la place à environ cinquante libraires (3) qui y

Sur un même sujet différer de pensée,
L'amitié l'autorise et n'en est point blessée.
C. BREGHOT DU LUT.

Toujours, sainte amitié, ta liberté permet
Qu'on soit de deux avis sur un même sujet.
P. R. DE SAINT-GENIS.

Quand sur un même point diffèrent deux amis,
Leurs cœurs dans ces débats restent toujours unis.
P. DE SAINT-MAURICE.

(1) Ce fécond imprimeur avait pour marque une *Sphère*; c'était aussi la marque des *Huguetan*.

(2) Le 18 août, suivant la *Biogr. univ.*; le 18 septembre, selon l'abbé Goujet, XV, 131.

(3) Patin a voulu parler ici des bouquinistes; mais ce mot n'était pas encore inventé. — En 1832, M. *Prunelle*, qui était alors maire de Lyon, et qui connaissait bien son Patin, défendit aux bouquinistes d'étaler sur le quai du Rhône, au grand regret des *bouquineurs*; mais son ordonnance, toute sage qu'elle était, ne tarda guère à tomber en désuétude.

étoient... » — Le surlendemain, Patin écrivait à Spon : « ... En bonne justice, il ne devroit y avoir sur le Pont-neuf aucun libraire, à cause des friponneries que ceux qui y ont été ci-devant y ont exercées On n'y vendoit que des livres imparfaits ou dérobés, que les valets et les servantes, et les enfants de famille y portoient tous les jours, et de tous côtés, sans aucune punition... »

Septembre 25. Ce jour-là, une assemblée composée des premières personnes de la ville, fut tenue à l'occasion du *Théophile paroissial* que *Benoist Puys*, curé de Saint-Nizier, avait mis au jour l'année précédente, et qui fut attaqué d'une manière dont l'issue, par l'événement, retourna à la gloire de l'auteur. Dans cette assemblée, figurèrent M. *Deville*, vicaire-général du cardinal-archevêque de Lyon ; M. *Scarron*, chanoine et curé de Saint-Paul; M. *Margat*, chantre ; MM. *Bouvaud*, *Sève*, *Aubert* et *Dervieu*, chanoine et curé de Saint-Paul ; M. *Dugué*, président des trésoriers de France ; M. *Grolier*, prévôt des marchands ; M. *de Flechères*, président et lieutenant général en la Sénéchaussée ; MM. *De Boissat*, de *Saint-Romain* et *de Bartholy*, gentilshommes ; M. *Bourgeois*, premier avocat du roi au bureau des trésoriers de France ; MM. *de Cotton* père et fils et M. *de Boncel*. — Le P. *Albi* qui avait attaqué le livre de l'abbé *Puys*, déclara tenir cet ecclésiastique « pour un homme d'esprit très-éclairé, de doctrine profonde et orthodoxe, de mœurs irréprochables, et en un mot pour digne pasteur de son église. » Gironcourt, *Traité hist. de l'état des trésoriers de France*, II, 257 ; Pascal, *Provinciales*, lettre 15e. Voyez aussi les Publ. de 1649.

Septembre.... Passage et séjour à Lyon de *Samuel Sorbière*. Cet homme célèbre venait d'être nommé principal du collège d'Orange ; il était encore protestant et fit une visite à *Charles Spon*, son coreligionnaire. Ses *Lettres et Discours sur des matières curieuses* sont encore recherchés. On trouvera dans le *Sorberiana*, art. *Rabelais*, une note sur un bas-relief qui a disparu vers 1820, du portique de l'église de Saint-Jean. Voyez la lettre de Patin à Spon du 16 sept. 1650.

Octobre 5. Mort de *Louis Dinet*, évêque de Mâcon, un des suffragants de l'archevêque de Lyon. C'est lui qui, dans une visite pastorale, découvrit l'ancien autel de l'église d'Avenas, sur lequel se voient des sculptures et une inscription qui ont été le sujet d'une assez longue controverse. Voyez l'article *Avenas* dans l'*Album du Lyonnais* de 1844, et notre *Notice sur Philippe de Savoye*, Lyon, *Auguste Brun*, 1844, in-8.

Décembre 2. Le Cardinal de Lyon écrit à la duchesse d'*Aiguillon* :

« Madame, la lettre que la reine m'a fait l'honneur de m'écrire m'ayant été rendue par celui à qui vous l'aviez donnée,... J'ai cru deux

\-choses, la première que je vous en devois adresser la réponse, la seconde qu'elle avoit été faite à votre sollicitation, et par conséquent que je pouvois un peu m'entretenir avec vous sur la même matière. Dieu qui connoit les cœurs des hommes, sait si elle me peut être agréable, et plusieurs de mes amis auxquels je parle avec confiance, n'ignorent pas que je ne vois rien arriver que je n'aie prévu de longue main. Votre neveu est si mal né; il a été mal élevé dans une gloire et dans une suffisance ridicule; il s'est jeté dans un bourbier dont il ne sortira jamais par quelque porte que ce puisse être. Vous avez extrême confiance à quelques-uns de ceux qui lui ont aidé à ce faire,... et vous voyez que les suites de cette belle entreprise ne tendent à autre but qu'à achever de sapper le reste des fondements de la maison de feu M. le Cardinal de Richelieu, à quoi s'ils travaillent aussi heureusement qu'ils ont déjà commencé, vous aurez assez de vie pour la voir rompre et se fracasser sur ses propres ruines, et peut-être assez de loisir pour avoir de la peine à reconnoître vous-même le lieu où elle étoit. Si celui qui en porte le nom, des sentiments délicats et généreux, il ne doit pas survivre à sa honte. Il doit chercher sa satisfaction dans une mort honnête, et périr en simple soldat, une pique à la main, en servant le Roi, si on lui fait ôter le moyen de le faire en commandant. Mais j'appréhende qu'il ne sache pas prendre ce parti, et qu'il ne finisse comme son père. La Reine me témoigne de désirer que je le garde quelque temps auprès de moi. Je n'ai pas grande obligation à ceux qui lui ont fait naître cette pensée, et je la crois trop bonne pour qu'elle voulût surcharger ma vieillesse de ce pesant fardeau, étant certain que je me résoudrois bientôt à quitter le royaume si je me voyois réduit à cette nécessité. C'est à vous, Madame, à qui Dieu a beaucoup donné de clairvoyance, à regarder par où vous devez sortir de ces mauvaises et fâcheuses affaires; car, pour moi qui n'ai que des lumières médiocres, je ne vois que beaucoup de peines et nulles issues. Pour ce qui regarde Le Hâvre et les Princes qui y sont enfermés, j'en pense plus que je n'en dis, et demeure, etc. (C. B.) »

Décembre 22. Le Consulat enregistre l'ordonnance du Roi qui nomme *François de Neuville* gouverneur de Lyon, en survivance du *Maréchal de Villeroy*, son père.

Cette même année, le Consulat accorda la survivance de la charge de voyer de la ville à *Ennemond Maupin*. J. M.

La face extérieure et intérieure de l'*Hôtel-de-Ville* fut achevée cette année, aussi bien que la chapelle attenante à la grande salle. (Voyez Menestrier et Brossette, *Éloge hist.*, année 1650). — Cette chapelle était sous la tour de l'Horloge : l'autel était porté par une trompe en saillie au-dessus du grand corridor du rez-de-chaussée ; on y voyait une descente de croix du vieux *Palma*. Elle était dédiée à *Saint-Bernard* ; l'office divin n'y fut célébré qu'à partir de 1655 ; desservie par les Feuillants, en qualité d'aumôniers de la ville, chaque jour, un de ces religieux y disait la messe à midi. Voyez l'*Alm. de Lyon de* 1755, p. 50 ; Clapasson, *Descript. de Lyon*, p. 152 et 157.

Cette même année, les vers suivants furent inscrits sur deux pierres symétriques et carrées, appliquées au mur extérieur de la chapelle dont nous venons parler :

Fulmineis Rhodanus qua se fugat incitus undis,
   Quaque pigro dubitat flumine lentus Arar,
Lugdunum jacet, antiquo novus orbis in orbe,
   Lugdunumve vetus orbis in orbe novo :
Quod nolis, alibi quaeras : hic quaere quod optas :
   Aut hic aut nusquam vincere vota potes.
Lugduni, quodcumque potest dare mundus, habebis :
   Plura petas, haec urbs et tibi plura dabit.

Les six premiers vers de cette pièce sont de *Jules-César Scaliger*, qui les composa sans doute quand il passa par notre ville, après avoir quitté Turin, en 1525, pour se rendre à Agen ; le médecin *André Falconnet* fit les deux derniers afin que chaque pierre en contînt quatre. Voici la traduction qu'en à donnée C. Breghot du Lut, p. 45 de ses *Mélanges* : « Là » où le Rhône précipite ses ondes impétueuses, » et où la Saône, indécise dans sa marche, se » promène à pas lents, là est placé Lyon, » nouveau monde au milieu de l'ancien, ou » ancien monde au milieu du nouveau. Cher- » chez ailleurs ce qui peut vous déplaire : ici » se trouve tout ce que vous pouvez souhaiter; » ici, ou nulle part, tous vos désirs seront satis- » faits. » Jules Servan de Sugny avait en vue la pièce de Scaliger lorsqu'il a dit dans le discours en vers qu'il prononça le jour de sa réception à l'Académie de Lyon :

Lyon, fier possesseur d'une rive féconde,
Semble un monde nouveau jeté dans le vieux monde,
Et, grâce aux arts divers cultivés par ses soins,
Répond à tous les goûts comme à tous les besoins.

Depuis 1650, l'industrie des soieries occupait à Lyon de 9 mille à 12 mille métiers. Après la révocation de l'édit de Nantes jusque vers 1760, ce nombre était réduit à 3 ou 4000 environ ; de 1780 à 1788, il se relevait à 18000 pour tomber à 5 ou 4000 en 1794. De 1804 à 1812, il remontait à 12000, et, en 1816, à 20,000 ; en 1827, il était de 40,000, et à l'époque de la révolution de février, 50,000 métiers fonctionnaient à Lyon. Aujourd'hui (en 1854) leur nombre dépasse 60,000 ; mais ils sont dispersés dans l'agglomération lyonnaise, le département du Rhône et les départements voisins. Voyez le *Rapport* fait par M. Arlès-Dufour à la Commission française du jury de l'exposition universelle de Londres, et le *Moniteur* du 22 août 1854.

Cette année, *Pierre Allaume et Victor Prestessely*, voulant fonder une fabrique de tapisseries à la façon de celles qui viennent des Pays-Bas, ou de celles qui se fabriquent à Paris, chez les *Gobelins*, reçoivent du Consulat un encouragement de deux cents livres et la promesse de soixante livres par chaque apprenti de leur art qu'ils feront. **J. M.**, VI, 498.

Restauration de l'église de Saint-Paul.

Jacques de Villers lègue aux pauvres de l'Hôtel-Dieu son domaine situé au *Perron*, sur la paroisse d'Oullins.

Mort de *Jean Pillehote*, sieur *de la Pape*, ancien échevin, fils de Jean I, qui fut imprimeur de la Ligue et laissa une immense fortune. — Jean II avait épousé la fille de *Jacques Flachier*, lequel avait acquis de *Jean-Baptiste Ravot* la grange de la Pape. Voyez la *Notice* de Cochard *sur le château de la Pape*; les *Arch. du Rh.*, II, 162-5 ; les *Mélanges* de C. Breghot, p. 599.

Mort de *Noël Duret*, cosmographe du Roi, né à Montbrison, vers 1590. Pernetti, qui lui à donné place dans ses *Lyonnois dignes de mémoire*, ne dit pas de qui il était fils. Mais il est à présumer qu'il était de la même famille que Louis Duret, médecin de Charles IX et d'Henry III, lequel était aussi Forésien (1). Un des des fils de ce dernier, *Charles Duret de Chavry*, qui avait été contrôleur général des finances, mourut après avoir été taillé de la pierre en 1637. Voici son épitaphe telle qu'elle se lit dans le *Patiniana* :

> C'y gist qui fuyoit le repos,
> Qui fut nourri dès la mamelle,
> De tributs, de tailles, d'impôts,
> De subsides et de gabelles ;
> Qui mêloit dans ses aliments
> Du jus de dédommagements,
> De l'essence du sol pour livre.
> Passant, songe à te mieux nourrir;
> Car si la taille l'a fait vivre,
> La taille aussi l'a fait mourir.

Mort, à Paris de *François Perrier*, peintre né à Saint-Jean de Losne, suivant la *Biogr. univ.*, ou à Mâcon, suivant Chaudon, vers 1590. Il s'était sauvé très jeune de la maison paternelle, et vint à Lyon, où il se fit le conducteur d'un aveugle qui allait à Rome. Pendant le séjour qu'il y fit, il se rendit très habile dans l'art de la peinture, et, à son retour à Lyon, il peignit le petit cloître des Chartreux. Ses talents le firent appeler à Paris, où il fut nommé professeur de l'Académie. Voyez Clapasson, *Descript. de Lyon*, p. 162.

Parmi les grands personnages que la Reine fit arrêter et conduire à Vincennes le 18 janvier de cette année, se trouvait un Lyonnais, *Jean Perrault*, baron *de Milly*, président en la chambre des comptes. *Boursault* (2) a fait à ce magistrat une longue épitaphe qui commence ainsi :

> Dans les murs de la ville où les eaux de la Saône
> Semblent *avec regret* d'aller se joindre au Rhône (1),
> D'une famille illustre et fidèle à nos rois
> Qu'avec tant de justice ennoblit Henry trois,
> Naquit l'esprit fécond en sublimes lumières,
> Qui de pieux passant implore les prières....

On lit dans les notes sur cette épitaphe que M. de Milly « faisoit tous les ans pour 12 mille livres d'aumônes, sans celles qu'on ne savoit pas; » mais on ne dit point en quelle année mourut ce généreux citoyen. Boursault en a parlé plusieurs fois dans ses lettres, et tout annonce qu'il en avait reçu de nombreux bienfaits (2). Avant d'être magistrat, M. de Milly avait été intendant d'Henry II de Bourbon, prince de Condé (mort en 1646). C'est lui qui fit élever à ce prince un magnifique mausolée dans l'église des Jésuites de Paris. Ce fait est consigné dans l'épitaphe latine que le P. d'Orléans fit pour le père du grand Condé et dont on a une imitation en vers français par un anonyme, insérée dans le *Nouveau recueil des Epigrammatistes François* de Bruzen-Lamartinière, II, 94.

PUBLICATIONS : *Alvearium mellifluum....* Authore *Vincentio Boreo*, I. V. D. et professore... Lugduni, impensis authoris, et venditur apud *Johannem Cambion*, in platea Cambii. 1650. In-4. — Dédicace de l'auteur au Sénat de Savoye, suivie de plusieurs pièces en vers latins, dont une de *Pierre Jouve*. — Denis Simon a fait l'éloge de ce livre et cite une édition datée de Lyon, 1651, également in-4. Vincent Borée, qui a professé le droit à Lyon, à Toulouse et à Paris, comme il nous l'apprend dans sa dédicace, est probablement l'auteur des *Princes victorieux*, tragédies françoises imprimées à Lyon, 1627, in-8, et décrites dans le Catal. Soleinne, n. 1027.

Apologie pour l'Eglise de Lyon... par *Besian Arroy*, prestre,..... contre un libelle intitulé *Notes et Corrections* sur le Bréviaire de l'Eglise de Lyon. A Lyon, chez *Pierre Compagnon*. 1650. In-8. — Voyez les Publ. de 1647.

___

(1) Voyez les additions et corrections à la fin du tome 10 de Moréri, art. DURET ; Bayle, art. BOTAL ; ci-dessus, 28 juin 1608.

(2) Tome 1, p. 94 de ses *Lettres*. Voyez aussi, même tome, p. 16 et 193 ; tome 2, p. 100, 142 et 193. Consultez encore la lettre de Patin à Falconnet du 1er février 1650, et celle du 24 mai suivant adressée à Spon. Voyez ci-après, 3 janv. 1651.

(1) Louis Racine nous fournit ce rapprochement :

> Tes illustres martyrs sont tes premiers trésors,
> Opulente cité, la gloire de ces bords
> Où la Saône enchantée à pas lents se promène,
> N'arrivant qu'à *regret* au Rhône qui l'entraîne.
>
> *La Religion*, ch. IV.

(2) L'impromptu suivant adressé à l'académicien Charpentier, le jour de sa fête, par Boursault, semblerait témoigner que ce dernier demeurait chez M. de Milly :

> Bon jour et bonne santé :
> Pour célébrer votre fête,
> Je vous tiens bouteille prête
> Avec un fort bon pâté.
> Si vous souhaitez qu'on l'ouvre,
> Venez vis-à-vis du Louvre
> Chez le président Perrault,
> Et si la porte est fermée,
> Huchez à l'accoutumée :
> Votre serviteur *Boursault*.

Arrest du Parlement contre les officiers du présidial, prévost des marchands et échevins de Lyon, déboutez de l'inscription de faux concernant la qualité des comtes de Lyon. 1650. In-4. de 52 pp. — Voyez ci-dessus, 15 sept. 1643, et les Publ. de 1648, *Factum de l'instance....*

Choix (Le) des Epîtres de Lipse, traduites du latin en françois, par *Antoine Brun*, de Dôle... A Lyon, chez *Jean Radisson*. 1650. In-8. — Le privilége est daté du 21 août 1648, et, à la suite, on lit que le livre a été achevé d'imprimer le 5 oct. suivant, d'où il paraîtrait que les exemplaires datés de 1650 ont un titre rafraîchi. — L'abbé Goujet conjecture que cette version est du même Antoine Brun, qui était fils d'un magistrat de Dôle, Claude Brun, que le parlement de cette ville envoya à Lyon pour y complimenter *Henry IV*, et qui fit une si belle harangue que ce roi dit à ses courtisans qu'il ne serait pas fâché que tous les magistrats de son royaume fussent *teints en brun*. Voyez le *Supplément* au Moréri de 1749.

Feynii (Francisci) (1).... *Medicina practica* in quatuor libros digesta : Opus verè aureum... nunc primum è Bibliotheca clar. viri *Renati Moraei....* studiorum usibus benignè concessum. Lugduni, sumptibus *Joannis Antonii Huguetan.* 1646. In-4. — Ce livre est dédié par les deux libraires à *René Moreau*, qui en avait remis le manuscrit à *Pierre Ravaud* ; c'est à ce dernier que fut accordé le privilége du roi, daté du 17 août 1643; mais il mourut avant la fin de l'impression, qui fut achevée par son fils et par Huguetan, sous la surveillance de *Charles Spon* (2). *Siméon Cortaud*, médecin à Montpellier, eut beaucoup à souffrir de cette publication; le 50 novembre 1650, il écrivit à Spon: « ...... Vous désirez savoir de moi quelque chose de la vie et de la mort de l'auteur que M. Ravaud a enfin imprimé; jusques-là je suis tout à vous; mais je ne puis penser sans horreur ni au nom de l'auteur, ni à son ouvrage, qui m'est si fatal, et dont la seule mémoire m'*étonne* (5) et non sans sujet ; la misérable veuve de mon voleur me menaçant de rechef de m'appeler en cause pour cette impression, en me disant que j'en suis responsable.... Si je vous ai écrit quelque mot qui parle de l'impression de ce livre, ce que je ne crois pas, je vous prie de mettre les lettres au feu... Dispensez-moi, je vous supplie, et ne trouvez pas mauvais que je chasse de ma mémoire toute cette malheureuse race. *Deus me liberet à manu judaeorum christiani sanguinis anhelantium.* Je frémis quand je songe à cette engeance de vi-

père qui trouble et rend déserte, cette année, toute cette académie avec résolution de la renverser si elle peut venir à bout de ses desseins. Ne prenez donc pas la peine de m'envoyer aucun exemplaire de cet imprimé funeste ; il me feroit mal au cœur.... J'ai assez de livres, et nous n'en avons que trop : *Laboramus à plethora et cacochymia librorum (C. B.)....* » — On peut conjecturer que le Ms. de *Feynes* avoit été remis d'une manière illégale à Moreau par Cortaud, qui avait sans doute autorisé, moyennant certain prix, Pierre Ravaud à le publier, avant d'avoir pris le consentement des membres de la faculté de Montpellier.

Histoire de Bresse et du Bugey.... divisée en quatre parties, par *Samuel Guichenon.....* A Lyon, chez *J.-A. Huguetan* et *M. A. Ravaud* (ex typographia *Jacobi du Creux*). 1650. In-fol. — Parmi les pièces en diverses langues à la louange de l'auteur, il en est trois en vers latins dont nous croyons devoir faire mention: le 1re est de *Jérôme Jayr*, dont l'arrière-petit-fils a été préfet de l'Ain, puis du Rhône et ensuite un des derniers ministres de Louis-Philippe ; la 2e de *Nicolas Chorier*, historien dauphinois, et la 5e de *François Barancy* (1), correcteur d'imprimerie à Lyon. — On lit dans le *Dictionnaire* de Chaudon, art. GUICHENON, qu'il y avait dans la Bibliothèque des Augustins du faubourg de la Guillotière un exemplaire de son *Histoire* « où l'on trouve en Ms. » des choses curieuses sur les familles. » Nous ne saurions dire ce qu'est devenu cet exemplaire, qui a disparu pendant les troubles de 1795. — Il existe dans plusieurs bibliothèques des copies d'une *Critique* (inédite) *de l'Histoire de Bresse des deux Guichenon*, par *Philibert Collet*, avocat au parlement de Bourgogne, et substitut du procureur-général de Dombes. Nous nous étions proposé de publier cette *Critique* ; mais le peu d'intérêt qu'elle présente, surtout depuis les travaux de M. *de Lateyssonnière*, de M. *Valentin-Smith*, de M. *Debombourg* et de M. *Jules Baux*, nous en a détourné. On n'y trouverait d'ailleurs (plus ou moins délayé) que ce que l'auteur avait déjà dit dans les Prolégomènes des *Statuts de Bresse* (2), qu'il a publiés en 1698 ; nous nous bornerons à en extraire le passage suivant, comme un échantillon de son style :

« Le premier nom de *Lugdunum* n'a pas été confondu avec celui de *Lyon*, ni celui de *Lyon* n'a point éteint celui de *Lugdunum*; ils subsistent l'un et l'autre dans les deux langues qui ont été les langues du peuple dans ce pays. *Lugdunum* était le nom de cette première mon-

---

(1) Né à Béziers, François Feynes fut nommé professeur à la faculté de médecine de Montpellier en 1557, et mourut en 1573.

(2) Voyez la lettre que Patin lui écrivit le 6 mai 1650.

(3) *Etonner* était alors synonyme d'*épouvanter.* Richelet.

(1) Cette 3e pièce est à la fin du volume; au lieu de *François*, on avait donné à *Barancy* le prénom de *Jacques*; mais cette faute a été corrigée dans l'errata.

(2) Voyez aussi l'édition de 1775 des *Usages du Pays de Bresse*, où l'on trouvera, p. 697 à 712 du tome 2, un *Discours en abrégé de l'Hist. du Pays de Gex*, par *Philibert Collet*.

tagne qui est entre le Rhône et la Saône, l'endroit où les Romains entreprirent de fonder et fortifier cette ville pour conserver les nouvelles conquêtes, et contenir les nouveaux sujets de l'Empire. *Lyon* est le nom qui fut donné à l'autre partie de la ville, bâtie à l'occident de la première, et au-delà de la jonction des deux rivières. Il y a eu de très longues divisions entre le peuple et le Chapitre qui s'établit dans la ville occidentale, et qui, s'en étant rendu maître à la fin, prit un *lion* pour sa devise. Le peuple rangé sous ce lion victorieux, en prit le nom françois, au lieu qu'il aurait dû prendre celui de *Leo*. Cette sujétion du peuple au Chapitre devint encore plus forte lorsque le Chapitre eut contraint le *Comte* avec lequel il partageait les revenus et l'administration de la justice, de la lui laisser tout entière, et de se retirer dans le pays qui est entre les montagnes et l'Auvergne, qu'on appelle le *Forest*. Le Comte prit le nom de *Comte de Forest*, et laissa aux membres du Chapitre celui de *Comtes de Lyon;* ils partagèrent même la domination de ces deux pays; j'en ai vu l'acte qui est du 12e siècle, c'est-à-dire, du temps que les peuples incités et soutenus par les décrets du concile général de Lyon, secouèrent la domination des rois et des empereurs qui avoient succédé aux rois..... »

Introduction à la Chymie ou à la vraye physique,.... par *E.-R. Arnaud*, docteur en médecine. A Lyon, chez *Claude Prost.* 1650. In-8. — Dédicace de l'auteur à *Pierre de Sève*, baron *de Fléchères*, seigneur de Fareins, etc., conseiller d'état, lieutenant-général en la sénéchaussée et président au siége présidial de Lyon. — Cet ouvrage contient la réfutation d'une Thèse de *Guy Patin* dont le nom ne figure pas dans la table des auteurs cités par Arnaud. Toutefois *André Falconet* parvint à empêcher une polémique, et le 30 nov. 1650, Patin lui écrivit : «... Je vous remercie de la » peine que vous avez prise de me rendre ami » de M. Arnaud;... je pense qu'à l'avenir nous » serons toujours bons amis... » Voyez aussi les lettres du 4, et du 16 du même mois.

Magic (La) naturelle divisée en quatre livres par *Jean-Baptiste Porta*, contenant les secrets et miracles de Nature, et nouvellement l'*Introduction à la belle Magie*, par *Lazare Meyssonnier*.... A Lyon, chez la *Vefve de G. Valfray.* 1650. In-12. — L'Introduction à la belle Magie est dédiée à l'abbé d'*Esnay* (Camille de Neufville). Meyssonnier nous apprend, dans ce dernier opuscule, que son père avait en Bresse une maison champêtre où il faisait son séjour ordinaire, « à cause de la commodité du bois qu'on tiroit d'une autre métairie estant lors à Cluny esloignée de Mascon de quatre petites lieues. » Ce passage confirme l'assertion de *Chappuzeau* qui a dit, p. 404 de *Lyon dans son lustre*, que Meyssonnier naquit à Clugny en Bourgogne. — L'Introduction à la belle Magie est suivie d'un opuscule de 5 pages ayant pour titre : *Plusieurs beaux secrets mis en lumière*, par E. Telam (sic), philosophe lyonnois. Voyez NICERON, tome 43, p. 59, la *Bibliothèque* de Richelet; la lettre de Patin à Falconet du 18 mars 1650, et ci-après 26 février 1672.

Pastorale et Tragicomédie de Janin (par *Jean Milliet*) représentée dans la ville de Grenoble. A Lyon, chez *Nicolas Gay.* 1650. In-8. — M. Brunet (III, 595 de son *Manuel*) cite plusieurs autres éditions lyonnaises de cette Pastorale, dont une partie est écrite en patois.

Récréations litérales et mystérieuses : où sont curieusement étalez les principes de la nouvelle orthographe : avec acheminement à la Poësie, et des Anagrames (sic). Par le R. P. *Antoine Dobert*, Minime Dauphinois, sourd et asthmatique. A Lyon, chez *Francois de Masso.* 1650. In-8. — Une première édition de ce livre a été donnée en 1646; la nouvelle est considérablement augmentée. L'auteur mourut « comme la dernière feuille de son livre » passoit soubs presse ; » c'est ce que nous apprend l'Avis du libraire au lecteur. — Un ouvrage de ce genre ne pouvait échapper aux investigations de *Gabriel Peignot*, qui, dans son *Livre des Singularités*, a donné cet échantillon de l'orthographe réformée du Minime dauphinois : « De kel côté ke je me tourne, et kel » posture ke je prenne, je me treuve tousjours » au peïs de souffranse. Parmi les occupasious » où je tache d'alejer mes maus, il y a bien » osi du contrepoës, car la méditasion émeut » la flucsion, la lecture fait mal aus ieux, et » l'ecriture nuit à l'estomak, voère même à » toutes parties, suivant ce dire :
» Tres digiti scribunt, caetera membra dolent (1). »

Nous ferons observer que le système du P. Dobert n'est guère qu'un rechauffé de celui du grammairien lyonnais *Loys Meigret* (Voyez Goujet, I, 95). — Nous avons cité, p. 20 de nos *Notes et Documents* pour servir à l'hist. de Lyon sous Louis XIII, ce distique décoché contre les jésuites par un de leurs élèves nommé *Dabo* :

Arcum Dola dedit Patribus, dedit alma Sagittam
    Gallia : quis funem quem meruere dabit ?

Voici, suivant le P. Dobert, la réponse qui fut faite à cette mordante épigramme :

Ayant assez de notre part,
Nous ne désirons de tout prendre;
Nous avons la Flèche et l'Arc;
Gardez la corde pour vous pendre.

Traité de l'exercice militaire... par le capitaine *Collombon.* A Lyon, chez *Pierre Anard.* 1650. In-12. — Ce livre, qui a un premier titre gravé, est orné de figures. Voyez les Publ. de 1625, *Petit traicté de l'exercice militaire...*

(1) Ce vers proverbial dans les colléges a pour équipollent ce vieil adage : *Oculi legendo, lumbi sedendo dolent.*

1651.

Janvier 5. Le Cardinal de Lyon écrit au Roi :
« SIRE, j'ay exécuté avec grande joie le commandement que j'ay reçu de V. M. de faire rendre grâces à Dieu de l'heureux succès qu'il lui a plu de donner à vos armes (1), comme je ne manquerai pas de faire en toutes autres occasions où elle aura agréable de m'honorer pour une marque assurée que je suis et serai dans tous les instants de ma vie, Sire, son très-humble, très-obéissant serviteur et sujet... »

Février 25. Le Cardinal de Lyon écrit à M. le Prince (de Condé) :
« Monsieur, je vous supplie d'agréer qu'en peu de paroles j'essaye de faire paroître une petite partie d'une grande satisfaction, et que je die avec la franchise qui m'est tout ensemble naturelle et acquise, que celle que je ressens pour vous voir rétabli dans la liberté qui ne vous devoit jamais avoir été ôtée, est si grande que ne la pouvant exprimer, j'estime qu'il me doit suffire de vous assurer que je suis, etc. » — Le même jour, le Cardinal de Lyon écrivit aussi à la Princesse de Condé pour la féliciter sur la délivrance de son mari. Voyez ci-dessus, année 1650, à la fin.

Février 28. Le Cardinal de Lyon « pour ré-
» ponse à la Mère prieure (des dames de Saint-
» Pierre), et à celles qui m'ont conjointement
» écrit avec elle (2) :

« MES FILLES, comme je reconnois à ma confusion que je ne suis bon à rien, et que je l'avoue assez ingénuement, je dois pareillement dire à mon avantage que je suis meilleur à prévenir et à empêcher les désordres qu'à châtier et à punir ceux qui ont contribué à les faire naître ou à les entretenir. Le premier est attaché à l'office de bon père de famille, et doit faire une partie de l'honnête homme quand même il n'auroit nulle part à l'administration de la chose publique, et le second doit tenir quelque peu de l'exécuteur de la haute justice. Pour ne faire jamais autre chose, il faudroit que je forçasse mon naturel et ma raison, Dieu m'apprenant par sa sainte conduite qu'il ne le faut pas..... Ce petit préambule fini, souffrez, mes bonnes filles, que je vous demande si vous avez toutes employé toute l'étendue de vos forces pour entretenir la paix, empêcher la division, et faire rendre à Madame votre abbesse le respect qui lui est dû. C'est une bonne chose que le zèle quand il est bien réglé; mais il faut considérer que David nous enseigne qu'il nous doit dévorer nous-mêmes et non pas le prochain; que celui d'Élie fut repris et modéré par Dieu même lorsqu'il lui dit qu'on avait beau

(1) La bataille de Réthel, gagnée contre les Espagnols le 15 déc. 1650.

(2) *Anne d'Ailly de Chaulnes*, fille d'Honoré Albert, duc de Chaulnes, était alors abbesse de Saint-Pierre. Voyez la lettre suivante, et ci-après, 4 février 1672.

le chercher dans le feu, dans l'orage, dans la tempête, dans la commotion et dans le tremblement de la terre, vû qu'on ne l'y trouvoit pas. — Dites-m'en, je vous prie, la vérité, et clairement ce que vous désirez de moi, afin que, quand le grand froid sera un peu relâché, j'aille voir en quoi je vous pourrai donner satisfaction, vous assurant que si, en arrivant, je peux trouver la besogne faite, je vous en céderai volontiers la gloire et le mérite.... »

Mars 6. Le Cardinal de Lyon écrit à la Mère-prieure des Dames de Saint-Pierre :
« Madame, si, ayant pu vous servir, je ne l'ai pas fait, j'ai tort pour ce que j'y suis obligé; mais si, l'ayant voulu et en ayant cherché toutes sortes d'occasions, vous ne laissez pas de vous plaindre, je n'estime pas que vous soyez excusable, parce que c'est pécher contre la justice et contre la charité. J'ai lu dans l'Écriture sainte que Jésus-Christ ayant été réveillé par les apôtres lorsque les flots sembloient devoir engloutir leur barque, il commanda aux vents et à la mer, et fit en même temps succéder le calme à la tempête, mais tous les disciples n'ont pas eu le même pouvoir. Aussi, ne suis-pas assez présomptueux pour croire qu'avec une seule parole, comme vous dites, je sois capable de faire cesser les petits tourbillons de vent qui se lèvent chez vous. J'y pourrois peut-être bien contribuer pour quelque chose; mais, pour vous le dire franchement, il faut que vous fassiez la plus grande partie de l'ouvrage.... Vous m'envoyâtes, il y a deux jours, le P. *Gibalin* comme porteur de vos sentiments; je lui fis, à mon avis, une réponse de laquelle vous devez être satisfaite, de façon que je ne puis maintenant deviner qui vous a fourni le sujet de votre lettre. Je me tiendrai assez malheureux si, sur mes vieux jours, je me vois obligé à préparer des mémoires pour bâtir des apologies, n'y étant nullement accoutumé. Si Madame *de Chaulne* vient ici à Pâques, ainsi qu'on le publié, je la ferai volontiers juge de vos plaintes et de mon procéder (sic); mais cependant vous plaît-il que je vous donne un bon conseil: agissons ensemble pour le bien de la paix sans autre intérêt que celui de la gloire de Dieu; ne croyons point légèrement à tout ce qu'on nous voudra mettre dans l'esprit, et j'espère qu'il bénira notre travail et que vous aurez sujet de me croire, etc.

Mars 17. Le Cardinal de Lyon écrit à M*** :
« Je me trouve bien heureux quand, caché dans mes grottes rustiques, je laisse le monde à part : Je ne pense qu'à Dieu et à moi, et me trouve dans cet instant, pour parler en termes de l'Écriture sainte, *sicut angelus Dei, qui nec benedictione, nec maledictione movetur (Reg.,* II, 17); mais si, par quelque fenêtre, je regarde le cours des choses sublunaires, et particulièrement de celles que l'on voit où vous êtes, je suis surpris d'admiration et d'étonnement ;

ensuite, sans bien prévoir ce qui doit arriver, pour ce que je vois que la passion, fermant les yeux à plusieurs, les empêche de voir ce qui est visible, et par conséquent de frapper droit où ils visent; je conclus enfin que Dieu, « qui sait tirer le bien du mal, » permet que cet aveuglement leur arrive pour quelques raisons que nous ne savons pas, et ne saurons jamais. C'est pourquoi, sans prétendre de pénétrer dans les secrets de sa Providence, pour m'entretenir avec vous comme le reste des hommes, je vous dis que vous ne m'avez point mandé quel personnage joue maintenant M. d'*Angoulême*, quoiqu'il soit important de le savoir pour juger de la tranquillité qu'on se doit promettre pour votre province à laquelle je la souhaite entière et de longue durée, étant certain qu'elle en a grand besoin. Vous ne m'avez point mandé ce que fait Madame d'*Aiguillon*, si son neveu a été rétabli dans l'exercice de sa charge, si elle poursuit ou a obtenu une évocation pour l'affaire de son prétendu mariage, et enfin si Madame *du Vigean* (?) a toujours le gouvernement de ses affaires et de ses volontés, comme elle est auprès de la Reine, comme quoi dans l'esprit du Cardinal *de Mazarin*, et mondit sieur le Cardinal dans le sien..... Le parlement de Provence a fait arrêt contre lui conformément à celui de Paris.... Si le Cardinal est à Bouillon, je ne vois pas quel droit on peut avoir de le faire aller plus loin, et je ne doute pas que lorsque le Roi et la Reine seront hors de Paris, il ne revienne auprès de leurs personnes si Leurs Majestés l'agréent nonobstant les arrêts; car enfin, il faut que l'État périsse ou que le Roi soit le maître ; et je m'assure que ceux qui agissent contre le Cardinal sont trop gens de bien pour avoir des sentiments contraires. Mais de savoir si le Roi doit désirer son retour, il se peut accorder avec le bien et l'avantage de son peuple...... L'action du parlement de Provence, en la personne du sieur *Degrange Villeneufve*, est généralement blâmée; mais cela ne guérit pas le mal. Dans le désordre où sont les choses, on croit que ceux qui ont été cités non-seulement ne comparoîtront point, mais encore qu'ils ne s'abstiendront pas d'entrer au Palais à leur ordinaire : on voit par là à quel point on a avili l'autorité royale, qui est le plus grand mal qui puisse arriver dans l'État. Ceux qui ne l'aiment pas s'en réjouissent, mais les gens de bien en doivent avoir un regret bien cuisant; Dieu veuille, par sa Grâce, la relever au point qu'elle doit être; car, pour les hommes, je ne vois pas qu'ils travaillent de bon pied pour ce faire..... »

Avril.... On reçoit des lettres du Roi et de la Reine-Mère portant convocation des États-généraux à Tours, pour le 9 septembre. — « Cette mesure, dit M. Morin, était dictée par le parti parlementaire qui venait d'obtenir l'exil de Mazarin. Le Consulat rassembla aussitôt les maîtres des métiers et les terriers, et (sur la demande du prévôt des marchands) il en obtint

un pouvoir spécial pour députer aux États-généraux celui ou ceux du corps consulaire qu'il jugera à propos. Dans une autre assemblée à laquelle les anciens consuls et les notables bourgeois furent appelés, on nomma des commissaires pour dresser les cahiers. On sait, ajoute M. Morin, que de nouvelles intrigues firent avorter la tenue des États qui était vivement désirée par tout ce qu'il y avait de national dans le parti anti-cardinaliste (*Hist. de Lyon*, t. IV, 194) »

Mai 9. Le Cardinal de Lyon écrit au Roi : « SIRE, Quand je me cherche comme la lettre de V. M. me dépeint, je ne me trouve pas, n'estimant pas de lui avoir jamais rendu aucun service, quoique j'en aie eu la volonté aussi entière que la connoissance de lui devoir tout; mais puisqu'elle n'a pas désagréé ce que j'ai fait pour essaier de le faire, je lui en rends très-humbles actions de grâces, et redoublerois volontiers la passion que j'ai eue toujours pour cela si elle étoit capable d'accroissement. Quant à ce qui regarde le dernier commandement dont elle m'honore (1), je crois devoir lui rendre compte comme le Clergé des trois provinces de ce Gouvernement, sans avoir eu égard à mon âge avancé, aux incommodités qu'il traîne après soi, et à celles où le malheur des temps m'a réduit, a prévenu les sentiments de V. M. en jetant les yeux sur moi, estimant que, sans regarder mes propres intérêts, je chercherois le sien dans celui de l'État. Tout ce que j'appréhende, est que, l'adresse me manquant, je ne paroisse, contre l'ordinaire, plus petit de près que de loin, et que je ne puisse témoigner à V. M., autrement que par une résignation entière et absolue à ce qui est de ses volontés, que je suis et serai toute ma vie, Sire, son très-humble, très-obéissant, et très fidèle serviteur et sujet. »

Même mois.... Le Cardinal de Lyon écrit à M*** :

« Je ne comprends pas bien quelles étranges nouvelles on peut vous donner de nos mortalitez, puisque nous n'en voyons point arriver que fort peu, et toutes par les voies naturelles. Le sieur *Dugué* (2), l'avocat *Bernardon*, et l'un de nos prêtres nommé *Lagrive* (5) sont allés à Dieu dans un âge fort avancé, et le bon-homme *du May*, par une hydropisie qui l'a emporté en peu de temps, n'étant plus

(1) Sans doute pour qu'il assemblât le clergé de son diocèse, et qu'il se fît nommer son député aux États-généraux qui devaient se tenir à Tours.

(2) Peut-être un membre de la famille de *François Dugué de Bagnols*, nommé intendant de Lyon en 1666.

(3) Il y a eu à Lyon deux apothicaires de ce nom. *G. de Lagrive* dont on a une pièce de vers en tête de la *Pharmacopée de Bauderon*, Lyon, 1603 et 1607, et *Louis de-Lagrive*, auteur de l'*Anti-parallèle des vipères romaines*, Lyon, 1632. Un avocat du même nom, *Melchior de Lagrive*, prononça l'*Oraison doctorale* en 1643.

jeûné, et ayant peu de force et de vigueur pour résister au mal..... Je ne puis deviner quel succès auront nos affaires de Provence, car dans la façon d'agir de ce temps où chacun se forme une nécessité absolue, il est difficile de faire des jugements certains parmi tous ces embarras. Tenez-vous joyeux si vous le pouvez, et me croyez, etc. »

Juin 1. Le parlement de Paris maintient *Charles de Besserel de Marillac* dans la dignité de doyen du Chapitre de Saint-Jean que lui disputait *Claude d'Albon*, abbé de Savigny, chantre et chanoine de l'Eglise de Lyon, qui avait été pourvu, en Cour de Rome, de cette dignité par la résignation de feu *Guillaume d'Albon*, son oncle. — Le comte de Besserel avait été élu doyen par le Chapitre, le 31 mars 1650, trois jours après la mort de *Guillaume d'Albon*. Le parlement jugeait, comme on le voit, que la dignité était élective (*OEuvr. d'Henrys*, livre I, quest. 55).

Même mois 27. Guy Patin écrit à Falconet:

« Vous ne doutez pas que je n'aie été très aise d'apprendre que vous soyez revenu de vos eaux à Lyon, en bonne santé; mais, je vous prie, apprenez-moi donc en quelle province est Vichy (1), et quelles eaux ce sont.... Je suis bien aise que vous ayez vu M. *Giraud* (2); c'est un fort honnête homme; je vous prie de lui faire mes recommandations. Vous parlez de boire du vin avec lui; je pense qu'il n'en boira guère avec vous; *est enim ex genere hy-dropotorum*, et est de la confrérie de celui duquel parle *Ovide* (*Metam.* XV, 525).:

Vina fugit, gaudetque meris abstemius undis. »

— Le 25 septembre suivant, Patin disait à Falconet : « J'ai vu M. *Giraud*; il se loue fort de vous. »

Septembre 5. Le Cardinal de Lyon écrit au Roi :

« SIRE, Quand il s'agira de vous rendre service, tout pays me sera égal pour consommer ce peu de vie qui me reste, je n'aurai jamais d'autres sentiments que ceux de V. M.; c'est pourquoi, après les avoir reconnus, tant par la lettre qu'Elle m'a fait l'honneur de m'écrire, que par celle que j'ai reçue de M. le Comte *de Brienne*, par son commandement, je la supplie très-humblement de permettre que je choisisse plutôt d'essayer de le faire proche de sa personne qu'en un pays éloigné où vos meilleures intentions demeurent sans effet par la manière d'agir de ceux qui sont naturellement plus fins et moins soigneux de leur honneur

que vous, et qui peuvent avoir des intérêts tout différents des vôtres; ce m'en sera toujours un de faire voir à tout le monde, mais particulièrement à V. M., que je suis, comme cela doit être, Sire, son très-humble, très-obéissant et très fidèle serviteur et sujet. »

Même jour. Le Cardinal de Lyon écrit à M. *de Brienne* (Henri-Auguste de Loménie), secrétaire d'état :

« Monseigneur...... Pour ce qui regarde l'élection du Pape, j'estime que S. M. n'en aura pas plus de satisfaction que par le passé; car, si l'ayant pu servir, on ne l'a pas fait, que doit-on se promettre lorsqu'on le pourra moins, et que la volonté de le faire ne sera pas plus forte? Il n'y a point de règle si générale qui n'ait son exception; mais je ne laisserai pas de dire que ce que la naissance nous donne, joint aux considérations à quoi nous sommes obligés par l'honneur, nous rend toujours capables de faire quelque chose au-delà de nos forces. Par ce petit discours, je ne prétends taxer personne, mais seulement dire que, comme véritable François et très-obligé aux bontés de S. M., je ne m'éloignerai jamais du bon chemin. Je vous convie d'autant plus librement de m'en servir de caution, que je sais qu'il n'y a point de risque à courir. Par ce moyen, vous me pouvez obliger à peu de frais à être, toute ma vie, etc. »

Même mois 16. Le Consulat fait payer 2,000 livres à *Jean Varin*, graveur à la Monnoye, en solde de 4,000 livres, prix-fait de quatre portraits en bronze du Roi, de la Reine, de Louis XIII et de Henri IV posés en quatre rondeaux de pierre de taille à la façade du nouvel *Hôtel-de-Ville* (1). — Né à Liége en 1604, Jean Varin, mourut à Paris en 1692. Son buste de de Louis XIV lui valut ce beau madrigal improvisé par l'abbé *Cotin* (2) :

> De l'univers tel doit être le maître,
> Tel doit être celui que le Ciel a fait naître
> Pour donner à la France un Roi suivant ses vœux;
> A ce grand air, on peut le reconnoître;
> Mais, *Varin*, fermez la fenêtre,
> De crainte que le vent ne mêle ses cheveux.

Un Lyonnais, ami des muses latines a rendu ainsi ce sixain :

> Si nescis Boreas quavis pexam arte potentum
> Regum caesariem non reverenter habet.
> Hanc igitur claudes prudens, *Varine*, fenestram,
> Ne noceat sacris aura proterva comis.

Même mois... Lettres-patentes portant érection du marquisat de *Villeroy* en duché-pairie, en faveur du maréchal *de Villeroy*. Recueil d'Isambert, XIX, 275.

Octobre 24. Guy Patin écrit à André Falconet:

<hr>

(1) « Faire une pareille question, c'est prouver d'une part combien peu alors la France était connue de ses habitants ; de l'autre,... l'ignorance où l'on était des parties constitutives des eaux minérales. » Revoillé-Parises

(2) Très probablement le consul de France à Athènes; *Spon* en a parlé plusieurs fois dans son *Voyage de Grèce.*

(1) Ces quatre portraits, qui avaient disparu sous le marteau des vandales de 1793, ne furent point rétablis sous la Restauration; mais, grâces au goût éclairé du digne administrateur de notre département, on les revoit aujourd'hui dans les mêmes rondeaux.

(2) *Poésies chrétiennes*, Paris, 1668, p. 199.

«..... M. *Rigaud* (1), votre libraire m'a salué de votre part, ce qui m'a réjoui de deux manières, en ce que j'ai eu, par ce moyen, des nouvelles de votre santé et l'honneur de sa connoissance ; il ne m'a pas su dire si le grand in-folio de M. *Meyssonnier*, dont il m'a envoyé lui-même la première feuille, est achevé (2). Le Jésuite (5) qui a continué la *Chronoloyie* de *Gaultier*, imprimée depuis quelques mois, l'a mis au rang des illustres de notre siècle; *Non equidem invideo, miror magis* (1); j'ai peur que, dorénavant, le papier ne serve plus que comme les maquereaux, à la prostitution de la renommée des hommes, et à faire des éloges tant à ceux qui le méritent qu'à ceux qui ne le méritent point (5),... »

Novembre 5. *Guy Patin* écrit à *André Falconet*:
«.... Je vous remercie du bon accueil que vous avez bien voulu faire à M. *Seguy* (6) ; j'ai bien du regret qu'il n'ait pas séjourné davantage à Lyon, afin de vous entretenir ; vous eussiez connu un honnête homme.. M. *Brousse* a écrit à un de nos amis la joie qu'il avoit eue de vous avoir rencontré à Lyon; je ne huis si fort les Pères loyolistes qu'il vous a dit; j'aime mieux leurs livres que leurs personnes, bien que la plupart de ce qu'ils font ne soit guères que très-médiocre (7).... »

Décembre 7. Le Consulat accorde un secours de trois mille livres au *Petit-Collége de Notre-Dame*.

Décembre 22. *Guy Patin* écrit de Paris à *Charles Spon* :
«.... Le neuf de ce mois, à neuf heures du soir, un carosse fut attaqué par des voleurs. Le bruit que l'on fit obligea les bourgeois de sortir de leurs maisons, autant peut-être par curiosité que par charité. Un des voleurs fut couché sur le carreau, et un laquais de leur parti fut arrêté; les autres s'enfuirent. Le blessé mourut le lendemain matin sans rien dire, sans se plaindre et sans déclarer qui il étoit. Il a été enfin reconnu : on a su qu'il étoit fils d'un maître des requêtes nommé Laubarde-

mont (1) qui condamna à mort, en 1655, le pauvre curé de Loudun, *Urbain Grandier*, et le fit brûler tout vif, sous ombre qu'il avoit envoyé le diable dans le corps des religieuses de Loudun que l'on faisoit apprendre à danser, afin de persuader aux sots qu'elles étoient démoniaques (2). Ne voilà-t-il pas une punition divine dans la famille de ce malheureux juge pour expier en quelque façon la mort cruelle et impitoyable de ce pauvre prêtre, dont le sang crie vengeance ?... »

Guy Patin aurait pu ajouter que *Laubardemont* fit partie de la commission qui prononça la peine de mort contre *Cinq-Mars* et *de Thou* (5). La Biographie Michaud a consacré, dans son Supplément, une notice à ce magistrat fameux à tant d'égards (4); mais l'auteur de cette notice ne nous a pas fait connaître la date de sa mort, et pense qu'il vivait encore en 1657; c'est une erreur : Laubardemont est mort en 1655. Voici en quels termes sa mort est racontée par Loret dans le 4° livre de sa *Muze historique*, lettre du 27 mai :

> Laubardemont, homme d'état,
> Duquel on faisoit de l'état,
> A senti son heure mortelle ;
> Il eut jadis grosse querelle
> Avec les diables de Loudun
> Dont il fit enrager plus d'un,
> Lorsque, par un arrêt tragique,
> Grandier fut, en place publique,
> Brûlé bien ou mal-à-propos;
> Mais laissons les morts en repos.

M. Alfred de Vigny, qui a mis en roman l'histoire de Cinq-Mars, suppose que le P. Joseph,

---

(1) *Simon*, frère de l'imprimeur *Claude Rigaud*. Voyez la lettre de Patin à Spon du 20 mars 1657, et la *Biogr. lyonn.*, p. 283.

(2) Voyez la lettre de Patin à Falconet du 3 nov. 1651.

(3) Voyez les Publ. de cette année, *Table chronographique*.

(4) Virgile, Eclogue première, vers xi.

(5) On a souvent reproché à la plupart des biographes de chercher des grands hommes avec un microcospe ; toutefois si quelques obscurantins ont trouvé place dans la vaste nécropole de M. Michaud, combien de célébrités n'y ont-elles pas été omises ! Tel s'est fait un nom dans sa province qui est tout-à-fait inconnu dans la province voisine.

(6) Médecin, natif de Villefranche en Rouergue. Patin l'avait recommandé à Falconet dans une lettre du 4 oct. précédent.

(7) Lalande ne pensait pas de même ; on sait qu'il a donné dans sa *Bibliographie astronomique* de grands éloges à plusieurs jésuites qui se sont distingués dans les sciences mathématiques.

(1) On lit dans les remarques de *Gilles Ménage* sur la Vie de *Guillaume Ménage*, son père, p. 291 : « *Charles Le Gros*, séneschal de *Beaufort*, et *Claude le Pelletier* ont eu trois enfants, 1° *Françoise Le Gros*, mariée en premières noces à *Jean de Bragelogne*, maistre des requestes, et en secondes à *Pierre Martin*, seigneur de *Laubardemont*, fils de *Pierre* (sic) *Martin de Laubardemont*, conseiller d'estat, et d'*Eléonore Fourré de Dampierre*. Il n'y a point eu d'enfants de ces deux mariages. »

(2) On lit dans le *Patiniana* «... C'étoient des *maux de mère* qui renversèrent la cervelle de ces pauvres filles, et qui firent qu'elles s'imaginèrent avoir le diable dans le corps. *Incidunt in delirium melancoholicum, sentientes aculeum carnis, et revera carneo remedio indigent ad perfectam curationem* ; car, comme dit le poète *Cornelius Gallus* :

> Carnis ad officium carnea membra valent.

Nous ferons observer que la pièce où se trouve ce vers n'est point de *C. Gallus*, mais d'un certain *Maximianus*, poète médiocre que l'on est à-peu-près convenu d'appeler Gallus, et qui est auteur de 6 élégies qui se placent ordinairement, on ne sait pourquoi, à la suite de *Catulle*. Voyez ci-dessus, août 1634, et Moréri, art. QUILLET.

(3) Voyez ci-dessus, 3 septembre 1632.

(4) Sa plus grande célébrité est attachée à ce mot qu'on lui attribue : « Donnez-moi deux lignes de la main » d'un homme, et j'y trouverai de quoi le faire pendre. » Dans quelques *Ana*, on attribue ce mot à un magistrat dauphinois nommé *Laffemas*.

peu avant le supplice des deux prisonniers de Lyon, fit précipiter Laubardemont d'une des tours du Château de Pierre-Scise « dans un » gouffre d'une eau verte bouillonnante, qu'un » bras égaré de la Saône formait entre les ro- » chers, à une profondeur effrayante (1)... » Une pareille supposition est peu digne d'un écrivain aussi distingué que M. de Vigny, qui ne se souvenait plus, quand il écrivait cela, que le P. Joseph avait passé de vie à trépas environ quatre ans avant la mort tragique de Cinq-Mars et de Thou.

Décembre 29. Le Consulat achète du sieur Voisin, ex-échevin, moyennant 12 cents livres, un tableau de *Jacobus Palma* l'Ancien, représentant une *Descente de croix*, pour la chapelle de l'Hôtel-de-Ville. Voyez Clapasson, *Descript. de Lyon*, p. 155.

Cette année, le Consulat fit construire un des grands corps de logis du Collége de la Trinité. Menestrier, *Eloge hist.*

L'inscription suivante se lit au-dessus du portail de la façade de l'église de Saint-Nizier : « Le devant de cette église a été réparé et em- » belli par les soins des sieurs *Olivier Gaspard* » et *Estienne Cochardet*, bourgeois de cette » ville et fabriciens de ladite église.» 1651. *Lyon anc. et mod.*, tome 2, p. 288.

Cette même année, mourut d'apoplexie, en se baignant dans le Rhône (2), après dîner, *François Baranci*, habile et savant homme, qui exerçait la profession de correcteur dans l'imprimerie de *Jacques du Creux*. On a de lui une *Relation de la mort de Cinq-Mars et de Thou*, insérée dans les *Histoires tragiques* recueillies par *François de Rosset*. Il a été loué plusieurs fois par *Nicolas Chorier* qui lui a consacré une notice dans ses Mémoires publiés à Grenoble, en 1847, sous ce titre : *Nicolai Chorierii de vita et rebus suis Libri III.* Une pièce de vers qui lui a été dédiée par *Pierre de Boissat*, se trouve dans le Recueil in-fol. des OEuvres de ce célèbre Dauphinois. Parmi les pièces liminaires des *Relations, lettres et discours* de Sorbière, est un distique latin signé *François Baranci*, mais il est douteux que ce soit le même personnage que celui qui était correcteur d'imprimerie (Notes de M. Breghot du Lut). Il est aussi question, p. 101 et 117 des Mémoires précités de Chorier, d'un *Claude Baranci*, secrétaire de M. *Dugué* de Bagnols ; mais celui-ci, Chorier ne le loue pas : « Pecunias *Barancius*, qui » scribam agebat, clandestinis dolis emunge- » bat, *Alardus* morosè petebat, et apertè cor- » rogabat. » Ce Claude Baranci, qui mourut trésorier de France en 1680, était probablement de la même famille que François. Voyez

les Publ. de 1647, *De Vita et moribus Epicuri*, et celles de 1650, *Hist. de Bresse*...

Le 7 octobre de cette année, mourut à Paris, le P. *Jacques Sirmond*, qui avait séjourné plusieurs fois dans notre ville. On lui doit des éditions justement estimées de Sidoine Apollinaire, évêque de Clermont, de S. Avitus, évêque de Vienne, d'Agobard, évêque de Lyon, etc. Ce fut *Ménage* qui reçut son dernier soupir, et c'est lui qui nous l'apprend dans une Elégie sur la mort de *Gassendi*, où il passe en revue les savants amis qu'il a perdus :

Sirmondi aeternus domitos sopor urget ocellos,
Inveniet nunquam cui pia Roma parem.
Ah memini ! moriens moesta me voce vocabat :
Lugentem tenuit me moriente manu.

PUBLICATIONS : *Beati Alberti Magni..... Opera...* in lucem edita studio et labore....... *Petri Jammy....* Lugduni, sumptibus *Claudii Prost, Petri et Claudii Rigaud, frat. Hieronymi de la Garde, Joan. Huguetan, filii.* 1651. 21 vol. in-fol. — En regard du titre, est le portrait d'*Albert-le-Grand* gravé par *Spirinx*, et sur ce titre, est une vignette du même artiste représentant les armoiries de Lyon placées entre le Rhône et la Saône qui confondent leurs ondes. — Cette édition est probablement la dernière qui aura été publiée des OEuvres complètes de l'illustre scolastique dont on peut dire en répétant le mot de *Cicéron*, que l'on aurait pù brûler son corps avec ses seuls ouvrages. Il est à croire que si *Claude Prost* et ses associés éditèrent à leurs frais cette immense collection, ils y furent encouragés par les Dominicains de la France et de l'Etranger. Il dut en être de même lorsque deux libraires de Lyon publièrent en 1665, les OEuvres du P. *Théophile Raynaud* en 20 vol. in-fol. Ils y furent portés par les Jésuites qui, rivaux des Frères prêcheurs, voulurent aussi élever un monument à la gloire d'un de leurs plus féconds et de leurs plus doctes écrivains.

Caussini (Nicolaï)... *De Eloquentia sacra et humana libri XVI.* Editio septima... Lugduni, sumpt. *Petri André.* 1651. In-4. — Cet ouvrage dont la première édition parut à La Flèche en 1619, contient des appréciations fort judicieuses sur les auteurs sacrés et profanes, notamment dans le ch. 14 ou 5° livre. Le jugement suivant sur Minucius Félix, aurait dù figurer parmi les *Testimonia* qui sont en tête de l'édition de l'*Octavius* publiée à Lyon en 1845 : « Ad summam, » quibus eloquentiae hastis, et lacertis adver- » sariorum castra fulminant, Arnobius, Lac- « tantius et *qui summa dictionis felicitate* » *praeditus est* FELIX MINUCIUS. » — Le P. Caussin mourut à Paris le 2 juillet 1651. On lit dans la *Manière de parler la langue françoise*, par André Renaud (Lyon, 1697, in-12), p. 52 : «... Notre langue est à présent trop » sérieuse pour dire avec le P. Caussin que » les hommes ont bâti la *Tour de Babel*, et les » femmes la *Tour de Babil*... » Voyez les P. de 1644, *Apologie*.

(1) P. 430 de l'édition in-12 de 1842.

(2) C'est aussi, en se baignant dans le Rhône, que M. *Léon Boitel*, imprimeur et littérateur, mourut d'apoplexie, le 2 août 1855, à Irigny, village célèbre par le suicide de *Faldoni* et de *Thérèse Lortet*.

Réglement général concernant les attaches des batteaux, vente, débite, mesure et ports des charbons. A Lyon, chez *Guillaume Barbier*. 1651. In-8.

Table chronographique de l'Estat du Christianisme depuis la naissance de J. C. jusques à l'année M. DC. LI.... Par *Jacques Gaultier*, de la C. de J., reveüe pour la sixième fois et augmenté des travaux de l'auteur jusques au jour de sa mort (1), par *Jean-Pierre Gaultier*, son neveu.... A Lyon, chez *Philippe Borde, Laurent Arnaud et Claude Rigaud*. 1651. In-fol. — Dédicace de J.-P. Gaultier à *J.-F.-Paul de Gondi* (2), archevêque de Corinthe, coadjuteur de l'évêque de Paris. — Le consentement du procureur du roi est signé LORIN, et la permission du lieutenant-général, SEVE. — On n'a pas reproduit dans cette édition plusieurs citations qui se trouvaient dans celle de 1624, et notamment ces vers de *Ronsard* contre *Antoine de la Roche de Chandieu* (5) qui avait publié sous le nom de *Zamariel* une déclamation en mauvais vers intitulée *La Métamorphose de Ronsard en prestre* :

Je ne veux point parler de ta théologie ,
Laquelle est toute rance et puante et moisie
Toute rapetassée et prinse de l'erreur.....
Comme un pauvre vieillard , qui par la ville passe,
Se courbant d'un bâton , dans une poche amasse
Des vieux haillons qu'il treuve en cent mille morceaux
L'un dessous un égout, l'autre près des ruisseaux..,
D'un gros fil les ravaude et coud de toutes parts ,
Puis en fait une robe et pour neuve la porte ;
Ta secte, prédicant, est de la mesme sorte....

La dernière édition de la Table du P. Gaultier, doit être celle que *Laurent Arnaud*, libraire à Lyon, publia en 1675 ; la précédente, datée de 1662 , est dédiée à *J.-B. Dulieu*, avocat au présidial de Lyon, et neveu du P. *Charles Dulieu*, qui avait été recteur du Collége de la Trinité, On a de ce jésuite une pièce en vers latins insérée en tête de la *Theologia naturalis* du P. *Théophiles Raynaud* (Lyon, 1622); il reçut la confession générale que lui fit cet illustre jésuite dans sa dernière maladie. Avant la peste de 1628, il avait professé la philosophie à Vienne en Dauphiné pendant que *Nicolas Chorier* y faisait ses études. Voyez ci-dessus, 24 octobre.

1652.

Prévôt des marchands de 1652 à 1655 :

Gaspar de Monconis, seigneur *de la Liergue* et *de Pouilly*. —Echevins pour 1652 et 1655 : *Chausse, Armand Dulichoux, François de Meaux, Jérôme* et *Nicolas des Vignes*.

Avril 26. Mort, à Paris où il était né en 1582, de *Jean Pierre Camus*, évêque de Belley , fils de Jean , seigneur de Saint-Bonnet , appartenant à une famille lyonnaise dont un des membres, Marc-Antoine Camus, fut prévôt des marchands en 1607. Voici la mention que Loret a faite du célèbre défunt dans sa *Muze historique:*

Monsieur l'évesque de Belley,
Prélat pieux et très zélé
A secourir les misérables ,
Décéda dans les Incurables
Chrestiennement et saintement,
Vendredy dernier justement.

Peignot lui a consacré un chapitre dans son *Predicatoriana* . « Cet orateur burlesque, dit-» il, n'aimait ni les moines ni les nouveaux » saints ; il ne les épargnait pas plus dans la » chaire que dans le cabinet ; il comparait les » moines à des cruches qui ne se baissent que » pour se remplir (1). Je donnerais , disait-il, » cent nouveaux saints pour un ancien ; — « Il » n'est *chasse* que de vieux chiens, il n'est *chasse* » que de vieux saints ; — « Après leur mort , » les papes deviennent *papillons*, les sires, ci-» rons , les rois, roitelets (2). » — Il définissait la politique, *Ars tam regendi quam fallendi homines* , axiôme que Prosper Marchand (t. 1, p. 129 de son *Dict.*) traduit ainsi : « L'art d'a-» buser perfidement des passions des hommes » pour les asservir. » Ce serait un livre fort récréatif qu'un *Camusiana* ; les matériaux ne manqueraient pas à celui qui voudrait extraire des sermons , des romans, et surtout des *Diversitez* du caustique et savant prélat , les jeux de mots, les apophtegmes et les maximes (5). Il y aurait aussi bien des choses à prendre dans le *Ménagiana* , le *Chevræana* , le *Patiniana* et les *Mémoires* d'Amelot de la Houssaye. Voyez ci-dessus, 25 août 1603; 18 septembre 1607 ; les Publications de 1626 et de 1635 ; ci-après celles de 1674 , *Selecta Martialis*...

Mars 18. Etablissement d'un concierge au nouvel Hôtel-de-Ville.

Juillet 18. Le Roi écrit au Consulat :

« Très chers et bien amez, ayant été informé par lettres du sieur *Abbé d'Ainay* (*Camille de Neufville*), comme vous ayant été adressés

---

(1) Jacques Gaultier mourut à Grenoble le 14 oct. 1636 ; voyez ce que nous en avons dit à cette date.

(2) Voyez l'art. GONDI dans la *Biogr. lyonn.*, et conférez : Brantôme , tome I , p. 560 de l'édit du Panthéon; *Mém.* de Vieilleville , livre 9 , ch. 3 ; Tallemant des Réaux , ch. 220; De Courcelles , *Pairs de France*, tome V.

(3) Ant de la Roche, né dans le Mâconnais, vers 1634, descendait d'une famille noble de Chandieu en Forez. Il embrassa la religion prétendue réformée et composa plusieurs ouvrages théologiques. Ses *Huitains sur l'inconstante vanité du monde*, publiés sous le nom d'*A. Sadeel*, ont été joints aux quatrains de *Pibrac* dans l'édition de Lyon , 1898, in-32.

(1) C'est Boursault qui nous a conservé ce mot, tome 1 , p. 206 de ses *Lettres* (Lyon, 1706 , in-12). Voyez aussi Joly sur Bayle, p. 557 et le *Mariage de Figaro*, I, xi.

(2) Voyez Rabelais , livre 2 , ch. 30.

(3) Feu Mgr. *Devie*, qui, durant 36 ans a si habilement administré le diocèse de Belley, avait projeté de faire ce livre, et il était parvenu à se procurer tous les ouvrages échappés à la plume féconde de son illustre prédécesseur; mais les fonctions épiscopales qu'il remplissait avec un zèle vraiment apostolique, ne lui ont pas permis d'exécuter ce projet.

divers libelles imprimez tendant à sédition et à fomenter les présens troubles que les rebelles et factieux ont excitez dans notre Estat, vous les avez remis ez mains dudit sieur abbé d'Aisnay et avez rendu à ce sujet tous les témoignages que nous pouvons attendre de vostre fidélité et affection accoustumée à nostre service, nous avons bien voulu vous témoigner par ces lettres comme nous vous sçavons beaucoup de gré et désirons nous en reconnoistre et vous donner en tout ce qui regarde le bien et le soulagement de vostre ville, des effets de la considération particulière en laquelle nous la tenons...... Donné à Pontoise, le 18 juillet 1652. Signé Louys, et plus bas *le Tellier*. — Ces lettres furent enregistrées au Consulat, le 50 dudit mois. J. M. — Voyez *supra*, année 1649.

Août 16. Une missive du Roi annonce au Consulat la translation du Parlement de Paris à Pontoise, et lui fait défense d'avoir égard à ce qui émanera des présidents et conseillers restés à Paris. — Le Consulat, dans sa séance du 27, arrête qu'il « obéira exactement à la » teneur de cette lettre. » J. M.

Novembre 14. Le Consulat prend possession, dans le nouvel Hôtel-de-Ville, de la salle destinée à ses réunions, et y tient une séance.

Même jour. M. l'abbé Deville, grand-vicaire de l'archevêque, procède à la bénédiction de la chapelle de l'Hôtel-de-Ville. — Détruite pendant les jours néfastes qui suivirent le siége de Lyon, cette chapelle aurait pu être restaurée sous la Restauration ; il est à croire que notre premier magistrat tiendra à la rétablir et à remettre le palais qu'il doit bientôt occuper, dans le même état où il était sous les Villeroy. Voyez ci-dessus, 1649, *ad calcem*, ci-après au 19 décembre.

Décembre 5. Le Consulat accorde aux Jésuites du *Collége de la Trinité*, 6 mille livres pour l'achèvement de la salle destinée aux classes.

Même mois 19. Séance consulaire. — On agite la question de savoir si la *Messe du Saint-Esprit* qui se célébrait à *Saint-Nizier* avant l'élection des échevins, et si la publication du syndicat, le jour de la Saint-Thomas, se feront dans cette église, ou dans la *Chapelle de Saint-Jacquème*, comme précédemment, ou bien à *Saint-Pierre* dont dépend le nouvel Hôtel-de-Ville. La majorité arrête que l'on continuera de faire cette cérémonie à *Saint-Nizier*, pour conserver la mémoire de l'établissement du corps consulaire.

Même jour. Le Consulat retient les *Pères Feuillants* pour célébrer la messe dans la Chapelle de l'Hôtel-de-Ville.

Cette année, mourut Pierre Grillat, chanoine de Saint-Nizier, archiprêtre et curé de Roanne. Voyez La Mure, *Hist. eccl. de Lyon*, p. 565.

La rue de la *Boucherie des Terreaux* est ouverte sur les anciens fossés de *la Lanterne* qui avaient été comblés l'année précédente. *Tablettes* de M. Chambet, t. 2, p. 419.

PUBLICATIONS : *Coûtume (La) du Duché de Bourgogne*, enrichie de Commentaires faits sur son texte par les sieurs *Begat*, président, et *de Pringles*, advocat au parlement de Dijon, et de plusieurs observations faictes par divers advocats de la Province (*Nicolas Canal* seul).... A Lyon, chez *Jean Grégoire*. 1652. In-4. — Le parlement de Dijon, par arrêt du 8 juin 1661, défendit le débit de ce livre « rempli d'erreurs » et de maximes contraires à *l'usance du Palais*. » BARBIER, *Anonymes*, n. 5165.

Divers opuscules de M. *Antoine Loisel*...... Paris. 1652. In-4. — Né à Beauvais, le 6 février 1555, Antoine Loisel, visita Lyon en 1559 ; auparavant, il avait résidé à Grenoble (p. xiij) où il se lia avec le célèbre jurisconsulte portugais *Antoine Govéa*. qui avait séjourné à Lyon de 1559 à 1544 (1). Il mourut à Paris le 24 avril 1617, et justifia, par sa vie et sa mort, cette devise *In solo Jesu natus* (p. lviij) qu'il avait trouvée dans son nom latinisé. — Il n'a mentionné dans son *Dialogue des advocats* que trois hommes de robe appartenant à nos contrées, savoir *Jacques Faye*, sieur d'*Espeisses* (p. 542 et 556), qui a joui d'une grande célébrité ; quant aux deux autres, voici ce qu'il en dit : « *Sirvinges* ne paroissoit guère qu'au roôle » de Lyon où il plaidoit souvent contre M. » *Louis Buisson*, estant tous deux du pays de » Beaujolois ou Forest qui sont du droit escrit ; » je dis Buisson notre compagnon qui vit encore en grande réputation, ce qui fait que je » ne diray rien de luy (p. 550)...» On retrouve ces trois noms dans la liste de 1599 (p. 585) et dans l'Indice alphabétique (p. 615 et 747). A la p. 662 de cet Indice est une Notice sur *Jacques Faye*, déjà mentionné (2), et à la p.

(1) Voyez la *Biogr. lyonn.*, p. 133, et l'*Hist. de l'ancienne université de Grenoble*, par Berriat Saint-Prix, p. 28. — En 1596, le fils aîné d'Ant. Loisel fit partie de la Cour des grands-jours de Lyon, « où il fit bien et acquit de l'honneur (p. xxxxi des *Div. opusc.*). »

(2) Une lettre du conseiller *Gillot* jointe à cette Notice, nous apprend que *Jacques Faye* est l'auteur de ce curieux distique :

Parco quingentis quasi prima corona secundae,
    Messis mille suis sunt fora lege pari.

Si l'on ne savait que ce beau latin doit se prononcer comme si c'était du français, on n'y trouverait aucun sens ; il faut donc lire :

Par coquins gentils quasi pris ma couronne a ce Condé ;
    Mais six mille suisses ont fort allégé Paris.

Le conseiller Gillot rapproche de ce distique deux tours de force du même genre qui se trouvaient déjà dans les *Bigarrures* de Tabourot : *Natura diverso gaudet*, « Nature a dit verse au godet. » *Iliades curae quae mala corda serunt*, « Il y a des curés qui mal accor-» dez seront. » Enfin il attribuer à Jacques Faye, ces deux vers *qui se rendent*, et que Peignot aurait pu reproduire dans les *Amusements philologiques* (chap. des *Vers rapportés*) :

Clamis (sic), vasco, cohors nudat, privat spoliatque
    Turribus, aere, bonis, moenia, templa, domos.

655, figure le nom d'*Estienne Dolet* avec cette apostille : « C'est peut-estre celuy qui croyoit » avoir dans son corps l'âme de *Cicéron*, dont , se moque *Jul. César Scaliger* en ses poësies, » *in Farragine et in Hipponacte*, et duquel » aussi Marot a parlé dans ses Épigrammes » et ses Estrennes. » Il est à présumer que Dolet, qui avait fait un cours de droit à Toulouse, exerça momentanément la profession d'avocat à Paris, pendant le séjour qu'il y fit en 1534 et 1535; mais il est à croire qu'il renonça bientôt au barreau pour se livrer exclusivement à la culture des lettres. Avant de quitter ce livre, qu'il nous soit permis de faire une dernière remarque : Loisel y rapporte, p. 554, cet *adage forense* « que l'on disait alors communément : » D'un médiocre avocat on en fait un bon con- » seiller. » La Monnoye, auquel rien n'échappait, s'est sans doute souvenu de cet adage quand il a fait cette épigramme dialoguée :

D. Votre neveu paroît docile;
Qu'espérez-vous en faire un jour ?
R. « Avocat, s'il se rend habile,
» Sinon conseiller à la cour. »

Nous ferons toutefois observer qu'on lit dans quelques *Ana* que cette épigramme fut faite sur un mot du célèbre avocat *Bonaventure de Four-croy* auquel on demandait ce qu'il ferait de son neveu.

Gibalini (Josephi), è Soc. Jesu theologi, *de Irregularibus et impedimentis canonicis sacrorum ordinum suscriptionem et usum prohibentibus.....* Lugduni, sumpt. *Phil. Borde, Laur. Arnaud et Claudii Arnaud.* 1652, in-4. — Dédicace de l'auteur au Cardinal de Lyon, suivie d'une Ode latine par le P. *J. Bertet.*

Historia Vitae R. P. Emundi Augerii qui ex soc. Jesu Carolo et Henrico III Galliae Regibus à concionibus et à confessionis sacramento fuit: auctore *Nicolao Bailly.* Parisiis, ap. *Seb. Cramoisy.* 1652. In-8. — Dédicace de l'auteur au chancelier Séguier. — L'approbation du Provincial est datée de Caen, le 8 août 1648. — Le ms. fut envoyé par l'auteur à Lyon avec une dédicace aux échevins de cette ville qui probablement ne voulurent pas l'accepter, et il fut inscrit en 1649 sur le catal. de la B. du Collège de la Trinité. — En 1716, le P. Dorigny a publié en français une Vie du P. Auger plus complète que celle qu'on doit au P. Bailly (1). — Nous avons extrait de ces deux vies les faits les plus intéressants pour les faire entrer dans la *Notice* que nous avons publiée en 1828. — Voltaire, dans son *Hist. du Parlement*, ch. XXVIII, appelle cet illustre jésuite *Edmond Ogier*, et l'accuse d'avoir, lors du massacre de la Saint-Barthélemy, excité le peuple de Bordeaux au carnage, un crucifix à la main : « Il mena lui- » même, ajoute-t-il, les assassins chez deux » conseillers au parlement (1) dont il croyait » avoir à se plaindre, et les fit égorger sous » ses yeux. » Il est à regretter que M. Beuchot ait été dans l'impossibilité, malgré toutes ses recherches, de pouvoir nous dire à quelle source Voltaire avait puisé une pareille allégation. Voyez encore sur le P. Auger la *Biogr. lyonn.*, p. 17, et ajoutez aux sources qui y sont indiquées Grosley, *Mémoires* sur Troyes, tome 1, p. 417; Ranke, *Hist. de la Papauté*, tome 5, p. 78 de la trad., et Ch. Labitte, *Prédicateurs de la Ligue*, p. 20.

Lettres (Les) du Président Maynard. A Paris, chez *Toussaint Quinet.* 1652. In-4. — Ces Lettres ne portent pas de date; mais il en est quelques-unes qui ont été écrites de Rome où Maynard avait suivi M. de Noailles, ambassadeur de France (2). De ce nombre est la 98e adressée à M. de Flotte : «... J'ai donné, lui dit-il, votre poësie à la Cour de M. le *Cardinal de Lyon* (3) où nous taschons de chasser la mélancolie qui nous vient de l'extrême ardeur de la saison et de la fainéantise de cette ville.... Je voulois vous faire une plus longue lettre, mais je viens de recevoir tout maintenant l'ordre de partir pour Capreroles. Mgr. le cardinal de Lyon y va pour s'y raffraîchir durant huit jours; il me fait l'honneur de m'aimer, et pareillement tous les prélats qui sont près de lui.... » — Une lecture attentive des lettres de Maynard fournirait à celui qui aurait la patience de la faire, nombre de faits curieux et peu connus. A la page 692, se trouvent les quatre vers traduits des Catalectes attribués à Virgile et qui sont rapportés un peu différemment, tome 2, p. 515 du *Ménagiana* (4). — A la p. 852, Maynard, dans sa lettre au président de Fontes, cite une autre pièce également traduite ou plutôt imitée du même recueil :

(1) « Ils se nommaient *Guilloche* et *Sevin*. » Note de Voltaire.

(2) Maynard avait alors environ 42 ans; il mourut à Toulouse en 1646, le 26 oct., suivant la *Biogr. toulousaine*, le 28 déc., selon la *Biogr. Michaud*.

(3) Le Cardinal de Lyon était parti de Lyon pour Rome le 22 février 1635. La lettre de Maynard a dû être écrite pendant l'été de la même année. Dans sa 78e lettre, Maynard dit à M. de Flotte : «... Quand les gentilshommes romains sont las de faire mauvaise chère, ils viennent se saouler pour huit jours chez Mgr. le Cardinal de Lyon ou chez M. l'Ambassadeur... » La 61e lettre nous apprend que Mgr. de Lyon, habitait le Palais Farnèse. On lit dans la 95e que ce prélat était « d'une » tempérance plus régulière que toutes celles dont il se » parle dans la *Légende dorée.* »

(4) Boursault, dans sa lettre à l'évêque de Langres (peut-être M. de Simiane), tome 1, p. 122 de ses *Lettres nouvelles*, cite aussi ces quatre vers, et y ajoute cette réflexion : « Je demeure d'accord qu'il est difficile de trouver une obscénité plus marquée que celle-là; cependant elle cesse de l'être par la manière ingénieuse de la dire, et ces termes « Qui fait les papes et les rois, » y donnent une noblesse qui empêche l'oreille d'être blessée. » Voyez aussi l'art. CONRART, p. 45 des *Mém. d'Ancillon*, Amst., 1709.

(1) La Vie d'Auger par Dorigny a été trad. en italien; Milan, Marcelli, 1757, in-12.

Je la croy digne d'excuse
Si parfois elle s'amuse
A parler de la vertu
Dont Platon fut revestu :
A bien calculer son âge
Sans doute elle a combattu
Contre ce grand personnage

Cette épigramme remaniée a été mise sous le nom de Chapelle dans l'édition du *Cabinet satirique* de 1667, et Saint-Marc l'en a extraite pour la joindre aux autres pièces de Chapelle contre Ninon de Lenclos (1) dans le volume qu'il a donné en 1755 des *OEuvres de Chapelle et Bachaumont;* toutefois Saint-Marc fait observer, p. 127, que l'Epigramme ainsi qu'une lettre en vers qui passent communément pour être de Chapelle, ne portent nullement son nom, et, à la p. 140, il a soin de prévenir que l'épigramme en question est un peu moins chaste qu'elle ne l'est dans le *Cabinet satirique.* Voltaire l'a aussi rapporté en l'attribuant à Chapelle, mais de mémoire, et avec de nouvelles variantes, dans sa lettre à M*** , datée de 1774 (tome 49, p. 252 de l'édition de Kehl). Voyez aussi les *Mémoires sur Sévigné* par M. Walckenaer, 4ᵉ partie, p. 115.

Provision (La) spirituelle de Philagie en Méditations pour tous les samedis de l'année, sur les plus beaux éloges de Nostre-Dame, par le P. *Paul de Barry*, de la C. de Jésus. A Lyon, chez *Antoine Cellier.* 1652. In-8. — Le P. de Barry se servit utilement, pour la composition de ce livre, du *Nomenclator marianus* du P. *Théophile Raynaud* (Lyon, 1659, et Rome, 1647.) Celui-ci s'en plaignit amèrement dans plusieurs de ses ouvrages, où il traite son confrère d'*abigeus* (voleur de bœufs) *cui à murò Urbico nomen* (par allusion au terme de *barrum* qui dans la basse latinité signifie *mur, rempart*). M. de la Mare, conseiller au parlement de Dijon, prétend, dans ses Mémoires restés inédits, que le P. Raynaud pressant un libraire de Lyon d'imprimer un livre qu'il avait composé, ce libraire lui répondit : « Mon Père, faites-nous de bons » livres comme fait le P. de Barry, et nous les » imprimerons. » Le P. Raynaud, qui ne travaillait que pour les savants, devait être un peu jaloux des succès du P. de Barry, qui n'écrivait que pour les dévotes. Au reste, on peut dire des deux antagonistes ce qu'Horace a dit des Poètes, *Genus irritabile...* Voyez les Publ. de 1639, 1654 et 1656.

Sidonii (C. Sol. Apollin.) Avernorum episcopi Opera Jacobi Sirmondi... cura et studio recognita.... Editio secunda. Parisiis. 1652. In-4. — Il existe deux traductions françaises des OEuvres de Sidoine Apollinaire, la 1ʳᵉ que l'on doit à Billardon de Sauvigny, est encore recherchée, quoiqu'elle ne soit pas aussi complète que celle qui a été publiée à Lyon en 1856, avec le texte en regard et des notes parmi lesquelles il en est un certain nombre de M. *Breghot du Lut.*

Pendant le carême de cette année, cinq personnages partirent de la Capitale pour se rendre à Lyon; l'un d'eux fit, en prose et en vers, une relation de ce voyage qui ne fut publiée qu'en 1655 dans le *Nouveau recueil* de diverses poësies françoises composées par divers autheurs; Paris, *Charles de Sercy,* petit in-12 (1). Quatre des voyageurs y sont désignés sous les noms supposés de *Stradiot,* de *Saintarmin,* de *Defontaine* et d'*Ouvreterre* (2). Ces noms ont sans doute une signification ; mais je laisse à un plus habile le soin de la trouver. Quant à l'auteur, il ne s'est pas donné de nom; mais il est certain que c'était un magistrat ; deux petites odes jointes à sa relation ne laissent aucun doute à cet égard ; la première, p. 75, commence ainsi :

C'est par trop lire aux champs et j'ay mal à la teste
Depuis que sur les loix le Digeste m'arrête....

On lit dans la 2ᵉ, p. 92 :

Je viens de juger mes procès;
Promenons-nous : ma tâche est faite...

Les magistrats poètes ne manquaient pas alors ; et l'on pourrait en citer plusieurs qui ont échappé à l'abbé Goujet et à Philippon de la Madelaine. Quel qu'en soit son auteur, la Relation de 1652 est, je crois, le premier ouvrage de ce genre écrit en français; si elle très-inférieure au *Voyage* que Chapelle et Bachaumont (5) firent de Paris à Montpellier en 1656, elle a du moins le mérite de la priorité. J'ajouterai que les auteurs de ce dernier Voyage, bien qu'ils l'aient daté de Lyon, n'ont rien dit de cette ville, tandis que l'anonyme de 1652 (4) a

(1) Née en 1616, Ninon n'avait que 30 ans quand mourut Maynard ; ce n'est donc pas elle qu'il pouvait avoir en vue quand il composa l'épigramme qu'on attribue à Chapelle.

(1) A la suite du Privilége daté du 21 déc. 1654, on lit : « Achevé d'imprimer le 4 février 1655. » Quelques exemplaires portent cet autre titre : *Les Voyageurs inconnus* et autres œuvres curieuses du *mesme autheur* tant vers que prose.

(2) Peut-être *Louis Le Laboureur*, bailli de Montmorency, duquel on a, entre autres ouvrages, les *Promenades de Saint-Germain* (Paris, 1669), petit in-12, en prose et en vers, dédié à Mademoiselle de Scudery.

(3) M. Sainte-Beuve a rendu compte, dans le *Moniteur* du 9 oct. 1854, de la Nouvelle édition des *OEuvres de Chapelle et Bachaumont,* publiée par le libraire Jannet. L'estimable académicien n'y a pas fait mention de la Relation de 1652, qui probablement lui était inconnue.

(4) Bachaumont entra fort jeune comme conseiller-clerc dans le parlement de Paris. Ne serait-ce point plutôt à lui qu'à tout autre magistrat-poète que l'on pourrait attribuer la Relation de 1652 ? Dans la dernière de ses pièces fugitives (p. 127), l'anonyme s'exprime ainsi : « Je me hais de haïr les plaizirs de jeunesse » Comme étant jeune encore en l'âge de trente ans, » Et d'un autre côté je n'aime la vieillesse » Que parce qu'elle est hors de pareils passetemps. » Si Bachaumont est né, comme le disent les biographes, en 1624, il aurait donc atteint sa 30ᵉ année quand fut publiée la Relation de 1652.

consigné dans le sien des détails qui ne sont pas dépourvus d'un certain intérêt.

C'est à Messieurs de l'Académie française que l'auteur a dédié son opuscule : « Je suis, leur dit-il, un Inconnu qui veut faire connaître (1) à tout le monde l'estime que je fais de votre illustre Compagnie.... Cent fois en lizant vos curieux travaux, j'ay juré sur les autels de nos Muzes de vous donner un témoignage public de ma reconnaissance;... la mauvaize opiniou que j'ay de moy et la vénération que j'ay pour vous s'y sont oppozées... Ces deux mouvemens ont triomfé de mon zèle jusqu'icy ; mais ce zèle à la fin a triomfé d'eux à leur tour. Le voilà, Messieurs, qui m'oblige à vous faire un présent de ma fasson, pour délivrer ma foy du vœu que j'avais fait. Mais on m'objectera peut-être que je ne suis plus maître du premier ouvrage (la Relation); que je l'ay fait pour Amarante seule, et que de vouloir en disposer aujourd'huy en faveur d'un autre, c'est faire un sacrilége au lieu d'un sacrifice. Mais... je suis plutost le père d'Amarante que je n'en suis l'amant; cette dame ressemble à la Minerve des fables; elle ne tire son origine et son être que de la tête de son écrivain, et n'a point d'autre corps que la Filosofie quand elle vint consoler Boëce dans sa prizon..... »

Cette Dédicace est suivie d'un Avis au lecteur dans lequel l'auteur s'exprime ainsi : « Voicy un ouvrage de l'esprit qui ressemble à ces menus ouvrages des mains qui ne sont faits que de cheveux et de paille, et lesquels néanmoins malgré la vilité de leur matière, ne laissent pas de plaire à cauze de la délicatesse de leur tissure. Cette relation tout de même n'a rien que de commun et de fort ordinaire dans son sujet. Le Voyage dont elle parle n'est qu'une promenade d'une ville de France à une autre;... en un mot, pour me servir des termes d'Horace: *Lugdunum longae finis chartaeque viaeque* (2), Lyon seul est la fin du livre et du voyage.... »

Après avoir exposé les motifs qui l'ont porté à ne pas suivre l'*ancienne ortographe* de certains mots, à remplacer les *s* par le *z* partout où elles se prononcent comme cette dernière lettre, le *ph* par une *f*, et le *c* par des *s* dans les mots où le *c* fait l'office des *s* devant l'*o*, l'auteur ajoute : «.... Il reste encore une choze que j'avois oubliée, et qui me semble nécessaire à dire, c'est que le Voyage des Inconnus s'est fait au commencement de l'année 4652, afin qu'on ne s'étonne pas d'y entendre parler des gens de guerre et de la garde qu'on faizoit aux portes des villes, d'autant que la guerre qui a

pensé depuis embrazer le royaume commensoit à s'allumer. »

Voici maintenant les extraits de cette Relation que nous pourrions intituler

DE PARIS A LYON EN 1652 :

« Quand je vins, ma chère Amarante,
Vous dire d'une voix mourante
Que Stradelle vouloit m'emmener à Lyon,
Surprize de cette nouvelle,
Vous fîtes longtemps la rebelle,
Et l'Amour loua fort cette rebellion....
Je vous promis alors que, de nos avantures
Je vous enverrois le récit.

» J'accomplis cette promesse, et, pour vous signaler mieux la religion de mes paroles, je voudrois que l'exécution en fût plus difficile.... Je ne vous répéterai point les motifs de ce voyage, et comment Stradelle ayant été choisi dans Paris *pour aller mettre la paix entre deux illustres familles*, fut obligé de l'entreprendre. Seulement je vous diray que nous partimes cinq de compagnie, montez comme les héros de l'Arioste et armés comme les bandits de Montferrat; car, outre nos épées, nos pistolets et nos fusils, nous faisions encore porter à nos valets des mousquetons qui avoient autant de charge que des fauconneaux :

Contre qui, Belle, pensez-vous,
Que nous destinions ces coups ?
Contre des bêtes sanguinaires,
Des tigres, des ours, des panthères ?
Il ne s'en voit point parmi nous.
Qu'étrange est le siècle où nous sommes !
Nous ne portions tant d'armes tous
Que pour nous défendre des hommes
Aujourd'huy pires que des loups.

» Tout le monde, avant notre départ, nous avoit menacé des voleurs et des gens de guerre;.. de sorte que, pour éviter la rencontre des troupes, nous prîmes la route de Bourgogne. Chacun de nous eut son employ particulier : Stradelle avoit l'intendance des armes;... Saintarmin le soin des chevaux; le gros d'Ouvreterre celuy de la cuisine ; Défontaine, parce que le froid estoit grand, songeoit à faire allumer du feu aussitôt que nous étions descendus de cheval, et moy, je tenois registre de tous les événemens du chemin et de l'hôtellerie....

» Sortis de Paris avec ce bel ordre et le temps le plus serein qu'on eût pu raizonnablement espérer dans une saizon de carême et pendant la lune de février, nous arrivâmes à Corbeil à l'heure du diner, et fûmes fort surpris d'y voir les habitans en armes :

Le pont étoit fermé d'une longue barrière;
Et d'entre les bourgeois un soldat fort mutin,
Ceint d'une grande bandoulière,
Mit, dès qu'il nous eut vu, la mèche au serpentin;
Puis, d'une voix tonnante et fière,
« Demeurez-là, dit ce mastin;
» Ou sur-le-champ je vous canarde;
» Sus, caporal, hors de la garde. »

» Ce caporal étant sorti, Stradelle, par beaux et gratieux discours, obtint la permission d'entrer dans la ville..... Il étoit près de 5 heures

---

(1) Nous n'avons conservé que dans les fragments que nous citons de la Dédicace l'orthographe de l'auteur, qui, longtemps avant Voltaire, paraît avoir eu l'intention de substituer l'*ai* à l'*oi* quand cette diphthongue avait le son de l'*e* ouvert ; toutefois l'imprimeur, accoutumé à l'ancienne orthographe, n'a eu le plus souvent aucun égard à celle de la copie, et l'auteur s'en plaint amèrement en terminant son Avis au lecteur.

(2) vers Dernier de la 5e satire du 1er livre.

quand nous quittâmes ce lieu pour aller coucher à Melun, de sorte que la nuit nous prit en chemin ; mais les puissances de l'air qui nous étoient favorables, semèrent sur la terre un peu de neige qui, blanchissant la campagne, contrefit un petit jour dont la clarté servit à nous conduire jusqu'à la ville.

» Le lendemain nous prîmes le chemin de Moret. Jamais la forest de Fontainebleau ne fut plus agréable ; le défaut de verdure qui pouvoit en diminuer la beauté l'augmentoit alors pour nous ; car, sur notre droite, pénétrant beaucoup plus loin que nous n'eussions pu faire en la saizon des feuilles, nous découvrions presque tous les coteaux et toutes les vallées dont il a plu à la Nature de l'embellir....

» Le Château sembloit hausser son comble par dessus les arbres du Paré pour nous voir passer (1).... Quand nous fûmes à quelques deux cents pas de Pont-sur-Yonne qui devoit ce jourlà estre notre lieu de repos, les habitans nous fermèrent la porte, et un d'entr'eux qui venoit à cheval des environs, s'en étant apperçu, et nous prenant pour des gens de guerre, se mit à tourmenter sa pauvre bête pour gagner la ville avant que nous l'eussions pu joindre. Stradelle piqua droit à lui pour entrer en même temps ; mais avant qu'il l'eût atteint, le pont fut baissé pour cet habitant, et levé aussitôt contre nous. Ainsi Stradelle demeure sur le bord du fossé sans pouvoir passer outre, et tandis que nous nous en venions au pas,

Il prie, il supplie, il conjure
Ces cerbères têtus de nous laisser passer :
« N'appréhendez, dit-il, de nous aucune injure ;
» De plus honnêtes gens on ne peut rencontrer. »
Mais ils avoient l'âme si dure
Que cet humble discours ne la put pénétrer....

» Dès que nous eûmes rejoint Stradelle, nous joignîmes nos prières aux siennes :.... « Mes » amis, leur dy-je, j'avoue que ce n'est pas » assez de vous assurer que nous sommes d'hon» nestes gens, il faut vous le montrer, et nous » voulons qu'il nous en coûte ; condamnez» nous en quelque pièce d'argent, et nous n'en » appellerons point. »

Argent, que ta puissance est grande !
A peine eus-je parlé de toy,
Qu'aussitôt la rustique bande
Bannit l'humeur farouche et la peur hors de soy ;
Le pont mit bas sa résistance,
Et nous le vîmes s'abaisser
Pour nous faire la révérence,
Comme pour nous laisser passer....

» Entre Villeneuve-le-Roy où nous dînâmes le lendemain et Joigny, où nous fûmes coucher, nous cotoyâmes longtemps une grande forest où sont trois villages, entr'autres le Grand, le Moyen et le Petit-Bœuf. Leurs habitans appelés Bœutiers, et par corruption Beuriers, font deux métiers ; ils travaillent aux bois comme bûcherons, et détroussent les passaus comme

(1) Voyez ci-dessus, 14 février 1646.

voleurs. Ils tiennent plus de la brute que de l'homme ; ils n'ont aucune religion ; ils habitent plus leurs forêts que leurs maizons, et abattent plus d'hommes que d'arbres ; en un mot

Scyron, ce fort pendart, Cacus cet autre diable,
Qui vomissoit le feu de sa gueule effroyable,
Auroient de ces bœuriers reçu mille leçons ;
Tout cède à leur fureur extrême,
Et le gros Antiphate et le grand Polyphème
Ne furent auprès d'eux que de petits garsons.... »

A trois lieues par de là d'Auxerre, au sortir de Saint-Bry, il s'éleva un brouillard si épais, que nous ne pouvions pas nous connoître, et craignant qu'il n'avançât encore la nuit, nous mîmes tout de bon nos chevaux au galop, malgré la difficulté du chemin qui n'est composé que de montagnes et de vallées..... Aussitôt que nous fûmes arrivés à Vermanton, les principaux officiers de la garnizon vinrent nous saluer fort civilement, et après un long entretien des nouvelles de la Cour, de guerre, de chasse et de duels, la conclusion fut de souper de compagnie, et de joindre nos tables ensemble. Ce repas tint un peu de la débauche, et nous ne pûmes jamais nous en défendre. La complaizance, la bonne chère et surtout le bon vin subornèrent notre sobriété en cette rencontre ; toutefois le meilleur vin ne nous vint pas du tavernier, mais du gouverneur, du lieutenant et des premiers de la ville, à qui nos officiers en envoyèrent demander pour nous mieux régaler. Cet événement bacchique, belle Amaranthe, n'aura peut-être pas votre approbation ; mais comme il est de l'histoire, j'ay cru être obligé de vous en rendre compte ; et de plus :

Ce fut là que, sans vous nommer,
Tous les champions de la troupe
Saluèrent à pleine coupe
Vos beautez qui m'ont su charmer.

Il leur en fallut faire raizon, et je vous laisse à penser si ce fut avec plaizir :

Je pris le verre en main, content et glorieux,
Mes yeux rioient au vin et le vin à mes yeux (1) ;
Tous mes sens, tout mon corps, esprits, veines, artères
Vouloient avoir leur part de cès plaizans mystères :
Tous ensemble aspiroient après cette liqueur
Et l'excès du dézir les tenoit en langueur ;
Mais mon cœur trop friand des santez d'Amaranthe,

(1) Ces vers nous rappellent un couplet de *Claude de l'Estoile*, dont le frère était secrétaire du Cardinal de Lyon :

Le vin me rit, je le caresse :
C'est lui qui bannit ma tristesse
Et réveille tous mes esprits.
Nous nous aimous de même sorte :
Je le prends, après je suis pris :
Je le porte et puis il m'emporte.

Avant C. de l'Estoile, *Ronsard* avait dit dans une Ode à Henri III :

Comme un qui prend une coupe,
Seul honneur de son trésor,
Et de rang verse à la troupe
Un vin qui rit dedans l'or.

De ces petits rivaux frustra la longue attente;
Le jaloux engloutit le verre tout entier,
    Et fit aux autres banqueroute;
Sans que, pour l'émouvoir, ni que pour l'en prier,
Ils en pussent avoir seulement une goutte.

Cela pensa causer une grande sédition entr'eux, mais.... je les menai tous dormir pour
les appaizer; la douceur du sommeil leur fit si
bien oublier leur querelle que le matin ils furent aussi bons amis que jamais.....

D'Ouvreterre qui, le lendemain de notre débauche, avoit quitté le lit de bonne heure,
parce que nous avions une grande traite à faire,
alla donner le bonjour au cocher de Stradelle;
mais en quel état pensez-vous qu'il le surprit:

Il tire les rideaux, ...
Et trouve le galant dans un lit propre et net,
Qui, dessus la moustache, avoit la bigotère
Et les cheveux aussi roulez sous son bonnet;
    Puis, pour achever la bravade,
Ce beau fils, près de luy, dans un grand parchemin,
    Avoit la boëte de pommade
    Et force poudre de jasmin....

Sur le chemin de Vermanton à Rouvray, au
milieu de la route d'un grand bois, nous apper-
çûmes un chevreuil qui, surpris de nous voir,
se sauva aussitôt dans le fort. A cette vue,
Stradelle,
    Grand'cacciator a'ogni selvagia fera,
emporté tout-à-coup de l'enthousiasme de la
chasse, oublia qu'il faizoit voyage, et croyant
avoir sa meute, s'écria:

    Icy Luchat, icy Saspart,
    A moy, Gibrart, à moy Desclaye;
    Sus, voicy le chevreuil qui part;
    Mais en vain de fuir il essaye,
    Nous l'aurons, amis, nous l'aurons.
    O Dieu! qu'il a la jambe souple;
    Voyez ses sauts, voyez ses bonds,
    Tôt les chiens, vite qu'on découple;
    Le galant a gagné les fonds (1)....

Defontaine qui n'est grand chasseur, et qui
s'est plus exercé au bruit de l'archet qu'à celuy
de la chambrière, se laisse emporter par sa
cavale,
    Mais il n'eut pas avec ahan
    Percé dans deux ou trois collines
    Que, comme le bouc d'Abraham,
    Il se vit pris dans les épines....

Après que Stradelle l'eut délivré, et qu'il
nous eut rejoints, il témoigna tout haut le ressentiment qu'il avait du refus que nous avions
fait de l'accompagner.

Il étoit nuit quand nous arrivâmes à Saulieu,
et comme nous fûmes près de l'hôtellerie, un
de nos malliers, qu'on laissoit aller volontaire,
impatient d'être dans l'écurie, entra dans la
salle de la maizon, en dépit de la valize qui
s'efforça de l'arrêter à la porte, et fit trois ou
quatre tours aux environs d'une table quarrée

    Où quatre ivrognes détestables
    Gorgez de vin jusques aux yeux,
Vomissoient à l'envy, de leurs bouches damnables,
    Cent blasphèmes contre les cieux.

(1) Voyez *Les Fâcheux* de Molière, act. II, sc. 7.

    Ce cheval aussi noir qu'ébène,
    Et des plus hauts qu'on puisse voir,
Frappa ces malheureux d'une terreur soudaine
    Dès qu'il s'en fit appercevoir...
    Tous jettent sur eux et par terre
    Tables, verres, pots et tréteaux;
L'un, derrière un buffet se blottit et se serre,
    Et l'autre sous des escabeaux.

La consternation fut plus grande dans cette
maison que si le tonnerre y fût tombé, et si un
de nos laquais n'eût incontinent fait sortir ce
diable ferré des quatre pieds, je crois que non
seulement ces ivrognes en seroient morts, mais
encore l'hôtesse et ses servantes que je n'aurois pas beaucoup regrettées, après le mauvais
traitement que nous en reçûmes; car, pour
bien parler de cette hôtellerie,
    Quel non è luogo da tornarsi spesso.
    O mal beato che vi fosse adesso!
Nousne fûmes passi mal dans toute notre route,
    E perche sappia ogni un che luogo è questo,
    LE CHAPEAU ROUGE *si chiama.*
Le lendemain, nous dînâmes à Arnay-le-
Duc, et vînmes coucher à Moulinot, où, pour
nous consoler de notre précédent gîte,
    Chacun de nos amis fit chère solennelle.
    Le vin étoit friand, le poisson gros et frais;
    Et tandis que le suc des mets
    Avec leur saveur naturelle
    Flattoit doucement leur palais,
    La fille du logis, jeune, gaillarde et belle
    Avec ses rustiques attraits,
    Leur recréoit fort la prunelle.

De là, après nous être arrêtés à Chagny, nous
nous rendîmes d'assez bonne heure à Châlon-
sur-Saône, et, le lendemain, nous nous em-
barquâmes par la plus belle matinée que le
soleil ait donnée à la terre.... De notre bâteau,
nous regardions, comme d'un lit, toutes les
maizons de campagne, les collines, les vallons
et les villages qui bordent les deux rives; mais
nous avions cet avantage que notre lit marchoit, et qu'à tout moment il nous faizoit découvrir de nouveaux objets, de peur que notre
vue se lassât de voir toujours la même chose..
Nous avions dessein d'aller coucher à Mascon,
Mais d'un vent du midi les soudains tourbillons
Déchirèrent (1) de l'eau l'égalité sereine

(1) Un neveu de *Voiture*, le sieur *Martin* a dit
dans sa traduction du 1er livre des *Géorgiques* (Rouen,
1716, in-8):
Il faut que les taureaux, compagnons de nos peines,
Gémissent sous le joug qui *déchire* nos plaines.
Les éditeurs du *Richelet* de 1732 ont blâmé l'emploi
du mot *déchirer* dans ce dernier vers: « Le joug qui
» *déchire nos plaines* sont, disent-ils, autant de fautes;
» ce n'est pas le joug qui entre dans la terre, c'est la
» charrue qui est traînée par les bœufs qui sont sous le
» joug.... » — Le vers de l'auteur des *Voyageurs inconnus* eût été, ce nous semble, à l'abri d'une pareille
critique; le mot *déchirer* y est peut-être employé aussi
heureusement que le verbe *rider* l'a été par Lafontaine
et par plusieurs autres poètes:
    « Le moindre vent qui d'aventure
    » Fait rider la face de l'eau. »
    Le Chêne et le Roseau.

Et sur le bel argent de cette molle plaine
Creuzèrent d'horribles sillons.

La nuit commençant aussi à nous dérober la lumière , nous fûmes contraints de prendre terre à une mizérable maizon ceinte d'eau de toutes parts ; le maître , pour se vanger des hôtes qui n'y viennent jamais que malgré eux, lorsque la nuit ou l'orage les forcent d'y séjourner, leur vend le plus chèrement qu'il peut une fort mauvaise chère. Le meilleur plat qu'on nous y servit fut une soupe où les choux et les pois étoient tous vivans , et , pour le couronnement d'un si bon repas , on nous fit servir dans une chambre où il n'y avoit ni portes ni fenêtres.

Dans ce logis, les lits surtout
Ont une vertu sans pareille;
On y veille mieux que debout;
Et nous eussions alors senti cette merveille.
Mais les flots, venant tour-à-tour
Frapper les murs et notre oreille,
Nous endormirent jusqu'au jour.

Embarquez de bonne heure, nous découvrîmes bientôt Trevoux , et ayant appris de nos bateliers que ses habitans qui n'avoient jamais eu de gens de guerre , en étoient menacés depuis peu et en avoient une peur extrême, nous voulûmes , en passant, nous divertir à leurs dépens, et , par les fanfares d'un cor imitant celles de la trompette, leur donner l'allarme d'un logement. Nous sonnâmes des mieux, et je ne crois pas que le Mizène de Virgile s'en fût mieux acquitté.... Véritablement il y avoit du plaizir à nous entendre :

Les échos enfermez entre des petits monts
Qui, de leur terrein trop avares ,
Emprisonnent la Saône en de tortueux fonds...
Rendoient fanfares pour fanfares....

Le retentissement étoit si grand, qu'il sembloit qu'il y eût douze cors , et, sans mentir, je crois que ceux de Trevoux s'imaginèrent entendre le bruit de plus de vingt trompettes , prévenus qu'ils étoient déjà de la peur des gens de guerre; il n'y en eut pas un qui ne se crût perdu , et jamais la voix de Stentor ni le cor d'Astolphe ne donna tant d'épouvante :

L'artizan quitte son métier,
La femme quitte son ménage;
Le maître quitte l'écolier,
L'écolier quitte son ouvrage;
Le juge quitte son greffier,
Et le prêtre avec son étole
Quitte la divine parole,
Pour courre à ce faux bruit guerrier.

Tout ce monde allarmé , tremblant et plein de transes,
Cherche diversement toutes les éminences ,
Afin de discerner ce bruit et ses auteurs.

En effleurant les eaux, la timide hirondelle
Les ride faiblement par le vent de son aile.
                              MALFILATRE.

Il faut au moins, pour se mirer dans l'onde,
Laisser calmer la tempête qui gronde,
Et que l'orage et les vents en repos
Ne rident plus la surface des eaux.
                              VOLTAIRE.

Jamais cirque romain n'eut tant de spectateurs.
Hommes, femmes, enfans, valets et chambrières,
Comme chats en amour couroient dans les goutières;
Chacun pour nous mieux voir avoit gagné le haut,
Et Trevoux tout entier n'étoit qu'un échafaud.
Bref, à la fin des temps, quand un ange vizible
Fera braire dans l'air sa trompette terrible,
L'effroy, lors dans Trevoux, si Trevoux est encor,
Ne sera pas plus grand qu'il fut de notre cor.

A demi-lieue de là, aussi sur la gauche, nos yeux furent délectez de l'aspect d'une belle maizon située au pied de la côte , au milieu d'une plate forme forme bordée de parterres, animée de fontaines jaillissantes , partagée de longues allées et terminée par une grande terrasse qui vient comme pour servir de levée au canal de la rivière. Son seigneur en rehausse l'éclat par celui de ses belles qualités ; c'est l'abbé d'Esnay *(Camille de Neufville)* , lieutenant de la province du Lyonnois, et la maison s'appelle *Vimy* (1). Son lieu de plaisance est celui de tous les honnêtes gens , parce que , avec ce caractère, chacun y est le bienvenu , et c'est le billet qu'il faut pour y entrer.

Un peu plus bas, nous vîmes le jardin d'une autre maizon nommé Roye dont la beauté ne plaît pas moins aux sages mélancoliques encore qu'elle soit toute différente. C'est là que M. le Cardinal de Lyon va se délasser, et où conférant avec soi-même, il goûte le plus agréable entretien du monde. En ces deux lieux, la nature et l'art, poussez d'une agréable émulation , font diversement leurs efforts pour se vaincre l'un l'autre :

Dans *Vimy*, l'Art industrieux,
Afin de suborner les yeux,
Employa le niveau, la bêche et la truelle,
Mais la Nature à *Roye*, en sa libre action,
N'étale à nos regards, pour se montrer plus belle,
Que les grâces qu'elle eut dès la création.
Là, par des conduits souterrains,
L'Art dérobe des monts prochains
Les eaux qu'il convertit en des flèches liquides;
Mais la Nature ici, roulant à petits bonds
Des flots d'argent fondus sur des tapis humides,
Les change dans le parc en serpens vagabonds.

On peut dire avec le Tasse, en l'honneur du dernier jardin, qu'il est

In guisa ornato
Ch'ogni suo fregio è non fatto , mà nato.

A mille pas de Lyon, nous passâmes à côté d'un grand rocher,

Undè il fiume si dirama, e un' isoletta
Formando, tosto a lui si ricongiunge.

Il est dans le milieu de la Saône , et par le moyen de la terre qui s'y est détachée, il a fait une ovale appelée autrefois *Isle Barbare* , et, par abréviation, aujourd'hui *Isle Barbe*. Cette Isle fait une des plus agréables promenades de Lyon que nous pensions voir de là ; mais , de toutes ses portes, celle d'Alincourt par où nous entrâmes , comme elle est la plus forte, c'est

(1) Aujourd'hui *Neuville*. Voyez *Lyon sous Louis XIII*, p. 271 et 274.

aussi la plus cachée. Après être montés sur nos chevaux pour aller à l'hôtellerie, sans voir encore cette grande ville, où néanmoins notre débarquement nous apprit que nous étions arrivés, et après avoir passé la porte, nous nous trouvâmes sur un quai que la montagne semble vouloir étrangler.... La ville, à cet abord, est si pressée par cette montagne que nous ne croyions pas y être arrivés encore, et que nous la cherchions dans elle-même, comme vous avez lu dans Sénèque, votre entretien ordinaire (1), que l'on fît, de son temps, lorsqu'étant bâtie sur la spacieuse planure de la montagne opposée, elle fut toute brûlée en une nuit. Il semble, à la voir ainsi si fort encastellée entre ces deux monts, qu'un bon architecte pourroit faire une voûte d'un sommet à l'autre, et mettre par ce moyen Lyon à couvert comme une autre foire de Saint-Germain. Ne vous moquez pas de moi sur cette pensée; il y avait plus d'impossibilité à faire la statue d'Alexandre du mont Athos, et de lui mettre dans la main une ville qui contînt dix mille habitants, et, dans l'autre, un fleuve qui se précipitât dans la mer; toutefois il se trouva bien un Stazicrate (2) assez hardi pour en faire la proposition à ce prince et se charger de l'entreprise. Ce qui rendroit la nôtre plus difficile, c'est que plus on va, et plus la ville s'élargit pour faire place à ses habitans cantonnés contre elle, et puis s'arrête tout-à-coup au milieu, en laissant continuer à l'autre depuis l'entrée de la ville jusques au bout et au-delà. Il y a vraiment grand plaizir à voir du haut de ces montagnes cette grande cité s'étendre pompeusement autour d'elles, et l'on ne peut regarder de là sans admiration la multitude des maizons qui couvrent un large triangle que la Saône et le Rhône forment entre leurs canaux avant qu'ils se soient joints. Ces deux rivières, les plus célèbres de France, embrassent amoureusement plus des deux tiers de Lyon :

Et tandis que la Saône opulente et tranquille
    Coule dans cette grande ville,
Et de différens biens enrichit tous ses ports,
Le Rhône vigilant et que rien ne retarde,
    Jour et nuit fait la garde
    Et défend ses dehors.

Aussi les anciens, à cause du Rhône, l'ont nommée *Rhodanuse* (3), et tantôt à cause de la Saône, l'ont appelée *Ararienne*.

A la pointe où se fait la jonction de ces deux fleuves, au même endroit qu'est aujourd'hui l'abbaye d'Esnay, toutes les Gaules bâtirent autrefois un magnifique temple en l'honneur d'Auguste, et c'est ce même lieu que Caligula rendit si célèbre par les combats d'éloquence qu'il y institua. Ces combats étoient merveilleusement rigoureux; il falloit avoir une haute opinion de soi et une grande faim d'honneur pour entrer dans la carrière où, comme vous savez,

Les vaincus composoient l'éloge du vainqueur,
Et le plus imparfait de tout ce pâle chœur
N'étoit pas seulement blâmé de sa harangue,
Mais le pauvre homme encor se voyoit obligé
    Ou de l'effacer de sa langue,
Ou d'être au même instant dans le Rhône plongé.
      Ah! ma chère Amarante,
      Si la Müze ignorante
      Et les faizeurs d'impertinens écrits
      Etoient traités de la sorte à Paris,
      Si l'on jetoit au hazard dans la Seine,
      Ces animaux pour le prix de leur peine,
      Las! que de gens se verroient en danger
      D'être noyés s'ils ne savoient nager (1).

Il y a plusieurs autres antiquités remarquables, comme le Tombeau des deux Amans et de vieux vestiges d'amphithéâtres et d'aqueducs; mais ce qui m'a surpris davantage, a été d'y voir des écuries au second étage des maizons, ainsi que l'a déjà observé l'historien de *Gargantua* (2), et même aussi des jeux de courte paume. Ce n'est pas encore ce que j'y ai trouvé de plus illustre et de plus rare; le voicy sans contredit, et je crois que cela vous donnera à penser :

J'ai vu dans cette ville un géant glorieux
Qui, sans être difforme, a plus de trente têtes,
Et qui plus qu'un Typhon brave et victorieux
Ne vaque néanmoins qu'à de pieuses fêtes.

    Ainsi que les Titans, il attaque les cieux,
Par des vœux seulement et par d'humbles requêtes;
Il n'est rien de si noble, il n'est rien de si vieux,
Et loin de s'affaiblir, l'âge accroît ses conquêtes.

    La pourpre et la tiare ont couronné ses mœurs,
Et laissant aujourd'hui le souci des honneurs,
Il sert une beauté qui n'a pas de seconde.

---

(1) Ce mot appartient à la Reine de Navarre et se trouve dans la première Nouvelle de son *Heptaméron*. Owen en a fait aussi le sujet d'une Epigramme, la 63e du 1er livre; en voici une imitation :

    L'autre jour, mon ami Pierre
    Disait que pour cent écus
    Il voudrait dans la rivière,
    Voir jeter tous les cocus;
    Mais sa moitié, là présente,
    Pour lui craignant le danger,
    Lui dit en femme prudente :
    Mon ami, sais-tu nager ?
        ANDRIEU-POULET, de Lyon.

(1) *Sénèque* était alors l'*entretien ordinaire* du Cardinal de Lyon.

(2) Plutarque, *Vie d'Alexandre*, ch. 94.

(3) Un seul Ancien a nommé Lyon *Rhodanusia*; c'est *Sidonius Apollinaris*, lettre 6e, livre I. S. *Irénée* désigne aussi sous le nom de *Rhodanousia* tout le pays qui touche le Rhône (*Adv. haereses*, I, 9). — Je ne crois pas qu'un seul ancien ait appelé la Saône *Arariana*.

(2) « Je scay des lieux à Lyon... et ailleurs, où les » estables sont au plus hault du logis... » Livre I, ch. 12. — Voici la note de l'éditeur de 1741 : « Comme » dans toutes les maisons situées sur la croupe ou tout » au pié d'une montagne : là, au-delà des écuries, il » y a un chemin aisé qui mène à un endroit où l'on » peut monter à cheval, et poursuivre de plain-pié son » chemin. »

Il la vante, il la montre, il l'offre à tous momens,
Et le plus grand regret qui le ronge en ce monde
Et de ne lui pouvoir trouver assez d'amans.

Je vous ai donnez deux choses à deviner dans cette énigme ; mais quand je vous aurai dit que le *Géant* est le corps de messieurs les Comtes de Lyon qui n'a de goute de sang en ses veines qui ne soit de la plus pure noblesse du royaume, et lequel est un géant en mérite, il vous sera aizé de conjecturer que cette belle maitresse qu'il sert est la vertu qu'il voudroit bien faire aimer à tous les hommes autant qu'il l'aime et qu'elle est aimable.

Le peu de Lyonnois que j'ay connus m'ont paru fort civils et fort courtois ; entr'autres, un des plus anciens et des plus considérables officiers de la ville nous a fait voir une délicatesse d'esprit non pareille avec une candeur admirable. Je n'oublierai jamais la belle vue du *Prioré de Saint-Irénée*, dont M. le Cardinal de Lyon lui a donné l'économat (1), et d'où, comme d'un superbe amphithéâtre, nous avons vu le plus beau morceau de la ville, la jonction des deux rivières, la belle plaine qui commence le Dauphiné et les affreuses montagnes couvertes de neige qui la terminent à plus de 16 grandes lieues de là. Il me souviendra toujours aussi des raretés ingénieuses et savantes qui composent le cabinet d'un gentilhomme, l'un des gendres de sa digne moitié. J'en avois déjà vu plusieurs à Paris et dans les provinces, mais je n'en avois point encore rencontré de pareil à celui-ci :

On n'y voit point de ces bijoux
Venus de terres étrangères
Dont les cabinets ordinaires
Tirent du lustre parmi nous.
La Perse, le Japon, la Chine
A sa beauté n'ont point de part,
Mais le seul tour, et la machine
Soit pour hausser les eaux ou forcer un rempart,
Faire un pont ou réduire une place mutine,
Enchantent dans ce lieu l'esprit et le regard.

Et ce qui est plus glorieux pour le maitre, et singulier entre toutes ces singularités,

C'est que tant de rares desseins
Ne tirent leur noble origine
Que de sa tête et de ses mains (2).

Il est l'inventeur et l'ouvrier de ces belles curiosités. Il n'y a point de machines hydrauliques ni de guerre dont il n'ait et la connaissance et le modèle en bois, en ivoire, en fer-blanc ou en acier, et qu'il n'en ait fabriqué toutes les pièces jusques au moindre clou, sans avoir eu d'autre maitre que son génie.

Je crois, belle Amarante, que je ne puis mieux conclure ce long discours que par l'histoire du Rhône et de la Saône que vous ne sauriez lire ailleurs. Vous n'y verrez pas seulement leur origine, leurs amours et le sujet pourquoi le Rhône est si rapide, la Saône si lente (1), et d'où vient qu'elle a quitté le nom d'*Arar* ; mais vous y apprendrez encore quelle est la personne qui a bâti et nommé Lyon....

Avant hier soir, me promenant aux environs de Forvière (2), qui était autrefois le temple de Vénus, comme le mot le témoigne, je me rencontrai à l'ouverture d'un vieux tombeau qui se découvrit dans une vigne; il s'y trouva quantité de médailles anciennes, et une planche de cuivre où cette histoire étoit gravée en lettres gothiques. Je vous ferai voir le tout à mon retour, car je me suis rendu maître de ce petit trésor moyennant finance donnée aux vignerons; mais parce que je sais combien vous êtes impatiente d'apprendre les choses rares, je vous en fais présent par avance ; elle mérite bien que vous la lisiez avec attention, et je mérite bien aussi que vous m'adressiez par la première poste, sinon une lettre de remerciment, au moins une quittance en bonne forme de la promesse que je vous ay faite en partant.... »

Cette fiction qui a pour sujet les amours du Rhône et de la Saône, et se termine par leur mariage, n'a pas moins de 93 alexandrins; elle ne nous a pas paru digne d'être reproduite ; nous dirons seulement que l'auteur y suppose que notre ville doit son nom à *Lyonnée* (3),

Fée admirable alors, qui régnoit dans Lyon
Qu'elle avoit fait bâtir et nommer de son nom...

A la suite de cette pièce, est une Post-face dans laquelle le magistrat poète annonce que,

---

(1) En 1632, un sieur *Morel de Voleine*, major de Lyon, était économe du prieuré de Saint-Irénée. — Le major commandait la milice bourgeoise. Je présume qu'il avait succédé dans cette charge à *Claude du Fenoil* pour lequel elle avait été créée.

(2) Cette description ne peut s'appliquer qu'au cabinet de *Nicolas Grolier de Servières*, né en 1593, mort vers 1686. Marié à *Catherine du Fenoil*, il en eut neuf enfants. PERNETTI, I, 342.

(1) Le 9 septembre 1695, Madame *de Sévigné* écrivait à sa fille : « Notre province est aussi calme que la Saône. » Qui ne connaît ces beaux vers de *Louis Racine* (poème de *la Religion*, chant IV) :
Tes illustres martyrs sont tes premiers trésors,
Opulente cité, la gloire de ces bords,
Où la Saône enchantée à pas lents se promène,
N'arrivant qu'à regret au Rhône qui l'entraine.

(2) On disait alors indifféremment *Forvière* et *Fourvière* que l'on écrivait aussi avec ou sans s à la fin. On n'est point encore d'accord sur l'étymologie de ce mot. Le P. *Monet* dit que la montagne qui porte ce nom fut nommée autrefois *Corvière*, qui était la traduction du nom celtique *Lugdunum*, montagne ou colline des *corbeaux*; l'abbé *Besian Arroy* le fait venir de *Forum boarium*, marché aux bœufs ; d'autres étymologistes pensent que ce mot est une corruption de *forum vetus*, ou de *forum Veneris*, ou de *forum Veri*. Voyez la *Notre-Dame de Fourvière* du P. Cahour et les *Mélanges* de M. *Breghot du Lut*.

(3) Cette étymologie fantastique nous rappelle que feu M. B. répondit à un savant qui croyait avoir trouvé la véritable dans le mot grec *léion* (blé), qu'il se trompait : « Notre ville, lui dit-il, doit son nom à *Lyaeus*
» un des surnoms de *Bacchus*, lequel avait un temple,
» à *Saint-Denys de Bron*, tout près de Lyon, village
» qui tire son nom de deux autres surnoms du dieu de
» la vendange, *Dionysius* et *Bromius*. »

voyant sa relation renfermée en si peu de feuilles, il a cru devoir un équipage à ce doux enfant de sa rêverie. Il ajoute qu'il y aurait pu joindre beaucoup d'autres pièces , mais qu'il les réserve pour un autre temps. La première de ces pièces fugitives a pour titre CALLIOPE à *Monseigneur de Bellièvre* (1), *sur sa promotion à la dignité de premier président.* Nous en extrairons quelques vers :

... Héritier glorieux de deux glorieux noms ,
Grand *Bellièvre*,........
Les lettres, tu le sais, n'ont plus de prix en France;
Fais qu'au moins les lettrés y vivent sans souffrance,
Et que, si tous les biens vont presque aux ignorans,
Ces ignorans encor ne soient par leurs tyrans.
Pomponé, je t'en prie, au doux nom de tes pères,
Des doctes de leurs temps les doctes tutélaires ,
Au nom du divin *Faye*, au nom de ce parent ,
Si noble, si célèbre, et d'un savoir si grand,
Qui bravant le trépas sous le titre d'*Espeisses* ,
Vit dans vos cabinets et fait rouler vos presses...
Mais je t'implore seul, et je ne veux devoir
Cet appui des savans qu'à ton propre savoir.
Mes vœux sont exaucés, et dessus ton visage
J'en vois trop clairement le bienheureux presage :
Pompone, assure-toi que bientôt par nos vers
Ta gloire achèvera de remplir l'univers.

Les pièces qui suivent sont écrites d'un style assez coulant ; ce sont pour la plupart, de petites odes en quatrains; en voici une qui nous a paru digne d'être exhumée du Recueil de notre Inconnu :

Un peu plus bas que mon parterre
Est un petit bois fort épais;
Pendant l'été je m'y resserre ,
Et malgré lui, j'y sens le frais.

Dans ce bois, des oiseaux sans nombre,
Soigneux à me faire la cour,
Me viennent divertir à l'ombre
Et me parlent de leur amour.

Nul d'eux ne feint à me le dire;
Devant moi, pas un ne se tait;
Ainsi je sais tout leur martyre,
Mais je garde aussi leur secret.

Une héroïde en prose termine ce volume; c'est une lettre adressée à Moyse par Tharbis, fille du roi d'Ethiopie. Elle est précédée d'un argument dans lequel on lit : «.... J'ai toujours aimé les belles-lettres et surtout un peu trop pour l'intérêt de ma fortune , d'autant qu'on

(1) *Pompone II de Bellièvre*, chevalier , seigneur de Grignon. Il fut promu premier président en remplacement de Mathieu Molé , nommé garde des sceaux. Pompone II était beau-frère de M. *de Bonnelle*, président à mortier du même parlement, lequel céda sa charge à M. *Le Coigneux*, père de *Bachaumont*, l'ami de *Chapelle*. Voyez Moréri , art. COIGNEUX (Le); Amelot, *Mém*., tome 2, p. 99. — *Claude de Bellièvre*, un des ancêtres de *Pompone II*, épousa , en 1522, *Louise Faye*, fille (si je ne me trompe) de *Barthélemy Faye*, père de *Jacques*, seigneur d'*Espeisses*. Aucun magistrat n'a été plus loué que Pompone II; un volume de 5 à 600 pages ne contiendrait pas toutes les pièces en prose et en vers faites à son éloge.

peut bien dire aujourd'hui ce que l'Eumolpe de Pétrone disoit de son temps que l'amour de l'esprit n'enrichit personne (1). » Puis il ajoute que c'est en lisant l'Histoire de Josèphe, « il y a plus de douze ans, » qu'il lui prit envie de recomposer cette lettre qui est citée dans le ch. 5 du 5ᵉ livre, et que le temps nous a enviée.

1655.

Février 8. Un arrêt du Parlement de Paris garde et maintient les chanoines de l'Eglise primatiale de Lyon « en la possession de se » dire et qualifier *Comtes de Lyon.* » *Actes cap.*, livre 94, fol. 296. Voyez ci-dessus 5 juillet 1649.

Mars 25. Mort de *Louis-Alphonse du Plessis de Richelieu*, cardinal-archevêque de Lyon (2). — Cet illustre prélat rendit le dernier soupir entre minuit et une heure, après avoir donné sa bénédiction aux officiers du Présidial et du Corps de Ville. Ce fut le doyen du Chapitre , M. *de Besserel* « qui lui administra le viatique » et le sacrement qui aide à mourir (3). » Le 26 du même mois, son corps placé sur un lit de parade, fut porté en l'église de la Charité, où son Oraison funèbre fut prononcée par le P. *Voisin* ; mais son cœur resta dans la chapelle de la cathédrale dite du *Saint-Sépulcre* (4). Sa Vie a été écrite en latin par l'abbé *de Pure* (Paris , 1655, in-12). Les matériaux ne manqueraient pas à celui qui voudrait en faire une plus étendue que celle que nous avons publiée en 1829 (5). Voici en quels termes Loret a rendu

(1) *Amor ingenii neminem unquam divitem fecit.* c. 83.

(2) Avant lui , on compte huit archevêques de Lyon qui ont été décorés de la pourpre romaine : Béraud de Goth; Guy de Boulogne ou d'Auvergne; Jean de Talaru; Charles de Bourbon; André d'Espinay; Hippolyte d'Este; Denys-Simon de Marquemont ; — et depuis : Pierre-Guerin de Tencin; Joseph Fesch, et Maurice de Bonald. — On pourrait ajouter à cette liste : Amédée de Talaru, qui fut promu au cardinalat par l'antipape Félix V, et M. d'Isoard, qui mourut avant d'avoir pris possession du siège de Lyon auquel il avait été promu après la mort du cardinal Fesch.

(3) *Gaz. de Fr.*, p. 239 ; Quincarnon sur *Saint-Jean*, p. 104.

(4) La chapelle du *Saint-Sépulcre* est actuellement sous le vocable de *S. Vincent de Paul* ; elle avait été fondée par Philibert de Thurey, archevêque de Lyon, mort en 1415. Les statues en marbre qui s'y trouvaient, furent brisées par les Huguenots, en 1562. Marguerite de Valois y avait fait une neuvaine en 1525. Voyez son *Heptaméron* ; 72ᵉ Nouvelle ; Quincarnon sur Saint-Jean, p. 100, et l'abbé Jacques, *Eglise primatiale*, p. 13 et 41.

(5) Tallemant de Réaux lui a consacré le 74ᵉ chapitre de ses *Historiettes* : « Il étoit, dit ce biographe, destiné à être chevalier de Malte ; en ce dessein, on voulut lui apprendre à nager ; mais il ne put jamais en venir à bout;.... il fallut en faire un homme d'église. » —

compte de la mort du pieux pasteur dans sa *Muze historique* :

> Messire Alphonse du Plessis,
> Ayant des ans soixante et six,
> Selon les bruits les plus vulgaires,
> Est décédé depuis naguères;
> Si ce bruit n'étoit que du vent,
> Comme il arrive bien souvent,
> Et si sa mort n'est-pas certaine,
> On le sçaura l'autre semaine;
> D'autre façon j'en parleray,
> Et je le ressusciteray
> Dans les suivantes lettres nôtres;
> J'en ay ressuscité bien d'autres.

Loret, dans sa lettre du 28 juin, revient sur cet événement :

> Quelqu'un m'a dit et confirmé
> Que, dans Sorbonne, à point nommé,
> Mercredy l'on fit les obsèques
> Du dernier-mort des archevêques,
> Sçavoir feu Monsieur de Lyon :
> Ce fut Madame d'Eguillon
> Qui, par pieux et bon office,
> Lui rendit ce dernier service
> Monseigneur l'évesque de Dol,
> Ayant un beau rochet au col,
> Esprit, comme on sait, fort célèbre,
> Fit, illec, l'oraison funèbre,
> Qui satisfit extrèmement
> Tous les hommes d'entendement.
> On admira la rhétorique
> De son charmant panégyrique,
> Surtout en chaque endroit et lieu
> Qu'il parloit du grand Richelieu,
> Dont partout encore on révère
> Le feu glorieux ministère,
> Et dont le nôm fameux et beau
> N'entrera jamais au tombeau.
> Onques je ne vis le visage
> De ce merveilleux personnage;
> Il ne me fit jamais nul bien,
> Et, toutefois, je l'aimois bien (1)....

On trouve parmi les pièces qui sont à la suite des *Voyages* de *Balthazar de Monconys*, une lettre qui contient d'intéressants détails sur les derniers moments de notre archevêque : nous n'en citerons que ce passage : «..... Il commença par ce souhait sa dernière journée : « Ah! *Père Gibalin, Père Gibalin* ! *que le Cardinal de Lyon seroit bien mieux dans le lit de Dom Alphonse que Dom Alphonse dans le lit du Cardinal de Lyon* (2). »

« Quand les anciens Grecs, dit *Montaigne*, vouloient
» accuser quelqu'un d'extrème insuffisance, ils disoient
» en commun proverbe qu'il ne sçavoit ni lire ni nager.»
Essais, livre II, ch. 24.

(1) Nous ne saurions dire de quel prélat de Lyon *Ménage* a voulu parler quand il a dit dans son *Epître à Gouvain* :

> .... Témoin le bon Ives d'Illiers
> Qui des procès eut à milliers,
> Comme il se voit dans les Chroniques
> Des Gestes pantagruéliques;
> Témoin Monseigneur de Lyon,
> Lequel en eut un million,
> Et fut de son siècle la gloire.....

Voyez les commentateurs de Rabelais, III, 5.

(2) Suivant l'abbé Goujet, ce serait à l'abbé de Pon-

Voici le jugement que Dreux du Radier a porté de l'illustre prélat dans sa *Bibliothèque* du Poitou : « C'étoit un génie plus sombre que brillant, plus solide qu'agréable ; il écrivoit assez bien, parloit mal; jamais il n'a pu faire un vers latin; de tous les poëtes il n'aimoit que Lucain; il savoit Sénèque par cœur, et en avoit fait de grands extraits (1). »

L'anecdote suivante que le marquis de la Châtre met dans la bouche de Christine, reine de Suède, est extraite des *Jeux d'esprit et de mémoire* (Cologne, 1698, in-12) :

« Il faut, puisque je suis sur le chapitre du Cardinal de Richelieu que je parle aussi de Dom du Plessis, frère de cette Éminence, pour marquer le crédit absolu qu'Elle avoit sur l'esprit de Louis-le-Juste; ce fut de le faire sortir d'une cellule de Chartreux pour le mettre sur le théâtre du grand monde, en faisant teindre son habit blanc en rouge, en lui mettant en main la croix de la Primatiale des Gaules qui est jointe à l'archevêché de Lyon. Ce bon chartreux se trouva enyvré de toutes ses dignités ; mais afin que son frère obtînt sa grâce du Supérieur de la Chartreuse qu'il avoit désertée, il lui envoya, pour en faire présent à ce Supérieur, un portrait de Saint Bruno, en lui écrivant que c'étoit un véritable chef-d'œuvre. Le Cardinal-Ministre, en lui faisant réponse, convenoit de l'excellence de la peinture, et ajouta qu'il était persuadé que le Saint lui parleroit tous les jours si sa règle lui permettoit de rompre le silence (2). » — Il est à présumer que la vue de ce portrait inspira au P. Sautel ce charmant huitain qu'on lit dans son *Annus sacer* (1665) :

> Horrificae Bruno stupefactus imagine mortis,
> Solus in horrenti delitet hospes humo.
> Aspicis ut docti dextra reclivus Apellis,
> Posthumus exangui spirat in ore color?
> Quidquid id est, quod mente agitat, quod pectore versat,
> Nescio quid magnum quod meditetur habet.
> Verba daturus erat, sed quam tuit ipse silendi
> Legem aliis arcta religione tenet.

On lit dans une lettre que *J.-B. Rousseau* écrivit à *Brosselle*, avocat à Lyon, le 30 septembre 1716 :

«..... Vous avez eu longtemps, dans votre voisinage, un Cardinal illustre par la sainteté de sa vie, dont les bons mots fréquents pourroient faire un second tome aux épigrammes de Martial; vous me direz qu'il n'étoit pas à imiter en cela, et j'avoue qu'on doit éviter le scandale des simples, et que ce n'est pas assez d'être innocent devant Dieu si on ne l'est encore devant les hommes.... »

château que le saint prélat aurait exprimé ce regret (Supplém. à Moréri). — Voyez d'autres détails, pp. 371 et suiv. de la *Vie de Gassendi* par le P. Bougerel.

(1) Voyez les Publ. de 1653, *Morale*, etc.

(2) Nous avons cru devoir supprimer quelques lignes de cette anecdote, dont nous ne garantissons pas l'authenticité.

Nous ne saurions dire où Rousseau peut avoir lu ces bons mots; nous n'en avons trouvé qu'un dans le cours de nos recherches, le voici tel que l'a rapporté Panckoucke dans l'*Art de désopiler la rate*, II, 56, sans dire à quelle source il l'a puisé :

« Un ecclésiastique demi-savant, qui était néanmoins un aigle dans les sciences à s'en rapporter à son amour-propre, alla demander la prêtrise au Cardinal de Lyon. Son air suffisant irrita le prélat qui lui demanda : *Studuistine theologiam ?* L'ecclésiastique répondit avec un air nonchalant : *Aliquantulum.* Nous l'allons voir, reprit le prélat : *Musca in genitivo ?* — *Aquila*, répliqua le présomptueux ordinant, *non capit muscas.* — *Neque superbos*, repartit le Cardinal ; *c'est pourquoi allez-vous-en.* »

Tallemant des Réaux, chapitre 74 déjà cité, nous apprend que notre prélat poussait un peu loin les empêchements canoniques : « Un homme de qualité avait un fils contrefait, et le voulait faire prêtre d'église. Le Cardinal ne voulut jamais le tonsurer, disant qu'il se moquait d'offrir à Dieu le rebut du monde (1). »

Cette autre anecdote est extraite de *L'Art d'orner l'esprit*, par *Gayot de Pitaval* (tome I, p. 104 de l'édition de Paris, 1758, in-12) :

Le Cardinal de Lyon avait un jardinier, buveur confirmé, qui avait fait serment de ne jamais boire de l'eau; il le manda et lui dit : « Jardinier, je sais ton serment; j'ai le pouvoir » de t'en délier, tu n'en doutes pas. Je veux » que tu boives tout-à-l'heure ce verre d'eau. » Le jardinier, qui ne s'étoit pas attendu de boire une telle rasade, fit toutes les grimaces que feroit un malade qui se verroit obligé de prendre une médecine d'un déboire affreux ; il chicana sur la capacité du verre : « Monseigneur, dit-il au Cardinal, vous me faites faire une grande » violence à la nature ; ordonnez du moins » qu'on apporte un verre de vin, afin que je » puis se après m'ôter le goût du poison. » Le Cardinal le lui accorda. Le jardinier s'arma des deux verres ; « Monseigneur, poursuivit-il, ce » n'est pas encore assez ; il faut que vous don-» niez votre bénédiction sur le verre d'eau. » — Je le veux bien, dit le Cardinal, en faisant la cérémonie. — Aussitôt le jardinier s'écria en jetant le verre d'eau par la fenêtre : « Mon-

seigneur, l'eau bénite est pour les morts, et » le vin pour les vivants. »

Avril 17. Aussitôt après la mort du Cardinal de Lyon, le roi nomma un économe pour régir le temporel de l'archevêché pendant la vacance du siége, mais l'évêque d'Autun, *Louis Doni d'Attichy* vint en toute hâte se saisir des rènes de l'administration, en vertu du droit de régale attribué de temps immémorial à ses prédécesseurs. Ce droit, souvent contesté, lui fut confirmé par un arrêt que rendit, le 17 juillet de l'année suivante, le parlement de Paris auquel l'affaire avait été portée, du consentement des parties intéressées. — Durant son administration, Mgr. d'*Attichy* fit, à la Pentecôte, une ordination dans l'église des Célestins ; et consacra l'église des Minimes (1). *Gallia Christ.*, IV, 427; Du Tèms, IV, 452.

Mai 5. *Guy Patin* écrit à M. *Belin* fils, médecin à Troyes :

«.... M. *de Bellièvre* est nommé premier président ; M. *de Champlastreux*, président à mortier en sa place. Le bon homme (*Bellièvre*) retient les sceaux; mais je crois qu'il ne les gardera pas longtemps. L'Archevêché de Lyon n'est point encore donné ; M. *de la Meilleraye* le demande pour l'évêque de Rennes, son parent, qui est frère du maréchal de la Motte-Houdancourt; mais on croit qu'enfin le maréchal *de Villeroy* l'aura pour son frère l'abbé d'Ainay.... » Voyez ci-dessus, années 1644 et 1648.

Même mois, 8. On fait, dans l'église de la Charité, le quarantin du feu Cardinal-archevêque de Lyon, en présence de Mgr. d'*Attichy*, évêque d'Autun, administrateur spirituel et temporel de l'Eglise de cette ville, des comtes de Saint-Jean, et de force Noblesse. — L'oraison funèbre fut prononcée par *E. de Chauvessaigne*, grand-prieur de Savigny (2). — Le 11, l'évêque d'Autun fit ouvrir les prières de 40 heures dans plusieurs églises, et exposer le S. Sacrement pour la prospérité des armés du Roi. *Gaz. de Fr.*, p. 494.

Mai 26. *Camille de Neufville* est nommé archevêque de Lyon. Voici en quels termes Loret parle de ce fait dans sa *Muze historique* :

On dit qu'enfin on a donné
Au bien-heureux abbé d'*Ainé*,
Par grâce et faveur spéciale,
L'Archevesché primatiale
De Lyon la grande cité,
Présent digne d'être accepté,

---

(1) Le père de Guillaume de Mantoue voulait qu'il se fit prêtre à cause qu'il était petit et bossu, jugeant de son esprit par son corps; mais Guillaume n'en voulut rien faire, et quand il fut duc, il montra par l'acquisition de Montferat qu'il ne faut pas mesurer les hommes à l'aune, et qu'un grand esprit loge souvent dans un petit corps (Chassaignon, *Cataractes*, II, 15). — Sous l'épiscopat de notre Cardinal, deux prêtres se disputaient un canonicat vacant dans l'église de Saint-Paul; l'un d'eux, *Alexandre Araut*, était borgne de l'œil du canon (le gauche), et avait la lèvre percée ; l'autre, *Alexandre Bouillon*, était fils de maître *Jean Bouillon*, avocat du roi au présidial de Lyon. Un arrêt du parlement de Paris, rapporté par Lalaure (tome 1, p. 69) adjugea le canonicat à l'abbé *Araut*.

(1) Les Minimes eurent pour principal fondateur, vers 1555, *Théodore de Vichy*, doyen de l'Eglise de Lyon. Voyez ci-après 1667, *ad calc.*
(2) Cette Oraison funèbre fut publiée la même année, Lyon, *Michel Libéral*, in-4. — Haenel, p. 311 et 312 de son *Catalogus libror. manuscriptor.*, mentionne comme se trouvant en ms. à la B. du roi, 1° un Discours sur la mort du Cardinal de Lyon, 2° l'Oraison funèbre de ce prélat prononcée dans la chapelle de Sorbonne, le 25 juin 1653.

Et pour luy d'autant bonne affaire,
Qu'on sait bien que Monsieur son frère,
Le sage et prudent Villeroy
Est gouverneur de par le Roy.

Serait-ce Camille de Neufville que l'on a voulu désigner dans l'anecdote suivante rapportée dans plusieurs *Ana* ?

« M. l'abbé de ..... n'ayant pu être reçu comte de Lyon , faute de preuves suffisantes , Louis XIV le nomma archevêque de cette ville. En faisant son entrée au Chapitre , il dit pour tout compliment, ce verset du Psaume CXVII : « Lapidem quem reprobaverunt aedificantes , » hic factus est in caput anguli. » Le doyen des comtes lui répondit aussitôt par le verset qui suit : « A Domino factum est istud , et est » mirabile in oculis nostris (1). » — Les trois archevêques nommés par Louis XIV , sont : *Camille de Neufville*, *Claude de Saint-George* , et *François-Paul de Neufville*. Le second de ces trois prélats, neveu de *Claude I de Saint-George*, fut reçu comte de Lyon en 1694 ; quant aux deux autres, ils ne figurent sur aucune liste des membres du Chapitre de l'Eglise de Lyon.

Même mois...., Etablissement de la *petite poste* à Paris, à Lyon, et dans les principales villes de France.

Juin 14 et 20. Emeutes populaires occasionnées par le renchérissement des blés. J. Morin, VI, 192.

Juin 19. Mort d'*Aimé de Saint-Aulbin*, chanoine-comte de Lyon, reçu le 18 décembre 1609. — Il était fils de François, seigneur de Saint-Aulbin de Savigny, un des cents gentils-hommes de la chambre du Roi, et de Julienne, fille de Gilbert Mareschal , seigneur des Noix. — Il fut inhumé dans la cathédrale , en la chapelle de N. D. de Haut-Don. Voyez Quincarnon sur Saint-Jean, p. 109, et d'Aubais, *Pièces fugitives*, p. 154 et 157.

Juin 26. Mort, dans le couvent de Sainte-Praxède, à Avignon, de *Julienne Morrell* sur laquelle nous avons consigné quelques particularités dans nos *Documents*, années 1606-7. — Golnitz nous apprend , p. 505 de son *Ulysses belgico-gallicus*, que cette fille célèbre , durant son séjour à Lyon , habitait près du couvent des Minimes. Lope de Véga fit à son éloge des vers dont la traduction suivante nous a été communiquée par un ami des lettres espagnoles :
» Julienne Morell, ô grande constance, auprès de qui l'orgueil serait vulgaire ! J'ai en-

tendu vanter *Argentaria Polla* (1) , qui fut, comme toi, docte et espagnole; mais à toi, qui es la quatrième Grace et la dixième Muse , à toi convient à plus juste titre la louange hyperbolique qu'Antipater adresse à Sappho (2); oui, à toi qui es un ange descendu des cieux pour professer publiquement toutes les sciences du haut d'une chaire ou dans les écoles , de sorte que les *Cassandra* (5) et les *Marcella* (4) s'éclipsent devant toi, et déposent sur ton beau front la palme de la victoire. Les feuilles de laurier deviennent, sur tes tempes héroïques, des feuilles sibyllines. Tes vertus et ta science t'élèvent au-dessus de toutes les femmes. » *Laurel de Apolo.*

Juin.... Edit du Roi portant entr'autres dispositions : «.... Au siége présidial de Lyon , il y aura , outre le lieutenant et magistrat criminel, un lieutenant de robe courte et dix archers-sergens; et aura ledit lieutenant , outre les cent livres à lui ordonnées, la somme de cinq cens livres , le lieutenant de robe courte trois cens livres, les dix archers-sergens chacun six vingt livres.... »

Juillet 50. M. *de Passelaigue*, évêque de Belley, nommé commissaire apostolique pour les informations de la béatification de *François de Sales*, procède à la visite du cœur de l'illustre saint dans le couvent des Visitandines de Lyon, et l'ayant trouvé tel qu'il était en 1651 , il dresse un procès-verbal de cette visite. M. Voyez ci-dessus, au 28 décembre 1622.

Décembre 25. *Gilbert-Claude d'Albon* est reçu chanoine-comte de Lyon. — Il était fils de Guillaume d'Albon , seigneur de Montault , Bresche, etc. et de Gabrielle, fille de Louis Le Brun, seigneur de Godinières , Saint-Didier , etc. Il mourut le 16 juin 1698.

1655. Le Consulat achète divers emplacements, afin de donner à la place de *Bellecour* une forme régulière ; il cède à différents particuliers des portions de terrain pour y construire des maisons ayant des façades uniformes. Cochard, *Description de Lyon*, p. 54.

Le bâtiment du *Collége de la Trinité* fut ache-

---

(1) *Art de désopiler la rate*, II, 164. — Cette anecdote que l'on a mise aussi sur le compte du Cardinal *de Tencin* dans le tome 3 , *Paris , Versailles et les Provinces* (p. 154), est un réchauffé de celle qui fait le sujet de la 126ᵉ *Nouvelle* de *Bonaventure des Periers* ; mais , au lieu d'un abbé, c'est un jeune avocat, qui, ayant été nommé conseiller, fut reçu au parlement « par la volonté du roi, » malgré la Cour qui l'avait refusé à cause de son incapacité.

(1) Femme de Lucain, ensuite , à ce qu'on croit, de Stace. Voyez Martial, X, 7, et Sidoine Apollinaire , *Paneg.*, 2339.

(2) Son épigramme a été ainsi traduite par un anonyme que je présume être *Claude Brossette* , l'ami et le correspondant de Boileau :
En écoutant Sappho, Melpomène confuse
Fut surprise d'entendre une dixième muse.

(3) *Cassandra Fidelis*, femme savante, née en 1465 à Venise, où elle mourut âgée de 102 ans, en 1567, dans la maison des hospitalières de Saint-Dominique qu'elle gouvernait comme supérieure, depuis douze ans. *Biogr. univ*, art. FIDELIS. Voyez aussi Politien , Epist., III, 17, et Fulgose, *Rerum memor*. IX, 3.

(4) *Marcella*, une des illustres et saintes dames qui vivaient sous la direction de Saint Jérôme. — La femme de l'épigrammatiste Martial se nommait aussi Marcella; mais ce n'est point elle que le poète espagnol avait en vue.

vé, et les Pères de ce Collége, pour conserver le souvenir de ceux qui l'avaient fait construire, firent graver une inscription que le P. Menestrier a insérée dans son *Eloge hist. de la ville de Lyon.*

Le Roi ayant créé des pensions pour un certain nombre d'hommes de lettres, comprit, dans sa liste, le « sieur abbé *de Pure*, qui écrit » l'histoire en latin pur et élégant, » pour une somme de *mille livres.* — Il est à remarquer que « le *sieur Molière*, excellent poète comique, » fut compris pour une pareille somme dans cette liste. Voyez l'*Hist. de Molière*, par M. Taschereau, p. 56 et 255, et les Publications de cette année, *Vita A.-L. Plessaei Richelii....*

Passage et séjour, à Lyon, de *Molière* et de sa troupe. — La Comédie de l'*Etourdi*, que l'auteur venait d'achever, y fut représentée pour la première fois. « La pièce et les comédiens, dit M. Taschereau, obtinrent un succès complet, et les Lyonnais oublièrent bientôt un autre théâtre que leur ville possédait depuis longtemps, et dont les principaux acteurs prirent le parti de passer au nouveau. Parmi eux, se trouvaient : De Brie, Ragneneau, et Mesdemoiselles Du Parc et de Brie (*Hist. de Molière*, p. 15). » Suivant M. Cochard (1), il n'y avait plus alors de théâtre à Lyon ; celui qu'avait fondé *Neyron*, vers 1540, dans le quartier des Augustins, n'avait eu que trois ou quatre ans d'existence. « Aussi, dit-il, lorsqu'en 1600, Henri IV et son épouse vinrent à Lyon, il fallut disposer la salle des *Clergeons* (2), à Saint-Jean (3), pour les représentations que des comédiens italiens devaient donner pendant le séjour de leurs Majestés, et lorsque, vers le milieu du 17e siècle, des troupes de comédiens s'établirent momentanément à Lyon, elles louaient la salle du Jeu de Paume, vers Saint-Paul, et c'est là que Molière a joué plusieurs fois.... » Nous ferons observer que, vers le milieu du 17e siècle, il y avait un théâtre dans le palais du gouverneur où furent données, en diverses occasions des représentations dramatiques, des bals et des concerts ; nous avons même quelques raisons de croire que ce fut dans cette salle que nos ayeux applaudirent aux premiers essais de Molière, et que l'on y joua la tragédie d'*Irène*, dont nous parlerons plus tard (3). — Suivant une ancienne tradition, Molière, pendant un de ses séjours à Lyon, passant dans la rue Saint-Dominique, aperçut, sur le seuil de la boutique d'un apothicaire, un homme dont la

figure pharmaceutique le frappa. « Monsieur, » Monsieur, Monsieur, comment vous nom- » mez-vous ? » dit-il en l'abordant. — « Pourquoi ? » — « Mais... » Molière insiste : « Eh bien ! je m'appelle *Fleurant.* » — « Ah ! je pressentais bien que votre nom feroit honneur à l'apothicaire de ma comédie; on parlera longtemps de vous, Monsieur Fleurant. »

Cette anecdote fut confirmée en 1795, à M. *Beuchot* (1) par le petit-fils de *Monsieur Fleurant*, qui portait le même nom que son aïeul, et qui habitait à Genay, village au-dessus de Neuville (2); mais M. Taschereau est porté à croire que ce descendant du prétendu interlocuteur de Molière n'était que l'écho d'un conte populaire; car, comment supposer, dit-il, que Molière songeât dès-lors à son *Malade imaginaire* qui ne fut joué que vingt ans plus tard ? Il est plus naturel de penser, ajoute-t-il, que, pour donner à son personnage un nom significatif, il aura fait choix du participe présent du verbe *fleurer*, alors très-usité. — Il paraît qu'avant de venir à Lyon, Molière avait donné des représentations à Vienne, en Dauphiné : c'est ce que nous apprend Chorier, dans sa Vie de *Pierre de Boissat* écrite en latin, et publiée en 1680 : « Jean-Baptiste Molière, dit-il, acteur distingué et excellent auteur de comédies, était venu à Vienne; M. de Boissat lui témoigna beaucoup d'estime; il n'allait pas comme certaines gens qui affectent une sotte et orgueilleuse austérité, disant du mal de lui; quelque pièce que Molière dût jouer, il voulait se trouver parmi les spectateurs; il le reçut à sa table, et, comme certains fanatiques, il ne le mettait pas au rang des impies, quoiqu'il fût excommunié. (Voyez ci-après, *Mars 1675*). » — *D'Assoucy* se trouvait-il alors à Lyon ? Nous n'oserions l'affirmer; cependant nous le présumons. Dans une lettre sans date et sans nom de ville, qui se trouve dans un recueil de poésies qu'il publia en 1655, il écrivit à Molière pour lui demander pardon de n'avoir pris congé de lui. « M. *Fresart*, lui dit-il, me fit partir avec trop de précipitation pour m'acquitter de ce devoir.... C'est merveille qu'il m'ait pu souffrir (dans son carrosse) avec toutes mes bonnes qualités, pour la mauvaise qualité de mon manteau qui lui sembloit trop lourd.... Je ne m'étonne pas si la Cour l'a député aux Estats pour le bien du peuple, le connoissant si ennemi des charges. Je luy suis pourtant fort obligé de m'avoir souffert avec mon bonnet de nuit, n'ayant promis que pour ma personne... » Voyez la *Correspondance litt.*, déc. 1857, p. 57.

---

(1) *Descript. de Lyon*, p. 166; *Arch. du Rh.* VII, 408.

(2) Nom que l'on donne à Lyon aux enfants de chœur.

(3) Nous ferons observer que c'est dans la grande salle du palais de l'Archevêché que fut représentée, en 1542, devant Henri II et Catherine de Médicis, *La Calandra*, comédie du cardinal Bibiena. Voyez *La Magnifica.... entrata del re di Francia nella città di Lyone*. In Lyone, 1549, in-4.

(1) Voyez ci-après, années 1655 et 1657.

(2) Cet érudit bio-bibliographe était alors clerc de M. Lièvre, notaire à Lyon.

(3) Le soi-disant petit-fils de Monsieur Fleurant était probablement de la même famille que Claude-Marie Fleurant ou *Flurant* reçu chirurgien à l'hospice de la Charité, lequel fut ensuite chirurgien-major à l'Hôtel-Dieu. Il est l'auteur d'une *Splanchnologie en démonstrations*, publiée en 1752.

Publications de 1655. — *Le Bonheur de tous les états*, par le P. *Filère*, de la C. de Jésus. Lyon, *Ant. Cellier*, 1655, in-12. — Mélange de prose et de vers, où l'on ne sait ce qu'il faut plus admirer de ces deux choses : Voyez *La Revue du Lyonnis*, première série, II, 184, et ci-après 29 juin 1658.

Chansons spirituelles, et autres poésies dédiées à la naissance de J.-C. et à sa gloire, par le plus indigne de ses serviteurs (*Marc Perrachon*). Lyon, *Ant. Molin*, 1655, in-8. Voyez les Publ. de 1665, *Poème*....

Les Excès de l'amour divin, ou *Poème héroique sur la vie de Ste-Gertrude*, (par *Jacquelin Boudret*, abbé de S. Vérin, conseilleur et aumonier du Roy). Lyon, de l'impr. de *Scipion Jasserme*. 1655, in-4. — Dédicace de l'auteur à Camille de Neufville, archevêque et comte de Lyon. En tête du poème, est une figure représentant sainte Gertrude, gravée par *Claudine Brunand*, lyonnoise. Voici quelques vers pris au hasard dans ce poème (p. 79); c'est le Christ qui parle à la Sainte :

L'esprit sans l'oraison est comme un corps sans teste,
Un navire sans mats au fort de la tempeste,
Qui, poussé vivement sans aucuns matelots,
Se voit à la mercy des ondes et des flots.
Le monde est une mer dont l'étrange furie
Vous fait à tout moment disputer de la vie. [seau ;
L'âme, l'esprit, le sens, sont comme un grand vais-
La prière est un vent qui le porte sur l'eau ;
Elle le fait voguer, et, malgré le corsaire,
Le jette dans le port d'une course légère....

Jacquelin Boudret, qui était peut-être lyonnais, a échappé aux biographes, et Barbier ne l'a pas connu. Son poème, sous plus d'un rapport, est digne d'être mis à côté de la *Madelaine* de *Pierre de Saint-Louis*.

Eloge de la Maison de Bellièvre, par *Gilles-André de la Roque*. 1655, in-fol.

L'Imitation de Jésus-Christ traduite en vers par *Antoine Tixier*, prestre curé de Varsalieu (*sic*). A Lyon, chez *Pierre Compagnon*, en rüe Mercière, au *Cœur bon*, 1655, in-12. — Dédicace à... *Isabeau de Tournon*, douèrière (*sic*) de Saint-Chamond, suivie d'un acrostiche sur le nom de l'auteur, par *J. Jacquier*, major de Saint-Estienne. — L'abbé Tixier ne parle pas, dans son Avis au lecteur, de la traduction de *Pierre Corneille* dont la première partie avait paru en 1651. La sienne divisée en quatrains commence par celui-ci :

Je suis l'astre vivant qui porte la lumière ;
Qui me suit ne va point parmi l'obscurité,
Mais trouvera la vie au bout de sa carrière;
C'est l'oracle et la voix du Dieu de vérité.

Elle se termine ainsi :

Si les œuvres de Dieu n'estoient inconcevables,
Et que votre raison les pût voir en leur jour,
Pourquoy les diriez-vous les sujets inéfables
Et les plus ravissants objets de votre amour ?

A la fin du livre est la traduction en vers alexandrins de la prose de S. Thomas, *Lauda, Sion, Salvatorem*.

Illustr. D. Pomponium Bellevræum, bonorum omnium voto, Principem Senatui parisiensis inauguratum alloquuntur Avi duo *Pomponius Bellevræus* et *Nicolaus Brulartius*, insignes quondam Franciae Cancellarii (Parisiis, typis *Cramoisy*, 1655, in-4). — Cet opuscule de 4 pages, daté de Sainte-Geneviève, le 20 avril 1655, est de *Charles Ogier*. Voyez Niceron, t. 40, p. 99.

Les Morales d'Epictète, de Socrate, de Plutarque et de Sénèque, par *Jean Desmarets*. Imprimé au *Chasteau de Richelieu*. 1655, pet. in-8. — Il serait très-possible que le *Cardinal de Lyon* fût l'auteur de ce livre, et que Desmarets lui eût prêté son nom comme il l'avait déjà prêté à *Armand de Richelieu* pour une tragédie. Telle est l'opinion de *Charles Nodier* qui est également porté à croire que l'imprimerie fondée par Armand dans son château, ne fut mise en activité que par son frère Alphonse qui lui survécut environ onze années (*Mélanges tirés d'une petite bibliothèque*, p. 176).

Oraisons (les) de Cicéron reveues de nouveau avec augmentation. Lyon, *Jean Grégoire*, 1655, in-12. — Edition citée par les auteurs de la *Bibliographie cicéronienne* insérée dans le tome I⁰ᵉ du Cicéron in-18 de M. J.-V. Le Clerc (1). — Le 25 novembre de cette année, *Guy Patin* écrivait à *Charles Spon* : « Je pense que vous avez raison d'être de mon avis touchant les traductions ; la plupart ne valent rien, et la meilleure est toujours imparfaite au prix de son original. Nous avons ici depuis peu une traduction de *Juvénal* en vers (par *Denys de Challine*). Je n'entends guères bien ce latin, mais, je vous jure, encore moins ce nouveau françois. Je suis dans le même sentiment pour un auteur que je révère fort qui est le *Tacite* ; il y en a diverses traductions desquelles pas une n'exprime la moindre partie des nobles sentimens de ce maitre homme qui a été un original des bons esprits. *In eodem sensu repeto* toutes les autres traductions de *Cicéron*, de *Sénèque* et de tant d'autres ; il y a plus de huit mille fautes dans le *Plutarque* d'*Amyot* ; la version de *Pline* par *Antoine du Pinet* n'a jamais été bonne ni louée de personne, non plus que celle de *Matthiole* par *J. Desmoulins*..... Adieu donc les traductions dont M. *Naudé* (*cujus memoria sit in benedictione*) ne vouloit ouïr parler, et n'en goûtoit aucune (2)..... »

Perrii (Claudii) Cabilonensis è soc. Jesu, *Poesis Pindarica*. Editio altera... Lugduni, *Joan.*

---

(1) La traduction suivante ne figure pas dans cette Bibliographie: *Les Epîtres de Cicéron* traduites par *Paul Roger Sibour*. Strasbourg, 1600, in-12.

(2) Boileau, dans sa 9ᵉ Réflexion sur Longin, se moque de son régent de rhétorique, Claude de la Place, qui voulait que cette phrase de la *Milonienne* : « Obduruerat et percalluerat respublica, » fût ainsi traduite par ses écoliers: *La république s'étoit endurcie, et avoit contracté un durillon*. Voyez aussi la lettre de Brossette à Boileau du 21 juin 1704.

Gregoire , 1655 , in-12. — La principale pièce de ce recueil a pour titre : *Bibliotheca Collegii Lugdunensis*. M. *Breghot du Lut* en a donné une analyse dans ses *Nouveaux mélanges* , p. 118 et suiv. — *Claude Perri* , né à Châlon-sur-Saône , en 1602 , mourut à Dijon , le 2 février 1684.

Raynaudi (Theophili) Tituli quibus Lugdunenses , ad suos cœlites singulari cultu prosequendos , affici possunt ac debent..... Lugduni , *Ant. Cellier*, 1655, in-12. — Cette même année, le libraire *Antoine Molin* publia une traduction de cet ouvrage , sous ce titre : *De la Dévotion que tous les Chrétiens doivent aux saints de leur profession* , in-12. A la fin , est une table des Saints disposée par ordre d'état , de condition, d'emploi et de métier. Niceron , XXVI , 265.

Raynaudi (Theophili) Dissertatio de sobria alterius sexus Frequentatione per sacros et religiosos homines, in aedificata narratione deliriorum queis Puella Veneta Guil. Postellum saeculo posteriore infatuavit. Lugduni, apud *Mich. Duhant*, 1655, in-8. — De tous les ouvrages du P. Théophile Raynaud, ce traité est un de ceux que les bibliophiles recherchent le plus. On peut voir ce qui en a été dit dans le tome I des *OEuvres diverses de Bayle* , p. 550 , et dans son *Dictionnaire* , article RAYNAUD , remarq. G. — Feu Mgr. *Devie* , évêque de Belley , qui a publié en 1842 , *La Correspondance d'un ancien directeur de Séminaire avec un jeune prêtre* (Lyon , *Louis Lesne* , in-12) , a reproduit dans ce volume , les principaux points que le Jésuite lyonnais pouvait exposer dans son latin apuléien ; mais Mgr. de Belley n'avait pas le même avantage ; aussi sa *Correspondance* a-t-elle fourni matière à une piquante *Provinciale* qui parut sans nom d'auteur , sous ce titre : *Lettre philosophique sur les fondements de la politesse*, etc. (Lyon , imp. de *Charvin* et *Nigon*, 1842 , in-18). Nous ajouterons que la Dissertation du P. Raynaud a servi de canevas au traité de *J. B. Drouel de Maupertuy* intitulé : *Le Commerce dangereux entre les deux sexes*; Bruxelles (Lyon), 1715 , in-12.

R. P. Theophili Raynaudi.... Erotemata de malis ac bonis libris.... Lugduni , sumptibus *Joan. Antonii Huguetan* et *Marci Antonii Ravaud* , 1655 , in-4 (1). — Voilà encore un des livres de notre savant Jésuite qui n'est pas moins curieux que le précédent. « Il composa cet ouvrage, dit Niceron, à l'occasion du traité *de Martyrio per pestem*, qui avoit été censuré à Rome ; mais il fut condamné par la Congrégation de l'*Index* , apparemment pour les deux raisons qu'il apporte dans son *Syntagma de Libris propriis*; la première , parce que , pour

(1) Cette édition est d'autant plus recherchée que le P. *Berthlet* , en la reproduisant dans les OEuvres de l'auteur , a supprimé ou tronqué plusieurs passages , et notamment les paragraphes 301 et 309 , de la page 286 à la p. 290.

faire voir qu'on pouvait condamner par fantaisie les meilleurs livres , il avait rapporté , à la page 294 , une censure badine du Symbole des Apôtres ; la seconde, parce qu'il avoit prescrit aux Censeurs les règles qu'ils doivent observer dans les jugements qu'ils portent (*Mém.* , t. 26 , p. 270)..... » Voyez aussi Baillet , *Jugem. des sav.* , première partie , ch. 14 et les *OEuvr. diverses* de Bayle , t. I , p. 440.

Reginae Palatium eloquentiae, primo quidem à R. R. P. P. Soc. Jesu in Gallia extructum , nunc vero revisum.... à R. R. P. P. Soc. Jesu Mogunt. Lugduni , sumpt. *Joan.-Amati Candy*, typogr. regii. 1655 , in-4.

Tarif du droict de quarantième qui se lève en la ville de Lyon pour le Roy. Lyon , *Ant. Julliéron*, 1655 , in-4. — On lit à la fin de ce Tarif : Fait et arrêté au Conseil d'estat du Roy, tenu pour ses finances , le 8e jour de janvier 1641.

Les Trois Dorolées , ou *Le Jodelet souffleté* , Comédie , par M. *Scarron*. Lyon , *Claude Larivière*. 1655 , pet. in-8 — *Catal.* Pont-de-Vesle, n. 908.

Vita Alphonsi-Ludovici Plessaei Richelii..... Archiepiscopi et Comitis Lugdunensis.... Auctore M. D. P. (*Michel de Pure*) , Parisiis , excudebat *Ant. Vitré*, 1655 , in-16. — Une lettre de Guy Patin à Charles Spon, du 25 novembre de cette année , nous apprend que l'abbé de Pure était à Paris pendant l'impression de cette vie. — Tallemant des Réaux, (chapitre 74 de ses *Historiettes*) blâme l'abbé de Pure d'avoir voulu faire passer le Cardinal de Lyon pour un grand homme. Sa plus grande gloire , suivant M. *** , est d'avoir été le premier en France qui ait usé du chocolat , et d'en avoir popularisé l'usage. (Voyez *Bonaventure d'Argone* , I, 5 , et nos *Documents* , mai 1658). Un autre bienfait d'Alphonse, qui avait sa maison de campagne au *Vernay* , près Lyon , sur la rive gauche de la Saône , est d'avoir fait construire sur le chemin , au bas de sa villa , un pont sous lequel s'écoulent les eaux de la colline , et que l'on appelle encore le *Pont-Cardinal*. — Une anecdote rapportée par l'abbé de Pure (p. 50) est confirmée par l'abbé *Pernetty* , tome 2 , p. 518 des *Lyonnois dignes de mémoire* , où on lit que les deux Capucins, *Balthazard* et *Gaspard Gayot* , morts , en 1658 , au service des pestiférés, furent confessés et administrés par notre prélat. Alphonse fut l'ami et le protecteur d'un grand nombre de gens de lettres. L'abbé Goujet l'a souvent loué dans son *Mémoire hist.* sur le *Collége royal de France*. —

Durant son séjour à Paris , en 1657, le Cardinal de Lyon reçut de M. de *Vauzelles* (1), plusieurs lettres qui nous étaient échappées

(1) Delandine qualifie d'abbé ce M. de Vauzelles qui était peut-être le fils de Matthieu II de Vauzelles , orateur de la Saint-Thomas , en 1584. Plusieurs membres

et qui nous ont paru mériter d'être publiées ; les voici :

I. — *A Monseigneur l'Eminentissime Cardinal de Lyon, à Paris.*

De Lyon, ce 17 juillet 1637.

« Monseigneur, Nous avons su que vous avez été longtemps à Ruel, que vous entriez tous les jours dans le sanctuaire, délibérant et discutant *arcana deûm*, que vous aidez maintenant à gouverner l'Arche d'alliance et le *Sancta Sanctorum* ; que le Roi veut faire de Mgr. votre frère et de vous ce *Par beatum* qui ne sauroit trouver en tout le monde un tiers capable de dire *Et per me impar* ; que le Roi, imitant Dieu duquel il est l'image, semble se faire comme lui *Trinus* en sa personne, celle de Mgr. votre frère, et la vôtre, et *Vnus* en son essence royale, partageant ainsi, sans désunion, sa puissance, son entendement et sa volonté. A dire vrai, Monseigneur, il ne sauroit mieux choisir. J'avoue bien que, comme un autre Hercule, vous pouvez soulager Atlas à supporter le Ciel de l'Etat ; je sais que vous faites partie de cette matière première, pure et simple, qui ne reçoit que des formes divines, que Dieu vous a sublimé et raffiné l'esprit au dernier point ; *Purum reliquit aeternum sensum atque auraï simplicis ignem* (2) ; que, comme Lyncée, vous pénétrez et vous voyez à travers les cœurs desquels vous êtes scrutateur, plus facilement qu'il ne voyoit à travers les corps plus solides. Tout, Monseigneur, va le mieux du monde ; mais souvenez-vous que, si comme l'aigle, vous regardez fixement le soleil, il faut aussi, comme l'aigle, vous résoudre à vous jouer dans les éclairs, dans les orages et parmi les foudres, *in igne*, *in commistione*, *in fulgore et tonitru*. Ne pensez plus prendre vos divertissements dans la douceur et le repos d'esprit ; *in sibilo aurae tenuis*, bien que ce soit le sentier le plus facile, le plus délicat pour arriver au port, *ibi Dominus*. Mais si votre santé, qui nous est si chère, si votre vie, qui nous est si précieuse, ne se peuvent accommoder à tous ces mystères et à toutes ces fatigues, qu'est-il à faire ? Je m'en rapporte à V. E. ; qu'elle y pense bien. Pour moi, à qui il n'appartient pas de me mêler des misères de la Cour, je me tais et me contente de vous offrir, en toutes les occasions, mes très-humbles services, et de renouveler tous les jours mes vœux à Dieu pour votre prospérité et longue vie.

« Je viens, Monseigneur, à vos lettres divines qui sont les roses fatales qui me font reprendre ma première forme (1), et me sortent de mon *anification*; je les admire et les conserve avec une religion si scrupuleuse et si jalouse, que personne ne les verra que je ne sois assuré que vous le trouvez bon.

« Par votre dernière, après vous être diverti parmi plusieurs brillantes conceptions, vous faites enfin comme l'aigle et comme le lion, vous me donnez un coup d'ongle et un coup de bec ; mais, comme ces généreux animaux épargnent ceux qui s'humilient, connoissant ma parfaite humilité, vous m'effleurez seulement avec modération, sans percer avec cruauté. Vous me dites que si je faisois un voyage à Paris, vous en seriez le prétexte et non le sujet. A cela, je réponds que vous êtes et serez toujours l'objet le plus passionné de mon cœur, et l'unique sujet auquel j'assujettirai toute ma vie ; mais, connoissant votre bonté, je crois qu'elle n'improuveroit pas que j'estime et que j'honore ce que vous confessez vous-même mériter, amour et respect, pour savoir jusques à quel point vous me renvoyez, comme martyr, ou confesseur, ou, comme divisé, à ma moitié. Pour le premier, je vous dirai que, dépendant absolument de vous, ce sera jusqu'au point où il plaira à V. Em. ; pour l'autre, je vous puis bien assurer que mes pièces étant complètes, je ne fais rien à moitié. Ce qui me fâche, est que, ayant partagé jusqu'ici mes sentiments entre la secte de Pythagore et celle d'Epicure, je trouve la nécessité un peu rude d'être maintenant devenu stoïque et platonicien à belles idées. — J'ai l'honneur d'être, etc., DE VAUZELLES. »

II. — *Au même.*

De Lyon, ce 25 décembre 1637.

« Monseigneur, Lorsque je reçus votre dernière, en l'ouvrant, je vis les cieux ouverts ; il étoit juste, ce me semble que je reçusse cette grace, ayant depuis trois mois, été lapidé dans le cruel martyre que votre silence me faisoit souffrir, et pour comble de faveur, vous voir dans un mois, comme nous l'annonce votre évangéliste ; c'est ce qui me transporte, me ravit et me met dans l'oraison de quiétude pour remercier Dieu de tout mon cœur de vous avoir donné ces douces inspirations de votre retour. Si V. E. savoit quelles nécessités me pressent de le souhaiter, elle auroit pitié de moi, et ce qu'elle fera par divertissement ou par considération, peut-être le feroit-elle par compassion. Je ne sais désormais à quel jeu jouent tous mes bizarres destins ; mais, depuis mon retour de la campagne, je passe si extrêmement mal mon temps que je deviens tout contrefait. Je ne sais quels vents soufflent, quels astres règnent, ni quelles influences dominent; mais je suis assu-

---

de cette famille figurent dans la *Biographie lyonnaise*; il faut y ajouter *Barthélemy de Vauzelles*, chanoine de Saint-Paul en 1259; *Catherine de Vauzelles*, dame galante qui florissait sous Louis XI (voyez notre *Notice sur Charles de Bourbon*, p. 30); *Estienne de Vauzelles*, mentionné dans les actes consulaires de novembre 1477, où l'on voit qu'ayant été délégué pour faire exécuter un arrêt du parlement obtenu par le Consulat contre le Chapitre de Saint-Jean, il fut emprisonné par les officiers de l'archevêque, et ne fut délivré qu'à grand'peine. C. B.

(2) Virgile, *Aen.*, VI, 746-7.

(1) Allusion à l'*Ane* d'Apulée.

ré que si l'on pouvoit peindre la mode où nous vivons, l'on verroit un tableau où les plaisirs ne servent plus que d'ombrage au relief des chagrins, et si quelque petite joie vient montrer le nez en petit profil, incontinent une tristesse *gigantalle* en plain-diamètre lui donne sur les oreilles. Si les plis que forme le rire surprennent par mégarde quelques visages, incontinent le diable, qui est à l'affût, convertit ces mêmes plis à l'usage du pleurer. Ce ne sont que mines, grimaces et archigrimaces. Damoiselle *Contrainte*, avec son nez étique, et sa sœur utérine la *Dissimulation* se promènent à grandes enjambées parmi les compagnies, et chaque parti, ayant ses mines, ses contre-mines, ses espions et contre-espions, si quelqu'un se range d'un côté, il est berné de l'autre ; s'il se met de tous les deux, il est également haï ; s'il n'est ni de l'un ni de l'autre, il faut donc qu'il joue à la mourre. Nous avons eu quelque temps des *comédiens* ; demandez à M. l'avocat (1) comme tout s'y passoit ; personne ne rioit à la Comédie que les filoux et les laquais ; pour preuve de mon dire, je l'ai vu effectivement pleurer, et, pour donner coloris à ses larmes, et prétexter son affliction, alléguer qu'il avoit le visage couleur d'amitié, et qu'il étoit sensible aux malheurs de *Mithridate* ou de *Didon*, lorsqu'en effet il pleuroit sur les femmes et les filles de Sion, et lamentoit, comme un autre *Jérémie*, les divisions de la lyonnoise Jérusalem.

« Pour les sermons, je m'en tais, n'y ayant point été cet Avent. Pour le carnaval et les bals, je les appréhende, prévoyant que les intrigues et contr'intrigues ne feront qu'articuler et torticuler tout leur divertissement. En deux mots, les dames de ces quartiers ne cessent point de se grimacer et contrarier entre elles, et, pour mon petit particulier, il n'y a ni paix, ni trêves, ni bornes, ni limites à me persécuter, tourmenter, crucifier, et faire le pis qu'elles peuvent. Les pinçades, les nazardes, déchirures, éborgnements, culbutes de l'année passée, n'étoient que roses et que fleurs au prix de ce qui se passe maintenant, et ce qu'elles faisoient, en ce temps-là, par jeux toutefois un peu scabreux et inquiet, elles le font maintenant par pure et noire malice, et souffrant ce que je souffre, je suis contraint de faire l'exclamation contenue dans le livre des Rois (II, XIX, 22), quoique sous d'autres noms : *O feminae lugdunenses, cur efficimini nunc in Satan ?* Je les souffrirois cent fois plus diablesses, c'est-à-dire, calomniatrices ou tentatrices. Qu'elles me calomnient tant qu'elles voudront, je m'en moque ; qu'elles me tentent tant qu'elles pourront, elles me feront plaisir. Plût à Dieu les voir céans et y faire tous les efforts auxquels résistèrent autrefois les anachorètes de la Thé-

baeïd ! Qu'elles essayent hardiment si je saura iaussi bien résister à leurs appas, leurs postures, leurs nudités, et leurs prostitutions réelles que saint Antoine, saint Onuphre et saint Hilarion résistèrent aux illusions. Alors comme alors nous verrions ce qui en arriveroit ; mais satanizer, c'est ce que je ne puis souffrir. *Satan*, en hébreu, signifie *adversaire* : — *Quidquid paci et tranquillitati contrarium est, hoc Satan esse dicitur ;* — donc *O feminae lugdunenses, cur efficimini nunc in Satan ?* A tous ces désordres, je ne sais qu'un remède : *Salomon*, Monseigneur, signifie, comme vous savez, en langue syriaque, *pacifique*, aussi bien qu'en langue turque-musulmane, *Soliman* signifie la même chose, le rusé Mahomet ayant emprunté ce nom et plusieurs autres des Rabbins pour introduire finement sa secte. Vous donc, Monseigneur, qui êtes un vrai Salomon, vrai Soliman, véritablement humain, benin et pacifique, vous mettrez ordre à ces aversions fantasques, et à ces contrariétés frénétiques. Je prévois bien que V. E. y aura de la peine, d'autant que la plupart des dames, nonobstant les divisions générales, ne laissent pas d'avoir des antipathies et des sympathies particulières ; elles sont adouées comme les perdrix après les Rois ; elles ont quasi toutes pris parti vieil ou nouveau ; chaque *Astrée* a son *Céladon*, chaque *Guillot*, son *Alizon*. Si *Maguelonne* se pâme, *Pierre de Provence* évanouit ; si *Belsabée* est dans le bain, *David* est aux fenêtres ; si *Diane* est dans le bois appuyée sur un tremble, *Silvandre* la joint de près appuyé sur un fousteau (1). Moi seul, suis-je ici *Jacques l'Impair* et *Guillot le Superflu*. Je suis le *Rodomont* espagnol ; *solo soy, solo sin par de nones voy, sin nada hallar.* Je n'entends toutefois ici parler que déclinaisons pures et simples sans être doublées de mauvais desseins, mais toujours suis-je grandement à plaindre, moi qui aime particulièrement le soleil, de passer pour un hibou parmi les alouettes, les grives, les bécassines, les cailles, les sarcelles, linottes, gélinottes et perdrix ; c'est ce qui me fait réclamer l'aigle divine de Jupiter, et crier mille fois d'un ton aigu : Revenez, Monseigneur. — Je suis à jamais votre très-humble, etc. De Vauzelles. »

III. — *Au même.*

De Lyon, ce 31 janvier 1638.

« Monseigneur, Je vis, hier au soir, une lettre écrite par V. E. à M. l'avocat, datée de Nevers, du mercredi 27 de ce mois ; aussitôt je fus chez M. *Loubat* (2) avec lequel j'avois fait partie d'aller à votre rencontre le plus avant

(1) Probablement l'avocat *Claude Basset*, un des secrétaires de l'archevêché. Voyez son article dans la 2ᵉ édition de la *Biogr. univ.*

(1) Hêtre. — Voyez sur le mot *fousteau* ou *fouteau*, Marot, *Eclogue au Roy*, vers 3 ; Montaigne, *Essais*, livre 3, ch. 5 ; le *Valésiana*, p. 118.

(2) Deux personnages de ce nom figurent dans nos fastes consulaires : *Hugues Loubat*, échevin, en 1602 et 1603, et *Pierre Loubat*, prévôt des marchands, de 1640 à 1642.

que nous pourrions; mais l'un de ses chevaux se trouvant incommodé d'une fâcheuse atteinte, nous nous trouvâmes en brassières lorsque, pour nous consoler, M. *de Monjustin* (1) m'envoya dire qu'il me fourniroit quatre bons chevaux. Enquis desquels bons chevaux il prétendoit me servir, il se trouva que c'étoient deux des siens, l'un desquels est noir, morveux et aveugle; l'autre est izabelle, lequel, contre l'avis du maréchal, faisoit sa première sortie, n'étant pas encore bien guéri du farcin; les deux autres prétendus bons, sont deux maigres juments grises du. sieur *Bussillet.* J'admirai son jugement en ce que peut être ces deux juments étant à la volée, pourroient servir d'éperon et de *Vive l'amour* aux chevaux rétifs de M. de Monjustin, qui, depuis un an, ne mangent que du blé noir, comme des poules, excepté depuis trois semaines que *Madame de Monjustin* leur fait bailler quelque aveine de montagne, car elle s'en sert pour relayer les mules de litière qu'elle loue pour aller au *prêche.* J'ai donc cru que le pis de tout cet équipage n'étoit pas d'être ridicule, mais qu'en effet nous ne pourrions pas arriver de cette sorte en 24 heures à la *Tour de Salvagny.* C'est ce qui me fait très-humblement supplier Votre E. qu'elle m'excuse si je ne puis aller jusqu'à *Roanne,* comme j'avois délibéré. — Je suis à jamais, etc. De Vauzelles. »

Pour en finir avec la correspondance du Cardinal de Lyon, nous joindrons aux lettres qu'on vient de lire : 1° celle qui suit ; 2° celle que l'évêque de Vence lui écrit après la mort d'Armand de Richelieu :

*Le Cardinal de Lyon, au R. P. ***, de la C. de Jésus* (2) :

« Mon Révérend Père, A peine pourrois-je croire désormais qu'il y ait de la charité parmi les *Jésuites*, puisqu'un Père de quatre vœux prend plaisir à manifester mes impertinences ; en cela, il viole le droit des gens, le secret et la sainte hospitalité, ruine un commerce civil qui est comme le lien de la société humaine ; il introduit la défiance, et sappe les fondements de la franchise par laquelle les hommes se donnoient, par le moyen des lettres, leurs cœurs à garder ; et, avec tout cela, je n'oserois me plaindre, car ces saints personnages qui ont du crédit dans le nouveau monde, dans le viril, dans celui que vulgairement on appelle l'autre, dans les imaginaires, dans ceux que quelques-uns ont logé dans le corps de la lune, me feroient condamner partout. Il vaut donc mieux que je ressemble à ces pauvres gens, lesquels ayant été à un parlement, tremblent tellement à un souvenir de ces messieurs de la robe qu'ils renoncent à lettres civiles, aux appellations, au Conseil, et croyent d'avoir gagné ce qu'on ne leur ôte pas. En un mot, mon R. P., je vous pardonne, mais c'est comme les Italiens qui, à l'article de la mort, font de nécessité vertu, et peut-être, en cela, ne fais-je pas un moindre miracle que si j'avois converti un Huguenot ou un Iroquois. Le grand ouvrage achevé, je me mets en campagne pour suivre le Roi, lequel s'en va en son armée, et pour donner un démenti réel et effectif à ceux qui disent que les cardinaux sont membres de l'Eglise triomphante, en faisant voir qu'ils n'ont pas renoncé à la militante, ou, pour le moins, comme l'Ange de l'Apocalypse, qui avoit un pied sur la terre et l'autre sur la mer, c'est-à-dire chanoine de l'un et de l'autre avec dispense de l'incompatibilité. Je pense que le P. *Caussin* jouera le même personnage, puisqu'il est de la *Cour sainte* (1), de celle qui nous reste à sanctifier. Vous me dites que les classes sont cessées chez vous ; peut-être de peur qu'en vous voyant donner ces longues vacances lorsque le murmure n'est pas encore cessé pour celles que l'archevêque accorde, je vous demande si vous le faites damer le pion, ou pource que vous craignez la peste, ou pource que vous aimez le repos, ou d'autant que le Corps consulaire s'oublie jusqu'à ce point de ne point payer la pension. Si j'avois l'esprit de réduire ces quatre points en forme de thèse, j'en ferois affiche publique, et supplierois les Pères d'argumenter. Il se fait plusieurs duels ou rencontres assignés que l'on habille en cas fortuits, afin qu'ils puissent passer comme Allemands en housse, sans qu'on y prenne garde. Adieu. »

Antoine Godeau, *évêque de Vence, au Cardinal de Lyon* (2) :

« Monseigneur, puisque mon éloignement m'empêche de pouvoir témoigner de bouche à V. E. l'extrême douleur que m'apporte la nouvelle de la mort de Mgr. le Cardinal Duc, j'ay cru être obligé de le faire par cette lettre; mais quand je cherche des termes dans mon esprit pour dire ce que je sens, les larmes me viennent aux yeux, et les soupirs à la bouche, et j'ai de la peine à les retenir tandis que j'écris ces lignes. Je suis François et j'aime ma patrie. Cette qualité, Monseigneur, me peut et me doit rendre inconsolable. Mais je suis obligé à Son Excellence de l'honneur et du bien que je possède ; j'en ai reçu des témoignages d'affec-

---

(1) Probablement de la famille de *Guillien de Sala.* Voyez la *Biogr. Lyonn.*, p. 268.

(2) Cette lettre se trouve à la suite de celles écrites au même Père par notre Cardinal, en 1639, et que nous avons publiées dans nos *Documents sur Lyon*, p. 272 et 273 du règne de Louis XIII.

(1) Titre du plus curieux ouvrage du P. Caussin ; la vogue prodigieuse qu'il eut alors fit dire que ce Jésuite avait mieux fait ses affaires à la *Cour sainte* qu'à la *Cour de France.* Trois éditions de la *Cour sainte* ont été publiées à Lyon, en 1662, 1668 et 1669.

(2) Extraits des *Lettres de M. Godeau;*..... Paris, 1713, in-12, p. 246. — A la p. 323, est une lettre adressée à un abbé qui n'est pas nommé. Godeau l'engage à quitter Paris pour revenir à Lyon, et à refuser les emplois qu'on lui offre dans la nouvelle Babylone.

tion et d'estime que je prise encore plus que la mitre et que les rentes ; jugez donc si je puis être touché médiocrement , et en état d'exprimer ma douleur ; elle m'ôte l'esprit avec la parole , et je ne puis rien ajouter dans un si grand trouble , sinon que je suis avec passion, etc. A Grasse, ce 16 décembre 1642. »

N. B. — Nous avons rapporté plus haut , p. 556 , les vers du P. *Sautel* sur le portrait de *S. Bruno* ; la même pensée se trouve dans ce distique du P. *Marsen* :

Rumperet ore sonos , etiam , sed sancta silendi
  Regula composita non sinit ore loqui.

En voici une imitation inédite :

De cet illustre saint telle est la ressemblance ,
Qu'on le croirait vivant et tout prêt à parler ;
  Mais à quoi bon le rappeler ?
Sa règle lui défend de rompre le silence.

1654.

Prévôt des marchands de 1654 à 1658 : *Jacques Guignard* , seigneur de *Bellevue* , vicomte de *Saint-Priest* (1).

Echevins pour 1654 à 1655 : *J.-B. Fayot* , *Etienne Cochardet* , *Pierre Mellier* , *Remond Bererd*.

Janvier 6. *Guy Patin* écrit, de Paris, à *Charles Spon* : «... Vous êtes donc né en 1609, l'an que moururent *André du Laurens*, M. *François Miron* (2), lieutenant civil, méchant impudent et ignorant charlatan , le sieur *de la Violette* , autrement dit *Quercetanus*. Puissiez-vous vivre sans pierre, sans goutte, sans catarrhe jusqu'à l'an 1709, afin de faire la centaine parfaite , et que vous puissiez voir dans votre famille toutes les bénédictions que Dieu a promises *diligentibus se*. Je fais part de mes vœux à mademoiselle (madame) Spon, jusques à ce que j'aie le moyen de lui témoigner et lui faire connoître par effet jusques à quel point je l'honore comme la meilleure femme de Lyon, et la fidèle compagne du meilleur ami que j'aie au monde... » — Le 50 du même mois , Spon recevait de Patin , cette autre lettre : « Le Prince de *Conti* étoit venu jusqu'à Auxerre, pensant aller à Paris, et y être considéré comme un homme qui pourrait épouser une des nièces éminentissimes, mais il en est arrivé autrement, *mutata velificatione, et reflante vento*; on lui a fait commandement de se retirer à Lyon.... » — Le 16 février suivant, Conty était de retour à Paris ; c'est ce que nous apprend la *Gazette de France*. Loret a dit, à cette occasion, dans sa *Muze historique* :

« Monsieur le Prince de Conty

(1) Voyez ci-après , 10 septembre , et les Publ. de 1657, Stile...

(2) Deux personnages de ce nom figurent dans les annales lyonnaises, *Gabriel Miron*, intendant de notre province, de 1564 à 1567, et *Charles Miron* , archevêque de Lyon, mort le 6 août 1628.

Est de Lyon, dit-on, party,
Pour à la Cour se venir rendre,
Qui le recevra d'un cœur tendre;
Car le Roi Louis de Bourbon,
Comme il est magnanime et bon,
A volontiers accordé grâce
A ce prince issu de sa race,
Lequel prétend bien maintenant,
En son devoir se maintenant,
De rendre à jamais effacées
Toutes ses jeunesses passées.

Février 20. Patin écrit à Spon :

«... *Balzac* est mort; voilà le père de l'éloquence à bas... »

Plusieurs poètes déplorent la mort du célèbre auteur du *Socrate chrétien*; voici la première des stances que fit à sa mémoire Urbain Chevreau :

Muses, Balzac est mort, et ce malheur extrême
Vous ôte pour jamais votre plus ferme appui :
  Comme il fut l'éloquence même,
  L'Eloquence est morte avec lui.

La même pensée se trouve dans ce sixain de Furetière :

Balzac est dans le monument;
Doctes, pleurez-le seulement,
Et ne trouvez pas fort étrange
Que vous ne puissiez aujourd'hui
Dignement chanter sa louange,
L'éloquence est morte avec lui.

Nous ferons observer que Furetière et Chevreau se sont rencontrés avec l'auteur de cette épitaphe qu'on lit à Châtillon-sur-Seine , sur la tombe de François de Gissey , maire de cette ville, mort avant 1650 (1) :

Si l'éloquence plus accorte
Peut s'inhumer en quelque sorte
Passant, confesse ingénument
Qu'avec de Gissey toute morte,
Elle gist en ce monument.

Après le *Socrate chrétien* , le livre le plus estimé de Balzac est celui qui a pour titre *Les Entretiens*, et qui ne fut publié que deux ans après sa mort par l'abbé Girard, archidiacre d'Angoulème; c'est dans ce dernier ouvrage (chap. 4 du 5e Entretien) que se trouve le fragment d'une satire que Balzac suppose avoir été composée sous Néron. Ce fragment de 50 vers , après avoir été inséré dans l'Anthologie latine de Burmann , a été reproduit dans les *Poetae latini minores* de Wernsdorf qui a cru pouvoir l'attribuer à Turnus , poète satirique qui florissait à Rome au premier siècle de l'ère chrétienne ; mais il est aujourd'hui avéré que ce fragment est l'œuvre de Balzac. Cette supercherie littéraire a été signalée au monde savant par l'auteur des *Matanasiennes* (Lyon, 1857 , in-8), et par M. Breghot dans une savante note insérée, p. 184 de la traduction de l'*Itinéraire de Rutilius*, publiée à Lyon en 1842. Il est assez étonnant que la *Biographie universelle*, qui a donné place à un certain nombre d'anciens poètes latins dont il ne nous reste que des fragments, ait oublié Turnus. Né comme Lucilius dans la

(1) Voyez Courtépée, *Bourgogne*, I, 191.

petite ville d'Arunda , ce poète était frère de Saeva Memor, qui avait composé des tragédies que le temps nous a enviées. Il eut l'art de parvenir aux honneurs et de se rendre puissant à la cour de Titus ainsi qu'à celle de Domitien. Il ne nous reste de ses satires que trois vers qui ont été conservés , l'un par Servius dans son Commentaire sur Virgile, et les deux autres par le Scoliaste de Juvénal.

Mars 10. Patin écrit à Spon :

«.... Je vous prie de dire à M. *Huguetan* l'avocat que je le remercie de la belle lettre par laquelle il me donne avis de son retour du pays de Fourberie , *Italiam intelligo*.... Il m'a mandé qu'on a depuis peu réimprimé à Genève, in octavo , les *Tragiques* de M. *d'Aubigné* ; je vous supplie d'en faire venir à Lyon quelques exemplaires pour moi, et tout au moins un ou deux en blanc ou relié.... — Au lieu de *Tragiques*, on lit *Tragédies* dans la lettre de Patin du 20 de ce mois, et cette faute n'a pas été corrigée par M. R.-P. — Une nouvelle édition du poème de d'Aubigné annotée par M. Lalanne a été publiée par M. Jannet en 1857; plusieurs événements arrivés à Lyon y sont rapportés, entre autres le massacre de la Saint-Barthélemy.

Juin 29. *Camille de Neufville* est sacré archevêque de Lyon, dans la cathédrale de Saint-Jean (1), par *Jacques de Nuchèze* , évêque de Châlon, assisté de *Jean de Lingendes* , évêque de Mâcon, et *Ferdinand de Neufville* , évêque de Saint-Malo. Voici comment Loret rendit compte de cette cérémonie dans sa *Muze historique* :

> « Le noble archevesque et primat
> Dé ce riche et fameux climat
> Que Gaule lyonnoise on nomme,
> Frère puîné de ce grand homme,
> Le maréchal de Villeroy,
> Qui sert toujours si bien le Roy
> Tant en temps de paix que de guerre,
> Fut sacré le jour de Saint-Pierre,
> A Lyon solennellement,
> Où, d'un commun contentement,
> Tous les habitants de la ville
> Qui sont plus de cent trente mille,
> Sans compter les petits garçons,
> Firent voir en plusieurs façons
> (Courses de bagues, feux de joye,
> Festins, musique, habits de soye
> Et mille autres choses d'éclat)
> L'amour qu'ils ont pour ce prélat,
> Dont le propre nom est *Camille*,
> Et l'illustre surnom *Neuville*.
> J'ay fait cas, en toute saison,
> De cette splendide maison
> Pour son mérite et suffisance
> A conseiller les roys de France,
> Maison où très-certainement
> On voit maint brillant ornement;
> Et ce mien discours a pour preuve

De Chaunes (1) la charmante veuve,
De plus une jeune beauté (2),
Qui, pour dire la vérité,
N'a que dix ou douze ans encore,
Mais que pourtant chacun adore
Comme un aimable objet d'amour,
Des plus beaux qui soit à la Cour.... »

Juillet 7. *Guy Patin* écrit de Paris, à *Charles Spon* :

«.... Je ne trouve pas dans le paquet de M. *Devenet* (5) *Vita Lutheri per Cochelaeum* , qui est celle que je demandois, mais bien un petit in-8° d'un malotru Ecossois qui n'étoit qu'un fat nommé *Laingaeus*.... dont je n'ai que faire; celle de Cochelaeus est bien plus belle et plus fine : c'est lui qui a dit que Luther *habebat quaedam verba magica*...... J'ai reçu votre paquet par les *compagnons imprimeurs* de votre ville , des mains de deux d'entre eux ; je leur ai promis de m'employer pour eux , et d'aller importuner le plus digne homme de la terre , qui est M. Bignon , avocat-général , qui m'a toujours témoigné d'avoir pour très-agréables mes recommandations.... » — Les deux vies de Luther citées par Guy Patin, n'ont pas été inconnues à M. Audin , un des derniers biographes du célèbre réformateur; mais il est un opuscule fort curieux qui lui a échappé ; c'est le *Luther non combustus* de Schoeffer, imprimé à Wittemberg, 1746 , in-12 de 46 pages. L'auteur de cette Dissertation s'est proposé de prouver que *Luther* et ses portraits ont été plusieurs fois préservés du feu d'une manière miraculeuse. Lorsque je signalai ce livre à M. *Audin* , il me dit que la chose était possible, mais qu'il ne croyait pas, à moins d'un nouveau miracle, que Luther dût être préservé du feu de l'Enfer. Voici deux anecdotes peu connues qui auraient pu trouver place dans son livre. — Les premiers réformateurs ont souvent reproché aux moines d'avoir négligé l'étude du grec ; cependant *Luther* était coupable au même chef ; on lit dans une de ses lettres à *Mélanchton* : « Maître *Joa-* » *chim Camérarius* m'a envoyé des dattes et » des raisins secs , et m'a écrit deux fois en » *grec*; quand je serai guéri , je lui répondrai » en *turc*, afin qu'à son tour, il n'entende rien » à ce qu'il lira (*Journal des sav.* , février » 1704). » — Dans un de ses sermons prêchés à Wittemberg , au commencement de la Réforme , Luther disait : « Comme il n'est point » en mon pouvoir de n'être point homme , il » n'est pas non plus en ma puissance de vivre » sans femme , et cela m'est plus nécessaire » que de manger , de boire et de satisfaire aux » nécessités du corps. » Puis il ajoute que si

---

(1) Camille de Neufville est le premier archevêque de Lyon qui ait été sacré dans sa Primatiale. *Gaz. de Fr.*, n° 87 ; Menestrier et Brossette , *Eloge hist.* ; *Gallia christ.*, IV, 1103; *Alm. de Lyon* de 1754, p. 14.

(1) Françoise de Neufville, fille de Nicolas, veuve en premières noces de Just Louis de Tournon, en secondes du duc de Chaulnes.

(2) Catherine de Neufville (sœur de Françoise), qui épousa Louis de Lorraine, comte d'Armagnac, en octobre 1660.

(3) Libraire à Lyon. V. ci-après, août 1760.

les femmes sont opiniâtres, il est à propos que leur mari leur dise : « Si vous ne le voulez pas, » une autre le voudra. Si la maîtresse ne veut » pas venir, que la servante approche (l'abbé » Cordemoy, *Lettres sur diff. sujets*, Paris, » 1702, in-12). » — Voici encore, pour en finir, un propos qui a échappé à M. Audin, et que nous signalons à M. l'abbé Gaume : « Je » voudrais, disait-il, que les poésies de *Prudence* fussent lues dans les écoles; mais, de » nos jours, les écoles sont devenues païennes, » et l'Ecriture sainte en est bannie ou falsifiée » et dénaturée par la philosophie. » Gustave Brunet, *Propos de table de Martin Luther*, p. 171.

Juillet 17. Un arrêt du parlement de Paris confirme à l'évêque d'Autun le droit de régale sur l'Eglise de Lyon. Voyez ci-dessus, 8 mai 1655.

Même mois 50. *Camille de Neufville* commence une visite pastorale des églises de son Diocèse situées dans le Dauphiné et dans la Dombes. — L'auguste prélat était accompagné de *Louis Deville*, custode de Sainte-Croix, son official, du P. *Gibalin*, son vicaire-général, recteur du collége de Lyon, et de *Bezian Arroy*, théologal de l'Eglise de Lyon. Cette première tournée se termina le 14 août; la seconde eut lieu l'année suivante. Voyez ci-après 22 août 1655.

— *Août* 12. Eclipse de soleil. — Les astrologues avaient prédit que cette éclipse serait extraordinaire, et causerait d'étranges révolutions, de sorte que le peuple l'appréhendait comme un présage funeste, qui semblait annoncer la fin du monde. Cette circonstance engagea le P. *François de La Chaise*, oncle du confesseur du roi, à publier, pour dissiper ces terreurs, un traité qui parut sous ce titre : *Entretien curieux sur l'éclipse du 12 août 1654*, par *Theophraste Orthodoxe*, imprimé à Lyon avec cette épigraphe; *Qui timet umbram, is metuit nihil*, et cette autre : *Solus sit timor umbrae lucis amor* (Note du P. *Menestrier*). Nous avons vainement cherché l'indication de ce traité dans la *Bibliographie astronomique de Lalande* ; cependant il se trouve inscrit dans le catalogue *Falconet*, sous le n° 8658. — A propos de cette éclipse, *Guy Patin* avait écrit à *Charles Spon*, le 9 juin : «..... On parle ici d'une éclipse de soleil pour le mois d'août prochain, laquelle doit faire bien du mal. Je crois tout-à-fait à celui qui a dit : *A signis coeli nolite metuere* (JÉRÉMIE, X, 2). Quelques-uns nous menacent de la peste ; je n'en crois rien non plus : la saison est fort belle et bien douce; le fléau de la guerre nous incommode assez ; Dieu est trop bon pour nous faire davantage de mal... »

Septembre 10. Le Consulat tient sur les fonts, dans l'église de Sainte-Croix, le fils né du mariage de *Jacques Guignard*, vicomte de Saint-

Priest, prévôt des marchands (1), avec *Françoise Maridat*. La marraine fut madame de la Baume, comtesse de La Liègue (2). Le Consulat avait arrêté que l'enfant serait appelé *Camille Lyon*, du nom de l'archevêque et de celui de la ville, « le nouveau-né ne pouvant » avoir de plus beaux noms ni de meilleur augure. » Mais l'abbé *de Chastelus*, vicaire de Sainte-Croix (5), substitua *Léon* à *Lyon*. Les anciens échevins et les parents de l'accouchée invités à la cérémonie, y étaient venus dans les voitures que leur avait envoyées le Consulat. Au sortir de l'église, la bande des violons, des trompettes et des hautbois de la ville, donna une sérénade à la compagnie qui se rendit dans la maison de l'accouchée, où l'attendait une magnifique collation composée d'un grand nombre de confitures et des plus beaux fruits de la saison.

Novembre 2. Messire *Jacques-Cartier*, perpétuel de Saint-Jean, ayant été appelé à Neufville, y meurt après y avoir été malade près de trois semaines. « Il ébauchoit un œuvre bien curieux. » *Quincarnon*, sur Saint-Jean, p. 117.

Novembre 17. Le médecin *Cortaud* (4) écrit de Montpellier à *Charles Spon*.

«.... Pour ce qui regarde M. *Patin*, il pense plus à railler qu'à parler sérieusement. C'est pourquoi un médecin de Poitiers, d'humeur semblable à la sienne, blâme la version qu'il a faite du plus auguste livre de notre *Hippocrate* en vers burlesques (5), chose honteuse, et que M. Patin ne devait ni souffrir ni recevoir ; car qu'y aura-t-il dorénavant de sacré ? Il ne manque à présent si ce n'est de traduire les Saints Evangiles en semblables vers profanes. En ce temps dépravé, on ne manque point de sujet de raillerie et de burlerie ; tout est plein de fourberie; on n'entend dans ce pauvre état que ces deux mots étranges de *burler* et de *fourber* qui s'y promènent hardiment aux applaudissements du peuple hébété, qui ne prend point garde d'où ils viennent ni à ce qu'ils portent dans leur sein. Mais, nonosbtant tout ce je peux

(1) L'acte de naissance, au lieu de prévôt des marchands, le qualifie de président en la cour des aides du Dauphiné. Voyez Chorier, *Vie de Boissat*, p. 204 ; *Estat politiq.* t. 3, p. 204; *De Vita sua Adversaria*, p. 26 ; ci-après, Publ. de 1657, *Le Stile...*

(2) *La Liègue.* Il y avait dans le Forez une seigneurie de ce nom. *Alm. de Lyon* pour 1788.

(3) Le custode de Sainte-Croix était alors l'abbé *Prost.*

(4) Ce médecin qui signait *Cortaud*, et qui est appelé *Courtaud* dans les lettres de Patin, a été doyen de la Faculté de Montpellier.

(5) *Hippocrate dépaysé*, ou la version paraphrasée de ses Aphorismes en vers françois, par L. de F. (*Louis* de Fontenettes) ; Paris, 1654, in-8. — Dreux du Radier a cité quelques fragments de cette version dans sa *Bibliothèque du Poitou*, t. 4, p. 51 et suiv. C'est par erreur que dans la *Biogr. Didot*, l'auteur de l'art. *Fontenettes*, renvoie à *du Verdier*.

avoir dit de M. Patin , sachez que je l'estime et l'honore suivant son mérite , comme étant homme fort savant , et votre ami particulier. ..... Vous finissez votre lettre par un dénombrement de plusieurs ouvrages tout prêts à être mis sous la presse ; j'admire la fécondité de l'esprit de l'homme , et cela me fait souvenir de ce que dit le Sage. « Travail sur travail, livres sur livres sans que l'esprit de l'homme puisse trouver quelque fin (1). » C'est un mouvement circulaire; l'un commence par où l'autre finit , et l'autre finit où celui-là commence ; mais enfin le pis est quand celui qui a dit est suivi d'un écho répondant la même chose ; ainsi , sans y penser, l'homme suit le mouvement général.... Je ne blâme point toutefois les nouvelles lumières que plusieurs beaux et grands esprits nous peuvent donner , mais le dégoût et le délaissement des meilleurs auteurs que l'appétit de la nouveauté nous engendre , de telle sorte qu'on entend plutôt citer un *Fernel*, un *Mercurial*, un *Sennert* , un *Vallescus* (2), etc., tous grands hommes , que non pas un *Galien* ou un Hippocrate.... (C. B.) »

Novembre.... Séjour à Lyon de *Pierre de Marca*, archevêque de Toulouse, qui venait de Paris, et se rendait aux Etats de Narbonne. — Les vers suivants sur son séjour dans notre cité sont extraits de son *Itinerarium à Lutetia in Galliam narbonensem* :

Tandem sic Araris Rhodanique allabimur oris,
   Urbs ubi Lugdunum tollit in astra caput,
Qui tenet antistes toto celebrem orbe cathedram
   Collegas lautis excipit officiis :
Et quem Palladiae sacra ornat vitta Tolosae,
   Et quem Montalbani infula sacra tegit,
Postridie incorruptae exordia matris aguntur,
   Qua primum ille fuit festus in urbe dies.
Rhetor ubi Augusti steterat dicturus ad aram,
   Nunc posita est Christo quae fovet ara pias.
Numinis auspiciis hîc nos committimus undis,
   Quo Rhodano placidas Sagona (3) miscet aquas,

« Enfin nous arrivons sur les bords que baignent le Rhône et la Saône , et où la cité de Lyon élève sa tête jusqu'aux astres. Le prélat qui y occupe un siége célèbre dans tout l'univers (4), nous reçut avec magnificence, moi et mes deux collègues, dont l'un remplit un poste éminent dans l'Eglise de la palladienne Toulouse (5), et dont l'autre est décoré de la mitre épiscopale de Montauban (6). Le lendemain, on célébra la fête de l'*Immaculée conception*, fête que ces lieux ont eu la gloire de solenniser les premiers (1). Un autel consacré au *Christ*, et que révère la piété des fidèles, remplace maintenant l'autel d'*Auguste*, vers lequel les rhéteurs des Gaules venaient disputer le prix de l'éloquence. C'est là que sous les auspices de la Divinité , nous nous embarquons à l'endroit où la Saône mêle ses ondes paisibles à celles du Rhône (2). » Traduction de *C. Breghot du Lut*. — A la suite de l'*Itinerarium* de l'illustre prélat , se trouve l'*Apophoretum* suivant *de Vino frontinacensi in Septimania*.

India quem praestat Moschi se jactet honore,
   Qui solo nares siccus odore ferit,
Frontinacum generosa tibi dum vina ministret
   Moschum, in queis vincit mixtus odore sapor.

Décembre 17. Célébration , en l'église de Sainte-Croix, du mariage de *Germain Audran*, dessinateur et graveur à la pointe, avec *Jeanne Fizeron*. Voyez les Publ. de 1656, et ci-après, 4 mai 1710.

Même mois 22. *Nicolas Chorier* (3), docteur ez droits , avocat en la sénéchaussée et siége présidial de Lyon, prononce l'Oraison doctorale dans l'église de Saint-Nizier. — L'orateur prit pour texte de sa harangue latine, cet aphorisme : *Sapientes multi de Republica ordinanda sapienter multa commentati sunt* ; en voici le début (4) :

« Principio persuasum omnes habent genus hoc humanum, cui principem detulit in natura locum aeternae mentis numen , rectae rationis haud semper paruisse imperio , ut hodie videtur parere homines ; vix dum homines misere aevum degebant ; diu scilicet :
   Vulgivago vitam tractabant more ferarum.
        (Lucretius , V. 930).

Noctu nihilo feliciores antra vacua silvestrium tenebant nympharum. Verum emollita paulatim est morum durities, infracti animi venustioris sexus blanditiis , et dulcibus donis, alter in alterum incensis amores oculis sexum respexit, alter in altero voluptates vidit et quaesivit ; dehinc cum ex se prolem viderent nudam et imbecillam amicitiam primum inter se junxere ; ac demum casa et domus emersit, ex qua et aliae plures pro progressu temporis originem duxerunt quae pacto foedere unum

donnée à Toulouse et empruntée de *Martial* et d'*Ausone*; elle fait allusion au succès avec lequel y étaient cultivés les beaux-arts et les belles-lettres dont Pallas est la déesse. » C. B.

(1) Probablement le doyen du chapitre de la cathédrale.
(2) Pierre de Bertier. — « L'épithète de *Palladienne*
(3) *Faciendi plures libros nullus est finis*. Eccles. XII, 12.
(4) Voyez sur tous ces médecins , les Lettres de Patin , *passim*.
(5) *Sagona*, ou *Sangona*, ou *Sauconna*, nom gaulois de la Saône , d'où est venu celui qu'elle porte aujourd'hui. Les Romains l'appelaient *Arar* : « Arar » quam Galli SAUCONAM apellant (Ammien Marcellin, » XV, 11). »
(6) *Camille de Neufville*,

(1) Voyez sur ce point si longtemps controversé, le traité du P. *Théophile Raynaud*, publié sous ce titre *Pietas lugdunensis erga B. V. immaculatè conceptam*, et le P. *de Colonia, Hist. litt.*, II, 36.
(2) On sait qu'en ce temps-là la jonction de nos deux rivières avait lieu près d'Ainay. C. B.
(3) Né à Vienne, en Dauphiné, le 6 septembre 1612, *Chorier* mourut à Grenoble le 14 août 1692.
(4) Nous signalons ce passage à ceux qui doutent encore que *Chorier* soit l'auteur du livre infame publié sous le nom de la chaste *Louise Sigée* ,

unum in populum coaluere » Le discours français a pour sujet : *De l'Alliance de la Politique et de la Religion;* en voici un fragment :

« Lorsque Dieu voulut rendre le sacré jardin d'Eden inaccessible à l'homme qui s'étoit déclaré son ennemi par sa désobéissance, il ne l'environna pas seulement d'une sacrée horreur, ni de la majesté de la Religion, il mit à sa garde une sacrée Intelligence aux lumières de laquelle la Nature n'avoit rien d'impénétrable, et arma encore ce noble concierge d'un cimeterre flamboyant. *France,* qu'un Souverain Pontife a nommée l'*Eden du Monde habité* et le *jardin des délices de Jésus-Christ* (1), je ne m'étonne plus de ta gloire ni de tes prospérités; ce même ange veille à ta garde. La Religion, les nobles disciplines et les armes que tu honores avec tant de soin, ont celui de te soumettre la Fortune, et de rendre esclave cette inconstante puissance qui a traité tant de monarques en esclaves, et qui s'est fait un jeu de tant de monarchies. Quelles louanges ne dois-tu pas à ton jeune *Hercule,* puisque tu lui dois tous les honneurs et toutes tes louanges ! Quelles actions de grâces peux-tu rendre à ses sages ministres qui ne soient infiniment au-dessous de leurs travaux héroïques et du bonheur de leur prudente conduite ! La Religion a-t-elle jamais paru avec plus de majesté sur ses autels que sur le trône de *Louis,* ni agi avec plus d'autorité dans le sanctuaire que dans son cœur royal qui lui tient lieu et de cœur et de sanctuaire ?.... »

Même mois 22. Balthazar de Monconis écrit à Pierre Gassendi (2) :

« Monsieur je ne sçaurois vous remercier plus agréablement des vers que vous m'avez envoyés sur votre convalescence, de la façon de M. du Perier, qu'en vous faisant part de ceux que le P. B. (5) a composés sur le même sujet, et que Barbier a imprimés. Il ne veut pas qu'on sache qu'il en est l'auteur, pour des raisons que vous pouvez conjecturer ; il m'a dit qu'il vous écriroit et m'a chargé cependant de vous assurer qu'il n'est personne qui ait été plus touché de votre mal, et qui ait senti une joie plus sincère du rétablissement d'une santé dont dépend celle de la philosophie. Vous communiquerez, s'il vous plaît, ces vers à M. de Montmort (1) à la censure duquel il les soumet aveuglément. Il vous aime avec passion, et ne parle de vous qu'avec des transports qui témoignent de l'estime qu'il fait de votre mérite. Je ne veux pourtant pas que vous pensiez que je lui cède de cet avantage, ayant l'honneur d'être depuis longtems et avec autant de zèle qu'aucun de vos disciples, Monsieur, votre, etc. DE MONCONIS. » Voyez ci-après, 21 avril 1655.

Même mois 28. Mgr. *Camille de Neufville* confère, dans l'église des *Jacobins,* le sacrement de la confirmation à plus de trois mille personnes, avec une facilité et une grâce qui excite l'admiration d'une incroyable foule de peuple qui s'était rendue dans cette église ; le modeste prélat refuse tous les honneurs que le P. Richard, prieur du couvent, et tous ses religieux lui veulent rendre. *Gaz. de Fr.* de 1655, n° 10.

Dans le cours de cette année, le Consulat affecta 45,000 livres « aux réparations à faire » sur le Rhône pour le contenir dans son lit » ordinaire le long des murailles de la ville. »

Camille de Neufville permet aux *Pères de l'Oratoire* établis à Lyon depuis 1616, de joindre à leur chapelle une église pour les clercs de leur séminaire (*Almanach de Lyon* pour 1755). — Ces Religieux devinrent par la suite les ennemis les plus acharnés des Jésuites et les plus ardents propagateurs du jansénisme; Voltaire, dans une lettre écrite à Pierre Rousseau, en 1765, les appelle des « énergumènes en- » core plus intolérants que les Jésuites. » Après la suppression de la Société de Jésus, les colléges qu'elle dirigeait furent donnés aux Oratoriens, qui eurent des procès scandaleux avec le Consulat au sujet de la Bibliothèque de la ville, de l'Observatoire et du Cabinet des médailles. La révolution de 1789 y mit un terme, et il est à remarquer que ces Religieux eurent beaucoup à souffrir dans la persécution contre l'Eglise, et que plusieurs d'entr'eux furent victimes de la Terreur. Voyez le Voltaire-Beuchot, tome 61, p. 169, et *Lyon ancien et moderne,* t. 2, p. 517.

Même année. Fondation de la *Maison des filles pénitentes.* Voyez l'*Alm.* de *Lyon* pour 1755, p. 56.

Je crois pouvoir placer à cette année le passage suivant extrait des *Mémoires du comte de*

---

de Tolède. Voyez la *Relation de ce qui s'est passé dans une assemblée tenue au bas du Parnasse,* par l'abbé *d'Arligny,* p. 94; les *OEuvres diverses de l'abbé de Maucroix,* publiées par *Louis Paris,* tome 2, p. 126; et l'article DUGUÉ *de Bagnols,* dans la 2e édition de la *Biographie* de *MM. Michaud.*

(1) On attribue ce mot à *Pie* II.

(2) Né à Digne, en 1592, Gassendi mourut à Paris, le 25 octobre 1655. Il s'était fait de nombreux amis par sa science, son esprit et ses mœurs. Parmi ceux qu'il avait dans nos contrées où il séjourna en nov. 1648, il comptait le Cardinal de Lyon, l'intendant Bochart de Champigny, Jacob Spon, André Falconet, etc. Voyez ci-dessus 21 avril 1646, et les Publ. de 1647; ci-après, oct. 1655, et les Publ. de 1674.

(3) Jean Berthet, jésuite, professait alors la philosophie au collége de la Trinité. Ses vers sur la convalescence de Gassendi sont à la suite de la lettre de Monconis, laquelle se trouve, p. 33 et suiv. de la dernière partie du *Journal* de ses voyages (1666, in-4). Né à Tarascon, le 22 janv. 1622, le P. Berthet mourut à Paris, le 29 janv. 1692. Voyez sa notice dans la *Biobibliographie* de M. Barjavel, Chorier, *de Vita et rebus suis,* passim, les *Mélanges* de Michault, I, 332, et II, 360; ci-dessus, août 1639 (3e note).

(1) *Henry-Louis Habert de Montmort,* maître des requêtes, chez lequel mourut *Gassendi.* Voy. Moréri, art. HABERT.

Brienne, publiés par *F. Barrière,* Paris, 1828, tome 2, p. 296-8 :

«... De Toulon, je me rendis par la Sainte-Baulme à Marseille, où je pris là poste, et vins, sans me presser, à Lyon, où l'archevêque, le fils du maréchal *de Villeroy,* me fit grande chère.... Il étoit fort ami de mon père, et me dit : « Tout dépend de bien débuter à la Cour;
» je connois le Cardinal (*Mazarin*) ; il aime
» l'encens; c'est l'idole à laquelle il faut sacri-
» fier pour faire fortune. Il n'a point eu de
» part à la survivance que la Reine a bien
» voulu donner à Monsieur votre père pour
» vous; faites-lui en une honnêteté; dites-lui
» que vous voulez bien être sa créature, et
» offrez de prêter un nouveau serment de fidé-
» lité au Roi entre les mains du Cardinal ;
» croyez-moi, le conseil est très-salutaire. Or,
» je vous apprends qu'encore que l'on fasse
» courir le bruit que M. le Maréchal mon père
» a donné au Roi, par l'avis du Cardinal, une
» très-mauvaise éducation, cela est faux. Vous
» verrez si le Roi ne sera pas le plus grand
» prince et le plus brave héros qu'ait eu la
» France depuis Clovis et Charlemagne ; il a
» tout l'esprit de Henri-le-Grand, son aïeul,
» et toute la piété de Louis-le-Juste, son père.
» Ne vous y méprenez pas; il ne dit pas un
» mot de ce qu'il pense ; mon père le connoît
» mieux que personne; et la sagesse du Roi,
» jointe à son grand jugement, justifiera le
» maréchal des faux bruits qu'on se plaît à
» répandre contre la bonne éducation du Roi.
» Ne faites rien sans l'avis de mes frères qui
» aiment fort toute votre maison, et quand je
» serai à la cour, je vous conduirai, moi,
» comme si vous étiez mon neveu.... » Il m'embrassa après avoir si bien parlé. Je pris la poste, et me rendis en quatre jours à Paris... »

Cette même année, Charles Coypeau d'Assoucy, qui venait de Paris, d'où il était parti par le coche d'Auxerre pour se rendre à Turin, a rendu compte en ces termes du séjour qu'il fit à Lyon, tome I, p. 150 à 157 de ses *Avantures* (1) :

«.... J'arrivay à Lyon, qui, au respect de Paris, me parut d'abord un très-beau village; cela ne m'empêcha pas, après l'avoir bien considéré, que je n'en trouvasse le séjour fort agréable, et le peuple très-honnête .

> Et l'on peut dire de Lyon,
> Ville sur toute autre fidelle,
> Que son peuple est charmant et bon
> Autant qu'elle est charmante et belle.
> Ce n'est pas qu'en mainte ruelle
> On n'y redoute le fripon,
> Et que l'argent de l'escarcelle
> N'y craigne l'attrape minon
> Du moins autant que la prunelle
> De la Nine ou de la Nannon.

(1) Paris, 1678, 2 vol. in-12. — D'Assoucy naquit en 1604; Bayle lui a consacré un article fort curieux qui paraît avoir été inconnu à l'auteur de sa Notice dans la *Biographie universelle.* Voyez aussi Joly sur Bayle; le *Ducatiana*, p. 175-6; Goujet, *Biblioth. franç.* t. 18, p. 15.

» Aussi quelque désir que j'eusse de passer les monts dont je pouvois à toute heure contempler les croupes blanches, je ne pus résister aux caresses de tout ce beau monde qui fit honneur et bon accueil à mes Muses. J'y vis *Madame de Saint-Pierre* (1), qui me donna sa musique, après lui avoir donné la mienne. Je la donnay encore à tous les couvents des religieuses chantantes à qui je sçavois le meilleur gré du monde, car il n'y avait pas une des filles dévotes qui n'eust mon *Ovide en belle humeur* (2); mais ce qui me charma le plus, ce fut la rencontre de *Molière* et de Messieurs les *Bejares.* Comme la Comédie a des charmes, je ne pus sitôt quitter ces charmants amis ; je demeuray trois mois à Lyon parmy les jeux, la comédie et les festins, quoique j'eusse mieux fait de ne m'y pas arrêter un jour ; car, au milieu de tant de caresses, je ne laissay pas d'y essuyer de mauvaises rencontres. Je ne diray pas à quelle extrémité je fus réduit par un yvrogne, qui vouloit à toute force que je luy prétasse mon argent, ny ce qui m'arriva au trente et quarante avec un très-habile et très-expéditif allemand; mais je ne puis passer sous silence le danger que courut *Pierrotin* (3) par la malignité de son camarade. Ce n'est pas une chose extraordinaire de trouver des hommes cruels et méchants ; mais il est rare de trouver des enfants aussi méchants et aussi cruels que les hommes. Joseph fut jeté dans un puits par la jalousie de ses frères ; celluy-cy, par le même motif conspira contre la vie de Pierrotin. Je tenois cet enfant d'un père que la maladie et la pauvreté n'avoient pu humilier, et quoiqu'il ne vécust ordinairement que de la soupe qu'il alloit mendier aux portes des couvents, il ne laissoit pas de se piquer terriblement de noblesse. Son fils étoit de même humeur; c'est pourquoy sçachant que Pierrotin n'étoit que le fils du faquin, il le méprisoit cruellement. Aussi Pierrotin, qui étoit fier et fort le battoit de même, c'est-à-dire fortement et fièrement.... J'étois logé sur la Saône, et mon logis avoit une issue sur le bord de la rivière ; c'est pourquoy, dans la crainte que j'avois de quelque désastre, je leur avois défendu l'eau aussi étroitement qu'à considération de leur voix, je leur défendois le vin. J'étois pour lors embarrassé dans le jeu, et mon absence donnant à Pierrotin plus de liberté de transgresser mes commandements, et à son camarade plus de

(1) Anne d'Ailly de Chaulnes, fille d'Honoré d'Albert, duc de Chaulnes, reçue abbesse en 1648, morte le 4 février 1672. Voyez notre notice sur *les deux Deshoulières,* p. 2.

(2) Ce livre parut pour la première fois à Paris, chez Charles de Sercy, in-4. Les figures burlesques dont cette édition est enrichie lui donnent quelque prix.

(3) Quoiqu'il ne fût ni comte ni marquis, d'Assoucy avait à sa suite, ou plutôt à son service, deux pages vêtus de noir. C'était ce qu'on appelait des *pages* de musique, autrement des *chantres à chausses retroussées.* Voyez *les Avantures,* p. 2.

commodité de mal faire, ce petit dragon plus cauteleux que celuy qui enjôla notre premier père, eut moins de peine que luy à persuader à ce petit misérable de se baigner, et, comme il n'est rien de plus aisé que faire croire tout ce l'on veut à un fol, il fit croire à celuy-cy, le plus fol de tous les fols, que, en cet endroit où Pantagruel eust eu de l'eau pardessus la tête, il n'en auroit pas jusqu'aux genoux ; de sorte que Pierrotin qui nageoit, non pas comme un poisson, mais comme une pierre, s'étant jeté dans ce gouffre, se noyoit de très-bonne foy sur la parole de son camarade, qui le voyant noyer à trois doigts du bord, au lieu de lui prester la main, disoit très-dévotement un *de profundis* pour le salut de son âme. Mais comme Dieu ne permit pas qu'il pérît en cette rencontre, il suscita un ange pour son salut; c'était un peintre, qui travailloit dans une chambre haute répondant sur la rivière, lequel ayant mis la tête à la fenêtre, et voyant Pierrotin se noyer, courut promptement à la corde du puits, et arriva si justement au secours de ce buveur d'eau, qu'un moment plus tard, cet archiberon ne buvoit jamais plus que dans le fleuve d'Oubli. Pour moy, en arrivant au logis, je fus bien estonné de trouver Pierrotin pendu par les pieds, qui achevoit de rendre à la Saône une partie de la Saône qu'à son grand regret il avoit si sottement avallée. Je fis incontinent chercher son camarade; mais comme il sentoit sa conscience chargée, il avoit déjà prévenu mon ressentiment par une soudaine fuite ; de sorte que, voyant ma musique déconcertée par la perte de l'un de mes pages, et mon fonds altéré par la perte d'une bonne partie de mon argent, je commençay à m'apercevoir de la faute que j'avois faite de séjourner si long-temps dans une ville où je n'avois aucune affaire, et ayant ouy dire qu'il y avoit dans Avignon une excellente voix de dessus dont je pourrois facilement disposer, au lieu de suivre, par le col des montagnes, cet agréable torrent qui mène à Turin, je m'embarquay avec *Molière* sur le Rhosne qui mène en Avignon (1)...»

—Le fameux chansonnier du Pont-neuf, *Philippe*, dit *le Savoyard*, vint à Lyon en même temps que d'Assoucy; mais rien ne nous apprend si ce rapsode, qui retournait sans doute dans ses montagnes, séjourna dans notre ville et y fit entendre ses chants bouffons. D'Assoucy, après avoir dit que Philippe lui donna ses livres de chansons, ajoute : « Feu mon père à qui
» Dieu fasse paix, a chanté mille fois des chan-
» sons de *Guedron* et de feu *Boesset*, et si notre
» monde ne se cabroit point contre leurs pro-
» ductions, c'est que, en ce temps-là, les
» poëtes parloient chrétien ; pour ce qu'ils
» étoient plus chrétiens que ceux d'aujour-
» d'huy.... » *Avantures*, I, 116 ; voyez aussi

les commentateurs de Boileau sur le 75e vers de sa 9e Satire, et le *Manuel* de M. Brunet, III, 572.

PUBLICATIONS de 1654. — *La Dévotion à S. Joseph*, le plus aymé et le plus aymable de tous les saincts, après Jésus et Marie..... par le R. P. *Paul Barry*, de la C. de J. A Lyon, chez *Philippe Borde*, *L. Arnaud* et C. Rigaud. 1654, in-12. — Voyez les Publ. de 1659. — Un des plus fervents dévots à S. Joseph, le chancelier Gerson, prononça au Concile de Constance, le 8 septembre 1446, un discours sur ces paroles de S. Matthieu, ch. 1 : « Jacob engendra Jo-
» seph, époux de Marie. » Il y propose d'instituer une fête à l'honneur de la conception de S. Joseph, quoique d'ailleurs il paraisse si éloigné de la multiplication des fêtes, qu'il voudrait qu'on en retranchât plusieurs. Voyez la Continuation de Fleury, et l'*Hist. de l'Eglise gallicane*, année 1416.

Parnassus Societatis Jesu..... Francofurti. 1654, in-4. de 6 ff. non chiffrés, de 825 et de 592 pp. — Ce recueil, qui devait être continué, se termine par ces mots : *Finis Classis* I. Pars II. Dans cette 2e partie se trouve le *Bion christianus* du P. *Gilbert Jonin* suivi de deux livres de poèmes de ce jésuite qui a professé la rhétorique à Lyon. — M. Brunet a donné à ce livre la date de 1614; mais cette erreur n'est pas de lui; elle est du rédacteur du Catalogue de Courtois, qui avait écrit sur la garde de son exemplaire : *Rarissimus inter rarissimos.* Celui que possède M. R...... a été adjugé à 15 francs, dans une vente faite à Lyon, en février 1849, tandis que celui de Courtois s'était vendu 85 francs; *et habent sua fata libelli*.

Prospectus de l'*Histoire du Dauphiné*, par *Nicolas Chorier*. Lyon, 1654, in-4. — Voyez les *Mélanges* de MM. Colomb de Batines et Olivier Jules, p. 20

Raynaudi (Theophili) Dyptica mariana, quibus Beatissimae Virginis praerogativae.... secernuntur..... Lugduni, sumpt. *Ant. Cellier*, 1654, in-4. — « On trouve, dit le P. Niceron, bien des choses curieuses dans ce traité, qui est fort étendu (XXVI, 264). — Il s'est glissé deux fautes d'impression dans le titre de la Dissertation du P. Théophile Raynaud, *de Sobria alterius sexus Frequentatione* qui se trouve parmi les Publ. de 1655; au lieu de *in aedificata narratione*, lisez: *inaedificatae narrationi*.

Le Stil (sic) *ordinaire de la Sénéchaussée et siége présidial de Lyon* recueilli par feu M. *André Verney*, procureur aux Cours dudit Lyon, et augmenté par M. *Claude des Verneys l'ayné*, aussi procureur èsdites Cours... A Lyon, chez *Simon Rigaud*, 1654, pet. in-8. — La première édition de ce livre, Lyon, *Thibaud Ancelin*, 1599, même format, est dédiée par André Verney à *Benoist Blanchet*, seigneur *de la Chambre*, docteur ès-droits et lieutenant général au pays de Rohannois, qui possédait une maison de campagne à Champvert.

---

(1) Suivant M. Taillandier, Molière aurait encore séjourné à Lyon en 1655. *Revue des deux mondes*, t. 19, p. 280.

Le Véritable capitan Matamore, ou le Fanfaron, comédie en 5 actes et en vers imitée de Plaute, par *Antoine Mareschal*. A Lyon, chez *Claude La Rivière*, 1654, in-8. —, Les pièces dramatiques d'A. Mareschal jouissent encore d'une certaine estime; une des plus recherchées a pour titre *la Sœur valeureuse*, Paris, 1654, in-8, elle est dédiée à *César, duc de Vendosme*, qui fut gouverneur de Lyon de 1607 à 1646; on trouve, en tête de cette édition, des pièces à la louange de l'auteur; il en est une signée *Corneille*, laquelle, à supposer qu'elle soit de *Pierre*, a échappé aux éditeurs de ses OEuvres ; quoi qu'il en soit, il nous a semblé qu'elle méritait d'être reproduite :

Pour DA SOEUR VALEUREUSE

De Monsieur Mareschal.

Rendez-vous, amants et guerriers;
Craignez ses attraits et ses armes;
La valeur égale à ses charmes
Unit les myrtes aux lauriers :
Miracle d'amour et de guerre,
Tu vas dompter toute la terre;
A l'éclat de tes yeux, on voit de toutes parts
Mille cœurs à l'envy voler sous ta puissance ;
Et s'il est un mortel rebelle à tes regards,
Ton bras soudain le range à ton obéissance;
Telle contre le Roy d'Arger (sic)
Courut autrefois Bradamante;
Telle fut cette pauvre amante
A la queste de son Roger;
Telle, mais avec moins d'adresse,
Vénus s'arma contre la Grèce;
Telle contre son fils, pour le Roy des Latins ,
Camille dans le chocq (sic) se jettoit animée,
Et telle, du cerveau du maistre des Destins,
Son mary fit sortir Minerve toute armée.

1655.

Janvier 11. Guy Patin écrit à Charles Spon : « ..... Ce soir, on a pendu, à la Grève, deux porteurs de lettres de Lyon qui avoient le secret d'ouvrir les lettres, prenoient les lettres de change, et alloient les recevoir.... »

Même mois 12. Mort dans le couvent des Visitandines de l'Antiquaille, de *Louise Crochères*, veuve de l'historien Pierre Matthieu. — Elle était fille d'un gentilhomme florentin établi à Lyon, et nièce du cardinal Aldobrandin. Voyez ci-dessus, 12 oct. 1624; ci-après, 5 sept. 1680.

Mars 9. Le Consulat conclut un marché pour la peinture du plafond de la grande salle de la Maison de ville, avec le sieur *Panthot*, qui s'adjoint *Thomas Blanchet*, qui revenait d'Italie. — Le prix de cette peinture fut fixé à 12 mille livres. — Panthot eut encore pour collaborateur un sieur Rambaud (Voyez la *Biogr. Lyonn.*, p. 214). Le 15 du même mois, *Martin Gendrey* fut chargé d'achever les ouvrages en sculpture commencés dans cet édifice, sauf les armoiries et les ornements que *Jacques Mimerel* devait exécuter à la façade du jardin.

Avril 4. Un gentilhomme apporte à l'archevêque de Lyon et au duc de *Lesdiguières* les ordres du Roi pour faire payer par avance le quartier d'hiver aux troupes de Sa Majesté qui avaient servi en Italie, afin qu'elles puissent, au premier jour, repasser les monts, et aller en toute diligence au secours du duc de Modène, injustement traité par les Espagnols. — Ce prince était alors à Paris ; — Le 15 décembre suivant, on lui fit une entrée solennelle quand il traversa Lyon pour retourner dans ses états. *Gazette de Fr.*, n. 46 , et p. 1462.

Juin 12. Le P. *Jacques de Billy* (1) écrit d'Autun, à *Philibert de la Mare*, conseiller au parlement de Dijon :

« .... Les principaux entretiens que j'ai eus avec *Claude Bachet*, sieur de *Meziriac* (2), ont été l'Algèbre. J'étois tous les jours auprès de lui pour en savoir tous les détours et toutes les subtilités. Je le prenois tantôt d'une façon, tantôt d'une autre, et ayant, depuis ce temps là, fait quelques réflexions sur ma conduite, j'ai trouvé que je faisois comme une abeille qui pince la fleur d'un jardin en tous les endroits où elle peut trouver de la rosée ou du miel ; il eut assez de bonté lorsque je sortis de Bourg pour retourner à Lyon, d'écrire à un de nos pères que je ne pouvois plus rien apprendre en algèbre de lui, et qu'il pouvoit beaucoup apprendre de moi en géométrie. J'étois bien éloigné de ce sentiment ; néanmoins cette impression qu'il donna dans le collège de Lyon, fit que l'on m'y considéra plus qu'auparavant.... » C. B.

Voyez les *Eloges de quelques auteurs*, par Joly, Michault, etc.

Juin 27. Le Consulat instruit que quantité d'artisans et d'ouvriers se réunissent pour traiter de monopoles et d'autres choses préjudiciables à la tranquillité publique, rend, en l'absence du gouverneur, une ordonnance qui leur défend de tenir aucune assemblée sous quel prétexte que ce soit.

Juillet 1. Le Consulat charge M. *Grollier*, procureur général, de faire au présidial des protestations sur ce que *Messieurs de Saint-Jean* persistent à prendre dans leurs actes, tant en public qu'en particulier, le titre de comtes de Lyon. — Dans la même séance, le Consulat arrête « de ne bailler aucun consentement à » l'établissement de religieuses dans l'*Hôtel-*

(1) Ce jésuite, né à Compiègne en 1602, mourut à Dijon en 1679.

(2) Dans la liste des livres imprimés de Bachet qu'on lit, p. 406 de l'*Hist. de l'Acad.*, on donne sous le n. 1, les *Problêmes plaisans et délectables qui se font par les nombres*; Bourg-en-Bresse, 1613, in-8. On aurait pu citer deux autres éditions de ce livre publiées à Lyon, même format, l'une de 1612, inscrite sous le n. 8443 du Catal. Falconet ; l'autre de 1624, dont je possède un exemplaire. Il existe aussi une seconde édition du *Diophanti Arithmeticorum libri sex*. Tolosae, 1670, in-fol., Catal. Falconet, n. 8423.

Dieu pour y servir et assister les malades, entendant que ce secours leur soit rendu à l'accoustumée par des *chambrières.* »

Juillet 26. Guy Patin écrit à Ch. Spon :

« ..... On a ici pendu en effigie un nommé *Hélot,* avéré auteur d'un infame livre intitulé *l'Eschole des filles*, que l'on dit être tiré de *l'Arétin....* » Voyez le *Manuel* de M. Brunet, II, 165. — On trouve dans le Catalogue de la B. de M. G. Buhle, dont la vente a été faite en mai 1849, un livre inscrit sous le n. 705, entre l'*Erotika biblion* et les *Ragionamenti* de l'Arétin, ayant pour titre *l'Escole dès filles*, *en dialogues* ; Paris, Chamboudry, 1672, in-12. Ce livre, qui n'a pas le moindre rapport avec celui d'Hélot, n'est autre chose qu'un traité pour et contre le mariage ; on n'y rencontre rien qui ne soit assez moral, et dans les idées et dans le style; il n'y a pas trace d'obscénité; il se compose de deux dialogues seulement ; dans le premier, une fille, qui veut se marier, consulte une de ses amies mariée sur le choix qu'elle doit faire entre trois prétendants qui demandent sa main, sur les sociétés qu'elle doit fréquenter, sur la conduite enfin que doit tenir une fille à marier. Son amie lui donne des conseils forts sages et fort judicieux. Le deuxième dialogue a lieu, au contraire, entre une fille qui ne veut pas se marier et deux femmes qui, peu satisfaites de la conduite de leurs maris, approuvent sa résolution. Celui qui a rédigé le Catalogue de la B. de M. Buhle n'est donc pas excusable d'avoir placé ce traité entre deux ouvrages orduriers (Extrait d'une lettre de M. E.-F. C. du 7 juin 1849).

Août 22. « Camille de Neufville, archevêque et comte de Lyon, primat de France et lieutenant-général pour sa Majesté, en la ville de Lyon et province de Lyonnois, Forez et Beaujolois, À tous ceux qui ces présentes verront, Salut en Notre-Seigneur :

» La visite générale de notre diocèse étant une de nos plus fortes passions depuis qu'il a plu à Dieu de nous appeler à sa conduite, et l'ayant heureusement commencée l'année précédente (1) par celle des lieux de notre diocèse en la province de Dauphiné et de toute la principauté de la Dombes, nous aurions eu beaucoup d'envie de la continuer cette année ; mais le service de Sa Majesté nous ayant arrêté tout ce printemps auprès de lui, et, à notre retour, été longtemps occupé à l'obtention du bref apostolique par lequel il avait plu à Sa Sainteté de nous honorer de la qualité de commissaire général pour régler, décider et juger les différends qui, depuis plusieurs années, travailloient la province de Lyon dite de Saint-Bonaventure de l'Ordre des Cordeliers ; c'est avec beaucoup de regret que nous nous sommes vu retrancher les moyens de satisfaire l'impatience que nous avions de vaquer à la continuation de notre visite générale jusqu'à ce-jourd'hui dimanche 22 du mois d'aoust 1655, en compagnie de vénérable messire *Louis Deville*, notre official ordinaire métropolitain, de messire *Bezian Arroy*, docteur de Sorbonne, théologal de Lyon, de messire *Bezian Morange*, aussi docteur en théologie de la Maison de Sorbonne ; notre promoteur général pendant cette visite, et du R. P. *Gibalin*, prêtre de la compagnie de Jésus, que nous sommes partis de notre château d'*Ombreval* pour visiter notre diocèse rière les provinces de Bresse, Bugey et Comté de Bourgogne, y ayant peu auparavant fait distribuer notre mandement touchant la visite, et un livret contenant une instruction nécessaire aux fidèles pour recevoir le sacrement de la confirmation et les indulgences qu'il a plu à S. S. octroyer en considération de notre visite. La première église où nous sommes arrivés est celle de *Sathonay* en Bresse, où ayant fait chanter le *Veni Creator*, pratiqué les cérémonies accoutumées, procédé à la visite, et d'icelle fait dresser le procès-verbal par notre secrétaire. *(Arch. du Rhône).* »

Cette visite fut suivie, le même jour, de celle de *Rillieu*, de *Néron*, de *Thil*, de *Saint-Maurice*, de *Saint-Martin de Miribel*, de *Saint-Romain de Miribel*, de *Saint-Julien de Bibost*, de *Tramoys*, de *Mionnay*, de *Montluël*; le 25, de *La Boisse*, etc. — Pour faire connaître à nos lecteurs comment se faisaient alors ces visites, nous reproduirons le procès-verbal qui fut dressé pour celle de Saint-Maurice de Beynost.

« Saint-Maurice de Beynost (1), 23 août 1655.

» Nous avons trouvé l'autel très bien paré et presque occupé par un rétable de bois doré, beau et neuf, dans lequel est, dans une petite boîte d'alchemie (*sic*), le St-Sauveur. Ce soleil est d'estain, et pour le porter aux malades, il y a une pyxide d'estain. Les calices d'argent sont aux nombre de deux avec leurs patènes. Les saintes huiles ne sont pas mal dans leurs ampoules d'estain, et on les tient dans un buffet, dans l'église. — Visitant les fonts baptismaux, nous les avons trouvés en très bon état. — Il y a deux chapelles aux deux ailes du chœur ; du costé de l'Evangile, elle est dédiée à St. Antoine, l'autre sous le vocable de N. D. de Pitié ou de St-Fortunat (2). — La première

---

(1) Voyez ci-dessus 17 juillet 1654.

(1) Cette église, qui subsiste encore, a probablement été fondée par Pierre de Savoye, lequel vers l'an 1316, en fit donation avec les dîmes et autres redevances dont elle jouissait au chapitre de Saint-Paul de Lyon, moyennant le cens et servis de sept sols (p. 57 de l'Inventaire de Saint-Paul conservé aux archives du dép. du Rhône). La chaire à prêcher de cette église reposait sur une pierre terminée par une tête mitrée qui fut brisée lorsqu'on rapprocha cette chaire du chœur, vers 1840. Il y avait aussi, dans une des vitres, un blason qui a disparu lorsqu'on a substitué de nouvelles vitres aux anciennes dont les débris sont conservés au presbytère.

(2) Ces deux chapelles sont aujourd'hui, la première sous le vocable de la Sainte Vierge ; la seconde sous celui de St. François-Régis.

est à *Barthélemy Juffet*, et l'autre à *François Bertholon*, habitants du lieu. Il y a fondation en toutes deux ; la première peut valoir cent francs, possédée et desservie de 5 messes par semaine par led. Juffet ; et l'autre peut valoir environ 200 livres, possédée par led. Bertholon. — Il y a deux luminaires d'ordinaire, mais point de revenu assuré. — Le chœur par dehors est en mauvais estat et a besoin de réparation aussi bien que la nef, surtout en la galerie qui l'entoure par dedans. — Le cimetière est ouvert, et le curé, pour logement, n'a qu'une chambre et un jardin d'une coupée. La cure est unie au Chapitre de Montluel, qui y tient un vicaire à qui il donne 40 escus. C'est à présent *Georges Dupomier* desservant approuvé, et qui tient bien les registres curiaux. Le nombre des communiants n'est que de 120. Les dixmes appartiennent presque par moitié à MM. de Saint-Paul de Lyon et de Montluel, la part de ceux-ci estant la meilleure des dixmes des..... — Pour ornements, il y a 15 nappes, 7 serviettes, 5 aubes, 5 chasubles avec leurs estolles, 4 calices dont l'un est tout d'argent ; un autre n'en a que la coupe, et les deux autres d'alquemie (*sic*) ; deux parements d'autel, l'un de soye, l'un de camelot noir, un soleil et une custode d'alquemie, deux croix avec bannières, quatre chandeliers de fer, etc. — Nous avons ordonné que les sieurs du Chapitre de Saint-Paul et de Montluel feroient faire les réparations nécessaires au clocher, et les habitants à la nef, et feront clorre le cimetière. Nous y avons donné la confirmation au peuple accouru en grand nombre, et fait notre prière ordinaire en partant dudit lieu (*Arch du Rh.*, G. 4715). »

Août 25. C'est par erreur que quelques historiens ont donné sous cette date, un arrêt du Conseil qui maintient les *Comtes de Saint-Jean* dans le droit de ne point s'agenouiller à l'élévation. Cet arrêt est de 1555 ; ce ne fut que sur les instances de Louis XIV qu'ils renoncèrent à ce droit. — On lit dans les *Mélanges* de B. d'Argonne, t. I, p. 511, que tous ceux qui assistent à la messe dans la chapelle du Pape, se tiennent debout, et qu'un chevalier de Malte s'étant mis à genoux, la première fois qu'il assista, dans cette chapelle, à l'office divin, fut regardé de travers par tous les asistants, et repris avec aigreur par un cardinal français. Voyez *Saint-Foix*, *OEuvres*, t. 5, p. 504, et ci-dessus, 25 août 1555.

Août 50. Guy Patin écrit à Falconet :

« .... Je trouve fort bon le distique que vous m'avez cité contre *Nostradamus* ; mais il est un peu autrement dans le recueil des vers du propre auteur, et meilleur, ce me semble :

Nostra damus, cum verba damus, nam fallere nostrum est;
Et cum verba damus, nil nisi nostra damus.

« Les Huguenots, et, entre autres Frédéric Spanheim, attribuent ce distique à *Théodore de Bèze* ; mais cela n'est pas ; le vrai auteur

est un *Carolus Uthenovius....* » — Nous ferons observer qu'on l'attribue aussi à *Etienne Jodelle.* Voyez Moréri, art. *Nostradamus* ; le *Mascurat*, p. 684 ; l'abbé d'Artigny, t. 2, p. 509, et t. 7, p. 25, ci-dessus, mai 1555.

Septembre 8. La Reine-mère confirme les assurances de sa protection à la dame *de Chastillon* pour son rétablissement en l'abbaye de Blic. *Gaz. de Fr.*, p. 1054.

Même mois.... Le Consulat reçoit une lettre du roi, une missive ainsi conçue :

« Très chers et bons amis, ayant par nostre édit du mois de mars de la présente année,.... confirmé l'acquisition que vous avez faite des offices de juge gardien, conservateur des privilèges royaux des foires de nostre ville de Lyon, et autres offices joints et unis à perpétuité au corps consulaire de ladite ville, pour avec les magistrats du corps d'icelle, et les autres bourgeois et marchands qui seront nommés par vous, exercer ladite juridiction ainsi qu'il est plus au long contenu audit édit, Nous avons choisi à cet effet MM. *Laure* (1) et *André*,.... pour s'employer à l'administration de ladite juridiction pendant le reste de la présente année et durant la prochaine ;.... vous recommandant à l'égard des quatre autres juges (2), de faire choix de personnes de qualité et probité requises.... Nous ne vous ferons la présente plus longue ny plus expresse ; Nous remettant au sieur archevesque de Lyon, nostre lieutenant-général en Lyonnois et en nostre dite ville de ce que nous pourrions y adjouster. N'y faites donc faute, car tel est nostre plaisir. Donné à Paris, le 15 septembre 1655. Signé Louis, et plus bas *Le Tellier.* Voyez Menestrier, *Divers caract.*, p. 285 ; Pernetty, I, 171, et II, 59 ; Breghot du Lut, *Mélanges*, p. 25 ; ci-dessus, année 1648, *ad calcem.*

Octobre 19. Patin écrit à Spon :

« Le roi est à Fontainebleau, malade d'une fièvre continue.... Ce mal a succédé à l'usage des eaux minérales de Forges, desquelles il n'avait pas besoin ; mais les médecins des eaux ne savent que faire pour se faire payer de leurs gages. Les princes sont malheureux en méde-

(1) Probablement un des fils de César Laure, qui avait fondé, en 1625, la *chapelle des Pénitents de la Miséricorde*, et qui mourut en 1636. — Le cardinal de Tournon, archevêque de Lyon, eut pour secrétaire et médecin, Vincent Laure, qui fut promu au cardinalat en 1583. Un Jean Laure est auteur de *La Bibliothèque des jeunes négociants*, ou l'*Arithmétique à leur usage*, etc., Lyon, *J. B. Reguillat*, 1758, 2 vol. in-4.

(2) Le Consulat, dans sa séance du 8 octobre, nomma pour remplir les fonctions de ces quatre magistrats : *Louis Chappuis*, docteur ès-droits, *Claude Pecoil*, marchand-négociant ; *Génis Dumas* et *Antoine Julien*, tous deux bourgeois. *Gaspard Grolliez* et le sieur *Pilata*, furent nommés avocats du Roi. Voyez Menestrier, *Divers caract.*, p. 283 ; C. Breghot, *Mélanges*, p. 25, et les Publ. de 1657, *Stile...*

cins , et il y a longtemps qu'ils le sont : *Quidquid delirant medici plectuntur principes* (1)....
Le bonhomme *Gassendi* a mieux dormi la nuit passée.... Aujourd'hui comme il est arrivé que l'on a parlé de la mort *in genere* , et non pas de la sienne , il m'a dit : *Omnia præcepi atque animo mecum ante peregi*. Aussi a-t-il fait en bon chrétien ; *vacavit pietati , sacrisque peractis , vitae quodcunque superest habet in patientia, nec tamen fortassis mortem in desiderio*. St. Augustin a dit quelque part : *Nemo vult decipi , nemo vult perturbari , nemo vult mori*. Musa Brassavola *libellum conscripsit* QUOD NEMINI MORS PLACEAT (2).... J'ai rencontré aujourd'hui , chez M. *Gassendi* , un honnête homme de votre ville , M. de *Monconys* (*Balthazar*) , frère de votre lieutenant-criminel; je lui ai dit que j'avois vu , en 1655, M. *de Liergues* , son frère , et que je lui avais prêté six médailles qu'il avait fait contretirer....» — Gassendi mourut le 24 de ce mois. Vincent Minutoli rapporte qu'il mouroit peu de grands hommes pour lesquels Charles Spon ne fît des vers à mettre sur leur tombeau ; le distique qu'il fit pour Gassendi fut , dit-il , trouvé fort bon :

Gassendus moritur , luget Sophia , ingemit orbis ;
Sponius in luctu est : solus Olympus ovat.

Voyez les *OEuvres diverses de Bayle* , t. 1 , p. 95 ; ci-après , les Publ. de 1656 , *Oraison funèbre*....

Octobre 26. *Henri Guillien de Sala* , sieur de *Monjustin* , est reçu conseiller au parlement de Provence. Voyez ci-dessus , à la fin de 1655 , une lettre de M. de Vaugelles où il est parlé d'un sieur de Monjustin et de sa femme , qui louait des mules de litière pour aller au prêche. Voyez aussi la *Biogr. Lyonn.*, art. *Sala*.

Décembre 21. On fait à l'Hôtel-de-Ville , la proclamation des nouveaux échevins , cérémonie qui se faisait auparavant en l'église de Saint-Nizier. — Déjà on avait transporté, de l'ancien Hôtel-de-Ville , pour la placer dans le vestibule du nouveau , la table de bronze sur laquelle était gravée la harangue de Claude (3). Trois autres inscriptions commémoratives furent aussi placées dans ce vestibule. La première à Philippe-le-Bel qui établit le Consulat à Lyon ; la deuxième, à Charles VIII, qui lui accorda le privilége de la noblesse ; la troisième à Henri IV qui le réduisit à un prévôt des marchands et quatre échevins. — P. Menestrier nous a conservé , dans ses Fastes consulaires , une inscription qui nous apprend que l'Hôtel-de-Ville

a été entièrement achevé en 1655. Voyez aussi sur ce monument, Saint-Aubin , *Hist. civile* , p. 551-41.

Cette année , 12 charpentiers de la ville , 6 du côté de Fourvières , et 6 du côté de Saint-Nizier , ayant chacun une escouade de 5 hommes , furent préposés par le Consulat pour porter secours dans les incendies. — Ce n'est qu'environ cinquante ans après que les pompiers furent établis à Paris. Voyez la note sur la lettre de Sévigné du 20 février 1674.

Le palais du gouverneur est agrandi ; on y joint un hôtel contigu qui avait appartenu à *Falques d'Aurillac* , président au parlement de Grenoble. Cochard , *Descript.* p. 262.

Les religieuses du *Verbe incarné* ayant acquis , à la montée du *Gourguillon* , une vaste maison qui avait successivement été possédée par *Guillaume du Choul* , *Claude du Verdier* et *Alexandre Orlandini* (1) , obtiennent la confirmation de leur établissement dans cette maison (2). — Ces religieuses avaient eu pour fondatrice , en 1625 , *Jeanne Chesard de Matel* , elles habitèrent d'abord Roanne , et ne vinrent à Lyon qu'en 1627.

La terre de *La Salle* est érigée en comté. — La Seigneurie et Comté de La Salle comprenait les paroisses de Quincieux , Vaux , etc. — La maison de La Salle , originaire d'Italie , descend de l'ancienne famille des *Baglioni* de Pérouse, dont un des membres vint s'établir à Lyon vers 1540. *Pierre Baglioni* , connu par son dévoûment à Henri IV , était , en 1600 , seigneur de Saillans , baron de Jons , chevalier des ordres du Roi , gentilhomme ordinaire de S. M., prévôt des marchands. Voyez les *Mém.* de d'Herbigny , t. 7, de l'*Etat de France*, p. 255; Pernetty , I, 204 ; l'*Alm.* de Lyon de 1760 , p. 170 du *Dictionnaire*.

« Madame *Chrestienne* (Christine) *de France*, duchesse de Savoye , animée d'un saint zèle pour le rétablissement de la religion catholique dans les vallées de Luzerne (*sic*) où se retirèrent nos anciens *Vaudois* et les restes des Albigeois que nos hérétiques des derniers temps reconnoissent comme les premiers auteurs de leurs églises prétendues réformées , envoya des troupes dans ces vallées pour détruire la plupart des temples , et obliger ces sujets rebelles à rentrer dans le sein de l'Eglise ; mais ceux-ci ayant eu recours aux princes protestants , trouvèrent un puissant protecteur en *Cromwel*. Cet usurpateur de l'autorité souveraine et plusieurs autres princes d'Allemagne aussi bien que les Etats de Hollande ordonnèrent qu'il seroit fait des collectes pour secourir ces hérétiques des Vallées; il s'en fit aussi de secrètes en France dans toutes les églises

---

(1) Parodie du vers d'Horace , Ep. 1 , 2 , XIV : « Quiquid delirant reges , plectuntur Achivi , » C'était aussi l'opinion de Phèdre : « Humiles laborant , » ubi potentes dissident (fab. 30, L. I), » et celle de Lafontaine : « de tout temps , — Les petits ont pâti des sottises des grands (L. II , fable 4). »

(2) Lyon , 1534. Voyez la *Biogr. univ.* , art. *Brassavola*.

(3) Voyez les *Inscriptions antiques de Lyon* , par Alp. de Boissieu , p. 135.

---

(1) Voyez ces trois noms dans la *Biogr. Lyonn.*

(2) Une partie de cet ancien monastère est occupée par l'institution de MM. *Guillard* ; l'autre par la chambre des notaires.

protestantes.On recueillit en Angleterre 155,000 livres sterling ; dans les sept Provinces unies, 600,000 florins ; en France, 75,000 livres tournois ; en Allemagne, 80,000 ducats ; à Genève, 5,000 écus. Toutes ces sommes firent près de trois millions, dont le sieur *Tronchin* (1), marchand de Lyon, fit une remise à Genève d'un million 700,000 livres tournois ; mais la plupart de ces deniers ne servirent qu'à enrichir ceux qui les avaient recueillis. » Note du P. Menestrier. Voyez les Publ. de 1618, *Hist. des Vaudois.*

La troupe de *Molière* fit, cette année, un nouveau séjour à Lyon, et quitta notre ville pendant l'automne (2). D'Assoucy, qui l'y avait trouvé, demeura six mois en la compagnie, et le suivit jusqu'à Narbonne, où il le laissa pour se rendre à Montpellier (5). Voyez ci-après, année 1657.

Mort, à Chelséa en Angleterre, de *Théodore Turquet de Mayerne*, né à Genève, le 28 septembre 1575. Il était fils de Louis Turquet, écrivain lyonnais, mort en 1680. Voyez G. Patin, lettre à C. Spon du 21 avril 1655, et les publ. de 1648, *Discours.*

Mort de *Jean-Claude Marcellin*, médecin, qui légua quatre maisons à l'Hôtel-Dieu. Il était probablement de la même famille que *Pancrace Marcellin*, auteur d'un *Traité de la peste* publié en 1659, et non en 1619. Voyez Dagier, I, 452 et 458.

Publications de 1655.

Anthimi Coningii Pulvis peruvianus vindicatus. Romae, 1655, in-8. — L'auteur de cet apologie du Quinquina est le P. *Honoré Fabri*, jésuite, qui a professé avec succès la philososophie à Lyon, dans le Collége de la Trinité. Voyez le *Dizionario di opere anonime e pseudonime di scrittori italiani....* di G. M. (Gaetan Melzi), t. I, p. 245.

La Conversion de S. Paul, tragédie en 5 actes et en vers (par *J. Villemot*). Lyon, *Claude La Rivière*, 1655, in-8. — L'auteur se vante d'avoir, dans cette tragédie sainte du *Triomphe de la grâce*, éloigné de la scène un sexe qui en est le plus bel ornement : en fait de femme, il n'a admis que la *Justice divine.* B. Soleinne, n. 1282.

Golnitzii (Abrah.)..... Ulysses Belgico-Gallicus..... Amsterodami, ex officina elzeviriana. 1655, in-12. — Réimpression de l'édition de 1631. — Ce livre, dont nous avons déjà parlé à

cette dernière date, offre des particularités qui seraient très-bien placées à la suite de la traduction de l'*Itinéraire* de Zinzerling, par M. Thalès Bernard. Une charmante édition, petit in-12, avec figure de cet Itinéraire, fut publiée, cette année (1655), à Amsterdam, *apud Jodocum Jansonium.* Voyez les Publ. de 1649.

La Maison de ville de Lyon, poème. Lyon, *Jean Chastain*, 1655, in-4. — Cité par l'abbé Sudan (Notes mtes) ; ne figure pas dans le Catal. Coste.

La Mort du grand et véritable Cyrus, tragédie en 5 actes et en vers (par *Vincent Borée*).Lyon, *Jean Montenat*, 1655, in-8. — Dédicace de l'auteur à *Pierre Perrachon*, seigneur de Sainct-Maurice, Roannez, Villeneufve, Le Plat, l'Isle de Neriou, Champagnieu, Bourg-Argental, conseiller du Roy en ses Conseils. C'est pour opposer le véritable Cyrus d'Hérodote au fabuleux Cyrus de Mlle de Scudéry que Borée a composé cette pièce, dont il existe plusieurs éditions; la plus ancienne a pour titre *Thomyre victorieuse.* En voici les quatre premiers vers ; c'est Cyrus qui parle :

Grâces à toy, grand Dieu de ce vaste univers !
Enfin je suis content de mes exploits divers ;
L'Araxe enfin a vu, malgré toute sa rage,
Que rien n'est difficile à l'homme de courage.

Dans cette première scène, Hystaspe, répondant à Cyrus, lui dit :

Rien n'est de si mobile icy-bas que le sort ;
On voit mais bien souvent que le plus imbécile
Trouve sur son vainqueur la victoire facile.

La pièce se termine par ces vers que prononce Thomyre en plongeant dans « un outre rempli » de sang humain, » la tête de Cyrus que lui apporte un soldat scythe :

..... Faisons le boire encore après sa mort ;
Bourreau de sang humain, tyran insatiable,
Qui prit si longuement plaisir à l'espancher,
Estanche maintenant ta soif abominable
Puisque, vivant, jamais tu n'as pu l'estancher.

Borée publia, cette même année, à Lyon, le *Florus de la maison de Savoye.* Cet ouvrage fut supprimé, suivant Grillet, qui ne dit pas pour quel motif (*Dict. hist. des dép. du Mont-Blanc et du Léman*, t. 2, p. 124).

Les OEuvres poëtiques et sainctes du R. P. Martial de Brives, Capucin, augmentées de nouveau et recueillies par le sieur *Dupuis.* Lyon, *Alexandre Fumeux.* 1655, in-4. — Dédicace du libraire à *Charles de Silvecane*, Conseiller et aumosnier du Roy, prieur de St-Gilles, chanoine en l'église de St-Paul de Lyon. Voyez les Publ. de 1660, *Le Parnasse séraphique........*

Les Procès civil et criminel,... par *Claude Le Brun de la Rochette*, jurisconsulte Beaujolois.... Lyon, *Simon Rigaud*, 1655, in-4, ce livre parut d'abord sous le titre de la *Pratique civile et criminelle*; la dernière édition donnée du vivant de l'auteur, en 1618, est

---

(1) Bayle, art. Tronchin, mentionne un *Louis Tronchin*, ministre de l'Eglise de Lyon, qui vivait encore en 1701. On trouvera le marchand de Lyon, nommé ci-après, année 1667. Voyez aussi la table des *OEuvres de Voltaire*, au mot Tronchin.

(2) *Commencement de la vie de Molière*, par M. Taillandier, t. XIX de *La Revue des deux mondes*, p. 280. Voyez aussi Goujet, t. 18, p. 19.

(3) *Aventures d'Italie*, t. I, p. 142.

citée plusieurs fois dans le *Dict.* de Richelet. *Biogr. Lyonn.*, p. 50.

Raynaudy (Theophili)... *Erotemata de malis ac bonis libris , deque justa aut injusta eorumdem confectione.* Lugduni , *Joan. Huguetan.* 1655,in-4. — L'auteur de ce curieux ouvrage veut que l'on mette à l'index la plupart des romans de chevalerie, sans en excepter l'*Amadis de Gaule.* Le livre le plus mauvais , selon lui, est le *Roman de la Rose* que *Gerson* avait déjà anathématisé. Il soutient que *Rabelais* est un athée qui , au premier son de la trompette de *Calvin* , avait, en véritable Lucien, apostasié et jeté le froc aux orties. — On lit dans le Catalogue Falconet, t. 1 , p. 50 : «.... L'occasion de cet ouvrage fut la censure que Rome fit du traité *de Martyrio per pestem* (voyez les Publ. de 1650). L'Index condamna aussi les *Erotemata* ; l'auteur en rapporte deux raisons dans son *Syntagma de Libris propriis* ; il avait avancé que la fantaisie fait souvent condamner les meilleurs ouvrages, et , pour le prouver , il donne , à la p. 294, la censure du *Symbole des Apôtres* ; la seconde raison , ce sont les règles qu'il avait prescrites aux censeurs, et qu'ils doivent observer dans leurs jugements....» — Cette même année, l'infatigable jésuite publia deux autres traités non moins curieux que ses *Erotemata*; le premier a pour titre : *Eunuchi nati , facti , mystici*, etc. (Dijon, in-4). C'est une réfutation du sentiment de quelques théologiens qui ont prétendu qu'un père avait le droit de faire des eunuques de ses enfants pour conserver leur voix (1). Le second traité est intitulé : *Tractatus de Pileo caeterisque tegminibus capitis*, ... (ab U. *Solerio*, scilicet Theoph. Raynaudo) , D. D. *Petro de Maridal* dicatus (Lyon , in-4). « On lit dans les *Memoires* de Sallengre (I , 174) que trois auteurs ont écrit *de Pileo* ou *du Chapeau*, savoir *Raynaldus, Maridal* et *Solerius*; cette observation n'a pu être inspirée que par une fausse érudition. » Barbier, *Anonymes* , 21597.

Vita della Rever.madre Maria Antoinetta Honesti di Savoia, della riforma cisterciese, prima superiore del nuovo monastero di San Bernardo , fondato in Lione , detto la Madonna della Providenza. In Bologna , presso *Gio. Battista Ferroni*, M. DC. LV, pet. in-4 de 72 pages précédées de 4 ff. non chiffrés sur le 4ᵉ desquels est le portrait de M. A. Honesti. — La dédicace de l'auteur à l'infante *Marie de Savoye*, datée de Bologne, le 24 février 1655, est signée *Andrea Mariani.* — Marie-Antoinette Honesti nacquit à Rumilly, le 25 mars 1616. Son père , *Valentino degli Honesti di Luca*, se distingua dans l'armée de la Ligue, sous Pie V, puis à Candie , au service des Vénitiens , enfin dans les guerres de Savoye,pour le marquisat de Saluces. Après avoir quitté le service militaire , il vint se fixer à Rumilly, où il épousa Mᴸˡᵉ *de Brunet*, dont il eut plusieurs enfants. Marie-Antoinette manifesta, dès l'âge le plus tendre, une ferme résolution d'embrasser la vie monastique ; élevée chez les Bernardines de Rumilly , elle y fit son noviciat, et, peu de temps après sa prise d'habit. La Mère *Louise de Vallon*, qui l'avait en grande affection , la mena d'abord à Seyssel , puis à Grenoble, pour y réformer les maisons de son ordre. Marie-Antoinette resta dans cette dernière ville , et y fit profession. Après avoir été trois ans maîtresse des novices , elle conçut, avec quelques-unes de ses compagnes, le dessein de fonder une maison à Lyon. Elle partit pour cette ville avec cinq religieuses, sous la conduite de Mᵐᵉ de Vallon ; elles prirent , en arrivant à Lyon, leur logement dans une petite maison qui dépendait du monastère des *Dames de la Visitation de Sainte-Marie.* Leur nombre s'y étant bientôt accru , elles en acquirent une plus grande des Pères de Saint-Antoine , sur la place des *Terreaux.* Marie-Antoinette , supérieure , en 1656, de la nouvelle communauté, se démit, trois ans après , de cette charge, que l'état de sa santé et ses infirmités ne lui permettaient plus de remplir. Elle mourut le 29 avril 1640. L'année suivante , son corps fut transporté dans une chapelle située au milieu du jardin qui faisait partie du nouvel emplacement que les religieuses du couvent qu'elle avait fondé obtinrent de la ville sur la colline de *Saint-Sébastien* , et sur lequel elles firent construire un vaste monastère. En 1654 , on y comptait 80 professes de chœur (*da choro*). La vie de la Mère Honesti qui n'occupe que 55 pages , est suivie d'un avis au lecteur où l'on dit que le récit en a été fait sur le rapport de la Mère *Marie Ennemonde Severt*, supérieure des Bernardines de Lyon , et des sœurs Angélique-Marie Chapuis, Marie-Magdeleine Pinchette, Marie-Catherine Pinon , Marie-Angélique de Rosières , religieuses professes et officiales du couvent , assistées des sœurs Marie-Benette Gouvet, Marie-Alex Rey , Marie-Anne de La Grange, Anne-Marie Mallet et Marie Genevine de Gabianne , religieuses et professes dudit couvent , en présence de Claude Roux, notaire à Lyon, qui en a dressé acte le 19 février 1655. Un feuillet sur lequel sont les armes des Honesti est joint à l'Avis au lecteur ; puis vient un Panégyrique de la défunte où se trouvent cités *Sénèque* et plusieurs autres philosophes dont les vertus n'ont point approché de celles de la pieuse supérieure. Ce livret est terminé par son *Elogium* en style épigraphique.

(1) Cette exécrable coutume ne fut abolie dans les Etats Romains que sous le Pontificat de Clément XIV, qui fit revivre le décret de l'empereur Hadrien *ad legem Corneliam, de Sicariis.* Un poète Lyonnais, *Charles Bordes* , fit à cette occasion une pièce de vers qui a été insérée dans le *Supplément aux XVI premiers almanachs des muses* (1781) , p. 69-72.

En ce temps-là, florissait à Lyon une poétesse dramatique, *Françoise Pascal*, qui ne mérite peut-être pas l'oubli dans lequel elle est tombée. La date de sa naissance nous est inconnue, de même que celle de sa mort, et, malgré toutes nos recherches, nous n'avons presque rien pu découvrir sur sa vie privée ; toutefois nous avons quelques raisons de croire qu'elle était encore dans la fleur de son âge, quand elle publia sa première œuvre sous ce titre :

Agathonphile, martyr, tragicomédie par D. Françoise Pascal, fille lyonnaise. Première édition. ORACULUM : *Tali dicata signo mens fluctuare nescit* (un bois des armes de Lyon). A Lyon, chez *Clément Petit*, en rüe Mercière, à l'enseigne du S. Esprit. M.DC.LV, in-8 de 4 ff. non paginés et 78 pp. (B. de l'Arsenal). — A la suite de ce titre, est une dédicace de l'auteur à MM. les Prévost des marchands et Eschevins de la ville de Lyon ; en voici les six premiers vers (il y en a 24) :

Augustes magistrats, merveilles des mortels,
Dont les rares vertus méritent des autels,
Ce n'est pas sans raison que ce palais illustre (1)
Est nommé le séjour des oracles divins,
Puisque vos citoyens, ravis d'un si beau lüstre,
Vous ont tout d'une voix choisis pour eschevins.

Cette dédicace est suivie, 1° de vers français et latins en l'honneur de la poétesse, signés, les français, *P. Fayol*, et les latins, *Lapis fides*, tous du même auteur ; 2° d'un *Advis au lecteur* ainsi conçu :

« Mon cher lecteur, ne trouve pas estrange si je n'ay dédié ce poëme à quelques personnes particulières, comme estant mon *premier essay*, et si j'ai voulu le donner généralement à nostre bonne et aymable ville de Lyon en reconnoissance des avantages que j'y ai receus. Aussi la mets-je sous les auspices de ceux qui en ont la direction. Au reste, je ne te donne pas cette pièce comme une chose rare, et où toutes les règles de la poësie de ce temps soient observées: mon sexe, le peu d'expérience que j'ay de cet art, et la bassesse de mon esprit ne me permettent pas d'avoir des pensées si hautes et si relevées que ces Apollons qui y réussissent si bien tous les jours, se composant avec leurs merveilleux ouvrages (2) des couronnes d'immortalité. Je feroy voir du moins que je n'ay rien dérobé de leur gloire, et que ma seule veine en a produit tous les vers. Tu me croiras dès que tu en auras fait la lecture. Adieu. »

On verra, par l'analyse qu'on va lire de ce poëme, qu'*Agathonphile* n'est pas un personnage historique, car on chercherait vainement son nom et ses actes dans les martyrologes ; mais, comme la scène se passe du temps de Décius, il est à croire que Françoise Pascal s'est servie, pour forger deux de ses noms, de ceux de sainte Agathe et de saint Trophime, qui souffrirent le martyre sous cet empereur.

Irénée, payenne, seconde femme de *Sabin*, est amoureuse du fils de ce Sabin, du chrétien *Agathon*, qui n'est nommé *Agathonphile*, que sur le titre de la pièce ; elle paraît seule sur la scène qu'elle ouvre par un long monologue qu'elle interrompt pour s'armer d'un poignard, afin de tuer Agathon s'il refuse de condescendre à ses désirs ; elle le surprend au lit, l'éveille, lui déclare sa passion et l'empêche de se lever. Agathon lui dit en rougissant :

Madame, s'il vous plaît, que ce discours finisse...
Mais que prétendez-vous ?

IRÉNÉE.

Un amoureux baiser
Sur cette belle bouche.

AGATHON.

O ciel, quelle infamie !

IRÉNÉE.

Tu me veux échapper, mais non, non, je te tien.

AGATHON.

Retirez-vous d'ici ; vous n'avancerez rien.....
(*Il sort du lit et prend la fuite* (1).

IRÉNÉE seule.

Hélas ! je veux mourir ; le perfide me quitte.
O ciel ! que dois-je faire ? où dois-je recourir ?
Démons, sortez d'Enfer ; venez me secourir (2)....

Le père d'Agathon arrive ; elle lui fait accroire qu'Agathon a voulu la violer, la menaçant d'un poignard si elle résistait. Le père crédule jure de la venger.

Je vous donne ma foy
Qu'il n'aura jamais point d'autre bourreau que moy....

Agathon, qui a disparu, adore la belle *Triphine*, qui le paye de retour ; ils se jurent fidélité, constance ; mais *Triphon*, père de Triphine, veut la marier de force au vieux *Sévère*, sénateur romain, favori de Décius. Triphine se sauve avec Agathon ; en traversant le Tibre sur un *barquot*, ils font naufrage, et n'échappent à la fureur des eaux que pour tomber entre les mains de Triphon, de Sévère, de Sabin et d'Irénée qui les poursuivaient. C'est le dernier acte de la pièce. Aux reproches de Triphon, Triphine répond :

Je ne demande rien qu'un moment d'audience
Pour vous dire, seigneur, que j'ai donné ma foy
A ce cher Agathon ;......................................
Outre que je suis sienne,
Et qu'il est tout à moy, je suis encor chrestienne.

Le frère et la suivante de Triphine déclarent aussi qu'ils se font chrétiens. Agathon les en félicite ; Sabin furieux se jette sur son fils ; Irénée l'arrête :

---

(1) La Maison-de-Ville.
(2) Le *Polyeucte* de Corneille avait été représenté en 1640 ; la *Phèdre* de Racine, dont le sujet a quelque rapport avec celui d'*Agathonphile*, ne fut jouée qu'en 1677.

(1) M. Paul Lacroix (n. 1284 du Catal. Soleinne) trouve assez peu édifiante cette scène, « renouvelée, dit-il, de celle de la femme de Putiphar. » On trouvera deux scènes du même genre dans le *Joseph* ou l'*Esclave fidèle* de Dom J. G. de Morillon (*Turin*, peut-être *Tours*, 1709, in-12, p. 64 et 77).
(2) Imitation du monologue de la *Médée* de Corneille. Filles de l'Achéron, Pestes, Larves, Furies....

Je suis seule coupable ,
Et pour purger mon crime en le reconnoissant ,
Je diray devant tous que je me fais chrestienne.

Sabin confondu se décide pareillement , et s'écrie :

Je suis aussi chrestien.

Triphon tâche de les ramener aux faux dieux; il perd sa peine, et son maître d'hôtel lui-même se fait chrétien. Sévère, resté payen, engage Triphon à les mener devant l'empereur;ils y consentent et veulent tous mourir. Triphon les emmène en leur adressant ces vers qui terminent la pièce :

Venez donc , malheureux ; venez souffrir la mort;
Puisque vous le voulez , c'est le dernier ressort.

La seconde pièce de Françoise Pascal a pour titre :

L'*Endymion* , tragi-comédie,.... dédié à Mademoiselle de Villeroy (1). A Lyon , chez *Clément Petit*, rüe Mercière , devant Sainct-Antoine , 1657, in-8 (B. de M. Morel de Voleine). — La dédicace est une pièce si curieuse que nous n'hésitons pas à la reproduire :

« Mademoiselle , quoyqu'Endymion mette toutes les beautez terrestres au-dessous de celles de Diane , il n'en fait pas de mesme de vous, soit qu'il vous croye ou mortelle ou divine , et qu'il ait ouy faire le mesme récit de vos perfections qu'il fait de celles de cette Déesse ; car s'il la considère comme le plus bel astre du Ciel , il sçait aussi que vous estes un des plus beaux astres de la Cour , et toutes les adorations et les vœux qu'il lui rend , n'empeschent pas qu'il n'ait pour vous l'admiration qu'en a desjà une partie de la Terre , et qu'il n'avoue que la Nature a formé en vous quelque chose de céleste, puisqu'elle n'a rien non plus espargné à vous rendre considérable par vostre illustre et haute naissance , qu'elle s'est monstrée prodigue à départir toutes ses graces en vostre personne , vous rendant un miracle de notre sexe. C'est par cette raison, Mademoiselle, qu'Endymion a cherché à vous apprendre ses aventures. Si elles sont assez heureuses pour trouver quelque place dans vostre estime, il pourra dire que la gloire d'estre aymé d'une Déesse ne lui est pas plus avantageuse, puisque vous lui permettez de voir le jour: il pourra dire encore qu'il vous doit plus qu'à cette Déesse qui le faisoit incessamment dormir. Enfin, Mademoiselle , c'est une grace que je n'osois bonnement espérer ; car, vous qui estes une merveille du corps et de l'esprit, dont vous pouvez produire mille belles choses , je ne sçay si

ce n'est point avoir trop entrepris que d'aller exposer ce petit ouvrage à vos yeux dans une Cour qui a toutes les sciences infuses ; toutefois j'en attends l'événement avec la permission de porter la qualité, Mademoiselle , de Vostre très-humble et très-obeissante servante, FRANÇOISE PASCAL. »

Cette dédicace est suivie d'un *Advis au lecteur* ainsi conçu :

«Mon cher lecteur, puisque mon *Agathonphile* s'estoit autant acquis de censeurs que d'incrédules , je ne scay ce que je dois attendre d'*Endymion*. Je scay bien que tu y trouueras moins de fautes qu'au premier; mais je te prie de croire que personne n'y a meslé de son style comme quelques-vns l'ont creu d'*Agathonphile* (1), quoy qu'effectuement ceux qui ont tant soit peu d'expérience à la Poësie puissent bien juger que ces vers ne sçauroient estre sortis d'vn grand génie , et qu'vn homme est capable de produire quelque chose de plus fort , et afin que l'aduantage que ce poëme peut avoir sur l'autre , ne te fasse tomber dans la première erreur, c'est que j'y ay vn peu plus de connoissance qu'autrefois , tu le verras. Adieu. »

L'*Endymion* , dont la scène se passe en Albanie, est une espèce de Pastorale mêlée de chants exécutés par des chœurs d'hommes et de jeunes filles; tout y respire la morale la plus pure, et Françoise aurait pu y ajouter ce second titre *La Chasteté récompensée*. En voici les premiers vers :

ENDYMION.

Enfin , Polydamon , si je meurs pour Diane ,
Il faut que cet amour ne soit jamais profane.
De crainte d'offenser sa divine pudeur,
J'ay peur que cette flamme ait un peu trop d'ardeur,
Que cette passion ne se rende évidente :
Si ma langueur un jour ne devient plus prudente,
Ouy , cher Polydamon , estant à cet aspect,
Je tremble en l'adorant d'amour et de respect.
Il est vray qu'en effet cette belle Déesse
Sçait mon intention encor qu'elle me blesse :
Ses yeux où la pudeur fait son plus beau séjour
M'impriment le respect aussi bien que l'amour.....

Après l'*Endymion* et avant le *Sésostris* , dont nous parlerons plus tard , Françoise publia un volume intitulé :

Diverses poësies de Mlle Pascal , où sont contenus : *La Belle stupide* ; *Lysis malheureux dans la solitude* ; *Sylvie dans le repentir* ; *l'Amoureux extravagant* ; *l'Amoureuse ridicule* ; *Philis désolée* ; *Plaintes amoureuses* ; *Stances sur une belle voix*, et autres ouvrages. A Lyon , chez *Simon Matheret* , rüe Ferrandière , à l'enseigne de S. Claude. M.D.C.LVII. Pet. in-8 (B. de l'Arsenal).

(1) Françoise , fille aînée de Nicolas de Neufville , premier duc de Villeroy , alors gouverneur de Lyon. — Somaise , dans la Clef de son *Dictionnaire des prétieuses* , dit que Mlle Pascal était *domestique* de la maison de Villeroy, ce qui veut dire qu'elle faisait partie de cette maison , probablement comme gouvernante ou institutrice des filles de ce grand seigneur.

(1) « Cette accusation, dit l'abbé Pernetty, étoit » peut-être à la mode alors ; celle d'aujourd'hui est » d'attribuer des ouvrages à des gens qui ne les ont pas » faits. » *Lyonnois dignes de mém.*, II, 20.

Ce recueil est dédié à Monsieur de L*********** (peut-être M. *de la Rivière* que nous retrouverons plus loin). « .... Je ne me suis pas résolue sans répugnance, lui dit notre Lyonnaise, à ne vous présenter que des Stances et des Sonnets qui ne méritent ny vostre estime ny vostre lecture ; toutefois, Monsieur, j'ay cru que les esprits qui sont de l'espèce du vostre et de la première grandeur, n'estoient pas comme ces plantes orgueilleuses qui ne se tournent que vers le soleil, et qui ne cherchent que sa lumière : vous ne mesprisez pas ainsy ce qui est au-dessous de vous, et vous vous abbaissez quelques fois à regarder les petits ouvrages avec complaisance ; c'est de cette pensée que j'ay tiré la hardiesse de vous présenter celuy-ci, et de me dire, Monsieur, votre très-humble servante. F. Pascal. »

Après un Avis du libraire, vient cette Epitre d'un anonyme :

A MADEMOISELLE PASCAL.

Quand vous fustes sur le Parnasse,
Je sçay bien ce qui s'y passa ;
Chasque muse vous caressa ;
Et vouloit vous mettre en sa place,
Avant d'en quitter le séjour,
Vous appristes dans un seul jour
Ce qu'on apprend de Melpomène,
Elle vous monstra pour sa part
Toutes les règles de la scène ;
Chascune des autres son art.

Phœbus mesme, par gratitude,
Vous fit connoistre qu'il voudroit
Vous mener en un bel endroit
Qu'il cultivoit avec estude :
Une fontaine dans ce lieu
Couloit vers le juste milieu ;
De qui les eaux claires et belles
Dès que l'on s'en appercevoit,
Invitoient de venir chez elles
Esteindre la soif qu'on avoit.

C'estoit cette source divine
Dont on boit pour faire des vers :
Les Stances, les Chansons, les Airs
Prennent de là leur origine ;
Elle inspire les Madrigaux,
Les Elégies, les Rondeaux,
Et l'art d'enfanter avec gloire
Les Poëmes et les Sonnets.
Pascal, dit Phœbus, venez boire,
J'ouvriray tous les robinets.

Ce recueil, qui nous offre des banalités poétiques, ne contient aucun renseignement sur l'auteur ou sur ses contemporains ; mais nous donnerons quelques extraits de l'*Amoureux extravagant, pièce comique*. Cet amoureux se nomme *Philon* ; c'est un mauvais poète à qui l'amour et la poésie ont bouleversé la cervelle. Il adore *Cloris* qui le repousse et préfère *Tircis*. Un valet, *Cliton*, fait accroire à notre insensé que des voleurs ont enlevé Cloris ; il court à leur poursuite sans les rencontrer. On lui annonce ensuite que la belle est morte ; désespéré, il s'écrie (scène X) :

Quoi ! détestable mort, as-tu bien osé prendre
Cette rare beauté dans un âge si tendre ?
Ça, ça, dépêchons-nous ; descendons aux enfers,
Afin d'en retirer cet objet de mes vers.
Allons faire trembler Pluton et Proserpine.....
(Cliton qui s'est déguisé en mendiant vient à sa rencontre.)

SCÈNE XII. — PHILON.

Mais n'apperçois-je pas un homme qui s'avance ?
Qu'est-ce donc, mon amy, que me demandes-tu ?
Viens-tu donner remède à mon cœur abattu ?
CLITON.
Faites ici, Monsieur, une œuvre sans seconde
A ce pauvre passant qui vient de l'autre monde.
PHILON.
Tu viens de l'autre monde, ô Dieu, qu'ay-je entendu ?
As-tu vu la beauté que mon cœur a perdu ?
As-tu vu ma Cloris ?.....................
CLITON.
Elle mourra de faim ;
On ne lui donne pas un seul morceau de pain.
PHILON.
Ha ! pauvrette, est-il vray ?
CLITON.
Monsieur, je vous assure
Qu'il est aussi certain que je vous le figure.
PHILON.
Mais, toi, par quel moyen reviens-tu dans ces lieux ?
CLITON.
Monsieur, votre Cloris vous en instruira mieux.
PHILON.
Ma Cloris ! et comment peut-elle me l'apprendre ?
Dans cet abysme creux pourrois-je bien descendre ?
CLITON.
Ah ! nenny pas, Monsieur, ces lieux sont trop profonds ;
Vous mourriez de frayeur avant que d'être au fonds ;
Mais si vous en voulez retirer cette belle,
J'en sçay bien le moyen.
PHILON.
L'agréable nouvelle !
O Dieu ! que me dis-tu ? ne te mocques-tu pas ?
Cher amy, pourrions nous la tirer de là-bas ?
CLITON.
Monsieur, ce ne sont pas seulement des paroles
Qui l'en pourroient tirer ! Avez-vous des pistoles ?
Ce discours vous surprend ! sçachez que les démons
Ayment autant l'argent que nous autres l'aymons.
PHILON.
Ouy bien, j'ai de l'argent, mais n'en faudroit-il guère ?
Car je n'en aurois pas pour les tous satisfaire.
CLITON.
Pour payer sa rançon, il faut cent louis d'or ;
Mais c'est au grand Pluton ; car il faut plus encor.
N'en faut-il pas aussi donner à Proserpine ?
Vous ne vistes jamais une humeur si rapine.
PHILON.
Hélas ! pour ma Cloris que ne ferois-je point !
Non, non, je ne veux pas lui manquer au besoin.
CLITON.
Monsieur, despêchez donc ; voyez l'heure me presse ;
Retirez des tourments cette chère maîtresse.
PHILON.
Attends, je suis à toy dans un petit moment.
(Il sort.)
CLITON seul.
La fourbe s'accomplit, je crois, heureusement.
Je vois bien qu'il a plus d'amour que d'avarice,

Et cet amour pourtant luy rend un bon office ;
Mais il revient déjà.

SCÈNE XIII.

PHILON , CLITON.

PHILON.

Tiens , voicy de l'argent.

CLITON.

Ah ! par ma foy , Monsieur , vous estes diligent.

PHILON.

Cent louis pour Pluton. Et combien pour sa femme ?

CLITON.

Pour elle il en faut dix. (A part) Que j'ay d'aise dans l'âme !

PHILON.

Ce sont donc cent et dix. J'en tiens déjà deux cents.
Dieu ! que cette rançon me chagrine les sens !
Mais n'importe ! Cloris vaut mieux que cette perte ;
Cette aymable beauté me sera recouverte.
Je n'en dois donc oster que quatre-vingt et dix ?

CLITON.

Pour les pages , Monsieur , il en faut encore six.

PHILON.

Je n'en dois donc oster que quatre-vingt et quatre ?

CLITON.

Monsieur , et les laquais ? sans doute ils vont me battre.
Il en faut douze au moins , car ils sont quantité ,
Ou Cloris souffriroit de leur méchanceté.
Autres douze aux portiers qui sont plus de cinquante.

PHILON.

La peste soit l'affaire ! Ah ! je m'impatiente ;
Mais n'importe, Cloris sortira de ces lieux.
Je m'en vais te donner tout l'argent que tu veux.

CLITON.

Monsieur, et pour Charon, lui qui conduit la barque ,
Il luy faut deux louis ; et bien plus à la Parque,
Car c'est elle qui tient la belle dans ses fers.

PHILON.

Il faut donc que mon bien aille tout aux Enfers ?
Tiens , je vais t'en donner encor demy-douzaine.
Comptons.

CLITON.

Monsieur, et moy, n'ay-je rien pour ma peine ?

PHILON.

Ah ! par ma foy, c'est trop !

CLITON.

Monsieur , dans les chemins
Nous allons rencontrer de ces esprits malins
Qui s'en feront donner malgré ma résistance.

PHILON.

Amour que tu veux bien éprouver ma constance !
Je n'en garde que six de deux cents que j'avois.
Tiens , tiens, je te remets et l'argent et la bourse.

CLITON.

Adieu, Monsieur, adieu ! Dans un moment d'icy
Vous reverrez Cloris.

Il la revoit en effet, mais unie à son Tyrcis.
Il finit par s'apercevoir qu'il a été joué , et reprenant des mains du valet une partie de son argent :

Donne , tu me consoles.
Adieu , Cloris , adieu ; gardez votre Tyrcis ;
Je n'en auray jamais ni douleur ni soucis....

« Bien que ces scènes de valets fripons ne soient pas neuves, elles sont toujours amusantes. Cette *pièce comique* est menée vivement ; elle devoit plaire sur le théâtre du château où sans doute elle a été représentée , et il est à croire qu'elle ne déplairait pas encore aujourd'hui sur un théâtre de société (E.-F. C.). »

Quatre ans s'étaient écoulés depuis la publication de ses *Diverses poësies*, lorsque Mᴵᴵᵉ Pas-

cal fit imprimer son *Sésostris* , tragi-comédie en 5 actes (Lyon , Antoine Offray (1), 1661 , petit in-8). On lit dans son *Advis au lecteur* : « Mes petits ouvrages ne sont, pour t'en parler » à la vérité, que l'occupation de quelques soi- » rées, ou l'entretien de mon génie quand il » s'éveille avant le jour que j'employe plus sé- » rieusement à la peinture... » Un peu plus loin, elle répond à ses censeurs qui l'accusaient d'être aidée par un coopérateur mâle; elle nie le fait, mais avouant la faiblesse de son style, elle ajoute : « Je connois bien qu'il y a dans » ma poësie des dictions provinciales et des ex- » pressions qui ne sont pas bien dans la pureté » de la langue ; mais comme c'est un péché » d'origine dont je ne suis coupable que parce » je suis Lyonnoise , et que la bienséance de » mon sexe ne m'a permis de voir l'Académie » que sur quelques livres dont les règles nous » instruisent bien moins par les yeux que par les » oreilles. S'il y a de la courtoisie à reprendre » civilement quelques fautes de cette nature, » il y auroit trop de sévérité de m'en blasmer. »

Le *Sésostris* est encore précédé d'une Epître à la marquise *de la Baume* et de deux pièces en vers à la louange de l'auteur, savoir, son Portrait par *Tersandre* que je suppose être le marquis *de Coulanges* (2) , et un Sonnet signé *Herluison* , anagramme d'*Henri Solu* (3). Le Portrait a douze stances ; je n'en citerai que cinq :

Si l'on pouvoit au vray faire un portrait de vous ,
   Ce portrait nous surprendroit tous ,
Et l'on ne voudroit pas le croire véritable ;
   Puisqu'on voit que , tout à la fois ,
Vous êtes une muse , et vous en valez trois :
   Cela n'est-il pas incroyable ?

Melpomène , Thalie et l'illustre Clio
   Trouvent en vous ce beau trio ,
Et vous égalez bien ces trois doctes pucelles ;
   On le sait par tout l'univers.
Vous *peignez* , vous chantez et vous faites des vers.
   N'est-ce pas valoir autant qu'elles ?

La stupide souvent aura le corps très-beau ;
   L'on y voit un riche tableau ;
En effet , ce n'est rien qu'une belle peinture :
   L'on n'y voit que beaux dehors,
Et si l'âme en dedans n'en fait pas les trésors ,
   Ce n'est rien qu'un jeu de nature.

(1) C'est ce libraire qui , trois ans après la mort de Scarron , en 1663 ou 64 , publia une suite , soit une troisième partie du *Roman comique* , et la dédia à M. Boullioud , conseiller à la sénéchaussée de Lyon ; mais il n'en est point l'auteur, quoique la *Biogr. universelle* la lui ait attribuée. Voyez la nouvelle édition du *Roman comique* revue et annotée par M. Victor Fournel, Paris, Jannet (1857), p. lxxxj de l'Introduction.

(2) Conférez ce Portrait avec celui des demoiselles *Béraud* que nous avons reproduit dans notre *Notice sur le marquis de Coulanges* , Lyon, 1850, in-8.

(3) Homme de finances à Lyon, dont la femme était l'amie de Mᵐᵉ de Coulanges, qui l'a nommée dans sa Lettre du 1ᵉʳ août 1672. Voyez aussi la 33ᵉ lettre de ci-après, Le Pays et , mars 1672.

De tout ce que je dis , pourtant ne jugez pas
Que la Pascal manque d'appas :
Elle a les traits bien faits et la taille bien prise :
Elle n'a rien de trivial :
Elle est fort belle en gros aussi bien qu'en détail :
Mais c'est ce que moins elle prise.

Enfin, pour réussir au dessein que j'ai fait
D'entreprendre votre portrait ,
Il faudroit des pinceaux aussi fins que les vôtres ,
Des vers aussi forts , aussi doux :
Encor je risquerois de mal faire pour vous
Ce que vous faites bien pour d'autres.

Voici maintenant le Sonnet d'Henri Solu :

Petits esprits jaloux , jugements avortez,
Censeurs ambitieux d'une gloire immortelle
Que mérite Pascal ! stupides effrontez ,
Cesserez-vous jamais de lui faire querelle ?

Ses œuvres ne sont pas des trésors empruntés ,
Ainsi que sans raison vous murmurez contre elle ;
Et ces justes honneurs que vous lui disputez ,
Vous couvriront le front d'une honte éternelle.

Disputer à Pascal une gloire si düe !
Non , fille d'Apollon , triomphez à leur vüe :
Prodige des esprits , triomphez , ce n'est rien.

On ne peut offenser votre rare mérite ,
Car vous nommer, Pascal , c'est estre sans redite
L'honneur de votre sexe et la honte du mien.

J'arrive à la 5e pièce : *Le Vieillard amoureux*
ou l'*Heureuse feinte,* comédie en un acte; Lyon,
Ant. Offray, 1664, in-12. Elle est dédiée à M.
Grolier, seigneur de Cazot (1) , capitaine des
arquebusiers de la ville de Lyon et forces d'icelle;
en voici le sujet : Un vieillard veut prendre
femme tout en refusant par avarice un mari à
sa fille Isabelle. Il sort, chargeant son valet
Philipin de veiller sur elle; mais Isabelle aime
Cléandre , et Dorine, sa suivante , après avoir
séduit, à force d'argent , l'argus Philipin , pro-
cure à Cléandre une entrevue avec Isabelle.
Pendant qu'ils font l'amour, le vieillard revient.
Afin de n'être pas surpris, Cléandre rentre avec
Isabelle et Dorine qui l'habillent en femme.
Philipin annonce au vieillard l'arrivée d'une
étrangère (c'est Cléandre) dont il lui fait le portrait. Grâce à l'*Heureuse feinte* , le vieillard en
devient amoureux. Emporté par sa passion , il
veut se montrer ; mais Philipin l'engage à changer de toilette avant de se présenter ; il y con-
sent , puis reparaît quelques scènes après, et
déclare sa flamme. Tout le monde rentre à la
maison ; mais le vieillard en sort, et raconte,
furieux , à Philipin, qu'en regardant par une
fente de la porte de la chambre où se trouvaient
Isabelle et Cléandre , il a découvert la ruse.
Après quelques instants de colère, tout s'arran-

(1) *Charles Grolier* , seigneur de *Cazaut* (et non
de *Cazot*), mort prévôt des marchands le 1er septembre
1674. QUINCARNON , *sur saint Paul,* p. 81.

ge ; Isabelle , Cléandre , Dorine et Philipin ,
se jettent à genoux. Touché jusqu'aux larmes ,
le vieillard pardonne , et Cléandre épouse Isabelle. Deux scènes de cette comédie justifieront,
jusqu'à un certain point , le jugement que M.
Paul Lacroix a porté du style de Françoise Pascal , et témoigneront , comme il l'a dit, qu'elle
avait des idées ou du moins des intentions dramatiques , mais qu'elle ne savait pas écrire (Catal. Soleinne , n. 1284) :

SCÈNE X.

PHILIPIN , LE VIEILLARD.

PHILIPIN.
Monsieur , soyez le bien venu
LE VIEILLARD.
Que fais-tu là seul dans la rue ?
PHILIPIN.
La cause en est fort peu connue ;
C'est un sujet bien surprenant
Que vous saurez tout maintenant.
Sachez donc qu'une demoiselle
Qui n'est pas moins sage que belle ,
Etrangère , mais de bon lieu ,
Qui , par la volonté de Dieu
Et par un malheur incroyable ,
Est dans un état pitoyable.
Nous sommes encore ignorants
Quels sont ses amis , ses parents.
Elle est venue à notre porte ,
Et même a heurté d'une sorte
Et fait voir dans son entretien
Qu'elle vous connoissoit fort bien.
LE VIEILLARD.
Que diable peut-elle donc estre ?
Comment peut-elle me connoître ?
Tu dis qu'elle est dans ma maison.
Cela ne me sent rien de bon ;
C'est peut-être quelque coquine.
PHILIPIN.
Non , elle n'en a pas la mine.
Si vous la voyez , sur ma foy ,
Vous en direz autant que moy.
LE VIEILLARD.
Ah ! tu m'en donnes plus d'envie.
J'en ay déjà l'âme ravie.
Ouy , Philipin , à ton récit ,
J'ay laissé charmer mon esprit.
Dis-moy comment elle est faite ?
PHILIPIN.
Monsieur , elle est toute parfaite.
Jugez de sa bonne façon ;
Elle est haute comme un garçon.
LE VIEILLARD.
Sa chevelure?
PHILIPIN.
N'est pas blonde.
LE VIEILLARD.
Et sa face ?
PHILIPIN.
Elle n'est pas ronde.
LE VIEILLARD.
Son front ?
PHILIPIN.
Est plat comme un tranchoir.
LE VIEILLARD.
Son sourcil ?
PHILIPIN.
Entre blond et noir.
LE VIEILLARD.
Son nez comment est-il ?

PHILIPIN.
Aquelin ,
Fort approchant du masculin.
LE VIEILLARD.
Ses yeux ?
PHILIPIN.
Des petites cavernes
Où l'on voit briller des lanternes.
LE VIEILLARD.
Sa bouche ?
PHILIPIN.
Est couleur d'écarlate ,
Fort petite et fort délicate.
LE VIEILLARD.
Ouy ; mais cette bouche en dedans
A-t-elle bien toutes ses dents ?
PHILIPIN.
Fort petites et bien rangées ,
Qui ressemblent à des dragées.
LE VIEILLARD.
Son menton ?
PHILIPIN.
Est un peu fourchu.
LE VIEILLARD.
Et son sein ?
PHILIPIN.
Je ne l'ai pas vu ;
Elle est un peu trop retenue
Pour laisser voir sa gorge nue.
LE VIEILLARD.
Et son teint comment est-il ?
PHILIPIN.
Il est
Entre le blanc et le clairet ,
Car il n'est pas blanc comme plâtre ;
Il est entre blanc et rougeâtre.
LE VIEILLARD.
Ah ! Philipin , je veux la voir ;
Je pense que c'est mon devoir.
PHILIPIN.
Ouy ; mais , pour charmer cette belle ,
Si vous êtes épris pour elle ,
Habillez-vous plus galamment ;
Prenez un autre vêtement ;
Car vous n'auriez pas d'avantage
De la voir dans cet équipage.
Mais retirons-nous ; je la voy ;
Cachez-vous bien derrière moy.
Trouvez-vous qu'elle ait les yeux louches ?
LE VIEILLARD
Comment ! elle porte des mouches ?
PHILIPIN.
Monsieur , c'est sa condition ,
En tenez-vous ?
LE VIEILLARD.
J'ay la passion
D'aller luy déclarer ma braise.
PHILIPIN.
Tout beau.

SCÈNE XI.

ISABELLE, DORINE, CLÉANDRE (*en habit de femme*),
LE VIEILLARD (*caché derrière Philipin*).

ISABELLE.
Que mon père aura d'ayse
De voir un objet si charmant !
DORINE.
Parlez toujours adroitement
De peur de descouvrir la feinte.
Il faudra vous nommer Aminte.
CLÉANDRE.
L'accueil que je reçois de vous

M'est si favorable et si doux ,
Que mes infortunes passées
Sortent toutes de mes pensées ,
Je trouve icy tout mon repos.
LE VIEILLARD.
Philipin , qu'elle parle gros !
Sa langue n'est pas bien limée.
PHILIPIN.
Vrayment, c'est qu'elle est enrhumée.
CLÉANDRE (à Isabelle).
Comme vous avez des appas
Que les autres filles n'ont pas ,
Je croy que Monsieur votre père
Que par son renom je révère
Est un gentilhomme parfait ;
PHILIPIN.
Ah ! mademoiselle , en effet ,
Vous aurez pour luy de l'estime ;
C'est un homme très magnanime.
(*Au vieillard*).
Cachez-vous.
LE VIEILLARD.
J'en suis blessé.
CLÉANDRE.
Je l'avois déjà bien pensé ,
Qu'une fille si généreuse ,
Aussi belle qu'officieuse ,
N'a qu'un père très accomply.
PHILIPIN.
De plus le gousset bien remply.
LE VIEILLARD (*à part*).
Ah ! Philipin , qu'elle a de charmes !
CLÉANDRE.
Je ne verseray plus de larmes ,
Tant que je seray près de vous.
Que le ciel s'arme de courroux ,
Qu'il ajoute à mes infortunes
Des douleurs encore moins communes
Que celles qu'il m'a fait souffrir ,
Je suis contente d'en mourir ,
Mais j'en veux perdre la mémoire
Et de ma déplorable histoire
Pour ne songer qu'à mon bonheur.
ISABELLE.
Vous me faites trop de faveur ,
Pourtant je vous trouve inquiète.
CLÉANDRE.
Madame , c'est que je souhaite
Voir monsieur votre père icy.
LE VIEILLARD (*bas à Philipin*).
Je la veux tirer de soucy ;
Philipin , laisse-moy paroistre.
PHILIPIN.
Vous n'estes pas sage , mon maistre.
Attendez que vous soyez mieux
Pour vous descouvrir à ses yeux ,
Rentrez , je vous suis.
LE VIEILLARD.
Qu'elle est belle.

Le vieillard devenu très-amoureux va s'ha-
biller , et revient pour déclarer sa braise. Voici
la scène :

CLÉANDRE, ISABELLE, DORINE, PHILIPIN, LE VIEILLARD.

CLÉANDRE.
Monsieur , que pourrez-vous penser
D'un procédé....
LE VIEILLARD.
C'est m'offenser ,
Si vous croyez , belle , estrangère ,

Que je sois assez mauvais père
Pour voir ce que ma fille a fait.
Quoiqu'on m'accuse d'avarice ,
Je suis homme à rendre service ;
Et puis des beautez comme vous....
   CLÉANDRE.
Monsieur , un sentiment si doux
Me rend tant vostre redevable ,
Que je m'en sens moins misérable :
Je bénis mon mauvais destin
Puisqu'en ce jour.....
   LE VIEILLARD.
     Ah ! Philipin ,
Qu'elle dit de belles paroles !
(A Cléandre).
Tous ces compliments sont frivoles ;
Vous pouvez commander icy.
   CLÉANDRE.
Traiter une estrangère ainsi !
   LE VIEILLARD.
Ah ! Philipin , qu'elle est gentille !
(A Cléandre).
Vous coucherez avec ma fille.
   CLÉANDRE.
Très-volontiers et de bon cœur ;
Ce me sera beaucoup d'honneur ;
Je n'ay dessein que de vous plaire.
   ISABELLE.
Mon père, il n'est pas nécessaire....
   LE VIEILLARD.
Cela vous fait baisser les yeux.
   PHILIPIN *(à part).*
Il ne demanderoit pas mieux.
   LE VIEILLARD.
D'où vous vient cette résistance ?
N'est-elle pas.....
   ISABELLE.
     La conséquence
Est que Madame assurément
Doit avoir son appartement.
Cela se doit à ses mérites.
   LE VIEILLARD.
Il est bien vray ce que vous dites.
Hé bien ! laissez-nous donc icy
Tandis que vous prendrez soucy
De faire dresser chaque chose.
   ISABELLE.
Je n'y manqueray pas.
   CLÉANDRE.
     Si j'ose
Vous parler un peu librement ,
Je suis par trop élégamment
Pour une pauvre malheureuse
Que la fortune rigoureuse
Traite avecque tant de mépris.
   LE VIEILLARD.
Elle ne connoit pas le prix
De vostre bonté peu commune ;
Mais quelle est donc votre infortune ?
   CLÉANDRE.
Je l'ay dit icy devant tous.
   LE VIEILLARD.
Et de quel pays estes-vous ?
   CLÉANDRE.
Monsieur, j'ay pris mon origine
Dans le royaume de la Chine.
   LE VIEILLARD.
Mais y sait-on parler françis ?
   PHILIPIN.
Ah ! vraiment, Monsieur , je le crois ;
Il paroit bien à ses harangues
Qu'elle a toutes sortes de langues.

   CLÉANDRE.
Et par un malheur sans égal ,
Je quittai mon pays natal ;
Mais je ne sens pas le courage
D'en pouvoir dire davantage.
   LE VIEILLARD.
Madame, ne m'en dites plus ;
Ces récits seroient superflus :
J'aimerois beaucoup mieux vous dire....
   CLÉANDRE.
Qu'est-ce que votre cœur désire ?
   LE VIEILLARD.
Vous dire que vos doux regards
Sont plus perçants que mille dards ,
Que vous avez dans le visage
Des traits à blesser un sauvage.
   PHILIPIN *(à Cléandre).*
Il ressentoit déjà vos coups
Avant qu'on lui parlast de vous.
   CLÉANDRE.
Certes , il est bien difficile
De croire qu'une pauvre fille
Dont à peine on connoit le nom
Ait eu sur vous ce pouvoir. Non,
Vous me raillez.
   LE VIEILLARD.
    Ah ! belle Aminte ,
En vain vous m'accusez de feinte ;
Ouy , je brûlois pour vos beaux yeux
Avant de vous voir en ces lieux ;
Et maintenant que c'est vous-mesme ,
Plus je vous voy , plus je vous aime ;
Et si vous voulez aujourd'huy,
Pour mettre fin à vostre ennuy ,
Quoique ma fille en soit jalouse ,
Je vous prendray pour mon épouse.
   PHILIPIN *(à part).*
Le plaisant mariage !
   CLÉANDRE.
     Il faut
Avant que d'en parler si haut ,
Si vous m'aimez comme vous dites ,
Donner au moins quelques limites
Au bien que vous me proposez ;
Car enfin si vous m'épousez ,
Il faut bannir de mes pensées
Toutes mes misères passées ,
Afin que de plus doux plaisirs
Succèdent à mes déplaisirs ,
Et que , donnant trève à mes plaintes ,
Je puisse vous aymer sans feintes.
M'accorderez-vous pas ce bien ?
   LE VIEILLARD.
Ah ! je ne vous conteste en rien ;
Mais la douleur qui vous possède
Vous va faire devenir laide ,
Et si vous estiez avec moy ,
Vous embelliriez, sur ma foy.
   CLÉANDRE.
Je n'en doute point ; mais de grâce ,
Attendez que ma douleur passe ;
Après je seray toute à vous.
   LE VIEILLARD.
Bien , ma belle , rentrons chez nous.

Quand à la 6ᵉ pièce , l'*Amoureuse vaine et ridicule,* nous ne la connaissons que par la mention qu'en a faite M. P. Lacroix dans sa note sur le *Sésostris* ; mais nous ferons observer qu'il s'est trompé , quand il a pensé qu'on pouvait attribuer à Mˡˡᵉ Pascal *La Mort du grand Cyrus* inscrite sous le n. 1281 de la B. Soleinne.

Cette tragédie, dont nous avons parlé ci-dessus, est de *Vincent Borée.* Voyez les Publ. de 1655.

Françoise est encore l'auteur d'un livre ayant pour titre : *Le Commerce du Parnasse.* Par M. Pascal. A Paris, chez Claude Barbin. M.DC.LXIX. In-12 de 5 ff. non chiffrées et de 111 pages(1). Elle a dédié ce livre à la marquise de Crève-cœur. « Ce n'est pas d'aujourd'huy, » lui dit-elle, que le Parnasse fait gloire de » vous rendre des hommages. L'on sait que » des héroïnes telles que vous ne manquent » pas d'encens et d'offrandes. C'est ce qui m'a » poussé à venir parmy cette foule, exposer à » vos yeux ce petit Commerce du Parnasse, » qui n'est, sans doute, considérable que dans » les endroits qui ne sont pas de ma façon. » Ainsi, Madame, vous aurez sujet de dire que » je vous fais un don du bien d'autruy, et que » sans le secours de mes amis, ce qui est à » moy ne seroit pas recevable. Mais quoy » que ce soit une vérité, Madame, je ne » m'estimeray pas malheureuse, si vous recevez » bien mes intentions. L'illustre personne qui » me fit la grâce de me produire devant vous, » m'en avoit déjà assurée, et le favorable ac- » cueil que je receus de vous, ne m'en laissa » aucun doute....»

A la suite de cette dédicace sont trois sonnets signés, le premier M. D. V., le second D. V., et le troisième La Rivière.

Ces trois admirateurs de Françoise exaltent le double talent qu'elle a de peindre et de rimer; M. D. V. lui dit :

Si vos tableaux ont l'art de surprendre nos sens,
Vos beaux vers n'y font pas des effets moins puissants;
Vous charmez avec eux et l'oreille et la veüe.

Le *Commerce du Parnasse* nous offre un échange de lettres et de billets doux entre *Tersandre* (probablement le marquis de *Coulanges*) et *Philis* (nom emprunté par Mlle Pascal). La troisième lettre se termine ainsi :

Croyez donc, Philis, que Tersandre
Vous parle aujourd'huy librement,
Et que sans rien vous feindre et sans déguisement,
Il verra tous les jours augmenter son tourment,
Si, pour le soulager, vous n'avez rien de tendre.

«... L'amour que vous avez pour moy, répond Philis, est d'un genre tout particulier ; car je n'ay jamais vu homme croire qu'une fille feint quand elle luy dit qu'elle ne l'ayme pas. .... Je ne sçais, si je vous avois dit *je vous ayme*, si vous ne le croiriez aussi, puisque vous êtes si ingénieux à vous satisfaire de tout :

Non, Tersandre, quand un amant
A l'âme vivement atteinte,
Et qu'il aime bien tendrement,
Je crois qu'il est incessamment
Entre l'espérance et la crainte.

C'est de Lyon que Tersandre écrivait à Phi-lis : « Pourquoy traiter mes lettres de savantes et d'éloquentes, puisqu'elles n'ont rien de recherché ?... Espargnez-moy donc, s'il vous plaist ; souvenez-vous que je respire encor l'air de Lyon que je voudrois bien changer à celuy de la Cour, seulement pour avoir le bien d'estre près de vous.»

Comme on le voit, Philis, c'est-à-dire Mlle Pascal, habitait alors la capitale ; ce n'est pas une supposition, car on trouve dans le *Commerce du Parnasse*, la lettre suivante, qu'elle écrivit de Paris à sa sœur :

« Vous voulez savoir, ma chère sœur, ce que je fais depuis que je me suis mise en mon particulier, c'est-à-dire que vous apprenne si le ménage s'accorde bien avec mes occupations de la peinture et de la poésie ; je croy que vous devez fort en douter, quoique vous sçavez qu'à Lyon je ne me mélois guère de l'économie de la maison, et que vous en aviez toute la conduite. Je vous dirai pourtant qu'il me semble que je suis devenue un peu ména- gère, et que je partage assez mes soins entre mes ouvrages ordinaires et ceux de commander à une servante, qui me fait dépiter parce qu'elle est fort lente, quoique, comme vous le savez, je ne sois pas fort méchante. Vous savez aussi que ce n'est pas assez d'une servante pour accomplir un ménage, qu'il faut tout au moins un chien et un chat ; je n'ai pas encore le premier ; mais, à la place, on m'a fait présent d'une chatte, qui est la plus belle bête de Paris, et d'un perroquet qui ne fait tout le jour que crier, et l'on peut dire que c'est toute sa science, puisqu'il ne parle point, et que je croy qu'il ne parlera jamais, et moy, qui crains fort le bruit, je m'en déferay sans doute bientôt. Je ne sais s'il étourdit autant ma chatte que moy ; mais, dans le moment que je vous écris, elle grimpe par la tapisserie dans le dessein d'aller jusqu'à la cage pour le faire taire, et d'en faire un bon repas si elle peut. Voilà tout ce que j'avois à vous dire sur le sujet de mon nouveau ménage ; à l'avenir, je vous donneray avis de ce qui m'arrivera de plus remarquable.»

Cette lettre est suivie de trois pièces de vers qui terminent le volume ; on y trouve encore un Sonnet sur la Mort du Sauveur, des Stances sur le portrait de l'évêque de Périgueux (1), deux Elégies et deux Madrigaux.

A l'exemple de plusieurs poètes de cette époque, Françoise, après avoir sacrifié aux muses profanes une partie de sa vie, voulut en consacrer le reste aux muses chrétiennes. En 1672, elle publia un recueil de *Cantiques spirituels* ou *Noëls nouveaux sur la naissance du Sauveur* (Paris Nicolas Boudot,

---

(1) Il est à remarquer qu'il n'y a pas de privilège du roi ni de permis d'imprimer dans ce volume. La B. de L. en possède un exemplaire.

(1) Probablement *Guillaume Le Boux* qui, du temps de La Fronde, s'était rendu célèbre par ses prédications.

in-12 (1); elle dédia ce volume à Mademoiselle *de La Rivière.* «....Quoyque la naissance du
» Sauveur du monde, lui dit-elle, soit un su-
» jet chanté quelquefois par de mauvais poè-
» tes, néanmoins il est toujours auguste....
» C'est ne l'abaisser pas de l'offrir à la plus
» pieuse héroïne de notre temps... Il me sou-
» vient que vous avez toujours vu mes ouvra-
» ges avec tant de complaisance, et que vous
» avez eu la bonté d'en parler si favorable-
» ment à vos illustres amis, que l'on peut
» dire avec justice que vous leur avez don-
» né la grâce qui leur manquoit.... Je ne
» diray rien de vostre illustre et haute nais-
» sance, n'y que vous avez l'avantage d'es-
» tre au rang des filles de nostre grande
» Reine....»

Les Cantiques de Françoise eurent plusieurs
éditions, et on les réimprimait encore en 1725;
c'est sur des airs de l'Opéra ou des chansons
les plus populaires de ce temps-là qu'ils se
chantaient (2). Le style en est assez coulant, et il en est quelques-uns, tels que
ceux-ci, qui pourraient encore trouver place dans les recueils qu'on publie chaque année :

CANTIQUE POUR L'AVENT, sur l'air, *De ce tré-
buchement fatal, rions un peu,* etc.

Israël attend du Sauveur
Sa liberté, sa gloire et son bonheur.
Du péché que commit Adam,
Il promit le pardon au saint père Abraham.

Qui pourrait douter en ce lieu
Du serment fait de la bouche d'un Dieu?

Ce qu'elle a jamais proféré
Fut et sera toujours un oracle sacré.

Il le promit, son fils viendra.
Ce beau soleil partout éclairera.
Les plus sombres obscurités
Le verront pénétrer de ses vives clartés.

Les ennemis du genre humain
Eprouveront les foudres de sa main.
Ce saint et redoutable abord
Fera trembler l'enfer et succomber la mort.

CANTIQUE SUR LA NAISSANCE DU SAUVEUR,
Sur l'air : *Philis, vous avez dans les yeux,* etc.

Bergers, venez voir dans ce lieu
Un enfant Dieu
Né depuis peu :
Voilà sa mère et son époux.
Quelle merveille !
Son fils sommeille
Sur ses genoux.

Cette pucelle a dans les yeux
Ce que les cieux
Ont fait de mieux.

Son front où brille la pudeur,
Est un beau temple
Que l'on contemple
Avec ardeur.

LA VIERGE (aux bergers).

Bergers, parlez un peu plus bas.
Ne marchez pas
Qu'à petits pas.
Voilà l'enfant dans son sommeil ;
Faites silence ;
Qu'aucun n'avance
Qu'à son réveil.

Le P. de Colonia, l'abbé Goujet et les frères
Parfait n'ont rien dit de Françoise Pascal;
Chappuzeau, qui a séjourné longtemps à Lyon,
et qui a dû la connaître, n'en a rien dit non
plus dans son livre *le Théâtre françois* (Lyon,
1674, in-12); cependant il y cite la plupart des
auteurs dramatiques de cette époque (1) ; mais
elle figure sous le nom de *Palimène* dans l'*A-
postille* du *Dictionnaire des prétieuses* que Somaize publia en 1664. « *Palimène,* dit-il, est
» une vieille prétieuse ; elle fait bien des vers,
» et l'on a représenté aux Jeux du Cirque une
» pièce qu'elle a composée, et qui a été trou-
» vée fort belle. » M. Livet, qui a joint une
Clef à la nouvelle édition récemment publiée
de ce Dictionnaire, se demande si c'est bien de
Françoise qu'il s'agit ici, On n'en saurait douter, car l'Apostille où elle se trouve mentionnée est consacrée tout entière aux prétieuses
Milet, c'est-à-dire de Lyon (2). « Jean de La-

---

(1) Barbier (n. 12364 de ses *Anonym.*) attribue à
Françoise Pascal des *Noëls nouveaux françois et
bourguignons*, Paris 1670, in-8, et Dijon, 1723,
in-12. A supposer que ce livre soit réellement de Françoise, je ne pense pas qu'elle soit l'auteur des Noëls
bourguignons ; ils sont probablement de Lamonnoye, qui
a pu connaître Mlle Pascal ; car il se trouvait à Lyon
en 1660, lors du passage d'un ambassadeur turc, et
c'est à cette occasion qu'il composa la plaisante historiette qui a pour titre *Le Salamalec Lyonnois,* qu'il
publia dans l'édition qu'il donna du *Menagiana,* en
1715. — Un ami du spirituel Dijonais, l'avocat *Claude
Brossette,* publia, en 1710, un *Recueil des plus
excellents Noëls vieux,* Lyon; *Mathieu Chevanche,*
in-12. Il y en a deux dont la scène se passe à Lyon ;
mais ils doivent avoir été composés, l'un en 1581 et
l'autre un peu plus tard ; je ne crois pas qu'il y en
ait de Françoise Pascal. J'ajouterai qu'elle n'est pas
nommée dans l'introduction qu'on lit en tête de la nouvelle édition que M. Fertiault a donnée des Noëls de Lamonnoye.

(2) Un de ces Cantiques est sur l'air fait ou adopté
pour le charmant couplet de l'abbé de Maucroy, *La
Fille qui cause nos pleurs* : voyez le *Menagiana*
111, 147 ; *les Poésies de Ch. d'Orléans* publiées par
M. Champollion-Figeac, note 72 ; Le *Bayle* de Beuchot, t. 10, p. 326. — Un de nos compatriotes, *Antoine Revérony,* mort le 22 sept. 1824, a composé
un certain nombre de *Noëls* insérés dans différents
recueils ; il est à regreter que l'on n'en ait pas une
collection, car il excellait dans ce genre de poésie.

(1) Il serait très-possible que Chappuzeau, qui était
protestant, et qui faisait aussi des pièces de théâtre, fût
un des envieux de Mlle Pascal.

(2) Quant à la *Catherine Pascal* (que cite aussi M.
Livet) la *Bien aymée du Parnasse* (lyonnais, suivant

forge , ajoute M. Livet , parle aussi de Mlle Pascal , *qui fait chaque jour de charmants madrigaux* , mais peut-être n'est-ce pas de Françoise qu'il parle (1). » Laforge ne dit pas tout-à-fait cela , car on lit à la page 12 de son Dialogue, *Le Cercle des femmes savantes* (Paris, 1663, in-12.) :

Claudine, Omphale, Aminthe, Eromène, Angélique ,
Aimeront les accords d'une douce musique ,
Et dans leurs madrigaux et leurs tendres chansons
De l'enjouée Euterpe apprendront les leçons.

Or, on lit dans la Clef de ce dialogue: « *Claudine* , Mlle Colletet, *Omphale*, Mme Scaron, *Aminte*, *Eromène*, *Angélique*, Mesdemoiselles Desvaux , Mareschal et Paschal (*sic*) composent tous les jours de si jolis madrigaux et de si agréables chansons , que j'aurois tort de les oublier. »

Je terminerai par cette citation les recherches que l'on vient de lire ; puissent-elles ne pas être inutiles à celui qui fera la notice de notre poétesse pour la *Biographie lyonnaise* projetée depuis bien des annéespar la Société littéraire de Lyon.

1656.

PRÉVÔT DES MARCHANDS : *Jacques Guignard* (voyez ci-dessus, année 1654). — ECHEVINS pour 1656 et 1657 : *Justinien Croppet de Varissan, Noël Costart, Pierre Bollioud, Pierre Rambaud.*

Février 26. Un arrêt du parlement de Grenoble déclare n'y avoir abus dans la sentence de l'official de Lyon confirmée par celui de Valence, commissaire apostolique , qui avait condamné M. *Rey* , curé de Saint-Baudille , à quitter sa cure et en quelques pénitences. La Cour le déclare suffisamment convaincu des crimes à lui imposés , et le condamne aux galères perpétuelles. — *Jean Basset* (2), après avoir dit (3) qu'il avait écrit au procès du promoteur , ajoute : « Je dois ce témoignage public à la piété et au zèle de *Camille de Neufville*, archevêque de Lyon , qui me fit l'honneur de me recommander alors cette affaire comme y prenant beaucoup de part , m'assurant qu'il n'épargneroit ni soins , ni toute autre chose pour purger son diocèse de ces personnes qui commettoient les vices qu'elles doivent avoir en horreur , et qui , par leur mauvais exemple , induisent leurs paroissiens aux crimes dont ils devroient

être divertis par leurs prédications et leurs bonnes mœurs..... » — « Nous avons dû , dit *Prost de Royer* , qui rapporte le passage qu'on vient de lire, rappeler cet éloge donné à la juste et sainte sévérité d'un de nos plus grands prélats, moins recommandable encore par son nom si justement chéri et révéré des Lyonnois , que par ses vertus éclatantes. » *Dict. de Jurisprud.*, I , 495.

Mars 5. Guy Patin écrit à Charles Spon : «.... Vos *libraires de Lyon* ressemblent donc aux nôtres; je ne connois point de plus grands et puants menteurs que ces gens-là.... » — Déjà Patin avait dit à Spon (lettre du 21 octobre 1644) : « Ce que vous me dites des libraires de Paris est très vrai ; il y a longtemps que je le sais très-bien : *Sunt pessimi nebulones et lucriones tenacissimi, vilissimi, mendacissimi.*» — Dans une autre lettre , il avait dit d'un feu libraire: *Non habebat animam , erat bibliopola.* — « Faire un bon marché avec son libraire , disait Sterne , quel est l'écrivain qui ne sache pas que c'est presque chose impossible (*Tristram Shandi*, c. 15)? » — « On a vu de nos jours , a dit Bernardin de Saint-Pierre , la postérité de Lafontaine et celle du grand Corneille réduites à l'aumône , tandis que les libraires de Paris achetaient des châteaux en vendant leurs ouvrages. » — On lit dans le Dictionnaire de Richelet , au mot *Libraire*: « Messieurs *Anisson*, *Posuel* et *Rigault* sont les plus riches et les plus habiles libraires du Roïaume , et les Savans leur ont de grandes obligations. » — Le P. Menestrier nous apprend dans son *Art des emblèmes* , que trois libraires de Lyon , *Borde* , *Rigaud* et *Artaud* , qui ayant eu séparément , l'un la figure du *Temps* pour devise , l'autre l'image de la *Fortune* , et le troisième , celle de la *Vertu* , s'étant associés , joignirent ces trois enseignes en un corps d'emblème où le Temps tiroit la charrue , et la Vertu la conduisait, tandis que la Fortune semait , ce qui était exprimé par ce vers qui accompagnait leur nouvel insigne :

Semina Fortunæ geminat cum Tempore Virtus.

Même mois 6. Patin écrit à Spon : «..... Dès que j'aurai reçu votre tableau , je le mettrai en bon endroit avec *Fernel*,..... *Marescot*, ... *P. Charron, Michel de Montaigne*, le *Lucien françois*, autrement nommé *Rabelais*, le divin *Erasme*, etc. Voilà les dieux tutélaires de ma Bibliothèque , et puis après le maître de ma Bibliothèque :

Se quoque principibus permixtum agnoscit Achivis (1).

Bonaventure d'Argonne rapporte dans ses *Mélanges* , I, 28 , que la Bibliothèque de Patin était nombreuse et assez garnie de livres. M. Sainte-Beuve, dans la pièce intitulée *Mes livres*, s'écrie :

Le docteur Guy Patin
Avait-il plus de dix mille volumes ?

M. Paul Lacroix) , à laquelle Antoine Girard dédia sa tragédie de *Judith* , en 1649 , il serait très-possible que Françoise ait eu ce second prénom. Voyez le *Catal. Soleinne* , n. 1245.

(1) Et de quelle autre ? Ce n'est pas à coup sûr de *Jacqueline* ; car, depuis son entrée en religion, en 1646, elle ne faisait plus des vers.

(2) Voyez, sur ce jurisconsulte dauphinois omis dans la *Biogr. univ.*, Gui Allard et Denis Simon.

(3) *Plaidoyers et arrêts du Parlement de Dauphiné.*

(1) Virgile , *Aeneid.* I , 492.

Voyez les *Mélanges litt. de Ch. Labille*, I, 550. *Même mois*..... Une ordonnance du Roi contient entre autres dispositions, itératif commandement à ceux de ses sujets qui sont auprès du *Cardinal de Retz*, de s'en retirer et de se rendre dans deux mois en la ville de Lyon. *Gaz. de Fr.*, p. 442.

Mai 15. Le Parlement de Paris valide le testament fait à Lyon par un homme atteint de la peste, qui a déclaré ne *savoir signer* quoiqu'il sût écrire et signer. — Ce particulier que sa maladie ne permettait pas de sortir de son appartement, s'était mis à la fenêtre, et avait dicté son testament au notaire en présence de sept témoins qui étaient dans la rue. *Journal des audiences*, par J. du Fresne, I, 668.

Même mois 26. Mort de *Jacques Moiron*, baron de Saint-Trivier, né à Lyon le 15 février 1564, célèbre par le legs qu'il fit de la majeure partie de sa fortune à l'Aumône générale de cette ville. — Il voulut imiter en cela *Jean Cléberger*, surnommé *le bon Allemand*, qui lui avait transmis la presque totalité de ses biens. — M. l'abbé *Depéry* (aujourd'hui évêque de Gap) s'est trompé lorsqu'il a dit, tome 2, p. 46 de sa *Biogr. de l'Ain*, que Jacques Moiron était auteur d'une *Vie de saint Trivier*. L'ancien manuscrit de cette Vie écrite en latin par un anonyme, fut publié en 1647, par *Pierre Bullioud*. Voyez le *Compte-rendu des travaux de l'académie de Lyon* en 1818, par M. Cochard, p. 26, et les *Mélanges* de M. Breghot, p. 255; les Publ. de cet année, *Testament*...

Août 14. *Christine*, reine de Suède, fait son entrée à Lyon par la porte du Pont du Rhône (1). — Cette princesse fut reçue à l'Archevêché, où elle fut haranguée le lendemain par le Consulat, qui lui offrit, le 17, une collation à l'Hôtel-de-Ville. Le 25, elle s'embarqua sur la Saône pour se rendre à Mâcon. — Dans sa visite au Collège de la Trinité, Christine voulut s'assurer si tout ce qu'on lui avait dit de la mémoire prodigieuse du P. *Ménestrier* était vrai; elle fit prononcer et écrire devant elle, trois cents mots les plus extraordinaires et les plus bizarres. Le jeune religieux les répéta dans l'ordre qu'ils avaient été dictés, puis les redit dans l'ordre inverse, ensuite dans tel désordre et tel arrangement qu'on voulut lui imposer (Niceron, I, 75). — Christine fut haranguée à Paris par M. *de Bellièvre*. Voyez la *Gaz. de Fr.*, p. 869, 895 et 1027; ci-après 6 oct., et mai 1667.

Même mois 29. *Camille de Neufville* continue sa tournée pastorale qu'il avait commencée l'année précédente dans la Bresse, et qu'il avait été obligé de suspendre le 25 septembre après avoir visité l'église de la Pérouse. — Notre prélat commença cette nouvelle visite par l'église de Sandrans, et la termina le 12 septembre par celle de Saint-André d'Huyria, voyez ci-dessus au 22 août 1655.

Octobre 6. Retour à Lyon de *Christine*. — Elle partit le lendemain pour l'Italie. *Gaz. de France*, p. 1221; Cochard, *Guide*, p. 507. — Christine serait encore venue à Lyon en 1658. Voyez la *Gaz. de Fr.*, p. 248.

Même mois 17. Le Consulat autorise le sieur *Déchannal* à établir à Lyon des moulins propres à fabriquer des *organcins*.

Novembre 7. Guy Patin écrit à Charles Spon: « ..... Voici encore une mort que j'ay à vous annoncer; c'est celle du sieur *Morin*, Beaujolois, professeur du Roi en mathématiques : si bien que le voilà mort au bout d'un an; aussi bien que M. *Gassendi* (1); mais ils n'ont garde de se mordre l'un l'autre, car l'un est à Saint-Nicolas-des-Champs, et l'autre à Saint-Etienne-du-Mont. Quoi qu'il en soit, c'est chose certaine qu'en l'autre monde, ils auront le né fait l'un comme l'autre, malgré toutes les mathématiques et toute la prétendue judiciaire des astrologues dont Morin était coiffé..... »

N. *Jean-Baptiste Morin* naquit à Villefranche, le 25 février ou le 7 mars 1585. Parmi les lettres de Gassendi, il en est une qui lui est adressée. Louis Racine lui a fait l'honneur de le nommer dans le 5e chant de son poème, *la Religion* :

Sous la voute des cieux notre histoire est écrite ;
Dans ce livre fatal plus d'un Cardan médité :
Achetons leur faveur. Richelieu, Mazarin ;
Vous-mêmes, prodiguez vos bienfaits à Morin.
Ses yeux lisent un chiffre impénétrable aux vôtres ;
Qu'il vous fasse trembler, faites trembler les autres.

François de Poilly a gravé le portrait de Morin sur l'original peint par Flamen; on y lit ce distique :

Quis, qualis, quantusque fuit Morinus, habetur
Ex scriptis, coeli themate et effigie.

Voyez l'abbé Goujet, *Mém. sur le Collège royal*, II, 157-147, et la lettre de Patin à Falconet du 18 février 1661.

Novembre 7. Guy Patin écrit à Charles Spon: « .... On publie à son de trompe l'ordonnance du Roi contre les passements d'or et d'argent, les dentelles et les points de Gènes, les carosses dorés et autres superfluités. Beaucoup de pauvres ouvriers faiseurs de rubans se plaignent de cet édit, d'autant qu'ils gagnoient leur vie à faire de ces passements (2), mais les *autres* allèguent à cela une très-méchante et maudite raison d'état, qui est que ces ouvriers bandés et désespérés, faute de vivre de leur métier, on en fera des soldats pour remplir les régiments de l'armée du Roi, qui sont fort délabrés et diminués de cette dernière campagne, de sorte que la politique deviendra enfin *Ars non tam tegendi quam fallendi homines* (3), et tout cela pour le profit d'un homme tout seul, et aux dépens de toute la France.... »

---

(1) Le 17 septembre 1657, le Consulat fit payer à titre d'indemnité à noble *François Basset*, 550 livres pour le logement de Christine, dans sa maison à la Guillotière. Note de M. Morel de Voleine.

(1) Voyez ci-dessus, 26 octobre 1655.
(2) Cet édit dut être encore plus funestes aux manufactures de Lyon qu'à celles de Paris.
(3) Voyez ci-dessus au 26 avril 1652.

— Cette lettre contient un passage qui aurait dû être le sujet d'une note de la part du dernier éditeur. Patin, après avoir dit que l'on vient de faire dans les Ecoles de médecine de Paris, un doyen et des professeurs nouveaux, ajoute: « Il n'y aura pas lieu d'en faire d'autres que d'aujourd'hui en deux ans; *le Pape mourra, le singe parlera.* » L'explication de ce proverbe se trouve dans un conte de *Bonaventure des Périers* : Un italien avait pris six ans de terme pour faire parler le singe d'un abbé, et s'était fait donner par avance une bonne partie du prix convenu ; on le blâmait de ce marché : « Bon, dit-il, dans six ans, ou je mourrai, ou » l'abbé ou le singe. » C'est probablement ce conte qui a fourni à *Lafontaine* le sujet de sa fable *le Charlatan*, dans laquelle on lit :

Avant l'affaire,
Le roi, l'âne ou moi nous mourrons.

Voyez le *Ducatiana*, p. 559. — Dans sa lettre du 19 novembre suivant, Patin dit à Falconet : « Le *Quinquina* des Jésuites de Rome n'a guéri personne ici, et il n'en est plus question nulle part :

Barbarus, ecce jacet, nec erit cum nomine pulvis. »

M. Reveillé-Parise ne nous apprend pas quel est l'auteur de ce vers; nous croyons qu'on le chercherait en vain dans les anciens poètes latins. Voyez les Publ. de 1679, *De la Guérison des fièvres par le Quinquina*, etc., et le *Minuciana*, p. 16.

Décembre 5. Guy Patin écrit à Charles Spon: «.... La femme de votre *Meyssonnier* est donc morte avec le vin émétique ? ce poison joue donc des siennes à Lyon comme à Paris ? Quelques-uns de vos docteurs en ont donné à leurs femmes qui n'en prendront plus jamais ; elles sont mortes par la grâce de Dieu, et quelques-uns d'eux en ont pris de plus jeunes à leur place.... Je vous supplie de dire à M. *Gras* que j'ai céans les quatorze *Lettres jansénistes* pour lui, dans un paquet, et autant pour vous dans un autre.... Un honnête homme du bon parti m'a dit que, dans huit jours, nous aurions la quinzième (1).... »

N. Cette quinzième lettre parut en effet vers les premiers jours de décembre. Pascal y rappelle les démêlés qui eurent lieu entre les Jésuites et le curé de Saint-Nizier (Voyez ci-dessus au 25 septembre 1650). — Nous ne connaissons qu'une édition lyonnaise des *Provinciales*; ce fut *Aimé de la Roche*, imprimeur de l'Archevêché, qui la publia en 1776, petit in-12, sans nom de ville. On y a reproduit

le Discours préliminaire de l'édition de 1754 et le *Rondeau* adressé aux RR. PP. JJ. *Sur leur morale accommodante*, tiré de l'édition de 1657. Voyez les Publ. de 1679 , *Pensées de Monsieur Pascal....*

Même mois... Publication de la Déclaration du Roi portant défense aux *Religionnaires* d'exercer leur culte dans les villes où il y a un archevêché ou un évêché , et dans les lieux et seigneuries appartenant aux ecclésiastiques , etc. Recueil d'Isambert, t. 17, p. 559.

Matthieu Sève est nommé lieutenant général de la sénéchaussée en remplacement de feu *Jacques Moiron.*

Mlle *de Riants* était alors supérieure du couvent de la Visitation. — Elle était fille de Denis de Riants, baron de Villeray. Le 9 mars de cette année , Patin écrivait à Spon, qui sans doute lui en avait parlé : « *Obligez*-moi de dire à votre belle religieuse que je me recommande à ses bonnes prières. »

En 1656, le *Collége des médecins de Lyon* se composait ainsi : *Charles Pons*, doyen du Collége et premier médecin du Grand-Hôtel-Dieu (mort l'année suivante) ; — *Henri de Rhodes*; — *Louis de Serres* , de Noyons en Dauphiné (auteur de plusieurs ouvrages publiés à Lyon); — *Pierre Garnier*, de Bresse; — *Antoine Robert*, de Tournon, conseiller du Roy; — *Jean Balcet*, de la vallée de Pragelas (voyez les Publ. de 1655); — *Jean Léal*, médecin du Grand-Hôtel-Dieu; — *Guillaume Sauvageon*, de Nevers; — *Lazare Meyssonnier*, de Clugny en Bourgogne, conseiller médecin du Roy ; — *Jean-Claude Marcelin*, de Lyon (mort en 1675) ; — *Gilles Boni*, de Lyon; — *François Picotté de Belestre*, d'Orléans (cité, mais non loué par Guy Patin); — *Pierre Potot*, de Lyon , médecin de N. D. de la Charité; — *Jean de la Mounière*, de Lyon; — *Louis de Serres* le fils, de Lyon ; — *Pierre Barra* , de Lyon (1); — *Claude Stouppe*, de Lyon. — La liste que l'on vient de lire est extraite du livre de *Chappuzeau* ayant pour titre : *Lyon dans son lustre* (voyez les Publ. de cette année). On lit dans le même ouvrage que *Pierre l'Abbé* était alors recteur du Collége de la Trinité, où se trouvaient 60 religieux , qu'il y en avait 25 au Petit-Collége, et 50 dans le Noviciat de Saint-Joseph. On comptait, à cette époque , 40 communautés appartenant à différents ordres, et le nombre des personnes religieuses s'élevait à 1655.

Chapelle et *Bachaumont* composent à Lyon, la lettre en prose et en vers qui contient la relation de leur voyage dans le midi de la France; après avoir loué les vins de Condrieux et de Côte-Rôtie, ils la datent

« De Lyon où l'on nous a dit
Que le Roy, par un rude édit,
Avoit fait défenses expresses,

---

(1) Patin, dans sa lettre, cite, sans dire de qui il est, ce vers qui a pour auteur *Ovide* (II, *Trist.*, 216) :

Non vacuat exiguis rebus adesse Jovis.

La même pensée se trouve dans *Cicéron* , livre 2, ch. 66 : du traité *de Nat. deorum: Magna dii curant, parva negligunt.* De là le proverbe si souvent cité : *De minimis non curat praetor.* Voyez les *Essais* de Montaigne, l. 2, c. XII, p. 288 de l'édit. du Panthéon.

(1) Mort vers 1693. Voyez sa notice dans nos *Variétés biogr. et litt.*; J. Spon, *Recherche*, p. 221; la lettre de Patin à Spon du 1er août 1656.

Expresses défenses à tous
De plus porter chausses suissesses (1)... »

« Le voyage de Chapelle, dit M. Taillandier (2), si heureusement raconté, est sans aucune contestation possible de 1656, et se termine à Lyon vers le milieu de novembre. » La relation des deux amis fut insérée dans le *Nouveau recueil de plusieurs et diverses pièces galantes de ce temps*, imprimé sans nom de ville, 1662, in-12. Voyez ci-dessus, année 1652, les extraits que nous avons donnés de la relation des *Voyageurs inconnus*.

Mort de *Benoît Gonon*, Célestin de Lyon, auteur d'ouvrages historiques et mystiques. Voyez son article dans là *Biogr. lyonn.*

Circa. Un marchand de Lyon, M. *Damette* (5), avait acheté, à *Irigny*, une villa qui porte encore son nom, *La Damette*. Ce marchand était lié avec l'abbé *Nicole*, de Port-Royal, qui lui écrivit la lettre suivante :

« J'ai reçu, Monsieur, un billet de votre part, par un fort honnête homme qui avoit un désir très-inutile pour lui, et dont il s'est délivré apparemment pour toujours, qui est celui de me voir. Je croirois avoir gagné quelque chose à la connoissance que vous m'avez procurée, n'étoit que ces personnes venant ici avec une grande idée, ils s'en retournent ordinairement mal satisfaits ; mais c'est toujours leur rendre quelque service que de les détromper, et d'empêcher par là certaines effusions de louanges qu'ils donnent quelquefois aux gens sans discernement. Il me fit, Monsieur, quelques plaintes de votre part sur certains discours que l'on m'attribue touchant la dépense que vous avez faite à votre maison des champs ; je ne les reconnois pas tous pour véritables ; je n'ai jamais dit, par exemple, que vous vous étiez ruiné à ces bâtiments ; il est bien vrai que l'on m'avoit parlé de 40 mille écus de dépense (4), et que j'en ai pu parler sur ce pied-là. Celui qui me rendit votre billet m'a dit qu'il en falloit rabattre beaucoup, et je réformai avec joie mon impression sur ce qu'il

m'en dit. J'avoue néanmoins que nous ne convenions pas de principe sur le reste. Il prétendoit que c'étoit une raison suffisante pour excuser ces dépenses, de ce que, par là, on avoit fait subsister quantité de pauvres, et je ne pouvois approuver une raison qui iroit à justifier généralement toute sorte de luxe et de dépense superflue en bonne chère, en meubles, en habits, en bâtiments. Car la dépense inutile qu'on fait en ces choses est toujours utile à quelqu'un, et on ne sauroit même réformer une partie du luxe sans ruiner quantité de gens. Mais cela ne suffit pas pour excuser les dépenses de cette nature ; il faut que non-seulement elles servent au prochain en lui donnant moyen de gagner sa vie, mais qu'elles soient utiles aux autres et à nous par la nature des ouvrages qu'on fait faire. Nous devons donner au public des exemples de modération, de sagesse, d'humilité, de haine du luxe, et on ne fait pas cela en proposant l'exemple d'un bâtiment magnifique qu'il ne doit pas imiter ; on se doit à soi-même de se procurer les vrais biens de cette vie et de l'autre qui sont l'humilité, la fuite de la grandeur, de la pompe, l'amour de la politesse, de la modération ; et l'usage que l'on fait d'une partie de son bien en un bâtiment inutile, ne tend pas à cette fin. On s'y propose par nécessité quelque fin humaine et l'on s'agrandit en soi-même à proportion des ouvrages que l'on entreprend. On voit attirer par là quelques discours et quelques jugements, et il faut que cela soit, puisqu'on ne se porteroit jamais à ces bâtiments si on étoit seul dans le monde, et s'ils ne devoient être vus de personne. Mais sans entrer dans toutes ces vues secrètes, ce qui touche ordinairement le plus dans ces sortes de dépenses, c'est de s'être privé par là des trésors que l'on pourroit acquérir pour l'autre vie dans l'Eternité, car je trouve si peu de proportion entre ce que l'on perd et ce que l'on gagne, que je ne saurois m'empêcher de plaindre mes amis d'avoir fait une perte considérable. Il est encore vrai, Monsieur, que j'en ai été beaucoup plus touché à votre égard que je ne l'aurois été à l'égard d'un autre, tant par l'estime et l'affection que j'ai pour vous, que parce que cela me paraissoit très-opposé à votre caractère, qui est un caractère de raison, de modération et de sagesse. Et cela me fait voir que nonosbtant toutes nos lumières, on peut se laisser surprendre par certaines lueurs trompeuses qui justifient à nos yeux ce que notre inclination secrète nous fait désirer. Je vous parle, Monsieur, avec liberté ; mais je ne saurois parler autrement à un homme pour qui j'ai la tendresse que je sens pour vous (tome 2, p. 2 de l'édit. de 1718). » — Qu'il nous soit permis de rapprocher de la lettre qu'on vient de lire, ces vers extraits du *Praedium* du Père Vanière (L. 1) :

(1) Ces défenses se trouvent propablement dans l'ordonnance mentionnée dans la lettre de Patin du 7 novembre ; le Recueil d'Isambert n'en donne que le titre, et la met sous la date du 13 novembre.

(2) *Commencements de la vie de Molière*, tome 19, p. 280 de la *Revue des deux mondes*. Voyez aussi les *OEuvres de Chapelle et de Bachaumont*, Paris, 1755, p. 276, et la *Biblioth.* de l'abbé Goujet, t. 18, p. 217.

(3) Une tradition populaire attribue à cet opulent citoyen la construction de l'église paroissiale d'Irigny, laquelle est sous le vocable de saint André et de sainte Anne. La Damette a souvent changé de maîtres ; elle est possédée aujourd'hui par M. *Michel*, négociant à Lyon.

(4) La plus grande dépense avait été occasionnée pour établir des eaux jaillissantes dans les jardins, et par les peintures qui décoraient le grand salon et avaient été faites par les Stella.

Ne fundus villam, neque fundum urbana vicissim
Villa requirat : agro sit par domus : ardua non tam

Suscepisse, quam sustinuisse decorum est;
Turpius et cessat quò coepta superbius, urbe
Indignante, domus : tu saxos rure penates
Ut facili statuas operâ; nec prodigus
Aurum effundas, villae felicibus utere donis...

PUBLICATIONS DE 1656.

Bussieres (Joann. de), è soc. Jesu , *Scander-begus* , poema. Accessit Dissertatio in Poemate epico. Lugduni , apud *Laur. Anisson* et *J.-B. Devenet.* 1656 , pet. in-12. — Dédicace de l'auteur à *François de Neufville*, marquis de *Villeroy*. — Cette première édition ne contient que les quatre premiers livres du *Scanderbeg* ; les quatre derniers livres furent publiés en 1658. Ce poème qui se retrouve dans les *Miscellanea poetica* du P. de Bussières , se termine par ce vers imité de Virgile : -

Procumbunt , ille ad Stygias provolvitur umbras.

En 1825 , M. Idt , alors professeur de rhétorique au collége royal de Lyon , en a traduit en vers français un fragment, qui a été inséré dans les *Archives du Rhône* , t. 5 , p. 268.

La Cabale des Barbistes. Lyon , in-4. — Le 5 octobre 1656 , Patin demandait à Spon quel est celui à qui en voulait ce livre (qui a échappé à Barbier).

Cajan ou *l'Idolâtre converty*, tragi-comédie en 5 actes, par F. G. B. (frère *Girard*, Barnabite (?). Lyon , *Claude de la Rivière*, 1656 , in-8 (B. Soleinne, n. 1285). — Voici le compliment que fait Romilde à Cajan après son baptême :

Les belles eaux, qui vous ont ondoyé ,
Vous ont parfaitement , grand prince , nettoyé.

Le Cercle des femmes, Entretien comique tiré des *Dialogues* d'Erasme , suivy de l'Histoire d'Hymenée (par *Samuel Chappuzeau*). Lyon , *Michel Duhan.* 1656 , in-16.

Chomelli (*Francisci*) *Tractatus de tussi.* Lugd., 1656 , in-8. — Voyez la lettre de Patin à Spon du 50 nov. 1655.

Chronologie ou *Mémorial des Frères mineurs*, despuis son commencement jusques en l'an 1656,.... par le V. P. *Jacques Arbaleste* de Beaune, recollect. Seconde édition... Lyon , *Benoist Coral.* 1656 , in-12. — On lit , à la p. 25, que le bienheureux *Hierosme* d'Escule , neuvième général des Frères mineurs , fut élu à Lyon ; — à la p. 82, que le 16 juillet 1562 , *Victor de Cambras* , chef des hérétiques du Vivarez , fit mourir par le feu le B. F. *Martin* , trouvé seul dans le couvent des PP. de l'Observance de N. D. des Anges de la ville du Bourg-de-Saint-Andéol , et réduisit en cendres cette ancienne demeure des enfants de S. François; — à la page 105 , que le 25 juin 1629 , *Hierosme de Coindrieu* , prédicateur capucin , fut martyrisé par les hérétiques entre le Poussin et Privas, et que son corps, ayant été trouvé , sept jours après, percé de coups d'épée, fut enterré dans le couvent des Capucins de Valence.

La Défense de la sainte messe,.... par M. *Jean Balcet*, docteur médecin aggrégé à Lyon...

A Lyon , pour *Pierre Compagnon.* 1656 , in-8. —Voyez les publications de 1655 (*Remonstrance chrestienne*), et ajoutez à ce que nous avons dit de Jean Balcet , que la femme de *Nicolas Chorier* , atteinte d'une maladie très-grave , lui dut sa guérison. — Ce médecin controversiste avait son logement dans la partie la plus élevée de la maison *Viailler*, où il vivait en philosophe; il n'avait point de domestique , et se trouvait heureux de pouvoir et de savoir s'en passer, à l'imitation des brutes ; il faisait cuire à la chaleur de sa lampe les mets qu'il apprêtait lui-même pour ses repas. Il n'y avait pas à Lyon, au jugement de *Guillemin* (1), de médecin plus habile ; mais il préférait rester caché et ne vivre que pour lui. Voyez CHORIER , p. 71 de son livre *de Vita et rebus suis*.

Discours sur la manière d'élever du *Rhône* un canal dans l'Hôtel de la Charité de Lyon : sur la manière de faire un pont sur la *Saône* , de préserver la ville des inondations , de la peste , etc., par le P. *Thomas Berthon*, jacobin. Lyon, *Guillaume Barbier.* 1656 , in-4.

Divae Magdalenae Igne's sacri et piae lacrymae ,.... auctore *Petro Justo Sautel*, Soc. Jesu. Lugduni , apud *Michaëlem Duhan*, 1656, in-12. — La plupart des biographes font naître le P. Sautel à Valence , en Dauphiné ; mais s'il faut s'en rapporter à Chorier, qui a dû le connaître, il serait né à Romans. Voyez les *Affiches du Dauphiné* du 21 mars 1788.

Libri de Praeadamitis brevis analysis... Auctore *Bediano Morange* , Parisino , doctore et socio sorbonico. Lugduni , apud *Ant. Jullieron* et *Ant. Baret* , 1656 , pet. in-12. — Dédicace de l'auteur à *Bedian Arroy*, prieur et chanoine de l'Isle-Barbe , etc. , datée de Vimy (Neufville).

Lyon dans son lustre, (par *Samuel Chappuzeau*).... A Lyon, chez *Scipion Jasserme* : aux dépens de l'auteur. 1656, in-4. — Ce titre est précédé d'un frontispice gravé par *Claudine Brunaud*, où l'on voit un lion sur le corps duquel est le plan de Lyon, et, au-dessous, la Maison de ville avec cette inscription au bas : *Decus urbis et orbis.* Sur une pierre , est cette autre inscription : *Quid fortius leone.* JUDIC. 14. — Ce livre où se trouvent nommés un assez grand nombre de Lyonnais , fait assez bien connaître l'état de notre cité à l'époque où il fut publié. Parmi les pièces liminaires , sont deux quatrains à la louange de l'auteur , l'un de *Charles Spon*, l'autre de *Claude Stouppe*. Le passage qui suit nous apprend que Chappuzeau était natif de Paris et non de Genève , comme on l'a dit dans la *Biographie universelle* : «.... De l'Italie, glorieuse de porter cette merveilleuse cité (Rome), je passe à nos Gaules, qui lui céderoient en cela comme tout le

(1) *Pierre Guillemin*, médecin du Cardinal de Lyon, loué par Chorier dans sa Vie de P. de Boissat. Voyez, *infra* , novembre 1660.

reste des provinces, si elles ne se sentoient aussi superbes d'un Paris , aujourd'hui l'étonnement de l'univers , et d'un Lyon que le même univers considère comme une merveille. Je laisse le premier à qui je dois le jour et l'éducation pour n'embrasser maintenant que les éloges de l'autre à qui je dois mon avancement et mon entretien ; je les révère tous deux également , et nous ne sommes pas moins obligé à qui nous conserve la vie qu'à qui nous la donne. Je diray davantage :

Illa mihi patria est ubi pascor , non ubi nascor ;
Illa ubi sum notus, non ubi natus eram...

...Lyon est embelli de diverses placés; mais la plus belle de toutes , et qui en porte justement le nom , est *Bellecour* , assez spacieuse pour y ranger plusieurs régiments , et revêtue d'un gazon toujours vert et si uni que l'on croit fouler aux pieds ces tapis qu'a inventé la mollesse turque. Ce ne sont point des maisons communes qui l'environnent ; ce sont des palais. Trois beaux rangs d'arbres la prennent de bout en bout , et forment deux longues allées dont l'adresse et la force du meilleur bras ne peut gagner la longueur en deux coups de mail. C'est sous ces ombrages agréables que se vient rendre par bandes toute la noblesse et tout le peuple ; c'est où se donnent parfois des sérénades , où se tiennent des concerts, où se pratiquent toutes sortes de galanteries, marques trop visibles de la douce liberté lyonneise et du repos où chacun vit par le bon ordre de nos surveillants. C'est là qu'il se voit mille personnes lestement vêtues, et je puis dire que l'on prend icy loy de la Cour pour les modes ; leurs directeurs ont des postillons allés pour les faire marcher avec une diligence qui fait douter lequel de Paris ou de Lyon en est l'inventeur. Et ce n'est pas une petite gloire à cette ville , ni une légère satisfaction aux étrangers dont elle est remplie , de voir une infinité d'habitants si bien coüverts , qui témoignent par cet éclat extérieur , que toutefois la modestie accompagne , qu'ils sont les nobles membres d'une des premières citez de l'univers....»

Mémoires (Les) de Michel de Marolles (1) , abbé de Villeloin, divisez en trois parties , contenant ce qu'il a vu de plus remarquable en sa vie, depuis l'année 1600; ses entretiens,..... et les généalogies de quelques familles alliées à la sienne. Paris , 1656 , in-fol. — L'abbé Goujet, auquel on doit une nouvelle édition de ces Mémoires , n'a pas reproduit les Généalogies annoncées sur le titre de l'édition originale ; mais, comme celle de la Maison de *Chastillon* « d'où est sortie Agathe de Chastillon , mère

» de Michel de Marolles, » contient plusieurs noms lyonnais et foréziens, nous n'hésitons pas à les donner :

I. Jean de Chastillon, escuyer, notaire et secrétaire du roi Charles VII, épousa , en 1450, Catherine d'Avignon, dont il eut trois fils, Pierre, Claude et Philippe (qui suit) :

II. Philippe, escuyer , lieutenant-général au païs de Forest pour le duc de Bourbonnois , épousa Marguerite Chauvet, fille de Pierre, fils de Guilodon , intendant des finances du Roi et des comtes de Forest , dont il eut Pierre , Françoise (mariée à Vital de Chalançon, lieutenant-général au païs de Forest), et Catherine, religieuse à Marceny-les-Nonnains, où l'on ne reçoit que des filles de noble extraction.

III. Pierre de Chastillon , escuyer , seigneur de Soleillan en Forest , épousa Geneviève Buatier, fille de Benoist et de Jacquette de Thurin, fille d'André, seigneur de Jarnosse et de Bonne-Faye, dont il eut : 1° Charles de Chastillon, qui fut tenu sur les fonts par Charles de Bourbon, prince du sang; il fut chanoine et chamarier de l'église de S. Paul de Lyon , et prieur de l'Hospital-sous-Rochefort en Forest ; 2° Noël de Chastillon qui suit ; 5° Jérôme de Chastillon, dont il sera aussi parlé ensuite ; 4° Sibylle de Chastillon, mariée à Jacques Polar , seigneur de Montarboux...,

IV. Noël de Chastillon, chevalier, seigneur de Soleillan en Forest, et capitaine de Saint-Germain-Laval , épousa en premières noces Gabrielle de Billon, dont il n'eut que trois filles: 1° Catherine, mariée à Claude de Raverie , chevalier, maistre d'hostel chez le Roy, etc., fils de Claude et de Constance de Monconi, de Bourgogne , dont elle eut un fils unique, Balthazar, mort sans être marié. — Ceux de Raverie sont originaires d'Italie , et étoient alliez du comte d'Altessan, Piémontois , du baron de Néronde, Masconnois, des Baglioni de Venise, et des sieurs de Liergue, en Lionnois.— Claude de Raverie est inhumé à S. Nizier de Lyon, auprès du grand-autel ; 2° Marie de Chastillon fut mariée à Jean Buatier, escuyer, dont sortent deux filles, Jeanne et Eléonor, l'aînée mariée à Thomas du Troncy, fils de *Benoist* (1), et de ce mariage est sorti François du Troncy ; 5° Ennemonde de Chastillon , qui mourut fille , à l'âge de 25 ans, à Paris;.... puis Noël de Chastillon s'étant remarié en secondes noces avec Jeanne de la Vüe de Surieu, il en eut: 1° Agathe de Chastillon, mariée à Messire Claude de Marolles, chevalier, seigneur de Marolles en Touraine;.... 2° Sibylle de Chastillon , mariée à Michel d'Arcolières , gentilhomme Savoyard , descendu de celui qui , en la bataille de Pavie, empêcha le roy François d'être tué ;... 5° Geneviève de Chastillon, mariée à Claude Belier, escuyer;.... 4° Balthazar de Chastillon qui suit:

V. Balthazar de Chastillon , chevalier , sei-

<hr>

(1) Né en 1600. On lit dans la *Biogr. univ.* , qu'il avait près de 60 ans quand il commença à faire des vers français, c. à d. des lignes de 12 à 13 syllabes; on en trouve en effet quelques-uns dans la version de *Plaute* publiée en 1637, notamment dans le *Stichus* où les deux dernières scènes sont en *vers libres*.

(1) Auteur du *Formulaire fort recréatif*, etc. Voyez le *Manuel* de M. Brunet, t. 2, p. 310.

gneur de Montarboux, Palongneux, et l'Ori-gnieu, au païs de Forest, épousa, en premières noces, Louyse du Jar, fille de noble homme Jean et de Magdelaine de Launay en Berry, puis, en secondes noces, Antoinette de Cublesse, du païs de Velay, ayant laissé du premier lit : 1° Annet de Chastillon, qui continue la postérité; 2° Georges de Chastillon, mort en portant les armes pour le service du Roy ; 5° Michel de Chastillon, religieux de l'ordre de S. Benoist, dans l'abbaye de Villeloin ; 4° Anne de Chastillon, mariée à Jacques Gerar, escuyer, seigneur de Beauvoir, au païs de Forest.

Seconde branche de la famille de Chastillon. Jérosme de Chastillon, troisième fils de Pierre et de Geneviève Buatier, fut président au siége de Lion, et fut marié deux fois, la première avec Anne Teste, veuve de M. Perron, de Lion; la seconde avec Hélène de Villars, fille d'un lieutenant-général de Lion, nièce de l'évesque de Mirepoix, et sœur de l'archevesque de Vienne et du président de Villars à Lion, ayant laissé du premier lit :

1" Philibert de Chastillon, chamarier de S. Paul; 2° Blandine de Chastillon, mariée à Mons. Cavet, sénateur de Chambéri;—et du second lit:

1° Pierre de Chastillon, obéancier de S. Just, abbé de l'Isle-Barbe, et prieur de l'Hospital; 2° Philippe de Chastillon, religieux célestin; 5° Michel-Antoine de Chastillon, grand-vicaire de l'archevesque de Vienne, et doyen de S. Pierre ; 4° Nicolas de Chastillon, chanoine et maistre de chœur de l'Isle-Barbe, secrétaire de S. Just et chanoine de S. Paul, et, depuis la mort de son frère, chamarier de S. Paul ; 5° Jean de Chastillon, aussi chanoine de S. Paul et prieur de l'Hospital, devenu pareillement chamarier de S. Paul, et encore chanoine et archidiacre de l'Isle-Barbe; 6° Claude de Chastillon, mariée à M. l'Anglois, conseiller au présidial de Lion, dont il y a des enfants.

A la page 404, est la *Généalogie des Dupuy, au pays de Forest*; nous avons à y signaler : Hugues Dupuy, sieur de la Mothe, président à Lion; — le sieur Orlandin, marié à Marguerite Dupuy, dont il eut trois enfants : 1° Jean, curé de S. Galmier, 2° Léonarde, mariée au sieur Savoye, financier ; 5° Marie, femme du sieur Flaminio Fahardi, Italien, commandant en la citadelle de Lyon, sous M. de Mandelot.

A la p. 250 de la Suite de ses Mémoires, l'abbé de Marolles a fait à sa Généalogie une addition que je ne dois pas omettre : « A la p. 525 du t. 1, j'ay marqué, dit-il, une alliance bien glorieuse de ma Maison avec celle de M. le Premier Président Claude (1) de Bellièvre, bien qu'elle ne soit qu'au sixième degré; ce seigneur, prince du Sénat, étoit la gloire de la robe et petit-fils de deux chanceliers de France,.... et de ce qu'il avoit témoigné à quelques-uns de mes amis que cela ne lui déplaisoit pas, je ne m'en suis pas senti moins glorieux, que j'ay depuis été touché de la perte que le public a faite d'un si excellent homme, mort à la 51° année de son âge, le 15° jour de mars 1657 (1)..... »

A la p. 254 de la première partie, notre abbé cite parmi les gens de lettres qu'a produits la Touraine, l'*incomparable François Rabelais*, et deux auteurs de pièces enjouées *Guy de Tours* et *Beroalde de Verville* (voyez ce que nous avons dit de ce dernier écrivain et de son *Moyen de parvenir*, p. 143 de nos *Documents*, année 1596; quant à Guy de Tours, voyez son article dans le Supplément de la *Biogr. univ.*).

Oraison funèbre de Gassendi, par *Nicolas Taxil*. Lyon, 1656, in-8. (Catal. Falconet).

Paulin et Alexis, deux illustres amants de la Mère de Dieu, par le P. *Paul de Barry*. Lyon, *Ph. Borde, Laurent Arnaud et Cl. Rigaud*. 1656. In-8. — La permission du Provincial de Lyon (*Hugues Guillaume*) est datée du 6 mai 1656. A la suite du titre, est une gravure représentant le pape Alexandre VII agenouillé devant la Vierge. C'est à ce pape que l'auteur a dédié son livre.

La Philosophie des gens de cour, par le P. *Jacques Lambert*, jésuite. Nouvelle édition augmentée. Lyon, 1656. 4 vol. in-4. — Le P. Lambert, né à Màcon en 1605, fut recteur du collége de Carpentras, puis de celui de Vienne. Il exerça le ministère de la prédication pendant 18 ans, et mourut le 51 déc. 1670. On a de lui plusieurs autres ouvrages imprimés à Lyon et à Vienne. Voyez le Suppl. à Moréri de 1749.

La Porte françoise en vers burlesques, pour faciliter l'entrée à la langue latine,.... par le sieur *Agathomphile*, Chalonnois. Imprimé à Lyon : se vend à Chàlon-sur-Saône, chez *Pierre Cusset*. 1656, in-12 de 6 ff. non chiffrés et de 115 pages. (*B. poétiq.* de Viollet le Duc, p. 482). — Voici un échantillon du style de l'auteur :

Le nom qui se termine en A
Est féminin, mais Mammona
Manna et Pascha, sans rancune
Ont mis au neutre leur fortune,
Ces deux Hadria, Cometa,
Ont pris hic avec Planeta.
Talpa, Dama et la Panthère
Hic et haec ont sur la croupière.

La Prétieuse ou le Mystère de la ruelle, dédiée à telle qui n'y pense pas, par *Gelasine* (l'abbé de Pure). Paris, 1656—1660, 4 vol. in-8. — Le présent que l'auteur fit à Thomas Corneille, d'un exemplaire de ce roman, lui valut une très-belle lettre, datée de Rouen, le 19 mai 1658. — Ce doit être vers le même temps que l'abbé de Pure donna aux comédiens italiens une pièce intitulée *les Fausses prétieuses*, antérieure aux *Précieuses ridicules* de Molière, qui ne furent représentées qu'en 1659. Voyez la préface du *Procez des prétieuses*, par le sieur

(1) Il s'agit de Pompone II, fils de Nicolas, l'aîné des onze enfants de Pompone I. Voyez ci-après, 13 mars 1657.

(1) Voyez ci-après, à cette date.

de Somaize (tome 2, p. 45 de l'édit. elzévirienne du *Dict. des prétieuses*).

Les Révélations....de Ste Brigitte de Suède,.... traduites par Me *Jacques Ferraige*.... Lyon, *Simon Rigaud*. 1656, in-4. — L'approbation du docteur en théologie de Lyon est datée du 16 nov. 1649. — Benoist du Troncy fait mention dans son *Formulaire* des *Litanies* de sainte Brigitte. Voyez du Verdier, II, 258, et le *Manuel* de M. Brunet, I, 465.

Testament de feu messire Jacques Moiron,.... ensemble l'Oraison funèbre faite en sa mémoire (par A.-C. Voysin, prédicateur du Roy). Lyon, 1656, in-4, s. n. d'impr. — Le testateur élit sa sépulture dans l'église de l'*Observance*, à l'endroit où il a fait poser une tombe; il lègue à *Jacques Dubost*, son filleul, tous les livres qu'il a en sa maison des *deux Amans*; — à *Jacques Greuse* (1) et à *Jacques Piégay* (2), ses filleuls, tous les livres qu'il a dans son domicile, proche du Palais; — il institue pour ses héritiers les pauvres de l'Aumône générale de Lyon. — Un bel esprit du temps, qui ne s'est pas nommé, fit, à la louange de ce généreux citoyen, deux sonnets qui se trouvent dans ce volume; voici le second (c'est le défunt qui parle):

Ma gloire, après ma mort, est par toute la ville;
Tout le peuple m'érige un tombeau dans son cœur,
J'ay quitté mes *Amans*, et n'en suis moins seigneur;
Je meurs sans héritier, et j'en laisse vingt mille.

Je produis sans travail d'un cœur pur et fertile
Des enfants que je comble et de biens et d'honneur;
Je donne un bien caduc pour l'éternel bonheur,
Et je n'ay jamais fait que cette usure utile.

Ce n'est pas sur la terre où j'ay mis mon trésor.
Et si, comme un soleil, je m'y suis fait de l'or,
Au vray soleil des cieux j'en fais un sacrifice.

Qu'on ne soupçonne point cet or d'impureté;
Je l'ay pesé longtemps au poids de la justice,
Et le mets à l'épreuve au poids de Charité.

Voyez ci-dessus au 26 mai.

Theatrum (Magnum) vitae humanae,.... auctore *Laurentio Beyerlinck*.... Lugduni sumpt. *J.-A. Huguetan* et *M. A. Ravaud*. 1656 (titre gravé par *G. Audran*. 4 vol. in-fol. — Dédicace des libraires à Ferdinand II, grand-duc de Toscane. Voyez les Publ. de 1658.

Theologia antiqua de veri martyrii adaequate sumpti notione ad spumosam κακολογιαν et fragosum *Taratantara* (3) *Thomae Hurtado* Buc- caferii de Scir, iterato vulsi ac depilati à *Leodegario Quintino* Heduo S. T. D. Lugduni sumpt. *A. Jullieron* et *A. Baret*. 1656, in-8. — Ce livre, qui a pour auteur *Théophile Raynaud*, est dédié à *Pierre de Maridat*, conseiller du grand-conseil. L'approbation de *Camille de Neufville* est datée de Vimy, le 5 oct. 1655. — Thomas Hurtado, théologien espagnol, avait fait une réfutation du traité *de Martyrio per pestem* que le P. Raynaud avait publié en 1650; celui-ci, sous le faux nom de *Leodegarius Quintinus*, réfute à son tour le critique espagnol. Voyez Barbier, *Anonymes,* nos 21544 et 21568; voyez aussi les Publ. de 1630, et ajoutez à ce que nous avons dit du traité *de Martyrio per pestem*, que ce livre fut mis à l'Index, et que l'auteur ayant écrit à Rome pour savoir quels étaient les passages de son livre que la Congrégation jugeait répréhensibles, on lui marqua qu'il eût à retrancher quelques lignes au passage où il soutenait qu'on pouvait souffrir le martyre pour l'*Immaculée Conception*, et qu'à l'égard de sa doctrine du martyre de ceux qui meurent en assistant les pestiférés, il ajouterait que ce sentiment n'est pas probable, et que ce martyre théologique ne ressemble point au martyre ecclésiastique que les tyrans faisaient souffrir dans les temps de persécution. *Catal. Falconet,* t. I, p. xxiv.

1657.

Janvier... Ouverture, dans le clos des *Deux Amants* (1), du second couvent des religieuses de Sainte-Elisabeth fondé par *Marie Matthieu*, fille de l'historiographe de Henri IV. Voyez ci-après, 5 septembre 1680.

Février 4. *Daniel Bon* avait été chargé de confectionner l'horloge et l'astrolabe de l'Hôtel-de-ville, moyennant 4000 livres; mais en considération des dépenses qu'il avait faites pour aller voir des modèles en Allemagne, et surtout à cause de la perfection de son travail, le Consulat en éleva le prix à 8500 livres. M. de V.

Même mois 16. Guy Patin écrit à Spon:
«.... On tient ici, depuis quatre jours, trois voleurs qui arrêtoient, le soir, les carosses... Deux jours avant qu'ils fussent pris, ils avoient volé dans son carosse madame *Menardeau-Champré*, femme du conseiller de la Grand' Chambre, native de Lyon; elle s'appeloit *Henry* en son surnom; elle étoit veuve d'un nommé *Ferrier*, fils du ministre de Nîmes, qui se révolta l'an 1614, et qui causa tant de bruit en

---

(1) Peut-être un des ancêtres de *J.-B. Greuze*, qui fut l'élève du peintre Lyonnais *C. Grandon*. Biogr. Michaud-Desplaces, t. 17, p. 508.

(2) Un magistrat de ce nom est cité parmi les bibliophiles de notre cité.

(3) Ce mot qui se trouve dans un vers attribué à Ennius (At tuba terribili sonitu *taratantara* dixit) a été plus d'une fois raccourci par ceux qui l'ont cité. Voyez les *Amusements philosophiques* de Peignot, p. 169 de la 3e édition, où, au lieu de *Taratantara*, on lit *Tarantara*. — Tabourot, dans ses *Bigarrures*, a remanié ainsi le vers d'Ennius: « Tu, tuba, terribili « tonitru tara tantara trudis. »

(1) Le monument antique connu sous le nom de *Tombeau des deux-amants* a été démoli en 1707. Voyez nos *Tablettes chronologiques* à cette date.

Languedoc.... » Voyez Bayle, article FERRIER.

Mars 15. Mort, à Paris, de *Pompone II de Bellièvre*, premier président au parlement de Paris, célèbre par ses ambassades. — Bois-Robert lui fit cette épitaphe :

Cy gist le plus parfait des hommes,
Qui, pleuré jusques dans la Cour,
S'est vu les délices, l'amour
Et l'honneur du siècle où nous sommes.
Il fut l'unique sous les cieux
Qui ne fit jamais d'envieux,
Ni d'ennemis durant sa vie.
Si quelqu'un, jaloux de son sort,
Commence à lui porter envie,
C'est de là gloire de sa mort.

Le même poète lui avait adressé la seconde de ses Epîtres ; nous y avons remarqué ce passage :

Qui vous a plu n'a pas mal profité;
Vous rendez bien ce qu'on vous a prêté;
Pour un bon mot, votre bouche éloquente
Avec usure en rend plus de cinquante.
Vos traits subtils, doux, aigus et perçants
Frappent le cœur aussi bien que les sens (1).

Brébeuf voulut aussi jeter une fleur sur la tombe de l'illustre président ; le Sonnet qu'il fit à l'occasion de sa mort, se termine ainsi :

Le choix d'un successeur tient les cœurs balancez,
Et nul n'ose pretendre à remplir une place
Que ce grand nom tout seul remplit encore assez.

Il n'est pas jusqu'à Pinchène qui ne voulût payer un tribut à sa mémoire ; voici les derniers vers de son Sonnet :

Celui qui dans sa force eut pour fin ce tombeau,
Pompone, avant le sort, fut en vertu si beau,
Qu'aux plus grands de nos dieux il donna de l'envie,
Et chacun est forcé d'avouer aujourd'hui
Qu'à compter par ses faits la longueur de sa vie,
Jamais aucun mortel n'a tant vécu que lui.

Avant que M. de Bellièvre fût nommé premier président, Montreuil lui adressa ces vers :

Si, selon le mérite, on donnoit récompense,
Tous mes vœux seroient accomplis;
Vous seriez chancelier de France;
Je serois aimé de Philis.

Voici ceux que Louis le Laboureur composa lors de sa promotion :

Elevé dans la vertu
Et malheureux avec elle,
Je disois : A quoi sers-tu,
Pauvre et stérile vertu ?
Ta droiture et tout ton zèle,
Tout compté, tout rabattu,
Ne valent pas un fétu.
Mais voyant que l'on couronne
Aujourd'hui le grand Pompone,
Aussitôt je me suis-tu;
A quelque chose elle est bonne (2).

(1) *Epistres en vers* et autres œuvr. poétiq., Paris, 1659, in-8. — A la p. 300 de ce volume est un Sonnet sur M. de Bellièvre qui finit par ce tercet :

Chez lui tout brille et tout abonde :
Son charme et celui de ses vins
Ont droit d'attirer tout le monde.

(2) Philippon-la-Madelaine s'est trompé quand il a dit

On lit dans le *Ménagiana*, t. 2, p. 586 : « Je menai un jour Madame de Sévigné chez M. le premier président de Bellièvre, à qui elle avoit une affaire à recommander. Elle l'aborda avec un air aisé, et, après lui avoir fait ses révérences, elle lui parla de son procès ; mais comme elle s'aperçut qu'elle s'embarrassoit dans les termes : « Du moins, Monsieur, lui dit-elle, » je sais bien l'air, mais je ne sais pas les pa- » roles. » — Je ferai observer qu'en disant cela, l'aimable écolière de Ménage s'est rencontrée avec le berger de Virgile (*Ecl.* IX, 45) : *Numeros memini, si verba tenerem*, » et nous ajouterons que ce vers a été rendu de la même manière par J.-B. Rousseau et par Firmin Didot : J'ai retenu le chant, les vers m'ont échappé.

Mars 20. Les *Ursulines* de Lyon étaient sans pain ni vin, ni moyen d'en avoir. Elles présentèrent requête au parlement de Paris, qui ordonna que chacun des parents de ces religieuses payerait « par chacun an, de six en six » mois, pendant six années consécutives, et » par avance, la somme de cent livres pour la » nourriture et les frais de maladie de chacune » d'elles, etc. » *Dict.* de Prost de Royer, au mot ALIMENT.

Avril 29. C'est par erreur que plusieurs biographes ont placé à cette année la mort de *Jacques Stella.* C'est en 1649 que cet illustre peintre a terminé sa carrière à Paris; il était fils de *François*, premier du nom, mort à Lyon en 1605, et qui fut inhumé dans la chapelle de Saint-Luc, dite des Peintres, en l'église de Saint-Bonaventure (1). — Le Musée de Lyon possède l'*Adoration des anges* de Jacques Stella. Ce tableau, qui avait disparu pendant la tourmente révolutionnaire, a été acheté par la ville en 1807. Voyez Clapasson, *Descript. de Lyon*, p. 68.

Mai 27. L'abbé de Saint-Just, vicaire-général de Camille de Neufville, tient, en l'absence de ce prélat et par son ordre, un synode où furent publiés des statuts et des réglements qui ont été imprimés. Voyez la *Vie de C. de Neufville*, par Germain Guichenon, p. 100, et le *Catal.* Coste, n. 1607, 1625 et suiv.

Juin 2. Guy Patin écrit à André Falconet :
« Il est mort ici un honnête homme de votre ville, nommé M. *du Gué de Bagnols* (2), maître des requêtes ; il étoit chef du parti des Jansé-

que ces vers eurent pour sujet la nomination d'Arnaud de Pompone au ministère des affaires étrangères. — Quelque temps après la mort de M. de Bellièvre, on proposa à son frère l'abbé de quitter le petit collet, et de se marier, afin de ne point laisser perdre sa race : « J'aime mieux, dit-il, qu'elle finisse par un honnête » homme que si elle continuait par un sot. » Gayot de Pitaval, *Biblioth.*, IV, 146.

(1) C'est en 1626 que fut fondée, dans cette chapelle, la Confrérie des peintres, sculpteurs, vitriers et doreurs sur bois. Voyez *Les Gr. Cordeliers de Lyon*, par M. Pavy, p. 130 et 135.

(2) Frère de *François du Gué*, nommé intendant de Lyon, en 1666.

nistes;.... il a tant jeûné et tant fait d'austé-
rités qu'il en est mort ; et de peur qu'il n'en
échappât, *Guénaut* et un des Gazetiers (*Renau-
dot*) lui ont donné un *vin émétique* dont il est
mort dans l'opération (1)..... Je suis bien aise
que M. *Guillemin*, votre collègue, ait réussi à
Turin (2). *Gargantua* (c'est *Valot* qu'on appelle
ainsi à la Cour, depuis qu'il tua *Gargant*, intendant des finances, avec son antimoine) ne peut
entrer en comparaison avec un si honnête
homme.... »

Juillet 10. Un arrêt du Parlement maintient
et garde les *Comtes et chanoines de Saint-Jean*,
de Lyon, en la possession d'assister et faire
les fonctions curiales aux enterrements dans
toutes les églises de Lyon où ils seront appelés,
avec les cérémonies accoutumées, après leur
déclaration qu'ils n'en prétendent aucune ré-
tribution. *OEuvres d'Henrys*, livre I, question 74.

Août 6. *André de Bais*, lieutenant-général des
armées du Roi, est tué en défendant les lignes
d'Alexandrie, en Piémont. Voyez son Eloge par
Saint-Aubin, *Hist. civile de Lyon*, p. 158; Chorier, Vie de Boissat, p. 40; *Biogr. lyonn.* p. 22.

Août 17. *Antoine Bouzonnet-Stella* (5) écrit
de Rome à *Nicolas Poussin* :

« Monsieur, la cognoissance que j'ay des
grâces que vous avez faictes à feu Monsr Stella,
mon oncle, de l'avoir honnoré de vostre amitié,
m'a donné la liberté de vous faire ces lignes
pour vous supplier très-humblement d'agréer
les offres que je vous fais de mes petits servi-
ses qui sont offerts avec soubmission. Je say
bien que c'est une témérité à moy que d'offrir
sy peu de chose à une personne de votre mérite. La confiance que j'ay en votre bonté me
fait espérer le pardon. Puisqu'avez fait la
grâce à l'oncle, souffrez que vostre bonté la fasse
rejaillir sur le nepveu qui ne faict autres prières
à Dieu que pour l'augmentation de vostre santé,
et qu'il lui fasse la grâce de vous tesmoigner
qu'il est avecq vostre permission, Monsieur,
vostre très-obéissant et très-affectionné serviteur. BOUZONNET-STELLA. »

(1) Le 29 mai précédent, Patin avait écrit à M. Belin : «... Tout le monde déteste ici l'antimoine avec
raison, et néanmoins Guénaut et le Gazetier en ont
donné depuis *six jours* à un nommé *du Gué de Bagnols*, maître des requêtes, et grand janséniste, qui
mourut le jour même.... » — Serait-ce cette particularité que *Molière* aurait voulu rappeler dans le *Festin
de Pierre*, act. 3, sc. I : « SGANARELLE. Il y avoit un
» homme qui, depuis *six jours*, étoit à l'agonie; on ne
» savoit plus que lui ordonner, et tous les remèdes ne
» faisoient rien ; on s'avisa à la fin de lui donner de
» l'*émétique*. — DON JUAN Il en réchappa, n'est-ce
» pas ? — SGANARELLE. Non, il mourut. — DON JUAN.
» L'effet est admirable. »

(2) Ce médecin avait été appelé à Turin pendant la
maladie de la duchesse de Savoye. Patin l'a souvent loué.

(3) Ce peintre distingué, né à Lyon en 1634, était petit-
neveu de *Jacques Stella*, dont il fut le disciple. Il a
beaucoup dessiné d'après Jules Romain. Il exerçait, dans
l'Acad. royale de peinture, la charge d'adjoint professeur. Etant à Mantoue, il y dessina avec grand soin

---

«.... La mort de votre fils aîné m'a touché
sensiblement; j'en ai très-grand regret à cause
de vous et de Mademoiselle (madame) Spon,
et même à cause de lui (1).... Je sais bien que
l'on peut dire de lui : *Citò raptus est ne malitia
mutaret intellectum* (2) ; mais ce n'est pas assez:
ceux qui ont perdu ce qu'ils aiment tendrement,
ne le recouvrent point par là, joint que *quodam
modo moritur ille qui amittit suos* (5). Je prie
le Dieu des gens de bien qu'il vous console et
vous dédommage de cette signalée perte, et
qu'il envoie à Mademoiselle Spon un bon et heureux accouchement de quelque beau garçon qui
soit plus fort que le défunt.... S'il n'y avoit que
25 lieues d'ici à Lyon, j'irois dire la *Vie de
Sainte Marguerite* (4) pour Mlle Spon, et prendre ma part du gâteau de baptême de cet enfant qui viendra, de la naissance duquel je tâ-
cherois de me réjouir avec vous pour vous consoler de la perte de l'autre.... » — Le 18 janvier suivant, Patin écrivit à Spon : « Je prends
part à votre joie de la naissance d'une si belle
fille, et de l'heureuse délivrance de Mlle votre
femme ; je m'en vais boire à leurs santés, et à
la vôtre pareillement, en bonne compagnie,
avec du *vin d'Aï* dont un financier m'a donné
un quartaud; c'est ce même vin que *Dominicus
Baudius* appeloit chez M. de Thou *Vinum Dei*
(5).... » — Le 22 *janvier* suivant, Spon reçut
de son coréligionnaire, *David La Roche*, de
Montpellier, la lettre suivante :

« Monsieur, je croirois trahir mon devoir si
je tardois plus longtemps à vous renouveler les
protestations de mes profonds respects,....
mais surtout mon silence me rendrait absolument criminel, si, après les sensibles afflictions
dont il a plu à la Providence de Dieu de visiter
votre famille, je ne vous témoignois pas la
grande part que j'ai prise à vos déplaisirs ; je

tout ce que Jules Romain y a peint dans le palais du T.
Je vis, dit *Mariette*, ces dessins lors de mon passage à
Lyon, au retour d'Italie ; ils me firent plaisir ; j'ignore
ce qu'ils sont devenus. *Abecedario*, lettre B.

(1) Spon avait déjà fait, cette année, une autre perte:
le 8 mai, Patin lui écrivait : « J'ai grand regret de la
mort de Monsieur votre frère. L'*hématophobie* (l'horreur de la saignée) est une dangereuse hérésie; elle laisse
bien mourir du monde qui en pourroit échapper; je m'é-
tonne que les Allemands ne se corrigent de cet abus si
étrange.... »

(2) Patin a ajouté *citò* au texte de la *Vulgate*, SAP.
IV, 71.

(3) Cette pensée appartient à Publius Syrus, qui a dit :
Homo toties moritur quoties amittit suos.

(4) A la fin des anciennes éditions de la Vie de sainte
Marguerite, est une *Oraison* pour la délivrance des
femmes grosses. *Manuel* de Brunet, IV, 618.

(5) Voltaire a, lui aussi, célébré, dans son *Mondain*,
ce vin

Dont la mousse pressée
De la bouteille avec force élancée,
Comme un éclair fait voler son bouchon....

vous jure, Monsieur, que leur nombre m'a surpris avec tant d'étonnement, et leur rigueur m'a touché avec tant de violence que mon cœur n'a pu s'empêcher de donner des soupirs à vos douleurs, et mon esprit de l'admiration à votre constance. C'est dans la considération de la grandeur de vos disgrâces et de votre vertu que j'ai adoré les bontés de la Sapience céleste, et que j'ai reconnu qu'elle ne proportionne pas tant ses châtiments à la force qu'elle fournit à nos âmes, qu'elle proportionne cette force à la grandeur de ses châtiments. C'est par là, Monsieur, qu'elle vous a fait vaincre et triompher glorieusement dans les combats où elle vient d'exercer votre courage, et qu'elle vous a fait voir d'un œil assuré les tempêtes et les orages qui ont battu rudement toute votre famille. Je supplie de tout mon cœur cette Bonté infinie et adorable de vous continuer toujours la force de son Esprit, et que, en la vertu insurmontable de sa Grâce, votre vertu surmonte heureusement tous les malheurs dont elle voudra vous éprouver; mais comme je sais, Monsieur, que la chair a ses foiblesses, qu'elle n'est pas d'un tempérament de bronze ni de diamant, et que les sentiments de la douleur ne sont pas si incompatibles avec la grandeur de courage,.... je prie Dieu qu'il vous plaise d'adoucir vos amertumes, et de verser le baume de ses paternelles consolations dans la saignante plaie que la mort de votre cher fils aîné a faite à votre âme, afin que, par le sentiment de l'amour de Dieu, vous sentiez aussi cette joie ineffable qui accompagne les afflictions des gens de bien, et qui sont les préludes de cette couronne de vie que Dieu a préparée à tous ceux qu'il aime... La Roche (C.B.). » Voyez ci-après, 14 mai 1658.

Le Consulat fit placer, cette année, dans le vestibule de l'Hôtel-de-Ville, la *Table* de bronze gravée en deux colonnes, et contenant une grande partie du discours que l'empereur *Claude* prononça pour appuyer la demande faite par la Gaule chevelue d'avoir le droit de fournir des membres au sénat romain. Voyez les *Inscrip. antiq.* de Lyon, par M. *Alph. de Boissieu*, p. 155.

Une somme de 582 mille livres fut versée, cette année, par le Consulat dans la caisse des consignations pour l'acquisition des prés de *Bellecour*. — Un secours fut accordé par la ville à l'Hôtel-Dieu, pour achever la construction de la salle des convalescents. — Deux rues furent ouvertes à travers le clos des *Augustins*, pour aboutir, l'une au *quai Saint-Vincent*, l'autre aux deux *places de la Déserte* et *de la Boucherie des Terreaux*.

Cette même année, *Fouquet*, alors surintendant des finances, fit transporter de Lyon à Vaux, des *statues* et des *figures antiques* qui provenaient d'une vieille masure située à Lyon, qui lui avait été donné par Le Tellier. Voyez les *OEuvres de Lafontaine*, tome 6, p. 165, édition de 1826.

« Comme, l'an 1657, dit le P. Menestrier, le sujet des emblêmes du Collége de Lyon représentoit les trois Vertus théologales,... entre ceux de l'*Espérance*, il y en avoit un qui portoit pour titre : *Spes lugdunensis*, la peinture faisoit voir un vaisseau conduit par les *Amours* sur une mer enflée et battue des vents au milieu d'un air tranché d'éclairs. Ces Amours tenoient le gouvernail et les rames marquez des armes du prévôt des marchands et des échevins qu'ils représentoient. L'Espérance étoit sur la proue, qui tenoit, au lieu d'anchre, une croix anchrée des armes de Monsieur l'archevêque, et le mot étoit : *Dabit anchora sacra salutem.* Cet emblême faisoit allusion aux troubles du Royaume, et à la sage conduite de nos gouverneurs, ce que ces vers expliquoient :

Naufraga dum laceris volvuntur fragmina velis,
    Divisasque quatit fœda procella rates,
Nil metuit, quam ducit Amor, Rectore superba
    Ipsa suo imponit nobile pondus aquis
Si metuas, certam *dabit Anchora sacra salutem*
    Lugdunoque salus certa *Camillus* erit.

L'allusion à l'histoire de Camille, qui délivra Rome, au nom de Monsieur l'Archevêque, et au proverbe *Anchora sacra*, donnoit une grâce particulière à cette Epigramme. » Le P. Menestrier, *rt des emblèmes*, p. 82.

Mort de *Claude Pons*, médecin de l'Hôtel-Dieu, auteur de plusieurs traités sur la thériaque. — *Jacob Spon*, après avoir rapporté que, dans le monastère de St. Luc, ermite, sur la montagne de Stiré, il existe entre les deux églises dédiées à ce saint, une chambre couverte où les Grecs font porter leurs malades, ajoute que « Monsieur *Claude Pons*, autrefois médecin de Lyon, disoit de bonne grâce qu'il » n'aimoit point ces saints qui se mêloient de faire son métier. » *Voyage de Grèce*, t. 2, p. 78.

On lit, p. 21 de la 5e édition de l'*Histoire de Molière*, par M. *Jules Taschereau*, 1844, in-12 : «.... De graves *autorités* nous portent à penser que Molière, se souvenant de l'accueil qu'il avait reçu à Lyon en 1653, y retourna avec sa troupe au commencement de 1657; il paraît y avoir donné une première représentation au profit des pauvres, le 19 février, et une seconde, avec la même destination, le 11 juin suivant....»

Nous nous félicitons d'avoir signalé quelques-unes de ces *autorités* à M. Taschereau qui les a mentionnées à la p. 248 de son intéressante monographie. Si nous reproduisons les documents que nous avons publiés sur ce sujet en 1855, c'est parce que nous sommes persuadé qu'ils seront nouveaux pour la plupart de nos lecteurs.

« Des comédiens, dit M. Dagier (1), sont arrivés à Lyon; les Recteurs qui profitent de toutes les circonstances favorables à l'Hôtel-Dieu, s'adressent aussitôt à l'archevêque (*Camille de Neufville*), en sa qualité de lieutenant-général au gouvernement de Lyon, pour être autorisés à enjoindre aux comédiens de jouer

(1) *Hist. du Grand Hôtel-Dieu*, I, 430.

une fois au bénéfice des pauvres. Le prélat accorde gracieusement l'autorisation, non-seulement pour les comédiens actuels, mais pour tous ceux qui viendront à Lyon. Les Recteurs font en conséquence des billets sur lesquels sont apposées les armoiries de l'Hôtel-Dieu, et les comédiens donnent une représentation dans la grande salle du Gouverneur, qui est en même temps l'hôtel de l'archevêque. Cette représentation produit la somme de 400 livres. Un sac rempli de ces billets est encore conservé aux archives ; il y en a pour le parterre, l'amphithéâtre, les premières et les secondes loges. Le grand nombre de ces billets annonce que la comédie a été souvent jouée au bénéfice des pauvres de cet hôpital.... » — Il existe dans les mêmes archives, une délibération où il est parlé d'une représentation donnée le 11 juin de la même année au bénéfice des pauvres malades ; mais le directeur de la troupe n'y est pas nommé ; quoi qu'il en soit, il est à présumer qu'elle le fut par celle de Molière qui parcourait alors la province, et qui se rendit à Avignon vers la fin de l'année. Toutefois nous ne saurions déterminer l'époque où fut représentée la tragédie dont Chorier a parlé dans le chapitre suivant extrait de sa Vie de Pierre de Boissat :

« Dans le même temps (Chorier vient de parler de Balthazar Montconis, célèbre voyageur, mort en 1665), Claude Basset cultivait les Muses avec un heureux succès ; c'était un esprit vif, élevé, élégant. Il était né, à Lyon, d'un père possesseur d'une grande fortune, que par des voies honnêtes il s'appliquait à accroître encore. Dès son enfance, on put prévoir qu'il serait un jour un grand homme ; et c'était ce qu'augurait de lui le P. Jean de Bussières, qui fut son précepteur dans les belles-lettres. Elevé d'une manière tout-à-fait libérale, il se lança, tant par son propre génie que par les soins éclairés de son père, dans cette carrière de vertu qui s'ouvre devant les âmes généreuses et nées pour la gloire. Il ne tarda pas à surpasser tous ses émules, et laissa bien loin derrière lui ceux mêmes dont l'âge était supérieur au sien. Ayant embrassé avec ardeur tous les genres d'études, il se livra d'abord plus spécialement à celle de la jurisprudence et aux affaires du barreau ; mais un instinct de la nature, un souffle divin le poussait à la poésie. Entré au palais, il y plaida quelques causes en docte et habile orateur. Ses discours charmaient par l'élégance du langage et par le choix des pensées et des arguments ; mais de temps en temps les Muses le rappelaient à elles, et il n'était pas sourd à leur voix ; il leur consacrait avec empressement toutes les heures que ses occupations d'avocat lui laissaient libres. A la fleur de son âge, il servait ainsi Apollon et Minerve, qu'il préférait à Vénus et à Bacchus. Une tragédie qu'il composa alors sous le titre d'*Irène*, fait voir jusqu'où serait allé son talent poétique s'il l'eût

cultivé par un travail sérieux et assidu (1). Jean-Baptiste Molière, ce prince des comédiens, jugea la pièce digne d'être représentée et la représenta en effet à Lyon : elle fut fort bien jouée, et obtint un grand succès. « Mahomet II, roi des Turcs, celui qui prit Bysance, était devenu amoureux d'une de ses captives, la belle Irène. Cet amour l'occupait et l'absorbait tout entier ; il languissait dans un lâche repos. Ses généraux et ses soldats en étaient indignés et en frémissaient ; ils ne pouvaient supporter de voir leur souverain s'abandonner à la mollesse dans les bras d'une femme. Le prince se réveilla ; il voulut montrer qu'il savait commander à ses passions, bien loin d'en être l'esclave, et, à la suite d'un repas somptueux qu'il avait fait préparer, il trancha de son propre glaive la tête d'Irène, chef-d'œuvre de la nature. Tel était le sujet de cette tragédie. Lorsqu'elle fut jouée, l'auteur était encore dans les premières années de l'adolescence. Plus tard, il s'appliqua si bien à limer et à polir cette œuvre, que si elle reparaissait aujourd'hui, elle obtiendrait certainement un haut degré d'estime et de réputation. Basset composa, soit en prose, soit en vers, beaucoup d'autres ouvrages excellents dans leurs genres ; mais, peu jaloux des suffrages du public et des louanges qu'ambitionnent tant de gens qui n'en méritent point, il n'appréciait pas lui-même à leur juste valeur ces productions de son génie. Distrait d'ailleurs, à cette époque, par la multitude des affaires dont il était chargé, il prit congé des Muses, sans toutefois renoncer entièrement à leurs faveurs. Prêt au contraire à les courtiser encore, si le sort lui ménageait des loisirs, il conserve et nourrit dans

(1) « ..... *IRENE tragœdia, quantus in arte poetica futurus erat seria constantique opera si in ea arte se exercuisset, ostendit.* JOANNES-BAPTISTA MOLLERIUS, *comœdorum princeps, dignam quæ publico exhiberetur, censuit, ipseque Lugduni luculenter exhibuit. Acta placuit..... Primos cum acta est adolescentiæ annos Bassetus agebat......* » Page 233.

Il est encore question de l'*Irène* de Basset dans une pièce de vers de Chorier, intitulée *Indignatio*, et qui se trouve dans le recueil de ses poésies latines, publié aussi à Grenoble, en 1680.

..... *Bassetusque tuus, male juncta tyranno,*
IRENE, *vates : illo, fera corda, canente*
Te flevere Scythæ crudeli funere mersam.

Jacques Sauvé de la Noue a traité le même sujet que Claude Basset : son *Mahomet Second* fut représenté pour la première fois à Rouen, le 23 février 1739. Avant cette époque, la Noue, qui était aussi acteur, avait joué avec succès les premiers rôles à Lyon. Lorsque son *Mahomet II* parut, on croyait assez généralement qu'un ancien préteur de Strasbourg, M. Gayot, avait eu la plus grande part à la composition de cette tragédie, si même il n'en était pas l'auteur. Nous ignorons si ce M. Gayot était de la famille de Gayot, originaire de Saint-Chamond en Lyonnais, et dont Pernetti a parlé tome II, page 147 de ses *Lyonnois dignes de mém.* Voyez la notice sur la Noue dans le *Théâtre du second ordre*, édition stéréotype, tome III, page 222, et dans la *Biogr. univ.*, tome XXXI, page 413.

son cœur l'amour qu'il leur a voué dès ses plus jeunes ans. Aussi plein de probité que de lumières, il ne regarde comme honnête et bon que ce qu'approuvent les hommes spirituels, et comme spirituel que ce qu'approuvent les honnêtes gens. Le cardinal Alphonse de Richelieu, et Camille de Neufville, tous lès deux archevêques de Lyon, l'ont choisi successivement pour leur secrétaire dans la partie de leur administration qui concerne les fonctions du sacerdoce. On peut dire qu'il a relevé et honoré cet emploi par la manière dont il s'en est acquitté jusqu'à ce jour, et qu'il s'y est fait distinguer autant par les qualités de son cœur que par celles de son esprit (traduction de C. Breghot du Lut (1).... » — Quand Molière fut enlevé à la scène française par une mort prématurée, Chorier se trouvait alors à Paris; voici en quels termes il parle de ce déplorable événement, p. 155 des *Adversaria de vita et rebus suis* :

« Revocandae cum *Joanne Baptista Molerio* » comoediarum ingenioso scriptore (comoedo- » rum hujus aetatis princeps et Roscius erat) » consuetudinis quam Viennae et Lugduni ha- » bueram, sed annorum et locorum intervalla » interruperant, libido animum incessit. Enim- » vero improvisa morte extinctum deflevi in- » comparabilem sua in arte hominem: cum vi- » vus nullam prae se christianae virtutis speciem » non tulisset, factiosi potius quam pii, nescio » qui mortuum palàm abominabantur (2). Se- » pultura indignum volebant qui ingenio et » praeclarissimis scriptis immortalitate dignum » se praestitit. » Voyez ci-dessus, septembre 1642; année 1655; ci-après, Publ. de 1675, 1690, 92 et 94.

PUBLICATIONS DE 1657.

Amaltheum prosodicum,... auctore Ant. Dan

(1) Voyez la *Biogr. univ.*, 2e édit. art. BASSET (Claude).

(2) Je ne crois pas que les biographes de Molière aient connu une feuille volante publiée à Lyon sous ce titre : *Stances sur la mort de Monsieur Molière. — Epitaphes de Monsieur Molière.* Chez *Marcelin Gaucerin.* In-fol. s. d. et s. n. de v. de 2 pages imprimées en regard l'une de l'autre. En tète de la première page est une gravure représentant le Temps qui mesure un globe, en tète de l'autre est une image où l'on voit une scène de la danse des morts. Les *Stances* sont au nombre de sept; voici la dernière :

Vous n'avez travaillé qu'aux vers de votre veine;
Mais votre sort seroit et plus doux et plus beau,
Si vous eussiez parfois voulu prendre la peine
   De penser aux vers du tombeau.

Les *Epitaphes* sont au nombre de six ; voici la première :

   Cy gist un illustre bouffon,
   Qui n'a pu si bien contrefaire
     Le Malade imaginaire,
   Qu'il a fait le mort tout de bon.

galières, è Soc. Jesu. (et Cl. *Lud.* Bachet de Meziriac). Lugduni, *A. Molin.* 1657, in-12. — Frontispice gravé, suivi d'un titre imprimé sur lequel on n'a pas mis le nom de l'auteur. Voyez Barbier, n. 19625, et les publ. de 1681.

L'Anti-Roman ou l'Histoire du berger Lisis, avec des remarques par *Jean de la Lande* (masque de *Charles Sorel*). Paris, 1657, 5 vol. in-8. — La première édition de ce livre parut en 1628, sous ce titre : *Le Berger extravagant.* De même que dans le *Francion* (voyez les Publ. de 1646), on y trouve plusieurs passages ayant trait à Lyon. Nous n'en citerons qu'un : Un valet appelé *Carmelin* y fait, dans le 8e livre, le récit de ses aventures. « .... Un jour, dit-il, » que mon maistre estoit à sa maison des » champs, m'ayant envoyé à Lyon pour ache- » ter des provisions, il me demanda, au re- » tour, ce que l'on disoit à la ville quand j'en- » estois party : *L'on* disoit *vespres, Monsieur,* » luy dis-je.... » — Cette réponse naïve a servi de texte à plusieurs anecdotiers qui ont supposé qu'elle avait été faite, 1° à Charles d'Halincour, par M. de Vandy ; 2° à un autre gouverneur de Lyon, par le comte d'Alès ; 5° à un archevêque de Lyon par le duc de Roquelaure. Voyez *Roger Bontems en belle humeur*, t. 1, p. 266 ; Tallemant des Réaux, ch. 282; nos *Documents sur Lyon*, année 1642, p. 288.

La Consolation de la philosophie, traduite du latin de *Boëce* en françois, par le P. *René de Ceriziers....* Édition neufvième, reveüe par le traducteur. A Lyon, pour *Jean Huguetan,* 1657, in-8. — Dédicace du traducteur à *Pierre Scarron*, évêque de Grenoble.

L'Escole de Salerne en vers burlesques (par *Louis Martin*). Lyon, *Pierre Compagnon,* 1657, in-8. — Il existe une autre édition lyonnaise de cette version publiée sous ce titre : *L'Escole des médecins de Salerne*, enrichie de plusieurs beaux et doctes discours ; 1660, in-12 (Barbier, n. 4668). — L'édition originale, Paris, 1650, in-4, est ornée du portrait de Martin. La dédicace du libraire, Jean Hénault, à *Guy Patin* (1), est datée du 50 octobre 1649 ; à la fin du volume, est une traduction en vers burlesques, par Rémy Belleau, du poème macaronique *de Bello huguenotico*, laquelle se retrouve dans l'édition de Rouen, 1666, in-12. — En 1674, un sieur *Dufour de la Crespelière* publia un *Commentaire en vers françois sur l'Escole de Salerne*, Paris, *Gervais Clouzier*, in-12. Cette version en vers demi-burlesques est écrite avec plus de verve et d'entrain que celle de Martin. — Un savant allemand, J.-C.-G. Ackermann, a publié, en 1790, une nouvelle édition du *Regimen sanitatis* précédée d'une Dissertation sur l'histoire de ce livre, et suivie de la liste des éditions qui en ont été

(1) Voyez sa lettre à M. Belin, du 31 janvier 1651, t. I., p. 171.

données ; mais cette liste est loin d'être complète; on n'y trouve pas plusieurs éditions sans date antérieures à 1500, et notamment celle que nous avons citée sous le n. 374 de notre *Bibliographie lyonnaise* du 15ᵉ siècle.

Essays de méditations poëtiques sur la Passion, la Mort et la Résurrection de J.-C. Paris, 1657, pet. in-8. — Dédicace à *Camille de Neufville*, signée F. Z. D. V. — Les approbations sont datées de Lyon ; dans celle du provincial des Recollets, l'auteur est qualifié de « prédicateur de nostre Ordre. »

Le Faut mourir,.... par M. *Jacques Jacques*. Lyon, *Michel Duhan*, 1657, in-12. — Edition citée par Goujet, XVI, 591.

Grammatica Joannis Despauterii... Lugduni, apud *Claudium Riviere*. 1657, in-8. — Edition à l'usage des colléges de la Société de Jésus. — Despautères était borgne ; Vossius faisant allusion à cette infirmité, dit qu'il n'en était pas moins le plus clairvoyant grammairien de son temps. Un carme d'Arras, Adrien du Hecquet lui fit cette épitaphe :

Hic jacet unoculus visu praestantior Argo,
Nomen Johannes cui Ninivita fuit.

Martial nous offre la même pensée dans une épigramme (III, 59) ainsi traduite par Constant Dubos :

La borgne Lycoris s'adjuge un beau garçon
Dont la fraîcheur en rien ne cède
A celle de Pâris ou bien de Ganimède :
Ma foi, pour une borgne, elle a l'œil assez bon.

Oraison funèbre de Pompone de Bellièvre, premier président, par Antoine Godeau. Paris, 1657, in-4. — Longue serait la liste des publications faites à l'occasion de la mort de l'illustre magistrat ; nous nous bornerons à signaler : 1° son *Eloge funèbre*, par *P. S. Le Bossu*, Paris, 1657, in-4 ; — 2° son *Panégyrique* prononcé à l'Hôtel-Dieu de Paris le 17 avril. F. Lallemant, in-4. Voyez ci-dessus, 15 mars.

Musae attiniacenses.... auctore R. P. *Goleti*, S. J. Lugduni, *A. Molin*, 1657, in-12. — Voyez sur ce recueil de pièces latines et françaises, la *Biogr. de l'Ain* ; ci-après les Publ. de 1675, *Selecta Martialis....*

Pietas Lugdunensis erga Deiparam immaculatè conceptam (auctore *Theophilo Raynaldo*). Lugduni, 1657, in-4. — L'auteur rappelle dans ce traité que l'Eglise de Lyon est la première dans les Gaules qui ait célébré le mystère de la Conception immaculée ; il tient que ce fut S. Anselme qui introduisit cette dévotion; il réfute ceux qui croient que S. Bernard ait été d'une opinion contraire dans la lettre qu'il écrivit sur ce sujet au Chapitre de Lyon. Il a fait dédier ce traité à l'Eglise de cette ville par *André Pianello*, préfet de la Grande-Congrégation, au nom de tous ses confrères : « *Electae Dominae* » *Lugdunensi Ecclesiae* universi Parthenici coe- » tus nomine *Andraeas Pianello* in praefectura » lugdunensi consiliarius regius sodalitii ma- » joris pro tempore praefectus.... » Note du P. Ménestrier, *Parch.*, p. 89. — Cette même année, le P. Raynaud publia un autre livre sous ce titre :

Trias fortium David : — I. *Robertus de Arbrissello*, fundator Fondalbradensis ; II. *Bernardus*, apis gallica, Clarae Valentium Pater; III. Homo Dei, *Caesar de Bus*, auctor Congregationis Doctrinae christianae. Sacra dictio triplex. Lugduni, apud *J. Canier*, in-4. — Dans sa Dissertation sur *Robert d'Arbrissel*, l'auteur s'efforce de prouver que le commandement qui est donné, dans l'ordre de Fontevrault, aux femmes sur les hommes, n'est contraire ni à la raison, ni aux lois de l'Eglise. *Journ. des sav.* du 14 mars 1667.

Le Stille de la jurisdiction royale establie dans la ville de Lyon.... Paris, *A. Vitré*, 1657, in-4. — Ce livre a pour auteur *Nicolas Chorier*. Voyez son *Estat politiq.* du Dauphiné, tome 5, p. 505, et sa Vie de P. de Boissat, p. 504 ; ci-dessus, mai 1655.

Vie du P. Vincent Caraffe, huitième général de la C. de Jésus, trad. de Dan. Bartoli, par Thomas Le Blanc. Lyon, 1657, in-8.

« Je me souviens, dit l'abbé d'Olivet, d'avoir lu (1) que l'Ordre de Citeaux, assemblé capitulairement, fit un statut par lequel il fut ordonné que, vu le grand nombre de leurs religieux qui avoient été inscrits au Catalogue des saints, ils ne poursuivroient désormais la canonisation d'aucun, de peur que la trop grande quantité n'en fît baisser le prix : *Ne multitudine sancti vilescerent in Ordine*, précaution sage et nécessaire sans doute, dans les temps héroïques de ce fameux Ordre, lesquels, je l'avoue, me sont encore moins connus que ceux de la Grèce... » *Hist. de l'Acad.*, édition de M. Livet, t. 2, p. 587.

1658.

Janvier 27, à sept heures du soir, *Charles Gaston de Foix*, duc *de Candale*, fils du duc d'Epernon (1), meurt, après avoir reçu deux fois, pendant sa maladie, la bénédiction de *Camille de Neufville* (voyez la *Gaz. de France* et les Lettres de Patin à Falconnet du 26 février et du 1ᵉʳ mars). — Voici les vers que fit à cette occasion l'auteur de la *Muze historique* :

« Après avoir fait sur la terre,
Nombre de beaux exploits de guerre,
En servant la France et le Roy
Dans le plus hazardeux employ,
Le brave et généreux *Candale*
Orné de dignité ducale,
Et qui fut fier comme un lion,
Mourut l'autre jour à Lion.
Jeunesse, valeur ni puissance,

(1) Voyez ci-dessus, août 1584.

Charsge , ni grandeur de naissance
Ne l'ont point sauvé du trépas (1).... »
— « Il y avoit alors à Lyon , dit Mademoiselle *de Montpensier*, une dame dont la beauté faisoit grand bruit ; c'étoit la marquise *de la Beaume*, nièce du maréchal *de Villeroy* ; elle étoit belle assurément ; elle étoit grosse pour lors , et n'avoit point de cheveux ; elle avoit coupé, un matin, tous les siens qui étoient d'un blond admirable. Les uns disoient que c'étoit par caprice, parce qu'elle est quinteuse; qu'un jour que son mari étoit entré dans sa chambre lorsqu'on la peignoit , il loua la beauté de ses cheveux ; qu'à l'instant elle avoit pris des ciseaux et les avoit coupés. D'autres disoient que c'étoit lorsqu'elle aprit la mort de M. *de Candale*, qui en avoit fait le galant toutes les fois qu'il passoit ou repassoit à Lyon pour aller ou revenir de Catalogne (Collect. Michaud, p. 524). »

Mars. 15. *Samuel Chappuzeau* (2) écrit de *La Haye*, à *Charles Spon* :

« Monsieur, pour me rendre encore un peu considérable auprès de vous après la faute que j'ay commise à Lyon, et qui m'a rendu indigne de votre amitié , je vous diray que je vous ai toujours honoré et estimé plus qu'homme du monde, et que votre belle idée a toujours erré depuis ce temps-là dans ma mémoire. Sans vous voir , je me suis souvent entretenu avec vous, et vous êtes de ces personnes que le temps est incapable de faire oublier. Comme je vous ai toujours connu très-curieux et très-zélé pour notre religion, j'ay bien voulu vous faire tenir un exemplaire d'un *livre de prophéties* (3) , de l'impression et de l'intrigue duquel j'ay esté et suis encore le directeur, en ayant fait tenir en divers pays aux princes et aux magistrats qui semblent y avoir le plus d'interest. Les intelligents en font ici grande estime et y ajoutent beaucoup de foy ; et à prendre en effet toute l'Europe d'un bout à l'autre , les affaires présentes se disposent toutes vers le but, desdites révélations. Vous en jugerez mieux quand vous les aurez parcourues ; et surtout pezez un peu les préfaces et un traité des prophéties que vous trouverez au milieu , composé par ce fameux autheur *Joannes Amos Comenius* , qui a mis au jour le *Janua linguarum* et plusieurs autres livres scholastiques. C'est de luy-même dont il est si souvent parlé dans *Drabicius* sous le nom d'*Adjunctus*.... Il demeure maintenant à Amsterdam , *namque Moravus à longis annis bello adversus Evangelicos flagrante*, patria *pulsus, quippe erat Verbi minister*. Nous sommes fort bons amis , et nous avons commerce chaque jour ensemble. Le livre s'est imprimé aux frais de celui à qui j'ay dédié le petit traité que je vous envoye (1), et dont M. *Daillé* a daigné me donner, par lettres, beaucoup de louanges; j'y ai joint une petite comédie de ma façon qui a reçu quelques applaudissements à Paris (2). Je croy que vous ne serez pas fâché de savoir à quoy je m'occupe icy. Je vous diray, Monsieur, que j'ay un employ honorable auprès de Messieurs des Estats depuis le commencement de l'année, avec espérance de parvenir à quelque chose de meilleur par le moyen de mes amis; c'est pour faire les expéditions étrangères en latin et en françois..... Je prendray, Monsieur, la liberté de vous prier de m'aider à remercier Messieurs du Consistoire des bontez qu'ils ont eues pour mon enfant,.... et de les supplier de ma part de vouloir achever l'œuvre qu'ils ont commencée, et me faire la grâce de le faire partir dans le coche, en tâchant de le mettre entre les mains de quelque femme de connoissance qui fera par hazard le voyage.... Je vous prie aussi de persuader fortement à M. *Huguetan* de m'envoyer dans le paquet qui accompagnera mon enfant , ma traduction des *Dialogues d'Erasme* (3)..... Si je puis vous estre utile icy , je vous supplie de croire encore une fois que je vous estime plus qu'homme du monde, et que je ne puis vous honorer et estimer de la sorte sans estre passionnément, Monsieur, vostre très-humble et très-obéissant serviteur, *Chappuzeau*. » — A la suite de cette lettre, est la quittance que voici : « Je soussigné confesse avoir reçu des deniers du Consistoire de l'Eglise réformée de Lyon, pour la conduite de l'enfant du sieur Chappuzeau, de Lyon à Paris, et pour défray de son voyage, la somme de trente-six livres. Fait à Lyon, le xi juillet 1658. *Pierre Daniel.* »

Avril 9. Patin écrit à Spon :

« .... On parle ici contre un intendant de justice nommé *Pellot* , Lyonnois (4) , qui a fait

---

(1) *Le Franc de Pompignan* s'est rencontré sans s'en douter avec Loret , quand il a dit dans son *Ode à Louis Racine*, sur la mort de son fils :

    Ami, ses vertus et les tiennes,
    Ni ses mœurs douces et chrétiennes
    N'ont pu le sauver du trépas.

(2) Chappuzeau était venu s'établir, en 1651, à Lyon, où il exerça « l'office de correcteur d'imprimerie. » Menestrier , *Div. caract.*, p. 272.

(3) *Lux in tenebris*, 1657, in-4 (*Catal.* Falconet, n. 1517; *Biogr. univ.*, art. *Comenius*).— Un siècle auparavant, *Richard Roussat* , chanoine de Langres, avait publié un livre non moins recherché , parce que l'on y trouve une prophétie qui peut s'appliquer à l'avènement de *Napoléon* ; en voici le titre : *Livre de l'estat et mutation des temps* : prouuant par authoritez de l'Escriture saincte , et par raisons astrogales, la fin du monde estre prochaine. A Lyon chez GVILLAVME ROVILLÉ (sic), à l'Escu de Venise. 1550. Avec privilége (donné au libraire, le 9 juillet, l'an de grâce mil cinq cens quarante-neuf), in-12 (B. Yemeniz).

(1) Les biographes de Chappuzeau ne m'apprennent pas quel est le titre de ce petit traité.

(2) Probablement *Damon et Pythias*, tragi-comédie représentée à Paris , imprimée à Amsterdam en 1657.

(3) Cette traduction fut publiée à Paris en 1662.

(4) On lit dans les Tables de la Gaz. de Fr., lettre P. « Année 1663 : *Claude Pellot*, premier président du » parlement de Rouen , ci-devant intendant dans les » provinces de *Dauphiné*, de Poitou, de Limosin et de » Guyenne, meurt à Paris, le 3 août, âgé de 64 ans. »

exercér quelques grandes violences dans un bourg du *Dauphiné*, à cause de quoi le parlement de Grenoble a donné arrêt contre lui..... J'ai vu aujourd'hui le Roy qui s'en alloit à la chasse; c'est un beau prince fort et robuste; il est *grand* et a bonne grâce..... »

N. On lit dans le chapitre XI° des *Mémoires* de Chateaubriand, *touchant la vie et la mort du duc de Berry* : «.... Monseigueur le duc de » Berry était d'une *taille moyenne*, de même » que *Louis XIV*, car c'est une erreur de croire » que Louis XIV était d'une haute stature; une » cuirasse qui nous reste de lui, et les exhu- » mations de Saint-Denis, n'ont laissé sur ce ». point aucun doute.»—Malgré ce témoignage, il nous semble qu'il vaut mieux en croire Guy Patin dont l'assertion est confirmée par M. *de Brienne* qui a dit en parlant de Louis XIV, dans le ch. 29 de ses *Mémoires :* « Il est *grand* et bien fait.

Avril 11. Le Consulat arrête qu'il sera payé aux Augustins de cette ville, deux mille livres pour l'ouverture de deux rues à travers de leur clos, l'une de 15 pieds de large , depuis la maison *Charassin*, sise rue de la *Déserte*, jusqu'au quai *Saint-Vincent*; l'autre, de 12 pieds de large, tendant de la place de la *Boucherie des Terreaux* à la rue précédente.

Mai 1. Mort de *Jacques de Nuchèze*, évêque de Châlon-sur-Saône, suffragant de l'archevêque de Lyon. — Ce fut lui qui consacra, le 24 avril 1625, l'église des *Capucins du Petit Forest* dédiée à S. André, patron du sieur *Coste*, qui, par ses libéralités, avait contribué à la construction de cette église, dont la première pierre fut posée par *Anne d'Autriche*. MENESTRIER , *Eloge hist.*, 2° partie, p. 64.

Même mois 14. *David Laroche* écrit, de Montpellier, à *Charles Spon :*

«.... Je n'ay rien à vous dire , si ce n'est que les *Papistes* ne cessent de nous témoigner dans toutes les occasions plus de haine qu'ils n'avoient jamais fait. Je crains qu'ils ne nous portent à quelque fâcheuse extrémité : Dieu veuille y remédier !....» Voyez ci-dessus, 28 déc. 1657.

Août 29. Mort de *Joseph Filère*, jésuite, auteur ascétique. *Biogr. lyonn.*, p. 110.

—Sous le règne de Louis XIV, plusieurs notables Lyonnais avaient à Paris des correspondants qui leur transmettaient les nouvelles politiques que la *Gazette de France*, soumise à la plus rigoureuse censure, ne donnait le plus souvent qu'en peu de mots, et quelquefois très-tardivement; c'est ainsi que Spon et Falconet furent instruits par Guy Patin de la mort de *Cromwel* avant que la *Gazette* en eût rien dit. Voici en quels termes Patin, dans sa lettre du 24 *septembre*, faisait part à Spon de cet événement :

« ...La mort de Cromwel est arrivée le 15 de ce mois, et jusqu'à ce jour, cela avoit été bien caché; il est mort d'une difficulté d'urine (1).... La reine d'Angleterre , qui est ici, a été si fort réjouie, qu'elle l'a envoyé dire à tout le monde; mais sa joie ne pourra être longue, car Cromwel a un successeur arrêté, agréé et approuvé de la ville de Londres, du parlement et de l'armée, savoir le colonel *Lambert*, qui a été tiré de prison pour être mis sur le trône (2). Je ne veux pas dire de lui ce qu'on disoit de Tibère :

Et dic, Roma perit : regnabit sanguine multo,
   Ad regnum quisquis venit ab exsilio (3);

Car on dit que ce Milord Lambert est un habile homme, et qu'il vaut encore mieux que Cromwel, qui est bien heureux d'être mort dans son lit, car vous savez que

Ad generum Cereris sine caede et *sanguine* pauci
Descendunt reges et sicca morte tyranni (4)....»

— Le 15 mai de l'année suivante (1659), Patin écrivait à Falconet : « On dit qu'il y a du bruit en Angleterre; c'est à qui pourra avoir sa part du gouvernement, et, comme dit Cicéron (5) : *Multi volunt regnare.....* Tibère, avant que de mourir, prédit à Galba qu'il seroit quelque jour empereur : *Et tu , Galba , quandoque degustabis imperium* (6); «.... Cette prédiction fut accomplie; Galba devint empereur, mais il en fut mauvais marchand avec Pison qu'il avoit adopté. Il y a grande apparence qu'il arrivera

(1) Pascal a partagé cette erreur. Voyez ses *Pensées,* p. 40 de l'édit. d'Ernest Havet.

(2) John Lambert ne fut chargé que du commandement des troupes.

(3) Ces deux vers, qui terminent une pièce anonyme rapportée par Suétone, ch. 59 de la Vie de Tibère, ont été ainsi traduits par M. Théophile Baudement : Quiconque de l'exil parvient au premier rang, Règne par la terreur et s'abreuve de sang.

(4) *Juvénal*, X, 112-13. Au lieu de *sanguine*, le texte porte *vulnere*. Voici la traduction de Daru : Le gendre de Cérès voit les ombres royales Se hâter de descendre aux rives infernales; Jamais, presque jamais les mânes des tyrans N'arrivent sur ces bords que pâles et sanglants. Machiavel, l. 3, c. 6 de ses *Discours sur Tite-Live*, a cité les deux vers de Juvénal , et quand il a dit dans le même chapitre que le Prince *non puo mai spogliar uno tanto che non gli resti un coltello da vindicarsi*, il a emprunté cette pensée au même poète : *Spoliatis arma supersunt* (VIII, 24). Les commentateurs auraient pu rapprocher de ce dernier vers , la réponse que les Cinniniens firent à Brutus qui leur demandait une somme assez forte pour le prix de leur liberté : *Ferrum sibi à majoribus quo urbem tuerentur, non aurum, quo libertatem ab imperatore avaro, emerent , relictum* (VAL. MAX., VI, 4 ext. 1). Cette réponse nous rappelle la devise que le général *Lafayette* avait fait graver sur son épée, et qui le fut aussi sur les premiers sabres de la garde nationale de Paris : Ignorant-ne datos ne quisquam serviat enses, Toutefois nous ferons observer que, au lieu de *Ignorant-ne*, le texte de Lucain (IV, 579) porte *Ignoratque*.

(5) *Lettres à Atticus* , XIII , xi.

(6) Tacite, *Annales*, VI, xx.

— Cet intendant était probablement de la même famille que l'écrivain de Lyon, *Claude Pellot*, mort dans l'exercice de ses fonctions, en 1663.

quelque chose de pareil à Londres. Le souverain commandement est au pillage; quelqu'un l'attrapera par force ou par finesse : *Summus nempe locus nulla non arte petitus* (1); un autre viendra qui lui insultera, et enfin le plus méchant de tous sera celui qui demeurera.... »

Puisque l'occasion se présente, qu'il me soit permis de consigner ici, à propos de Cromwel, quelques remarques qui ne seront peut-être pas dénuées d'intérêt.

Voltaire a dit dans son *Dict. philosophique,* au mot ANA : « Plus occupé de penser que de » citer juste, l'auteur du livre de *l'Esprit* (Dis-» cours 5°, ch. 8) prétend qu'on fit pour Cromwel, cette épitaphe :

Ci-gît le destructeur d'un pouvoir légitime,
Jusqu'à son dernier jour favorisé des cieux,
    Dont les vertus méritaient mieux;
    Que le sceptre acquis par un crime.
Par quel destin faut-il, par quelle étrange loi,
Qu'à tous ceux qui sont nés pour porter la couronne,
    Ce soit l'usurpateur qui donne
L'exemple des vertus que doit avoir un roi ?

« Ces vers, ajoute Voltaire, ne furent jamais » faits pour Cromwel, mais pour le roi *Guil-* » *laume*; ce n'est point une épitaphe, ce sont » des vers pour mettre au bas du portrait de » ce monarque; il n'y a point *Ci-gît,* il y a *Tel* » *fut le destructeur d'un pouvoir légitime.* Ja-» mais personne en France ne fut assez sot » pour dire que Cromwel avait donné l'exemple » de toutes les vertus. On pouvait lui accorder » de la valeur et du génie, mais le nom de » vertueux n'était pas fait pour lui. »

Il est fâcheux que Voltaire n'ait pas dit où la pièce en question se trouvait avec le *Tel fut.* On la donne dans le tome 2 des *OEuvres de Regnier Desmarais* publiées après la mort de ce poète (La Haye, 1716), avec le *Ci-gît,* sous le titre d'*Epitaphe de Guillaume;* quatre ans après, en 1720, Bruzen de la Martinière, dans le tome 1er de son *Nouveau recueil des épigrammatistes françois,* l'a mise sous le nom de *Pavillon,* avec ce titre *Epitaphe de Cromwel,* etc.; mais alors, elle avait déjà été attribuée à ce dernier poète, car *Samuel Werenfels* en fit insérer l'imitation suivante dans ses *Opuscula* publiés à Bâle en 1718 :

Invasor regni jacet hic, quo dignior unquam
    Nemo fuit sceptrum jure tenere suo.
Regni cum fuerit raptor, cur fata tulerunt,
    Perfecti exemplar regis, ut ille foret ?

Werenfels, qui était luthérien, appréhendant sans doute que ceux de la secte crussent qu'il avait approuvé, en la traduisant, la pièce attribuée à Pavillon, joignit à son imitation une épigramme dans laquelle il dit que les éloges donnés dans l'épitaphe, sont dûs à la vertu du roi Guillaume (1), et que le poète français devait à sa patrie ce qu'il y a ajouté contre la mémoire de ce prince (2).

Je ferai observer que l'épitaphe en question ne se trouve pas dans les éditions de ses *OEuvres* publiées en 1720 et en 1750, et il est à remarquer que Pavillon se serait contredit en louant Guillaume, car on lit dans ses Stances à Mme de R....., composées en 1696 :

    Tantôt en nous jouant, et sans tirer l'épée,
    Nous foudroyons la Ligue et par terre et par mer;
    Nous ôtons à Nassau sa couronne usurpée;
    Heureux si l'on le souffre être encor Stathouder....

Regnier Desmarais n'avait pas une meilleure opinion de Guillaume; voici les premiers vers d'un rondeau qu'il fit en 1692 :

    Sans coup férir, l'usurpateur Guillaume
    S'est par cabale emparé d'un royaume;
    Il en mettroit bien d'autres sous ses loix
    S'il ne falloit que tromper les Anglois,
    Sans se servir de lance ni de heaume....

En définitive, il est à croire que l'épitaphe précitée n'est ni de Pavillon, ni de Regnier Desmarais, et qu'elle ne fut pas faite pour Cromwel qui n'avait pas les *vertus* de Guillaume; car, si ce prince fut un usurpateur, il ne fut pas comme Cromwel, *teint du sang de son roi* (2).

On sait que le protecteur de la République anglicane fit faire son portrait pour l'offrir à Christine, reine de Suède, en l'accompagnant de huit vers latins; Voltaire attribue ces vers à *André Marvell,* secrétaire de Milton, et il en cite les deux derniers que l'on dit avoir été retouchés par Cromwel :

Ast tibi submittit frontem reverentior umbra,
    Non sunt hi vulti regibus usque truces.

« Le sens hardi de ces six vers, ajoute Voltaire, peut se rendre ainsi :

« Les armes à la main, j'ai défendu les lois;
D'un peuple audacieux j'ai vengé la querelle.
Regardez sans frémir cette image fidelle;
Mon front n'est pas toujours l'épouvante des rois(4).»

Mais Voltaire s'est trompé en donnant ces vers à *Marvell*; ils sont de *Milton,* et Delille en a fait une imitation paraphrasée qui se termine ainsi :

---

(1) Juvénal, X, 110. Au lieu de *nulla* on lit *mala* dans toutes les éditions de Patin, ce qui rend le vers faux.

(1) On a plus d'une fois appliqué à Guillaume ce vers du *Xerxès* de Crébillon, IV, 2 :
Le sceptre absout toujours la main la plus coupable.

(2) *Journal des savans* du 20 nov. 1719.

(3) Voltaire, qui a tant prôné Helvétius, avait de Cromwel une opinion bien différente de celle de l'auteur de l'*Esprit*; en 1717, il disait dans son *Epitre au duc d'Orléans*

Cromwel, d'un joug terrible accablant sa patrie,
Vit bientôt à ses pieds ramper la flatterie;
Ce monstre politique du Parnasse adoré,
Teint du sang de son roi, fut aux dieux comparé;
Mais, malgré le succès de sa prudente audace,
L'univers indigné démentait le Parnasse;
Et de *Waller* enfin les écrits les plus beaux
D'un illustre tyran n'ont pu faire un héros...

(4) *Dict. philosophiq*, art. CROMWEL. — L'auteur de l'art. CROMWEL dans la *Biogr. univ.*, attribue à Delille les quatre vers de Voltaire.

Jaloux d'exécuter ses ordres souverains,
Un peuple entier remit ses droits entre mes mains;
C'est pour lui que j'ai pris, que je garde les armes;
Cromwel, dans ce tableau, se soumit à tes lois;
Ce front n'est pas toujours l'épouvante des rois.

J'espère que l'on me pardonnera cette digression que je terminerai par cette anecdote extraite des *Mélanges littéraires* de Le Sage : « Cromwel, passant par Tiburne, lieu patibulaire, regardoit la foule du peuple qui venoit au-devant de lui : « Voyez, lui dit un flatteur, » voyez quelle multitude de gens vient ici pour » être témoin de votre triomphe. » Cromwel répondit froidement : « Il en viendroit encore » plus me voir pendre. »

Octobre.... Passage et séjour à Lyon, de M. *de Coulanges*, qui revenait d'Italie. Voyez l'opuscule que nous avons publié sous ce titre : *Le Marquis de Coulanges*, etc., Lyon, impr. d'A. Vingtrinier, 1855, in-8.

Même mois.... « Le bruit se répandit alors que le Roy vouloit visiter les provinces de son Royaume, et qu'il honoreroit de sa présence la ville de Lyon. Les magistrats qui venoient d'achever leur *Hôtel-de-ville* où ils espéroient de loger le Roy, résolurent d'orner ce palais de peintures qui répondissent à la grandeur et à la beauté de cet édifice, et encore plus à la majesté du prince qu'ils y vouloient recevoir. Ils avoient fait venir de Rome le sieur *Chapron*, peintre de réputation ; mais *cet artiste* estant mort presqu'aussitôt qu'il fut arrivé, on leur fit connoître le mérite du sieur *Thomas Blanchet*, Parisien, homme d'un rare talent pour ces grands ouvrages, et qui se distinguoit dans Rome depuis dix ou douze ans (1).... » — Le P. Menestrier auquel nous avons emprunté le passage qu'on vient de lire, s'est trompé en fixant à l'année 1658, l'invitation faite à *Blanchet* de venir à Lyon; car il figure comme peintre dans un état de sommes payées par le Consulat pour la construction de l'Hôtel-de-Ville pendant les années 1654, 1655 et 1656; il y est nommé après deux autres peintres, les sieurs *Rambaud* et *Panthot*. Voyez ci-après, 11 octobre 1675.

Même mois 29. « Quantités de malades atteints des *écrouelles* (1) arrivent de l'hôpital de Villefranche pour estre touchez par S. M. le premier jour de l'année prochaine (2) ». — Paradin, p. 550 de son *Hist. de Lyon*, rapporte que Henri II toucha les écrouelles à Lyon, le dernier dimanche de septembre 1548. — A la bataille d'Ivry, où Henri IV payait de sa personne comme simple soldat, ce prince répé-

tait, dit-on, à chaque coup qu'il tirait : « Le » roi te touche, Dieu te guérisse. » Après la bataille, il disait : « Quoi qu'en dise la Ligue, » je connois bien que je suis roi de France; » car j'ai bien guéri des Espagnols des » écrouelles. » Voyez les *Anecdotes de médecine*, par *Pierre Sue*, 1, 546 ; *l'Improvisateur français*, tome 8, ci-dessus, 11 déc. 1622, et les Publ. de 1645.

Même année. « .... Un jour, dit M. *de Brienne*, pendant que la Cour étoit à Lyon, et qu'on parloit du voyage de Provence, je lisois à la Reine-mère, dans sa chambre, à sa toilette, le projet des lettres patentes pour la translation des reliques de Sainte-Madeleine ; j'avois fait dresser ces lettres par M. d'Andilly même, à la prière de Dufresne, mon premier commis, qui étoit fort de sa connoissance... Le Roi entra sur ces entrefaites, et me fit recommencer la lecture ; il ne trouva pas ces lettres de son goût. « Vous me faites parler comme un saint, dit-il, et je ne le suis pas. » Je lui dis que mon premier commis avoit dressé ces lettres, mais qu'il les avoit fait revoir par un des plus habiles hommes en fait de style et d'éloquence. « Qui est cet habile sot ? » me répondit le Roi, fort échauffé comme de coutume. — C'est, Sire, lui dis-je, M. Arnauld d'Andilly. « J'en suis bien aise, dit S. M., mais cela ne me convient nullement. » Il prit les lettres, les déchira, et et me dit en les jetant : « Refaites-en d'autres où je parle en roi et non pas en janséniste. » Paroles remarquables, et dont toutefois je me suis très-mal souvenu, lorsque, étant entré dans l'Oratoire, je devins janséniste par pure complaisance pour madame la duchesse de Longueville, ma marraine. » *Mémoires*, t. 2, p. 299.

Parmi les grands personnages qui étaient venus à Lyon pendant le séjour du roi, se trouvait *Pierre de Marca*, archevêque de Toulouse, qui logea chez *Matthieu Pécoil*, conseiller à la sénéchaussée de Lyon. L'illustre prélat, qui avait entendu parler de *Nicolas Chorier*, témoigna le désir de voir l'écrivain dauphinois, qui ne se fit pas attendre. Les deux savants eurent ensemble des conférences sur leurs travaux historiques, et quand M. de Marca quitta Lyon pour retourner à Toulouse, il s'arrêta à Vienne pour rendre à Chorier sa visite. Voyez *N. Chorerii de vita et rebus suis libri* III, p. 57.

Un autre savant, *Claude Gaspard Bachet de Meziriac*, président du présidial de Bourg-en-Bresse, vint aussi complimenter le roi, et se fit admirer de toute la Cour. Bayle, qui rapporte ce fait d'après le *Mercure galant*, de janvier 1705, où, au lieu de 1658, on lit 1660, a reproduit cette erreur.

Mademoiselle de Montpensier avait à sa suite son aumônier, l'abbé *Brigalier*, qui dépensa, dit on, 40 mille écus pour devenir magicien, sans avoir pu en venir à bout. *Segrais*, qui avait accompagné la princesse, dont il était le secré-

---

(1) Le P. Lelong, donne, sous les n°s 26977 et suiv. de sa *Biblioth.*, les titres de plusieurs ouvrages sur l'attouchement des écrouelles par les rois de France. Celui d'*André du Laurens* écrit en latin (Paris, 1609), est orné d'une gravure représentant Henri IV faisant cet attouchement. Un *Discours des écrouelles* par C. *Mestral*, Lyon, 1622, in-8, figure sous le n° 6652 du Catal. Falconet.

(2) *Mélanges de Chirurgie*, par M. Pétrequin, p. 97.

faire et le gentilhomme ordinaire , nous à conservé dans ses *Mémoires* l'anecdote suivante (1) :

« L'abbé Brigalier avoit donné jour à plusieurs dames et autres personnes de Lyon pour leur faire voir le Diable. Le jour venu, il étoit fort embarrassé de quelle manière il s'acquitteroit de sa promesse ; l'heure du rendez-vous s'approchoit lorsqu'il rencontra dans la rue un petit gueux presque tout noir de l'ardeur du soleil ; il lui demanda s'il vouloit gagner un écu ; le petit gueux répondit qu'il ne demandoit pas mieux. L'abbé l'emmena chez lui , le rendit encore plus noir en le faisant barbouiller de noir à noircir. Il y avoit en sa chambre un tableau qui représentoit le Diable, lequel n'étoit pas trop élevé : il fit faire une niche derrière qui fut achevée en deux heures de temps, presqu'à l'heure qu'il avoit donnée ; il y fit monter le petit gueux , et lui dit d'y demeurer jusqu'à ce qu'il fît un certain signal. Ceux qui devoient être du spectacle vinrent ; et lorsqu'ils furent tous arrivés , l'abbé se mit à faire quelques cérémonies , et donna le signal. En même temps le petit gueux poussa le cadre du tableau ; le jeta en bas , courut autour de la compagnie , et disparut à la faveur d'une tapisserie, en se jetant dans une porte qu'elle cachoit. Ce fut alors qu'il y eut des bras et des jambes cassés ; car tous les spectateurs étant épouvantés , comme on peut se l'imaginer , il y en eut qui se jetèrent par les fenêtres. »

Le premier médecin du Roi, *Antoine Vallot*, avait accompagné son auguste client ; c'est ce que nous apprend *Guy Patin* dans la lettre qu'il écrivit à son confrère *André Falconet*, le 10 décembre : « J'ai , ce matin , lui dit-il , consulté avec M. Piètre, qui m'a fait voir une lettre que M. *Garnier* (2) lui a écrite, où entre autres choses , il dit que le *Comes archiatron* (Vallot) a vu Mlle Falconet et son genou malade..... Je voudrois qu'avec son babil, il vous mît hors de peine..... Scaliger en veut fort à un certain médecin de son temps qui prenoit cette qualité de *Comes archiatron* ; c'était un nommé *Symphorien Champier*, médecin de Lyon, du temps de Charles VIII et du bon roi Louis XII , et qui, du temps de Francois Ier, quitta Lyon pour aller à Nancy , y être médecin du duc de Lorraine. Ce *Champier* a beaucoup écrit,..... et pourroit dire de soi-même, ce que le poète Ausone a fait dire à son père :

Et mea si nosses tempora, primus eram (3).....

(1) Tome I , p. 43 de l'édition donnée par Lamonnoye en 1723 , et dont quelques exemplaires portent la date de 1736 , avec le titre de *Segresiana* , 1756 , in-12.

(2) *Pierre Guerin* , mort doyen des médecins de Lyon, le 6 juin 1681. Voyez Pernetti, II, 187. Voyez ci-dessus, 13 juillet 1649.

(3) Idylle 2e. — C. Breghot du Lut a inséré , dans ses *Nouveaux mélanges* , une notice sur Champier plus exacte que celles qu'on lit partout ailleurs

« *Scaliger* lui en vouloit comme depuis il en a voulu à *Erasme* et à *Cardan*, qui étoient d'excellens hommes.... Voici donc ce que Scaliger dit de Champier :

« Campegius, quis sit ille si petit quisquam ;
Respondeo, sed Scaevolae modo, paucis :
Ardelio, mimus, insolens, tumens, turgens
Titulo archiatri, quod Deus sit atrorum
Nam candidae illae mentis haud tenet micam
Falsarius sed invidus ineptusque,
Scriptis alienis indidit suum nomen,
Uno alterove verbulo usque mutato,
Cùm ex officina barbarissima agnoscas
Quid sit ille et ut falsitaverit suum nomen
Campegium e Champerio. Et tacitus dormis,
Democrite ! ô nec rumperis cachinnando (1). »

« Ne voilà-t-il pas un homme bien décrit ? et cependant ce Champier valoit cent fois mieux que le *Comes archiatron* d'aujourd'huy.... » — Dans la lettre du 27 du même mois, Patin revient encore sur ce sujet : «.... Je sais bien , dit-il , le mérite de Champier , et je l'ai souvent loué , même publiquement ; mais je voudrois bien savoir en quelle année il est mort et en quel lieu.... » — Falconet lui répondit sans doute que Champier mourut en 1539, à Lyon, où il fut inhumé dans l'église des Grands-Cordeliers. Cet homme universel, qui a laissé un grand nombre d'ouvrages sur toutes sortes de matières , naquit à Saint-Symphorien-le-Château, en Lyonnais , vers 1472 , dans la maison de Marguerite Girard , sa mère (2). Conrad Gesner lui a fait dire, dans son *Prosopographiae millenarius :*

Cùm priscis medici meritus quoque nomina magni ,
    Vilesco seeli lucialtate novi.

L'*Isagoge ad sanctas litteras* de Santo Pagnini contient parmi les pièces liminaires ; une lettre de notre fameux médecin où se trouvent de curieux documents pour l'histoire littéraire de son temps. En 1555 , il dédia son *Periarchon* à *Charles d'Estaing* , chanoine-comte de Lyon. La suscription de cette dédicace est ainsi conçue : « Clarissimo nobilissimo atque » undecumque utriusque juris doctori D. *Carolo* » *à Stagno* ; Sanctae romanae ecclesiae proto- » notario ; Lugduñ. ecclesiae camerario , Ru- » theñ. sacristae , Symphorianus Campegius , » lotharingiae principis archiatros. S. P. D. » Champier nous apprend dans cette dédicace que Charles d'Estaing était neveu d'Antoine

(1) Ces vers que les éditeurs de Patin ont pris pour de la prose, sont tirés de l'*Ata* de J. C. Scaliger, p. 662 de ses *Poemata*, 1600, in-8. V. Lamonnoye sur la Croix du Maine , et ci-dessus , les Publ. de 1648 ; *Hist. des antiquités....*

(2) Elle était probablement de la même famille que le cardinal *Pierre Girard* , qui naquit aussi à Saint-Symphorien-le-Château , et qui mourut à Avignon , le 9 septembre 1415. Biogr. Lyonn. , p. 128. Voyez aussi Malacarne , *Delle opere de' medici e de' cerusici di Savoia* , t. I, p. 238 et suiv. où l'on trouvera des détails historiques sur Champier , et l'analyse de ses ouvrages.

d'Estaing, évêque d'Angoulême, et de François d'Estaing, évêque de Rhodez ; il a voulu que son livre parût sous les auspices de Charles d'Estaing, *ex quo tutior foret atque honestior*. Au verso du titre, est un *Carmen* de 20 vers composé par *Sebastianus Copinus* à la louange de Champier, lequel se termine ainsi :

Quid referam innumeras inculto carmine dotes ?
Te Venus et Pallas percoluere deae.

Ce livre que Montaigne et Charron paraissent avoir connu (1), a 42 chapitres. L'auteur en le terminant, proteste de son attachement à l'Eglise catholique et romaine, *qua propter*, dit-il, *omnia docta mea orthodoxae fidei subjicio*. Nous ajouterons que le nom de Champier revient souvent dans les délibérations du Consulat, qui lui confia plusieurs missions. Voyez encore sur ce fécond polygraphe, Bayle, art. VIRGILE, rem. 4 ; Prosper Marchand, *Dict.*, I, 267, et II, 5 ; Beaupré, *Recherch. sur l'impr. en Lorraine*, p. 50-54 ; le *Manuel* de M. Brunet, art. Corrozet ; la *Bibliog. lyonn. du 15e siècle*, p. 59 et 109 de la première partie, et p. 44 de la deuxième ; ci-dessus, août 1497 ; avril 1529, et les *Publ.* de 1648.

Cette année, le Consulat, par une délibération du 12 décembre, arrêta que la messe qui se célébrait, tous les ans, dans la chapelle de S. Jacquème, se célébrerait dans celle de l'Hôtel-de-Ville, et que l'Oraison « qui souloit se » prononcer en l'église de S. Nizier, le jour » de la S. Thomas, » se prononceroit dans la grande salle de l'Hôtel-de-Ville. »

Les chanoines réguliers de S. Augustin, vulgairement appelés *les Pères de la Trinité pour la Rédemption des captifs*, s'établissent à Lyon d'abord au milieu de la montée de *Beauregard*, puis, au pied du Gourguillon, dans les anciennes maisons des Bellièvre et des de Langes (Menestrier, *Eloge hist.*, 2e partie, p. 67). — « Il n'est personne, a dit M. Petit-Radel (2), qui ne se rappelle avoir vu à Paris, à *Lyon*, à Marseille et autres villes, le spectacle touchant de la procession de la Rédemption des captifs. On y voyait des hommes de toutes les nations marchant en ordre, deux à deux, et en grand nombre, tenant des palmes, ayant les mains liées de longs rubans de soie, accompagnés des Religieux qui les avaient délivrés, nourris, vêtus, et qui quêtaient dans les rues pour compléter cette belle œuvre, en fournissant aux moyens de rendre ces captifs à leur famille, à leur profession. »

Fondation du Prieuré des *dames de S. Benoit*, près du Port-Neuville.

Institution des *Pénitents de N. D. de Lorette*. — Leur chapelle était située sur la place de la Croix-Pâquet. Le sculpteur Chinard, à son re-

tour de Rome, en fit son atelier avant d'aller occuper, sur le quai de l'Observance, une belle villa, au sommet de laquelle il a été inhumé dans un tombeau fait par lui. Vers 1840, cette belle propriété a été vendue par lots détachés à des entrepreneurs de bâtiments. Voyez l'*Alm. de Lyon* de 1755 ; *Une journée au jardin des Plantes*, par Claude Rivoiron, p. 42, et les *Publ.* de 1680, *Maison de la Sainte Vierge*.

Novembre. Le Cardinal *Mazarin* voulait déterminer l'Espagne à faire la paix avec la France, et à conclure le mariage de l'Infante avec Louis XIV ; alors la duchesse de Savoie, sœur de Louis XIII, faisait tous ses efforts pour ménager le mariage de sa fille *Marguerite* avec le roi de France, à qui l'Espagne ne voulait point donner l'Infante. Mazarin, feignant de seconder les espérances de la Savoie, afin d'inspirer de la jalousie à l'Espagne, engagea le roi à se rendre à Lyon, où Marguerite devait venir avec sa mère. Louis partit de sa Capitale le samedi 16 novembre, accompagné de la Reine mère et de toute sa Cour. La petite-fille d'Henri IV, Mademoiselle *de Montpensier* nous a laissé dans ses *Mémoires* une relation de ce voyage. Nous en extrairons les passages les plus intéressants sur le séjour du jeune monarque et de sa Cour dans notre cité ; nous puiserons dans d'autres ouvrages diverses circonstances plus ou moins connues qui compléteront le récit de l'auguste princesse :

«.... Nous allâmes, dit-elle, longtemps sur les bords de la Saône, de sorte que nous vîmes longtemps le pays de Dombes, qui est de l'autre côté (sur la rive gauche). Tous les paysans avoient passé l'eau, et même les Minimes.... Nous étions dans le Beaujolois. On alla coucher à Villefranche, qui en est la capitale et qui se peut dire une fort jolie ville... On en partit fort matin (le dimanche 24 novembre), parce qu'on vouloit arriver à Lyon de bonne heure.... Pour moi, je me levai devant le jour. Je fus priée de tenir un enfant du baron *de Jouy*, bailli du Beaujolois ; Monsieur trouva bon que je le prisse pour être parrain... Le maréchal *de Villeroy* (1) vint au-devant du Roi avec beaucoup de noblesse.... On trouva les bourgeois sous les armes... Leurs Majestés allèrent descendre à Saint-Jean, où l'archevêque les vint recevoir à la porte, accompagné du plus beau Chapitre qui soit en France. Tous les chanoines sont gens de qualité qui font des preuves plus exactes et plus grandes que les chevaliers de Malte. On les appelle messieurs les *Comtes de Saint-Jean de Lyon*. Autrefois ils prétendoient qu'on les appelât les *Comtes de Lyon*. Je pense qu'on les nomme à présent les comtes de Saint-Jean de Lyon, parce qu'ils ne sont plus en possession de ce qu'ils étoient autrefois. Ils ont de grands

(1) Ces deux moralistes sont plusieurs fois revenus sur cet aphorisme qu'on lit p. 62 du *Periarchon* : » Venus diminuit vires, et mares multum cocuntes ci- » tius senescunt. » Voyez Macrobe, *Saturnal.* II, 8.
(2) *Notice sur Jean de Matha*, t. 17 de l'*Hist. litt. de la France*.

(1) Ce grand-officier de la couronne, gouverneur de la province du Lyonnois, Forez et Beaujolois, était arrivé le 13 novembre à Lyon avec *François de Neufville* son fils.

privilèges ; ils en ont seulement la possession et point de titres ; ils ne savent de qui ils les tiennent et ne sauroient montrer l'origine de leur fondation.... Après le *Te Deum*, Leurs Majesté allèrent à l'abbaye d'Ainay (1) que possède maintenant l'archevêque de Lyon. Le Roi logeoit chez un trésorier de France nommé *Mascarani* (2) en la place de Bellecour ; M. le Cardinal de l'autre côté de la place (3), et moi à un autre coin. J'avois la vue de la rivière et de la montagne qui est de l'autre côté. Monsieur logeoit chez un nommé *Jove* (4), Génois, dans la plus jolie maison que l'on puisse voir ; c'étoit un vrai bijou ; c'étoit le fait de Monsieur qui les aime. Il y avoit de si beaux meubles, qu'il ne fit point tendre les siens. La Reine reçut, le lendemain de son arrivée à Lyon, des nouvelles de Madame Royale (de Savoie), et qu'elle viendroit le jeudi ensuite. Sa Majesté alla aux Cordeliers, où est la tête de Saint Bonaventure. Le jour d'après, elle alla à l'Archevêché, où devoit loger Madame Royale,... On ajustoit l'appartement ; il y avoit force *draps* (5) beaux et magnifiques. J'oubliois de dire qu'il y avoit à Lyon deux troupes de *Comédiens*, dont l'une étoit fort bonne ; ils affichèrent les *Comédiens de Mademoiselle* (6), et avec raison.... Le jour que Madame de Savoie arriva, on se dépêcha d'aller chez la Reine de bonne heure.... On fut fort diligent. M. le Cardinal alla fort loin au-devant de Madame Royale. Le Roi alla avec la Reine. Il y avoit dans le carrosse Leurs Majestés, le maréchal de Villeroy, Madame de Noailles et moi..., Nous trouvâmes le chemin plein d'équipages.... Quand on sut Madame Royale proche, on vint le dire au Roi ; il monta à cheval, et s'en alla au-devant d'elle,.... *puis* il revint au galop, mit pied à terre et s'approcha du carrosse de la Reine, avec une mine plus gaie, et plus satisfaite. La Reine lui dit : « Eh bien, » mon fils ? » Il répondit : Elle est bien plus » petite que Madame la maréchale de Villeroy ; » elle a la taille la plus aisée du monde ; elle » a le teint.... » Il hésita, il ne pouvoit trouver le mot ; il dit « olivâtre, » et ajouta : « Cela lui sied bien ; elle a de beaux yeux ; elle me plaît, et je la trouve à ma fantaisie. » ... Incontinent après on dit : « Voilà Madame

Royale. » Les carrosses s'arrêtèrent ; elle descendit, et la Reine aussi ;... elle salua la Reine et lui dit mille flatteries.... Elle monta auprès de la Reine. Le Roi se mit à une portière avec la princesse Marguerite..... Le second jour que Madame Royale fut à Lyon,..... M. de Savoie arriva ; le Roi alla au-devant de lui à deux lieues de Lyon..... Il entra avec le Roi, et courut depuis la porte jusqu'au lieu où étoit la Reine, et poussa tout le monde.... Le lundi (2 *déc.*), le lendemain de son arrivée, M. de Savoie alla chez le Roi aussitôt après le dîné. Ce jour-là on devoit aller à l'Hôtel-de-Ville (1) ; la Reine sortit dès que le Roi fut venu. On trouva Madame Royale dans la cour. On remarqua que le carrosse était plein d'enfants ou de petits-enfants de Henri-le-Grand..... Il y eut une grande collation où on ne s'assit point....Le lendemain,.... on dansa sur un grand théâtre bien éclairé. La Reine et Madame Royale étoient dans la salle..... Au sortir de l'assemblée, M. de Savoie alla prendre congé du Roi et de la Reine ;..... il partit le lendemain matin ;..... il fit force *passades* dans la place de Bellecour, sauta pardessus de petites murailles qui sont au mail, et dit, lorsqu'il partit : « Adieu, » France, pour jamais ; je te quitte sans aucun » regret. » Je pense qu'il n'était pas trop content de voir les affaires dans l'état où elles étoient (2)..... Madame Royale devait partir le samedi (7 décembre) ; elle ne partit que le dimanche, au matin. J'allai pour prendre congé d'elle ; elle étoit à la messe. J'allai trouver la Reine, puis je l'accompagnai. Elle alla prendre Madame Royale chez elle ; elle la rencontra dans la place de Bellecour qui la venoit trouver, et le Roi aussi. Elle se mit dans le carrosse de la Reine, et madame la princesse Marguerite aussi, à la portière avec le Roi, comme elle avoit fait à son arrivée. Lorsque nous fûmes à une lieue de Lyon, on mit pied à terre et on dit les adieux (3) .... M. le Cardinal eut tou-

(1) La Reine y avait pris son logement.

(2) *Mascarini* ou Mascrani (Alexandre). Voyez son art. dans la *Biogr. lyonn.* ; Spon, *Recherches*, in-8, p. 231 ; Cochard, *Guide*, p. 531.

(3) Dans la maison de M. *Viaud*, procureur du roi à la sénéchaussée.

(4) Un imprimeur de ce nom, *Michel Jove*, exerça son art à Lyon de 1558 à 1583. *Biogr. lyonn.*, p. 333.

(5) On lit *bras* dans l'édition de Petitot et dans celle de Michaud.

(6) On joua *Le Festin de Pierre* ou l'*Athée foudroyé*, comédie de Dorimond, un des acteurs de la troupe. Cette comédie fut imprimée à Lyon en 1659 (et non en 1639, comme on le dit dans la *Biogr. univ.*) ; elle ne fut jouée que plus tard à Paris. Voyez la *Revue des Deux Mondes*, t. 17, p. 563, art. de M. Maguin.

(1) Le Corps consulaire s'était rendu le 27 novembre auprès du Roi, et l'avait harangué à genoux ; de là, il était allé à Ainay pour haranguer la Reine. Le Doyen du Chapitre de Saint-Jean (*Besserel de Marillat*) et plusieurs chanoines s'y trouvaient déjà. Ceux-ci s'étant avancés près de la porte de la chambre de la Reine afin d'entrer avant messieurs du Consulat, une dispute allait éclater ; M. de Villeroy intervint et déclara que c'était au Corps consulaire, qui représentait tous les autres corps de la ville, à entrer le premier. Le Doyen ayant voulu insister, le maître des cérémonies prit par la main le Prévôt des marchands (M. *de Baillon*, baron *de Jons*), et le fit entrer avec sa Compagnie dans la salle où était la Reine. Notes de l'abbé S. Voyez aussi l'*Hist. de Lyon*, par M. Morin, VI, 194.

(2) Le 28 novembre, Don Antonio Pimentel, envoyé du roi d'Espagne, était arrivé à Lyon et avait déclaré, au nom de son maître, que la paix dépendait du mariage de l'Infante avec le Roi de France. La Cour de Savoie en fut bientôt instruite, et ne songea plus qu'à se retirer. Voyez H. Martin, *Hist. de France*, XII, 514.

(3) On lit dans la *Muze hist.* de Loret, lettre du 14 décembre :

jours la goutte à Lyon. La Reine l'alloit voir tous les jours; elle alloit aussi aux couvents, et jouoit le soir. Le Roi jouoit à la paume tous les jours..... Quelquefois le Roi alloit à la comédie; j'y allois aussi assez souvent avec Monsieur. Nous étions tous dans une tribune où l'on entroit par chez M. le maréchal de Villeroy. Le Roi étoit à un bout avec mademoiselle de Mancini ; Monsieur et moi à l'autre. — Je m'avisai que le Parlement de Dombes n'avoit point salué Leurs Majestés..... J'en parlai à M. le Cardinal ; je lui dis que ceux d'Orange et de Genève étoient venus saluer le Roi, et bottés parce qu'ils étoient de loin ; que puisque Sa Majesté trouvoit bon que le Parlement de Dombes rendît la justice dans Lyon à mes sujets, elle devoit, après cette grâce, leur en faire une seconde qui me paroissoit inséparable de l'autre, et leur permettre d'avoir l'honneur de la saluer en habit de Compagnie souveraine.... J'obtins ce que je demandois..... Mon Parlement alla donc saluer le Roi en corps et en robes rouges. Les officiers ne se mirent point à genoux, et le premier président parla au Roi au nom de tous, comme n'étant point ses sujets..... — Un soir, Monsieur me dit chez la Reine : « Je m'en vais souper chez vous , et si » vous voulez nous nous masquerons. Les filles » de la Reine vont souper chez le maréchal de » Villeroy; il y aura bal et nous irons. » J'en fus bien aise. Nous allâmes à mon logis; il vint deux femmes de la ville; l'une veuve d'un officier du Parlement de Dombes, nommée madame *de Félan* (1); l'autre, madame *Mignot* (2), dont le mari est lieutenant-général en Beaujolois. Elles sont *bien faites et spirituelles pour des femmes de province* (5). Lorsque Monsieur les vit, il s'écria : « Ah ! ma cousine, chassez ces femmes ; je ne veux point qu'elles nous voient souper. » Je le priai de trouver bon qu'elles demeurassent;.... Il y consentit avec bien de

> L'éclatante Cour de Savoye
> De Turin a repris la voye.
> Après la confirmation
> Faite avec notre nation
> D'une alliance mutuelle,
> Et d'un franc et sincère zèle
> Qu'ils se sont saintement promis
> Contre leurs communs ennemis.

(1) Le texte des différentes éditions porte *Feleau*.

(2) Un membre de cette famille , l'abbé *Aimé-Angélique Mignot de Bussi* fut reçu à l'Académie de Lyon en 1723. Il était né à Villefranche le 23 août 1698, et mourut à Sully le 17 mars 1773. On a de lui des *Lettres sur l'Origine de la Noblesse françoise*; Lyon, 1773, in-12 , et quelques opuscules en prose et en vers conservés dans les archives de l'Académie. Un M. Mignot de Bussi , de l'Académie de Villefranche, a été loué par l'abbé André Renaud, p. 172 de la *Manière de bien parler la langue françoise*, Lyon, 1697, in-12.

(3) *Gresset* s'est rencontré avec Mademoiselle quand il fait dire à Géronte en parlant de Chloë : « Elle a d'assez » beaux yeux..... pour des yeux de province. » *Le Méchant*, IV, 5. Voyez la note de M. Edouard Fournier, t. 2, p. 137 de l'édition elzévirienne du *Roman comique* de Scarron.

la peine. Quand nous eûmes ajusté nos habits de masques, qui n'étoient pas magnifiques (ce n'étoient que des robes de chambre et des toilettes en écharpes, comme des Bohémiennes), nous ne voulions pas aller dans nos carrosses, de peur d'être connus. Je m'avisai qu'il falloit aller dans celui de ces femmes (mesdames *Félan* et *Mignot*) et qu'elles entreroient devant nous ; qu'ainsi l'on nous prendroit pour des dames de la ville..... Nous allâmes donc chez le maréchal de Villeroy, et les filles de la Reine vinrent à nous. Les deux femmes qui marchèrent devant nous, dépaysèrent d'abord la compagnie.... La Maréchale savoit qu'elles venoient de chez moi; joint à cela , le peu d'ajustement qui étoit à nos habits fit qu'elle nous reconnut et nous vint embrasser. Nous ne parlâmes ni ne nous démasquâmes point. Le Comte de La Guiche , faisant semblant de ne pas nous connoître , tiralla fort Monsieur dans la danse et lui donna des coups de pieds au (1)..... Cette familiarité me parut assez grande ; je n'en dis mot , parce que je savois bien que cela n'eût pas plu à Monsieur , qui trouvoit tout bon du comte *de La Guiche*.... Il y avoit un autre bal dans la ville. Le fils de M. *Le Tellier* le donnoit à son hôtesse..... Nous y allâmes;.... nous n'y fûmes qu'un moment ; la foule étoit si grande que l'on n'y pouvoit danser....

La Souveraineté de Dombes n'est qu'à 5 lieues de Lyon; mes sujets désiroient de me voir; j'y allai. Je passai à un bourg nommé *Vimy* (aujourd'hui *Neuville*) , qui est à l'archevêque de Lyon (2), où il y a une assez jolie maison, avec un beau jardin en terrasse qui va jusqu'à la rivière. Il y a aussi des fontaines et des grottes..... Un gentilhomme de l'archevêque me demanda si je voulois avoir le plaisir de la chasse , que ses chiens étoient prêts ; j'en fus fort aise ; cette meute est belle et bonne. L'archevêque de Lyon aime la chasse. Au sortir de Vimy , on lança un lièvre que l'on trouva à point nommé sur mon chemin, et la chasse ne s'en détourna pas. J'en eus le plaisir sans allonger mon voyage. Il est vrai que le pays de Dombes, du côté où j'arrivai, est le plus beau du monde ; on va toujours sur les bords de la Saône , et de l'autre côté ce sont de grandes plaines où le blé étoit déjà assez grand pour les rendre vertes comme si c'étoient des prés, et cela est borné de montagnes quasi toutes pleines de maisons qui appartiennent à des bourgeois de Lyon , qui ne sont pas si jolies que celles de Paris, quoiqu'elles soient néanmoins *fort belles pour le pays*..... Quand je fus proche de Trévoux, je montai en carrosse;.... je trouvai à la porte le lieutenant du bailliage , qui me harangua à genoux et m'apporta les clefs de la ville. Je fus droit à l'église;.....; j'y reçus une harangue du doyen du Chapitre , puis on chanta le *Te Deum*. On tira le canon, et toute la milice fit force salves.

(1) On nous dispensera de répéter le mot.

(2) Voyez notre *Notice sur Camille de Neufville*.

Ensuite j'allai en mon logis, qui n'est qu'une petite maison bourgeoise que j'ai achetée ; la cour est en terrasse sur la rivière.... La vue en est admirable.... Le paysage en est le plus agréable du monde ; il n'y a point de peintre qui en puisse faire un plus beau..... Les plus belles terres du pays sont possédées par les officiers du Parlement et du Présidial de Lyon. Parmi cette Noblesse, le marquis du Breuil est le plus considérable ; il est de la maison de Damas ; il a beaucoup de biens en Bresse, Bourgogne et Dombes dont il est maintenant gouverneur..... Le peuple y est fort beau ; les femmes sont quasi toutes jolies et ont de fort belles dents. Les paysans y sont habillés à la bressanne et bien vêtus ;...ils sont fainéants ;... ils mangent quatre fois le jour de la viande..... Le lundi (50 déc.) j'allai à la messe aux Pères Observantins..... Ensuite j'allai voir la chapelle des Pénitens..... L'après-dinée j'allai aux Ursulines.... Je retournai le lendemain à Lyon.... J'allai avec la Reine chez le Cardinal, lequel me dit : « Eh bien, Mademoiselle, vous êtes » bien riche ; votre pays vous a donné un pré- » sent ; vous avez fait des charges nouvelles » dans votre parlement. » Je lui répondis : « Je » voudrois, dans tous les voyages que le Roi » fait, avoir une souveraineté à cinq lieues de » la ville où l'on feroit séjour ; cela payeroit le » voyage. » Il est vrai que j'avois créé un pré- sident, trois conseillers et d'autres officiers en mon parlement. Un comte de Lyon, de la mai- son d'Albon, acheta la charge de conseiller d'église à fort bon marché, parce que j'étois bien aise qu'il rentrât de ces messieurs dans mon parlement : il y en avoit toujours eu. A propos de ces messieurs les Comtes de Saint-Jean, le jour de Noël, Sa Majesté alla le matin à la grand'messe, que l'on n'entendit pas fort dévo- tement, parce que l'on s'amusa toujours à parler de la qualité de ces comtes et de leurs preuves. On remarqua qu'ils disoient l'office par cœur. Il n'y a point de livre dans leur église ; ainsi il faut les nourrir de bonne heure à cela, afin qu'ils aient plus de facilité à pratiquer et à retenir cette coutume. Après l'Evangile dit, le sous- diacre alla se présenter au Roi, L'abbé de Coas- lin le voulut prendre comme premier aumônier ; le comte sous-diacre ne voulut pas le lui don- ner. Le Roi prit avis de ce qu'il avoit à faire sur ce différend. Pendant ce temps-là le doyen vint parler au Roi pour représenter l'intérêt du Chapitre ; l'abbé de Coaslin défendoit le sien avec beaucoup d'esprit et de courage. Il se trouva un vieux gentilhomme nommé La Rou- vière (1), qui vit la peine où on étoit.... Il s'ap-

procha et dit qu'il avoit vu une pareille dispute lorsque le Roi, mon grand-père, alla à Lyon au-devant de la Reine, ma grand'mère, pour son mariage, et que l'affaire avoit été réglée en faveur des Comtes. Le Roi, sur cela, dit à l'abbé de Coaslin qu'il n'y avoit pas lieu de disputer, et le Comte fit baiser l'Evangile au Roi. On conta que ce bonhomme La Rouvière avoit fait appeler en duel le comte de Mansfeld lorsqu'il étoit en France (1)..... »

Décembre 25. La Reine se rend aux Corde- liers, où elle assiste aux vêpres et à la prédica- tion que le prieur du couvent des Minimes d'Avignon fit en italien. M. PAVY, *Grands-Cor- deliers*, p. 121.

PUBLICATIONS DE 1658.

L'Autel de Lyon consacré à Louis Auguste et placé dans le temple de la Gloire. Ballet dédié à Sa Majesté.... Lyon, *Jean Molin*, 1658, in-4. — Cette même année, le P. *Menestrier*, auteur de cette pièce, avait déjà publié : *Ballet des destinées de Lyon*, dansé le 16 juin dans le Col- lége de la très-sainte Trinité,...Lyon, *Anthoine Molin*, in-4. — 2° *Les Devoirs de la ville de Lyon envers les Saints*, tirés du R. P. *Théophile Raynaud.* Lyon, *Guichard Jullieron*, in-12.

La Bernarda buyandiri, tragi-comédie, Lyon, *Henry Perrin*, 1658. Pet. in-8. — L'au- teur de cette pièce écrite en patois lyonnais est resté inconnu ; il est à regretter que M. Gustave Brunet n'en ait fait réimprimer que quelques scènes (Paris, 1840, in-8), et qu'il n'y ait pas joint un glossaire. Encore quelques années et notre patois deviendra inintelligible. M. Au- guste *Bernard*, auquel on doit une intéressante étude sur *Geoffroy Tory.* (Paris, 1857, in-8), cite la phrase suivante, extraite du 5e livre du *Champ-Fleury* de cet illustre artiste, et déclare ne pas comprendre le sens des mots qui la terminent : «.... Les dames lyonnoises prononcent gra- » cieusement *a* pour *e*, quand elles disent » *Choma vous, choma chat affeta....* » Je puis me tromper, mais il me semble que ce patois peut se traduire ainsi : *Chomez vous, chomez cette fête.* — Si la prononciation des dames de Lyon était gracieuse du temps de Tory, il n'en était pas ainsi de celle des hommes ; Jérôme de Pavye écrivait, de Borgo Franco, le 15 des calendes de février 1519, à *Symphorien Cham- pier* : «.... Vidi ego apud Parisios, in quibus » magis pollet nobilitas vestri sermonis, Lug- » dunenses ac Bituriges tanquam non ad pu- » rum gallice loquentes magnis crepitibus » explodi, etiam à pueris ipsis, qui mihi risum

(1) Peut-être *Eustache Rouvière*, seigneur de *Mal- leval*, qui avait été échevin en 1632 ; c'était l'ayeul de *Lambert Rouvière*, trésorier de France, membre de l'Académie de Lyon, mort en 1756. Un autre lyonnais, *Henri de Rouvière*, est auteur d'un *Voyage du tour de France*, publié par l'abbé de Vallemont en 1713. L'article que l'auteur a consacré à notre ville occupe 60

pages ; le passage le plus remarquable est celui-ci : « Où » y a beaucoup d'esprit, et il y en auroit merveilleu- » sement dans toutes les familles, si le sang suisse ne se » mêloit pas au sang lyonnois. » Voyez Pernetti, I, 194, et II, 407 ; la *Biogr. lyonn.*, p. 260.
(1) Voyez ci-après, 6 *janvier*, 1657.

cosmographique et chronologique,.... par *N. de
Juigné de la Broissinière*, sieur de Mollières,
gentilhomme angevin.... A Lyon , chez *Pierre
», ex itinere fatigato saepius allicerent exsibi-
» lari et obsannari externis linguis....* »

*Dictionnaire théologique, historique, poétique,
André*, rue Mercière, au *Plat d'argent*. 1658,
in-4. — Le Permis d'imprimer, donné le 4 mai
1657, est signé *Vidaud*, procureur du Roy (1).

Discours fait au Cardinal Mazarin dans la
ville de Lyon, par *Antoine Godeau*.... Aix ,
1658, in-4.

Discours sur l'origine des armes et des termes receus et usités pour l'explication de la
science héraldique (par *Claude Le Laboureur*)....
Lyon, *Guillaume Barbier*, 1658, in-4. — Les
blasons dont ce livre est orné, ont été gravés
par *Claudine Brunand*, qui tient un rang honorable parmi les artistes lyonnais du 17e siècle.
L'*Epistre apologétique* de ce *Discours* (voyez les
Publ. de 1659) nous apprend (p. 7) qu'il a été
tiré à 500 exemplaires.

L'*Enéide* traduite en vers françois par *Pierre
Perrin*. Seconde partie contenant les six derniers livres,... Paris , *Estienne Loyson*, 1658,
in-4. Voyez les Publ. de 1648.

Entrée du Roy à Lyon, et Réception faite à
Madame Royale par Sa Majesté. Paris, 1658, in-4.

Les Forces de Lyon,... avec les noms, armes
et blasons de tous les chefs de la milice,....
le tout gravé en taille douce,... par Messire
Jean-Baptiste l'Hermitte (sic) *de Soliers* dit
Tristan.... A Lyon , aux despens de l'autheur.
1658, in-fol. — « Tristan l'Hermitte , qui cou-
roit le monde (dit le P. Ménestrier p. 262 de
ses *Divers caract.*), pour faire de l'argent, en
composant de méchants livres , particuliere-
ment de généalogies qu'il remplissoit de faus-
setez, présenta au Consulat *Les Forces de Lyon*,
qui sont les armoiries des capitaines, lieutenant
et enseignes des pennonnages avec beaucoup de
verbiage. » Malgré ce jugement , le livre de
Tristan contient des noms et des dates que l'on
chercherait vainement ailleurs , et qui ne sont
pas sans intérêt pour un certain nombre de familles lyonnaises.

Gassendi (Petri).... *Opera omnia*.... Lugduni,
sumpt. *Laur. Anisson* et *J.-B. Devenet*. 1658,
6 vol. in-fol. — Un savant lyonnais, *François
Henry* (né en 1615, mort en 1686) voulut bien
se charger avec *Montmor* de disposer les matériaux de cette édition.

Harangue faite au Roy dans la ville de Lyon,
par *Antoine Godeau*.... Aix, 1658, in-4.

Mémoires de la Reyne Marguerite (première
femme de Henry IV). Bruxelles, *Fr. Foppens*,
1658, in-16. — Contiennent quelques détails
sur le séjour de cette princesse à Lyon; mais on
en trouvera de plus étendus, p. 140 et suiv. de
son *Histoire*, par l'abbé *Mongés*, Paris, 1777, in-8.

La Muze historique.... Paris , 1658, in-fol.
— Voici en quels termes *Loret*, p. 191 et suiv.
de sa *Gazette*, raconte l'entrée de la Cour de
France à Lyon :

La veille Sainte Catherine,
Avec bel ordre et discipline;
Suite, splendeur, *et cetera*;
Dedans Lyon, la Cour entra,
Où, puisqu'il faut que je le die,
Elle fut si bien applaudie.
Et reçue avec tant d'amour,
Que, quand j'écrirois tout un jour,
Et même toute une semaine,
Bref, quand j'épuizerois ma vejne
(Exagération à part),
Je ne déduirois pas le quart,
Ni de la pompe magnifique,
Ni de l'allégresse publique,
Ni des beaux discours concertez,
Dont on reçut Leurs Majestez,
Et même les hautes personnes
Qui suivent de près leurs couronnes,
Monsieur le duc *de Villeroy*,
Si constant serviteur du Roy,
Seigneur prudent, esprit habile,
Gouverneur de ladite ville,
Politique des mieux sensez,
Courtisan des plus avancez,
Et l'Archevêque aussi, son frère,
Prélat que tout Lyon révère;
D'une respectueuse voix
Les haranguèrent plusieurs fois,
Les traitèrent, les régalèrent,
Et tout-à-fait contribuèrent
A leur honneur, gloire et soulas.
Des députez en abondance,
Tant François que gens hors de France,
Et moult noble et gentil arroy,
Vinrent complimenter le Roy,
Puis la Cour fut avecque joye
Recevoir celle de Savoye,
A deux ou trois mil pas de là.
O Dieux ! si j'eusse vu cela,
Que ma Muze enthousiasmée,
Faisant notre *lettre rimée*,
Eût représenté nettement
Leur mutuel contentement !
Ces personnes toutes royales
Avec leurs ferveurs sans égales,
Montrèrent tant d'affection,
De liesse et d'émotion,
Et parmy leurs chastes caresses,
On remarqua tant de tendresses,
Que tout spectateur bienheureux
Qui vit ce rencontre amoureux,
Plus qu'en aucun jour de sa vie,
Eut, dit-on, l'âme si ravie,
Qu'il en bénit cent et cent fois,
Ces rejetons de tant de rois.
Cette princesse ultramontaine,
Qui, de Savoye est souveraine,
Et son fils, qui, le lendemain,

(1) Deux autres éditions de ce Dictionnaire ont été
publiées à Lyon, l'une, en 1668, chez la venve de *Jacques Carteron* ; l'autre , en 1679 , chez *Guillaume
Chaunod*, en rue Belle-Cordière. L'auteur, dans sa préface , se plaint de la longueur que l'on met à l'appren-
tissage des langues, et demande, comme on le fait encore
aujourd'hui , une réforme dans les méthodes d'ensei-
gnement. — M. Weiss, dans sa notice sur Juigné, t. 22
de la *Biogr. univ.*, renvoie au *Dict.* de Prosper Marchand, art. TERENTIANUS ; c'est TORRENTINUS qu'il avait
écrit. La faute doit être imputée à l'imprimeur.

> Vint en grand et superbe train,
> Et ses filles, belles et sages,
> Qui des vertus sont les images
> Charmèrent, dès le premier jour,
> Tous les importants de la Cour :
> Et d'ailleurs la Cour savoyarde,
> Que Dieu bénisse, sauve et garde,
> Admira mille et mille fois
> *Louis*, le plus digne des rois,
> La Reine si bonne et si belle,
> Et Monsieur et Mademoizelle,
> Et toutes les autres beautez
> Qu'on voit briller à leurs côtez,
> Et dont la grâce est peu commune.
> Bref, ces deux Cours, jointes en une,
> Eclatoient sans doute bien fort,
> Et je jurerois que Francfort,
> Durant sa pompe impériale,
> N'eut jamais de splendeur égale... »

Paraphrase sur l'Ecclésiaste de Salomon, en vers françois, par le P. de *Saint-Aubin*.... Lyon, *Benoist Coral*, 1658, in-12. — Quelques vers de cette Paraphrase ont été reproduits dans la *Biogr. univ.*, t. 80, p. 205 ; nous n'en citerons que deux :

> Il n'est réduit si saint, ny temple si sacré,
> Où quelque fier démon ne soit jamais entré.

Qui ne sait que Boileau a dit d'un métromane :

> Il n'est temple si saint des anges respecté
> Qui soit contre sa muse un lieu de sûreté.

Je ne saurais dire quel est celui qui, dans une satire contre un calomniateur a substitué *longue* à *muse*. Voyez ci-dessus les Publ. de 1612, *Le Nazaréen*... et celles de 1666, *Histoire*...

Primatus lugdunensis Apologeticon, sive ad Querelam Ecclesiae prior Responsio ; auctore *Bediano Morange* Parisino doctore... Lugduni, apud *Ant. Julliéron*, typographum Cleri, 1658, in-8. — La Dissertation que Bedian Morange réfute, dans cet opuscule, a pour titre : *Senonensis Ecclesiae Querela de Primatu Galliarum adversus Lugdunensem, et de Jure metropolitano adversus Parisiensem* ; auctore *Joanne-Baptista Driot*, doctore theologiae, et decano Braienci Senonis, 1652, in-8 (Lelong, n. 10025). — L'abbé Driot, mort en 1675, a été omis dans *Moréri* et dans la *Biogr. univ.* ; cependant il est auteur de plusieurs autres ouvrages qui lui avaient acquis une certaine réputation. Le Catalogue Falconet donne à la Dissertation de Driot la date de 1657.

Les Recherches du sieur Chorier sur les antiquitez de la ville de Vienne.... Première partie.... A Lyon, et se vendent à Vienne, chez *Claude Baudrand*, 1658, in-12 de 74 et 504 pages non compris 4 ff. de pièces liminaires. — Quelques exemplaires ont des titres renouvelés, les uns avec le millésime de 1659, les autres avec celui de 1675 ; mais on n'y retrouve pas la dédicace aux consuls de Vienne qui est dans les exemplaires dont les titres sont datés de 1658. M. *Cochard*, qui a donné une nouvelle édition de ce livre, augmentée de notes et d'un supplément, suppose que la dédicace a été sup-

primée parce que Chorier fut mécontent des consuls de Vienne ; mais il est à croire que cette suppression ne se fit que parce que les consuls n'étant plus les mêmes, cette dédicace aurait été en contradiction avec les nouveaux titres sur lesquels on supprima les mots *Première partie*, pour les remplacer par ceux-ci *Seconde édition revue et corrigée de nouveau*, petit mensonge dont le public lettré ne fut pas la dupe. Inutile de dire que la *Seconde partie* promise par Chorier dans son *Avis au lecteur*, n'a pas vu le jour. Voyez les Publ. de 1661.

Traité de la Cour... par M. *du Refuge*... Leyde, chez les *Elzeviers*, 1649, pet. in-12. — L'auteur de ce livre, Eustache du Refuge, seigneur de Precy et de Courcelle, fut intendant de Lyon, de 1601 à 1607 ; il avait épousé, en 1594, *Hélène*, fille de *Pompone I de Bellièvre*, et de *Marie Prunier*. Voyez le *Dict. de la Noblesse* de la Chenaye-Desbois, tome 15, et *Lyon sous Henri IV*, p. 250.

Traité des loix abrogées et inusitées en toutes les Cours de France, par *Philibert Bugnyon*. Lyon, 1658, in-8. — Il y a erreur dans la date de cette édition citée par Lelong, sous le n. 27585 ; elle est de 1660. La première parut à Lyon, en 1664, in-8, et la dernière, qui est la plus estimée, à Bruxelles, 1702, in-fol. — Bugnyon publia, en 1659, un opuscule intitulé : *Chronicon urbis Matisconae*, Lugduni, pet. in-8, et s'en donna pour l'auteur ; mais il a été reconnu que cette Chronique est de *François Fustailler*, qui l'avait composée vers 1620. M. *Jules Baux* ayant retrouvé le manuscrit autographe, l'a fait imprimer à Lyon, 1846, in-12. Cette édition, qui fait honneur aux presses de *Louis Perrin*, n'a été tirée qu'à 25 exemplaires, et c'est un digne émule de *Grolier*, M. *Nicolas Yemeniz* qui en a fait les frais. — Un dernier mot sur Bugnyon : c'est lui qui a traduit le distique grec d'*Antesignanus* inséré dans le *Commentaire de Jean Duret sur l'édit du Roy* pour le bien et autorité de justice, Lyon 1575, in-8. Voici sa version :

> Utile quisquis aves, has perlege sedulo chartas,
> In quibus invenias admista jucunda suavi.

Varandaei (Joannis)... Opera omnia... cura et studio *Henrici Gras*, ... vice-decani collegii medicorum Lugdunensium... Lugduni, sumpt. *Christophori Fourmy*, 1658, in-fol. — Dédicace de l'éditeur à *Pierre Maridat*, de Lyon, conseiller au Grand-Conseil de Paris. — Né à Nîmes vers le milieu du 16ᵉ siècle, *Varandée* mourut en 1617. Deux de ses traités manquent à la collection de *Henri Gras* ; ce sont ceux qui ont pour titres :

Elephantiasis seu Lepra, et *De Lue venerea et Hepatide*. Celui qui est intitulé *De Morbis et affectibus mulierum libri* (Lugduni, 1619, in-8), a été traduit en français, par *Jean Bonamour*, Paris 1666, in-12 ; on y retrouve, l. 1, c. 5, l'anecdote des filles de Lyon, qui, vers les premières années du 16ᵉ siècle, quoique bien saines et bien portantes, se précipitaient dans la rivière ou dans les puits (1). Au même endroit, Varandée (2) cite une chanson dans laquelle l'auteur, s'adressant aux jeunes veuves qui veulent garder le célibat, et aux filles mariées, à la fleur de l'âge, à des vieillards caducs, leur dit :

Paouïre pichoto voudrie esse morte.

Bonamour n'a pas reproduit ce vers dans sa traduction qui est loin d'être fidèle. Voyez les Publ. de 1624, *Antonii Saportae*....

1659.

Prévôt des marchands : *François de Baillon*.
Echevins : *Louis Dugas* : — *Hugues d'André*; — *Marc-Antoine de Mazenol*, sieur de *Pavesin*; — *Charles Rougier*.

Janvier 4. On lit dans la *Muze historique* :

« Les affaires de Languedoc
Qui ne sont pas tout-à-fait *hoc*,
Ny de Dijon, ny de Provence,
Fixent encor la résidence
Du Roy notre jeune lion
Dans le beau séjour de Lion...
On dit bien que Son Eminence (3),
Ce vray miroir de patience,
De la goute est persécuté;
Mais pourtant il a protesté
Que ce mal cruel et sauvage
Ne retarde point le voyage,
Et, quand on voudra s'en aller,
Qu'il est tout prêt à détaler.
Pour vraye et certaine nouvelle,
On m'a dit que Mademoizelle
Est allée en solënnité
Viziter sa Principauté,
De laquelle elle n'est pas reine,
Mais du moins Dame souveraine....

Même mois 6, jour des Rois. *Monsieur* donne un grand souper où se trouvent toutes les filles de la Reine et les dames de qualité de la province qui étaient venues à Lyon. *Mém.* de Mlle de Montpensier.

Même mois 8. Le Roi va chasser à Vimy, lieu de plaisance de l'archevêque de Lyon, qui regala Sa Majesté d'une collation. D'Aubais, *Itinéraire*.

Même mois 9. Patin écrit à Falconet :

«.... Le prince de *Condé* est parti ce matin de Coulommiers pour s'en aller en poste à Lyon, si bien qu'il y pourra arriver en même temps que la présente.... »

Même mois 11. On lit dans la *Muze historique* :

« Le Général des Augustins
Venant du païs des Latins,....
Est en France présentement....
Dans Lyon, il a vu la Cour

(1) Voyez notre *Notice sur François de Rohan*, p. 7.
(2) C'est ainsi que ce nom est écrit sur le titre de la traduction de Bonamour.
(3) Le Cardinal Mazarin.

Qui le festoya plus d'un jour....
Du Grand Gaston la fille aînée
Audit Lyon est retournée,
N'ayant dans sa principauté
Que dix ou douze jours été....
A Lyon, au mois où nous sommes,
Dans un bal de femmes et d'hommes,
Où dansoient plusieurs gens de Cour,
Se fit un assez joly tour ;
Une certaine demoizelle
Qu'on ne dépeint laide ny belle
Mais la femme d'un *Medicus*,
Qu'on dit avoir bien des écus,
Etant dans ledit bal assize,
Un des danseurs, par gaillardize,
Et l'un des plus dispos du bal,
Ne songeant peut-être à nul mal,
Et la voyant assez parée,
La prit pour danser la bourrée;
Elle, pas ne le refusa,
Mais doucement s'en excusa,
Disant d'une façon badine
Qu'elle n'étoit point baladine.
L'autre dit, en ridant le front
« Voudriez-vous me faire un affront ? »
— J'ay des cors aux pieds, ce dit-elle,
Dont je souffre angoisse mortelle,
Et mes patins me blessent tant
Que j'en soupire à chaque instant.
« Hà, lui répondit-il, de grâce,
Faisons un tour emmy la place;
Déchaussez plutost le patin ;
Ou bien je feray le lutin. »
Ce que craignant la demoizelle,
Par simplicité naturelle,
Tout bonnement se déchaussa,
Et trois ou quatre tours dansa;
Il ne faut pas qu'on me demande
Si la risée alors fut grande (1). »

Même mois 13. Le Roi, la Reine-mère, Monsieur et Mademoiselle quittent Lyon, accompagnés de la duchesse de Villeroy, du marquis d'Alincourt et de Mlle de Villeroy. — Le Roi refusa les cérémonies ordinaires de la part du Consulat. — Le lendemain, Mazarin partit avec le duc de Villeroy. *Gaz de Fr.*, p. 94.

Février 18. *Jean Chapelain*, de l'Académie française, écrit au P. *Jean de Bussières* (2) :

« Vous m'avez ravi l'espérance que vous me donnez de votre *Histoire de France* (3); j'ay trop peur que vos chastreurs romains ne vous l'ayent estropiée ou énervée. C'est une estrange sujétion que celle-là de dépendre du caprice ou de la partialité des estrangers dans la narration de nos propres affaires. Vive l'honneste liberté qui est l'ame de ces sortes de compositions, et sans laquelle il n'y a point de travaux semblables qui puissent acquérir de l'autorité ! J'ay peur que votre absence ne nuise à l'impression

(1) Cette historiette nous rappelle celle de la fille du sieur *du Sauzay*, qui dans un grand bal, à Lyon, « parfuma toute la compagnie. » Voyez les *Aventures du baron de Faeneste*, II, 299 et 353 (édit. de 1731); et la *Satyre Ménippée*, I, 31.
(2) Cet estimable Jésuite est né, en 1607, à Lyon où il mourut le 26 oct. 1678.
(3) V. les Publ. de 1661.

du livre , et qu'il ne paroisse moins correct qu'il ne seroit nécessaire. Prenez, mon Révérend Père , toutes ces craintes comme autant de marques d'amitié et d'intérêt que je prends en ce qui vous regarde; mais qu'est-ce là que vous ne me dites rien de vos *Vies des Saints* (1)? En avez-vous perdu la pensée ? Votre excellente plume est-elle destinée à quelqu'autre chose par vos Supérieurs ?..... » *Mélanges de littérature* (publiés par Camusat), p. 59. — A la suite de ces Mélanges , se trouve un *Mémoire de quelques gens de lettres vivants en 1662* , dressé par ordre de *Colbert*; le P. *de Bussières* y figure sous le n. XLV, avec cette note de Chapelain : « Cet auteur a beaucoup de feu et d'é» lévation dans la poésie latine, et a fait plus » d'un grand poème avec succès ; il est fleuri » et pur dans la prose, et a fait notre Histoire » générale fort élégamment. »

Mars 7. Camille de Neufville autorise les Augustins déchaussés à prendre possession du couvent de Brou. Voyez les *Recherches sur l'Eglise de Brou* par M. *Jules Baux*, p. 285 et 286.

Même mois 16. Mort de *Claude de Rebé*, chanoine , puis chantre de l'Eglise de Lyon. — Il était en même temps prévot de Saint-Pierre , de Mâcon ; — il devint ensuite archevêque de Narbonne et commandeur des Ordres du Roi. — Il fut inhumé dans sa cathédrale, et ce plaisant jeu de mots se lisait sur son tombeau : *Hic jacet quod de Claudio claudi potuit.* Il était fils de Claude I de Rebé , baron d'Amplepuis , de Thizy , etc., et de Jeanne de Meyzé. — Le P. Jacob rapporte que ce prélat « a honoré la ville de Narbonne d'une exquise bibliothèque composée des meilleurs livres qui se peuvent treuver , où il prend ses divertissements comme estant doué d'un excellent esprit et d'une excellente doctrine (*Traicté des Biblioth.*, p. 656). Voyez le *Gallia christ.*, VI, 121; Le Laboureur, *Mazures* , II, 523 ; *le Catal. des évêques*, par Richard et Giraud; les mss. de la B. de Lyon, n. 1577.

Même mois 30. Mort, à Chambéry, d'*Alexandre Fichet*, ancien professeur de rhétorique au collége de la Trinité. — Il était né au Petit-Bornand, en Savoie, vers 1588 (2). Les différents ouvrages qu'il a publiés sont tout-à-fait oubliés; mais il est éditeur d'un *Chorus poetarum* , publié à Lyon en 1616, que l'on recherche encore aujourd'hui à cause d'heureuses variantes qui lui ont permis de conserver un certain nombre de vers que l'on supprimait dans les éditions *ad usum juventutis.* Voyez nos *Nouv. recherch. sur les édit. lyonn. du 15e siècle*, p. 27;

(1) Cet ouvrage n'a pas vu le jour ; je ne crois pas que le P. *de Bussières* ait publié d'autres *Vies de saints* que celles de *S. Ignace de Loyola* et de *S. François Xavier*, Lyon, 1670.

(2) Je présume qu'il était parent du célèbre docteur de Sorbonne, *Guillaume Fichet* qui contribua de tout son pouvoir à l'introduction de l'imprimerie en France. Voyez nos *Nouvelles recherches sur les éditions lyonnaises du 15e siècle*, p. 11.

la *Biblioth.* des Pères Backer ; ci-dessus , les Publ. de 1605 et 1616.

Avril..... Représentation au village d'Issy, et au château de Vincennes , devant la Cour, de la première Comédie française en musique. — Cette Comédie , ou plutôt cette Pastorale, avait pour auteur *Pierre Perrin*, connu, quoique marié, sous le nom d'abbé *Perrin* (1) , et c'est un sieur *Cambert* qui l'avait mise en musique. Elle fut imprimée, la même année avec une lettre à l'archevêque de Turin , datée de Paris, le 30 avril , après la représentation. Le 28 juin suivant, l'abbé Perrin obtint le privilége de faire représenter des Opéras français, à l'imitation de ceux d'Italie, et il est à remarquer qu'il est le premier auquel ce privilége ait été accordé. Né à Lyon en 1605 , Perrin mourut en 1680 ou en 1684. Voyez Tallemant des Réaux, *Historiettes*, ch. 205 ; Viollet-Leduc, *Biblioth. poétiq.*, I, 581, et ci-après, les Publ. de 1661.

Mai 2. Patin écrit à Falconet :

«.... M. *Troisdames* (2) m'a parlé de M. *Chanlate* , et m'a prié de vous mander qu'il voudroit bien qu'il prît les eaux de Saint-Myon que l'on pourroit faire apporter d'Auvergne à Lyon, où il les prendroit sans sortir de sa maison...... » — Le 17 juin suivant, Patin disait dans sa lettre à Falconet : « Votre fils (3) est allé diner chez mon fils *Carolus*, où devait aller se rendre ma femme, ma bru et mes deux belles-sœurs, qui sont allées gagner les pardons à un petit sermon;.... mais ce ne sont pas toujours les pardons qui font aller les femmes ; c'est l'envie de trotter ; voilà pourquoi l'on dit plaisamment que saint *Trottet*, saint *Caquet* et saint *Babil* (4) sont les plus grands saints de ce sexe dévot.... *Socrate* et un autre philosophe, dans *Elien*, se consoloient en mourant qu'ils verroient en l'autre monde d'honnêtes gens , des philosophes, des poètes et des médecins; je suis du même sentiment. Si j'y rencontre Cicéron , Virgile, Aristote , Platon , Juvénal , Horace , Galien,

(1) Nous ferons observer que le libraire qui publia *la Bernada buyandire* , se nommait *Henri Perrin.* Voyez les Publ. de 1688.

(2) Ce nom bizarre nous rappelle ceux de deux avocats cités dans le *Dialogue* de Loysel, Maistre *Dix-hommes* et Maistre *Quatre-livres.* Barbier, n. 4005 de ses *Anonymes*, donne le titre d'un livre dont l'auteur s'appelait *Quattrehomme.*

(3) *Noël*, né le 16 nov. 1644, mort le 14 mai 1734.

(4) Voyez le Dict. de Trévoux, au mot TROTTET. Au lieu de *saint Caquet*, M. Reveillé-Parise a mis *sainte Caquea* , et il dit, dans sa note, que ce trait satirique est le seul que Patin ait lancé contre les femmes. C'est une erreur : le 3 juin 1651 , il avait écrit à Falconet : « Ce n'est pas à une *femme* à pratiquer la méthode de » Galien : *Res est sublimioris intelligentiae*, il faut » qu'elles filent leur quenouille , ou au moins comme » dit Saint Paul, *contineant se in silentio....* » Dans sa lettre à Spon du 20 octobre, parlant du vieux M. *Delorme* qui voulait se remarier , il pousse l'insulte pour la femme jusqu'à dire que cet octogénaire n'a plus besoin de ce *meuble de ménage*, etc.

Fernel, Simon et Nicolas Piètre, Messieurs René Moreau et Riolan, je ne serai point en mauvaise compagnie; il y auroit là de quoi me consoler.... » Chevreau, après avoir cité ce passage, fait cette remarque : « Je doute fort que cette pensée puisse être celle d'un bon chrétien ; il est au moins vraisemblable qu'un homme qui seroit dans l'autre monde avec Cicéron, Virgile, Aristote, Platon, Juvénal, Horace, Galien, n'y trouveroit pas une grande consolation. Il étoit permis à *Cercidas*, de Mégalopolis, en Arcadie, dont parle Elien dans le ch. 20 du livre 15 de ses *Histoires diverses*, de dire et de témoigner, un moment avant sa mort, qu'il sortoit du monde sans aucun regret, dans l'espoir de voir bientôt *Pythagore* parmi les philosophes, *Hécathée* parmi les historiens, *Olympe* parmi les musiciens, et *Homère* parmi les poètes (*Chevraeana*, I, p. 555). »

Aoust 2. Un arrêt du parlement de Paris défend au prévôt de la maréchaussée de rien entreprendre sur les terres du Chapitre de Saint-Jean, si ce n'est en cas prévôtal.

Même mois 15. Patin écrit à Falconet :

« ..... Je suis fort content de notre écolier (*Noël Falconet*) ; je le menai lundi à la ville.... Quand nous fûmes à l'horloge du Palais, je lui demandai s'il savoit bien les deux vers latins qui sont au-dessus de cette horloge ; il me dit qu'il y voyoit bien de l'écriture, mais qu'il ne pouvoit les lire ; je les lui dis....

> Machina quae bis sex tam juste dividit horas ,
> Justitiam servare monet, legesque tueri.

Je lui dis qu'au-dessus de la porte de l'Arsenal, il y avoit ces deux autres vers qu'il falloit pareillement savoir :

> Aetna haec Henrico vulcania tela ministrat ,
> Tela giganteos debellatura furores.

Jean Passerat est auteur de ces deux distiques. Je lui dis ensuite que chez les Jésuites, au collége de Clermont, il y a cet autre beau vers qu'il falloit retenir et méditer :

> Ut cuspis , sic vita fluit, dum stare videtur... »

N. Il serait très-possible que Passerat fût l'auteur du premier des deux distiques cités par Patin ; mais l'est-il du second ? Un savant Lyonnais, *François Henry*, qui a laissé des notes inédites dont feu M. Coste possédait le Ms. l'a attribué (p. 202) d'abord à *Jean Daurat* auquel Henri III aurait fait présent de 500 écus pour l'en récompenser; puis à *Nicolas Vignier*, médecin et historiographe de ce roi ; ensuite (p. 246) à *Millotet*, de Dijon ; enfin à *Nicolas Bourbon-le-Jeune*, et il en donne la version suivante, en faisant observer que l'on n'aurait jamais cru qu'il se pût traduire, tant on le trouvait inimitable :

> Cet Etna pour Henry prépare certain foudre
> Dont il bat les géants et les réduit en poudre.

Une pareille version ne peut avoir été faite que par l'abbé de Marolles, et je présume qu'elle se trouve dans ses *Considérations sur la* langue françoise (1677, in-4). Le véritable auteur du fameux distique auquel notre savant Lyonnais a successivement donné quatre pères pourrait bien être en définitive *Gaspard Van Baerle*, en latin *Barlaeus*, né à Anvers en 1584, car on le trouve dans le recueil de ses poésies latines publié en 1645. Quant à ceux qui l'ont attribué à *Santeul*, ils ont fait une singulière méprise ; chacun sait que ce poète le trouva si beau, quand il le lut pour la première fois, qu'il s'écria : « Dussé-je être pendu, je voudrois en être l'auteur. » Paroles, s'écrie à son tour un écrivain du 18e siècle, dignes d'un poète ou d'un fou ! En terminant, nous ferons observer que le second vers est imité de Claudien, *Carmin XXXIII, vers. 152 :*

> Aetna Giganteos nunquam tacitura triumphos.

Octobre 6. Mort, à Arles, d'*Henri Albi*, jésuite, né à Bolène, dans le Comtat-Venaissin, auteur de plusieurs ouvrages publiés à Lyon, où il professa la théologie et la philosophie, dans le collége de sa Compagnie. Voyez les *Publ.* de 1649.

Même mois 15. Mort, à Langres, où il était né en 1589, d'*Agnus Benignus Sanrey*, savant théologien, qui acheva ses études à Lyon, où il avait été recommandé au P. *Théophile Raynaud*, « qui lui prêtait des livres de piété et d'érudi-» tion dont il se nourrissait le cœur et l'esprit. » Pendant le séjour de Louis XIII et de sa Cour à Lyon, en décembre 1622, il prêcha devant Anne d'Autriche, qui lui fit donner un brevet de prédicateur ordinaire du Roi. Voyez sa notice, t. 81 de la *Biogr. univ.*

Décembre 21. *Guillaume Bourbon*, docteur en droit, prononce l'Oraison doctorale. — L'année précédente, elle avait été prononcée par *Catherin Collet*, aussi docteur en droit.

Même année. Le Consulat adresse au Cardinal *Mazarin*, un mémoire sur la décadence du commerce de Lyon (H. Martin, *Hist. de France*, t. 15, p. 9—11).

— On place le buste d'Henri IV dans le vestibule de l'Hôtel-de-Ville, avec une inscription que Ménestrier a rapportée dans son *Eloge hist. de la ville de Lyon.*

Le Consulat se déclare le protecteur des *Pères Feuillants*, qui firent placer sur la porte de leur église une inscription que Ménestrier a reproduite dans l'ouvrage déjà cité. Voyez ci-dessus, année 1650, *ad calcem.*

Le Consulat voulant accomplir le vœu qu'il avait fait, au nom de la ville, pendant la peste de 1628, fait placer sur le Pont du Change la statue de la Vierge, dans une niche ornée de pilastres en forme de crypto-portique. L'inscription gravée sur ce monument se retrouve dans la *Notre-Dame de Fourvières* du P. Cahour. Voyez *Saint-Aubin*, I, 295, ci-dessus, 8 sept. 1645. — La statue de la Vierge a disparu en 1795 ; la niche a été démolie sous la Restauration, et remplacée par un corps de garde destiné aux pompiers ; une partie de ses débris a été employée à la construction d'une fontaine, au bas du Chemin-Neuf. Voyez *Cochard, Guide*, p. 84 et 467 ; les *Arch. du Rh.*, X, 513.

Les *Dames de Saint-Pierre* consentent, moyennant une indemnité de 24 mille livres pour leur directe, que l'emplacement des *Terreaux* soit converti en place publique. Voyez l'*Alm. de Lyon* de 1745, p. 55 ; *Lyon anc. et mod.*, I, 82 ; ci-après, année 1667.

Etablissement de la Congrégation de *la Propagation de la foi*. Voyez ci-après, année 1677. *Camille de Neufville*, qui était allé à Paris, revient accompagné de l'abbé *Hurtevent*, qu'il avait tiré du Séminaire de Saint-Sulpice, pour fonder à Lyon celui de Saint-Irénée (qui doit être démoli en 1859). Voyez Germain Guichenon, *Vie de Camille de Neufville*, p. 115, et Cochard, *Indicateur* de 1810, p. 38.

L'échevin *Marc-Antoine Mazenod* fait don de sa bibliothèque au collège de la Trinité. — En 1662, le P. *Théophile Raynaud*, dédia son traité *de Attributis Christi* à ce généreux citoyen, qui avait à *Charly* une villa que ses descendants possédaient encore à la fin du dernier siècle. Catherine Mazenod, veuve de *Maurice-Adrien de Servien*, qui, en 1711, fut la cause involontaire du funeste événement arrivé sur le pont de la Guillotière, était probablement de la même famille. Le siége épiscopal de Marseille est occupé depuis 1857 par Mgr. *de Mazenod*, né à Aix, en 1782.

Séjour à Lyon de *Pierre Mignard*. — A la fin de juillet 1644, après la mort d'Urbain VIII, le Cardinal de Lyon se rendit à Rome, accompagné de *Nicolas Mignard*, frère aîné de *Pierre*. Ce cardinal qui occupa le Palais Farnèse le logea dans la chambre même qu'avait eue jadis Annibal Carrache, et lui fit copier la Galerie du Palais. En moins de huit mois qu'il demeura dans ce Palais, *Nicolas* fit en outre un grand nombre de dessins et plusieurs tableaux pour Mgr. de Lyon. *Pierre*, qui résidait à Rome depuis 22 ans, fut appelé en France par Louis XIV ; il s'embarqua le 10 octobre ; mais il s'arrêta près d'une année chez son frère qui habitait à Avignon. A son arrivée à Lyon, vers la fin de 1658, *Pierre* fut visité, au nom du Corps de ville, par *François Baillon*, comte *de la Salle*, récemment élu prévôt des marchands, qui le chargea de faire le portrait de *Camille de Neufville*. Ce prélat le mena à Vimy, et ce beau lieu vit commencer et finir le portrait demandé. La ville prouva par un présent considérable qu'elle fit à l'artiste, son estime pour le tableau, et son amour pour celui qui en avait été le sujet (1). Pendant son séjour à Lyon,

Pierre peignit, entre autres notabilités, le marquis *de la Baume* (1), neveu de Messieurs *de Villeroy*, madame *de la Poype*, la plus belle femme de la province, et M. *Pellot*, ancien intendant du Dauphiné (2), qui était alors à Lyon. Mais l'œuvre que l'on admira le plus, fut un portrait de madame *de Pernon*, laquelle avait une fille fort jeune qui est peinte prenant des fleurs sur une table auprès de sa mère. *Pierre* reçut à Lyon l'ordre de se rendre à Fontainebleau, où, dès qu'il y fut arrivé, le cardinal de Mazarin le présenta au Roi et à la Reine-mère, dont il fit les portraits (5).

La *Troupe du Palais-Royal*, à Paris, fut établie, cette année, après que les principaux comédiens qui la composaient eurent fait connaître leur mérite quelques années auparavant sur les Fossés de Nesle, et au *quartier Saint-Paul, à Lyon*. — Vers ce même temps, le duc de Savoye avait une fort belle troupe de campagne « qui étoit fort suivie dans nos provin- » ces. » Chappuzeau, *Théâtre françois*, p. 195 et 216.

En ce temps-là, vivait encore *Gabrielle Dufour* (4), qui avait eu 19 enfants (5) de son mariage avec *Guillaume Charrier*, échevin sous Henri IV. Elle était alors aïeule de 9 enfants, bisaïeule de 52, trisaïeule de 6, sans compter les enfants d'alliance au nombre de 21. Elle pouvait dire : « Ma fille, allez dire à votre fille » que la fille de sa fille crie, » mot qui nous rappelle le distique suivant qui va encore plus loin :

Mater ait natae : Dic natae, filia natam
Ut moneat natae plangere filiolam.

Voyez Peignot, *Amusements philologiques*, p. 228.

PUBLICATIONS de 1659.

La Chirurgie de Guy de Chauliac, traduite par *Laurent Joubert*.... Lyon, 1659, in-8. — On lit dans un Ms. in-fol. conservé aux archives de l'Hôtel-de-Ville de Lyon, contenant la division des terres du Chapitre de Saint-Just, depuis 1505 jusqu'en 1544, que le 17 mai de cette dernière année, l'on fit la division des terres, c. a. d., des revenus territoriaux de *Jehan Chastelard*, décédé chanoine et prévôt de Saint-Just. Voici quelle fut, dans cette division, la part qui échut à *Guy de Chauliac*, un des mem-

---

(1) Une délibération des échevins du 28 décembre 1660, nous apprend que le Consulat fit payer au sieur Mignard, peintre à Paris, 1520 livres pour quatre portraits du maréchal *de Villeroy* « dont un grand pour la « chambre des séances consulaires. » Un de ces portraits existe encore dans le cabinet de l'archiviste de la ville.

(1) Voyez ci-dessus, 10 sept. 1654.
(2) Voyez ci-dessus au 6 *avril* 1658.
(3) Voyez *la Vie de P. Mignard*, par l'abbé *Mazière de Monville*, p. 17 et 47 ; la *Biogr. univ.*, art. MIGNARD.
(4) C'est elle qui donna aux Jésuites les fonds nécessaires pour construire l'aile du Grand-Collége qui prend ses jours sur la place.
(5) On a souvent entendu dire au P. *Archange (Michel Desgranges)*, capucin, mort en 1822, qu'un de ses ayeux surnommé *Bras de fer*, qui s'était remarié plusieurs fois et n'avait eu autfois, nqua ntcenfant.

bres dudit Chapitre : « Item magistro *Guigo de Chauliaco* , physicus, habebit tanquàm baccalarius apud capellam , XIV sol. IV d., apud S. Baldomerium, III sol., apud Gresiacum III sol., et in Pago XX sol. » Voyez , ci-dessus, les Publ. de 1596 ; notre *Bibliogr. lyonn. du XVe siècle* , p. 64 , 77 et 85 ; notre *Notice sur Louis de Villars* , p. 5 , et ajoutez à ce que nous avons dit de Guy de Chauliac , que c'est contre lui que Pétrarque a fait une invective en quatre livres , *Contra medicum quemdam.*

Dessein de la science du Blason , par . F. *Ménestrier*.... Lyon , Benoist Coral , 1659, in-4 de 8 pages. — Le P. Ménestrier fait dans ce prospectus, un appel à tous ceux qui pourraient lui fournir des mémoires pour composer l'ouvrage qu'il se propose de publier sur la science héraldique.

Jeu d'armoiries de l'Europe, pour apprendre le Blason, la Géographie et l'Histoire curieuse, par . *F. de Brianville Mont-Dauphin.* Lyon , Benoist Coral, 1659 , pet. in-12. — Réimpr. à Lyon , en 1660 et 1665 avec des augmentations (Brunet , I, 461) ; traduit en italien sous ce titre : *Giuoco d'arme dei sovrani , e degli stati d'Europa......* di C. *Oronce fine* , detto di *Brianville* , tradotto dal Francese..... da *Bernardo Giustiniani* , veneto. In Napoli , 1684 , presso *Antonio Bulifon.* In-52 de 16 ff. non chiffrés et de 285 pp. suivies, dans l'exemplaire que j'ai eu sous les yeux, de la *Lettera di Alessandro Partenio* intorno alla Società degli armeristi, e sul Giuoco detto. , même libraire , même année, 16 pp. Voyez la *Bibliothêq. curieuse et instructive* de Ménestrier ; la *Biogr. Didot* , article Brianville et Fine , etc.

Epistre apologétique pour le *Discours des armes* , contre quelques Lettres de M. C.-F. *Ménestrier* ; cy-devant professeur d'éloquence, et maintenant estudiant en théologie à Lyon , par C. L. L. A. P. (*Claude Le Laboureur* , ancien prévost) de l'Isle-Barbe, in-4 de 119 pp., sans date et sans n. de v. — Les Lettres de Ménestrier mentionnées dans le titre de cette Epistre ont eu le sort de la plupart des pamphlets qui n'ont qu'une feuille volante , car elles n'ont été citées dans aucune Bibliographie. Le vieux prévôt de l'Ile-Barbe fait, dans son Apologie , une guerre atroce au jeune jésuite : « Vous estes Lyonnois et sçavant , lui dit-il , et , en ceste qualité , vous ne pouvez ignorer ce qu'un citoyen de Ravenne écrivoit autrefois au docte *Sidonius* (l. I, ép. 8), vostre compatriote ; tant y a que c'est à vos brouillards que je m'en prends et non à vous ; c'est à ces vapeurs qui s'élèvent du sang de tant de bestes tuées en votre quartier , et à cet air impur et grossier que j'ay attribué la rudesse de vostre style et la bassesse de vos expressions, qui vous sont tellement naturelles que le commerce et la conversation de tous les doctes qui sont à vostre solde, et la lecture, je ne dis pas d'*Huon de Bourdeaux* et d'*Oberon, roy de Faerie,* mais

de toutes les plus belles pièces du temps, n'ont pu vous oster l'idiome de la Boucherie et le style des Terreaux.... » — Menestrier avait reproché à son antagoniste d'avoir couru la rue Mercière pour y vendre son *Discours*; celui-ci répond que s'il l'a fait, on ne peut le considérer ni comme un marchand ni comme un colporteur ; que « si c'est chose glorieuse de composer des bons livres, il sera toujours honneste de les vendre et de les débiter en gros et en détail ;... mais , ajoute-t-il , d'acheter pour revendre , quand ce seroit en gros, risquer et négocier d'épiceries, de perles et d'or aux Indes , de castors et de pelleteries de toutes sortes en Canada , c'est ce qui n'est permis qu'à ceux qui aspirent à la perfection ; mais de s'abaisser jusqu'à un vil et chétif négoce , comme d'acheter des drogues pour composer des remèdes , même des lavements, je ne veux pas dire le reste , c'est ce qui est extrêmement sale , infâme et sordide, et tellement sale, qu'on ne le croiroit jamais , si ceux que vous sçavez n'avoient eu procez contre les apothicaires de vostre ville (1) pour se maintenir dans leur honteux commerce , Dieu le permettant ainsi pour justifier le docte , pieux et généreux *Hipparque* (2) traité en prophète par ceux qui trouvent honneste tout ce qui est lucratif, de quelque costé qu'il vienne..... » Il y aurait encore bien des choses à extraire de l'Apologie du furibond prévôt ; ne fut-ce que ce qu'il dit du blason des *Cogliones* (3) , et de certaine *Jeanne la jolie* ; mais il est à croire qu'après avoir lu ces passages scabreux , tout homme sérieux sera tenté de s'écrier : *Tant de fiel entre-t-il....* Toutefois cette querelle ne tarda guère à se terminer , grâces à l'intervention du P. *Columbi* et de *Chorier*; c'est ce que nous apprend ce dernier , p. 68 de ses Mémoires.

Les OEuvres de M. François Rabelais,... 1659, 2 vol. in-12, s. n. de lieu ni de libraire. — Comme cette édition a été faite à l'imitation de celle des Elzeviers , quelques bibliographes la donnent à la ville de Rouen; quoi qu'il en soit, il ne paraît pas qu'elle soit sortie des presses de Lyon ; les caractères et le papier employés par le typographe ne permettraient de le supposer. Parmi les éditions lyonnaises, il en est une, celle de *Jean Martin*, datée de 1558 , qui a été le sujet d'une assez longue note de M. Brunet; il pense avec raison que cette date est fautive ; et , en effet, le plus ancien livre connu jusqu'à présent pour avoir été publié ou édité par Jean Martin (4) , ne l'a été qu'en 1564 ; c'est la *Con-*

(1) Voyez la lettre de Patin à Spon du 26 oct. 1643.
(2) Voyez ci-dessus , les Publ. de 1645.
(3) Les *Coleoni* , de Bergame , qui portaient *tres testes* dans leurs armes. Voyez le *Mascurat* , p. 223, et L. C. Rhodiginus , *Lect. antiquar.*, XVII , 12.
(4) Il est à croire que *J. Martin* était parent d'*André Martin* , principal du collége de Lyon , de 1561 à 1565 , qui prononça pendant l'occupation de cette ville par les Calvinistes , l'Oraison doctorale dans l'église de St.-Nizier , le 21 déc. 1562.

formité des églises réformées, par *Antoine du Pinet*, dont l'Epître dédicatoire est datée du 18 avril 1564. — La *Biographie lyonnaise* contient un article très étendu sur Rabelais ; grâces aux documents qui s'y trouvent consignés, il a été donné à un professeur distingué de notre faculté, M. Philibert Soupé, de faire sur *Maistre François* une étude beaucoup plus complète que toutes celles qui ont paru jusqu'à ce jour. Son travail a été inséré dans un journal de Lyon, *Le Salut public*, en novembre et décembre 1858.

L'Origine et vraye pratique de l'art du blason, par le R. P. M. (*Philibert Monet*). Lyon, *J. B. Devenet*, 1659, in-4. — Titre raffraîchi. Voyez les Publ. de 1651.

Ostorius, tragédie en 5 actes et en vers, par D. P. (l'abbé *de Pure*). Paris, *G. de Luynes*, 1659, in-12. — Boileau fait dire à Pluton, dans ses *Héros de roman* composés en 1665 : « Je ne » me souviens pas d'avoir jamais nulle part lu » ce nom-là dans l'Histoire. » Cependant chacun savait alors que l'abbé de Pure avait pris son sujet dans le 12e livre et dans le 16e des *Annales* de Tacite. — S'il fallait s'en rapporter à Brossette (tome I, p. 22 de son Boileau in-4), l'abbé de Pure aurait fait courir un libelle contre Despréaux ; celui-ci, pour se venger, substitua, en 1664, dans sa seconde satire, le nom de l'abbé *de Pure* à celui de *Ménage* (1). Quel était ce libelle ? Je ne crois pas qu'aucun des commentateurs en ait donné le titre. Il est à présumer que Boileau, qui faisait peu de cas du talent dramatique de l'abbé de Pure, ait été amené par la rime à faire cette substitution. Cependant l'auteur d'*Ostorius* comptait alors dans la Capitale d'honorables amis, et de ce nombre, *Pierre* et *Thomas Corneille* ; il fut aussi celui de *Brébeuf*, dont il publia les OEuvres posthumes (2). Un versificateur dont le nom est resté inconnu, s'étant brouillé avec le traducteur de la *Pharsale*, exposa à l'abbé de Pure le sujet de leur querelle dans une lettre qui a été publiée dans la *Revue rétrospective*, tome I de la 5e série, p. 185-188.

Raynaudi (Theophili) Rosa mediana, Romani pontificis benedictione consecrata.... Lugd., 1659, in-4 (Catal. Falconet). — Ménage, p. 95 de son *Hist. de Sablé*, fait voir que Duplessis Mornay s'est trompé en attribuant l'invention de la bénédiction de la Rose d'or au pape Urbain VI (élu en 1578) ; il cite deux Chroniques où l'on voit qu'Alexandre III envoya, en 1158 et 1165, la fleur (*florem*) à Louis VII, dit le Jeune. — « Si les roses furent des signes honorables, dit le marquis d'Orbessan, elles servirent quelquefois à marquer le mépris. Le 15e Chapitre du Synode tenu à Nîmes vers l'an 1284, ordonnoit aux Juifs de

(1) Voyez le Boileau de Berriat Saint-Prix, tome I, p. xlvij et cxvij.

(2) Voyez ci-après 12 juillet 1664.

porter sur la poitrine une rose qui devoit les faire distinguer des chrétiens, afin que l'on n'eût pas pour eux les mêmes égards. » *Mélanges*, t. 2, p. 555. Voyez La Mure, *Hist. eccl. de Lyon*, p. 564 ; Clapasson, *Descript.* de Lyon p. 213, et ci-dessus, année 1645, *ad calc.*

Relation des miracles de N.-D. de l'Ozier, avec des vers à la louange de la Sainte-Vierge en cinq langues, par *Pierre de Boissat*. Lyon, 1659, in-8. — « Voici, dit le P. Niceron, l'origine de cette dévotion, telle qu'elle est rapportée par Chorier : Un Huguenot, se mettant peu en peine de fêter le jour de l'Annonciation de la Vierge, s'avisa, ce jour-là, d'aller tailler un ozier, qui rendit du sang par tous les endroits où il avoit été coupé. Chorier avoue qu'il y en a plusieurs qui prétendoient que c'étoit une chose qui arrive ordinairement à ces sortes d'arbres, lorsqu'on les taille après l'hiver, non pas que ce soit du sang, mais seulement une liqueur rougeâtre ; « cependant, dit-il, les pro-» diges qui arrivèrent en ce lieu firent connoî-» tre qu'il y avoit du miracle. Qu'importe après » tout, continue-t-il, quelle voie on prenne » pour arriver à la piété, puisque cette voie, » telle qu'elle soit, conduit toujours au salut ! » Principe des plus faux et des plus contraires aux règles de la Religion et de la Raison. » *Mémoires*, XIII, 593.

Le véritable art du Blason (par C. F. Ménestrier)..... Lyon, *Benoist Coral*, 1659, pet. in-12 de 442 pp., non compris le titre, la dédicace, l'avis au lecteur, la préface, les tables et le privilége daté du 15 janvier 1659. — A la suite de l'exemplaire que possède M. Chastel, magistrat à Lyon, sont des *Additions et corrections* qui se terminent à la p. 46, et qui ont pour épigraphe cette phrase remarquable : « Il y a de » la gloire à reconnoître ses manquements, et » de la justice à désabuser le public des erreurs » qu'on lui a communiquées. » — M. Leber, n. 6572 du Catalogue de sa bibliothèque, regarde comme très-suspecte l'édition d'un traité sous le même titre cité par Niceron, et qui aurait été publiée en 1658, in-24.

1660.

PRÉVOT DES MARCHANDS : *Hugues de Pomey*, sieur de Rochefort, les *Sauvages* et *Rancé*. ECHEVINS : *Marc-Antoine Mazenod, Charles Rougier, Jacques Michel, Barthélemy Ferrus.*

Janvier 7. Le Consulat, après avoir fait apurer les comptes des sieurs *Panthot* et *Blanchet*, leur fait payer 23,552 livres, tant pour prix-faits que pour supplément et étrennes.

Février 7. Le Consulat accorde un secours

aux meuniers dont les usines ont été entraînées par une crue du Rhône. — Deux moulins avaient été entièrement perdus ; trois autres avaient été entraînés jusqu'à Irigny.

Mars 2. Le Consulat arrête qu'il sera le parrain d'un *Turc* que le P. *Menestrier* a catéchisé.

Même mois 9. M. de *Clermont de Chates-Gossans* est élu grand-maître de Malte. Voici en quels termes Loret a parlé de cette élection, p. 44 de sa *Muze historique* :

> Le grand-maître de Malte est mort,
> Que l'on plaint et regrette fort;
> Mais, las ! il faut que chacun meure,
> Et celui qui l'est à cette heure,
> Digne d'un tel rang maintenir,
> Et qui n'eut pour y parvenir
> Que des vertus pour avocates,
> Est monseigneur *Clermont de Chates*,
> Homme hardy comme un lion,
> Et jadis bailly de Lyon.

Même mois 20. Publication de la paix entre la France et l'Espagne. Voyez-les Publ. de cette année, *Réjouissances*....

Avril 20. Guy Patin écrit à André Falconnet:

« ..... J'entretins hier soir M. le premier président ; je le remerciai fort de l'arrêt qu'il avoit rendu pour les *médecins de Lyon* ; il me prit par la main et me dit : « Vous voyez le crédit que vous avez à la grand'chambre; nous n'y avons rien rabattu. » Il m'invita fort à boire à sa santé, et j'y bus deux fois du *vin de Condrieu*, le meilleur que je bus jamais. L'on m'a dit que c'est d'un présent que lui ont fait les *Comtes de Lyon...* » — Le 27 du même mois, Patin écrivait à notre célèbre médecin : « ...Je soupai hier chez M. le premier président ; on y parla fort de M. *de Thoré*, président aux enquêtes, fils de feu M. *Particelli*, sieur d'E-mery (1), qui étoit un grand larron. Ce fils, président, a été déjà fou plusieurs fois ; mais, depuis six mois, il l'est plus fortement que jamais.... On parle de vendre ses charges, et de le séparer d'avec sa femme..... »

Même mois 27. *Emeric Bigot* écrit de Rome à *Nicolas Heinsius* :

« Monsieur, celle-cy ayant à passer par la France, ne vous estonnez pas si elle est habillée à la françoise. J'ay choisy ce langage comme estant le plus naturel, et avec lequel je vous déduiray plus précisément toutes les particularitez de mon voyage depuis *Lyon*, où je m'arrestay dix ou douze jours. Je vis là plusieurs

fois le P. *Raynaud*, jésuite, fameux par le grand nombre de livres qu'il a composez ; je le trouvay fort en colère contre le cardinal *Spada* qui avoit depuis peu censuré son livre *de Bonis et malis libris* (1) ; il me parla du dessein qu'il avoit d'écrire contre le procédé du Cardinal, et d'intituler son livre *de Spadanatu librorum*... Il m'a promis merveille à mon retour ; mais qui sçait qui vivra pour lors, luy principalement qui est si vieux? On réimprimoit à Lyon, la *Bibliothèque des Pères* et les *Annales de Baronius*. De Lyon, je descendis à Avignon où j'eus la curiosité d'aller voir ce qui restait de la bibliothèque de *Gerson*, qu'il avoit léguée aux Religieux célestins. Je n'y trouvay aucun manuscrit considérable, et le supérieur me dit que les *Jésuites* les leur avoient enlevez. Je fus chez les Jésuites qui n'ont aucun manuscrit ; il faut que ces bons Pères ayent encore été supplantez..... A Marseille, je fus conduit par un aveugle qui est fort sçavant ; il se nomme *Malleval*; il m'avoit été indiqué à Aix par le P. *Bertet* (2), jésuite, qui me dit avoir esté bibliothécaire de leur *Librairie* de Lyon, et vous l'avoir fait voir quand vous y passastes..... » Voyez *Lettres et pièces* publiées par M. *Matter* ; Paris, 1846, p. 294. — On trouve dans ce volume plusieurs lettres de *Casaubon* où il est parlé du séjour que ce savant fit à Lyon (voyez ci-dessus, sept. 1601). A la p. 96, M. Matter dit que *la plus belle édition* des *Contes de la reyne de Navarre* est celle de *Berne*, 1780, 5 vol. in-8 ; il aurait pu ajouter et *la plus mauvaise*, car l'éditeur a été assez impertinent pour nous donner un texte modernisé. Les bonnes éditions sont celles du 16e siècle. On en doit au moins quatre aux presses de Lyon ; celle de *Loys Cloquemin*, 1581, petit in-16, a été omise dans le *Manuel* de M. Brunet.

Juin 22. Guy Patin écrit à Falconnet :

« .... Vous pourrez dire au P. *Théophile Raynaud* que *Rabelais* est mort à Paris, l'an 1555 (5), dans la paroisse de Saint-Paul, et qu'il y est enterré dans le cimetière au pied d'un grand arbre, *religione patrum multos servata per annos* (1).

(1) Voyez les Publ. de 1653, *Erotemata*....

(2) Je présume que ce P. *Bertet* n'est autre que *Jean Bertet* ou *Berthet*, qui a professé les humanités et la philosophie au collège des Jésuites de Lyon, et qui est mort chez les Bénédictins de Paris, en 1692. Voyez sa notice dans la *Bio-bibliographie* de M. Barjavel, et dans la *Biogr. Didot*.

(3) Le 9 avril, selon Pierre de Saint-Romuald. Voyez l'art. RABELAIS dans la *Biographie lyonnaise* et ajoutez aux détails que l'on y a consignés, que l'auteur de *Gargantua* eut, pendant son séjour à Lyon, des relations avec *Hubert* Sussaneau, célèbre professeur de l'université de Paris, qui était alors correcteur dans l'imprimerie de *Sébastien Gryphe*. On trouvera dans les *Ludi* de cet humaniste, des vers adressés à *Jean Voulté*, et aux deux *Scève*; il a une notice dans Niceron. Voyez aussi Maittaire, tome 2, p. 591 de ses *Annales*, et aussi un article de M. Jules Quicherat, dans la *Correspondance littéraire*, année 1859, p. 414-16.

(1) Un pamphlet imprimé à Lyon en 1622, sous ce titre : *Effroyables factions entre le Diable et les Invisibles*, nous apprend que le sieur *Particelli* (père du sieur d'Emery) et le sieur *Sello*, son associé, banquiers à Lyon, avaient fait banqueroute. Voyez les *Variétés hist.* d'Edouard Fournier, IX, 303. — C'est le *Cardinal de Tournon*, qui, en 1543, à son retour d'Italie, avait conçu le projet de la *Banque de Lyon*. François Ier l'adopta, et ouvrit l'emprunt à huit pour cent. Voyez le tome 7 des *Variétés* que je viens de citer, p. 189, et ci-dessus, année 1543, p. 67.

Il dit en mourant : « Tirez le rideau, la farce » est jouée, » comme dit *Freigius* (2), tom. I, *Commentar. in Orationes Ciceronis*, en quoi il imita Auguste, qui, au rapport de Suétone, en mourant, demanda à ses amis : *Nunquid vitæ mimum commodè peregisset* (3) ?...

Juillet.... Séjour à Paris de *Camille de Neufville* (Lettres de *Patin* à *Falconet* du 20 de ce mois et du 10 août suivant).

Août.... Mort, à Paris, de *Jean-Baptiste Devenet*, libraire à Lyon, qui se proposait de faire imprimer toutes les œuvres d'*Erasme* en 7 volumes in-fol. (*Lettre de Patin à Spon* du 25 de ce mois). Voyez les Publ. de 1659, *Origine....*

Octobre 9. Voici en quels termes Loret annonce aux lecteurs de sa *Muze*, le mariage de *Catherine de Neuville*, fille de *Nicolas de Villeroy*, avec *Louis de Lorraine*, comte d'*Armagnac* :

> Vers le milieu de la semaine,
> Un prince du sang de Lorraine,
> Le comte d'Armagnac nommé,
> Assez bien fait pour être aimé,....
> Se soûmit amoureusement
> A l'aimable et beau sacrement;
> Et pour montrer que sa fortune,
> En cas d'amour n'est pas commune,
> Il donna son cœur et sa foy
> A la belle de Villeroy.
> Pouvoit-il, touchant l'hyménée,
> Choisir une fille mieux née !.....
> N'est-elle pas, depuis maint jour,
> Un des beaux objets de la Cour ? —

Loret n'est pas le seul poète de son temps qui ait loué Mlle de Villeroy ; la Chanson suivante fut composée pour elle par l'abbé de Bois-Robert :

> HEUREUX celuy qui vous admire,.
> Bienheureux qui vous ose en secret adorer;
> Plus heureux qui pour vous ouvertement soupire;
> Mais très-heureux qui pourroit dire :
> C'est moy qui vous fait soupirer.

> HÉLAS ! la chose est impossible;
> Avec trop de plaisir vous voyez nos tourments;
> Inhumaine Daphné, votre cœur insensible
> Est un rocher inaccessible;
> J'y vois périr tous vos amants (4).

Même mois 18. Mort de *Jean de Saint-Aubin*, jésuite, né dans le Bourbonnais, vers 1587, auteur d'une *Histoire de la ville de Lyon* publiée par le P. *Menestrier*, en 1666. Voyez sa Notice dans le Supplément de la *Biogr. univ.* (4). — Un autre historien lyonnais d'un plus grand mérite et qui fut son contemporain, *Jacques Severt*, n'a d'article dans aucune Biographie ; qu'il nous soit permis de consigner ici quelques documents à l'aide desquels on pourra réparer cet oubli : Jacques Severt naquit à Beaujeu (2) vers 1557 ; il était fils de *Claude* (3), qui l'envoya *aux estudes* à Paris, en 1579; il fut reçu de la Société de Navarre en 1582, et prit le bonnet de docteur en 1592. Suivant le P. Menestrier, il professa au Collège d'Harcourt la Géographie et quelques parties des Mathématiques. Après le bannissement des Jésuites, il fut appelé à Lyon pour remplir, au Collège de la Trinité, les fonctions de principal; il y resta jusqu'au mois d'avril 1597, et retourna à la Sorbonne. L'année suivante, il publia, sous le titre de *Orbis Catoptrici*, etc., son premier livre où se trouvent quelques pages sur Beaujeu et sur ses Sires. En 1601, il fut nommé official et vicaire-général de l'évêque de Mâcon. Vers le même temps, il se disposait à faire imprimer à Lyon la *Summa omnium excommunicationum* qu'il avait composée à la Sorbonne ; mais les docteurs de cette Maison obtinrent de lui qu'elle serait imprimée à Paris, et promirent d'en revoir les épreuves ; toutefois c'est à Lyon que fut publiée, en 1621, la traduction française qu'il en avait fait faire. Cette même année, il fit aussi imprimer à Lyon un livre ayant pour titre de *Atheismo et hæresibus recentiores Controversiæ generales*. L'année suivante il publia son *Anti-Martyrologe* (4). Alors il était théolo-

(1) Virgile, *Enéide*, II, 715.

(2) Thomas Freig, mort à Bâle, en 1583, l'année même où fut publié son Commentaire. Ce qu'il y dit de Rabelais est une de ces médisances dont le bon sens public a fait depuis longtemps justice.

(3) Le texte porte : *Et amicos admissos percunctatus ecquid iis videretur mimum vitæ commodè transegisse*. C. 99. « Eh bien ! dit-il à ses amis, trouvez-vous que j'aie assez bien joué cette farce de la vie? » Laharpe.

(4) *Epistres en vers* et autres œuvr. poétiq.; Paris, 1650, p. 259. Voyez ci-dessus, 29 juin 1654.

(1) On peut ajouter les vers suivants *sur la femme*, à ceux qu'on a cités dans sa Notice, et qui sont extraits de sa *Paraphrase* de l'*Ecclésiaste de Salomon* :
Elle est un lacs coulant où se prennent les âmes;
Elle est une allumette où s'attachent les flammes;
Son cœur est une nasse à prendre les poissons;
Sa main est une ligne où sont maints hameçons.

(2) C'est lui-même qui le dit dans la souscription de la première édition de sa *Chronologia historica antistitum Lugdunensis archiepiscopatus* (Lugd. 1607, in-4) : « JACOBUS SEVERTIUS *patria* Belli-Jocensis.... » Si La Mure, p. 338 de son *Hist. du Forez*, l'a fait naître à *Saint-Marcel-de-Félines*, il faut l'excuser ; c'est l'aïeul de Jacques qui était de cette paroisse, et c'est ce dernier qui nous l'apprend, p. 418 de la 2e édit. de sa *Chronol. historica*.

(3) Severt rapporte, p. 475 de son *Anti-Martyrologe*, que son père, *Claude Severt*, qui trépassa l'an 1584, fut un des témoins du supplice d'*Estienne Dolet*. — Un *Laurent Severt*, natif de Beaujeu, marchand canebassier à Lyon, reçut, le 10 mars 1594, quatorze écus et 48 sols, que le Consulat lui fit compter pour les voyages qu'il avait faits vers le colonel d'Ornano, depuis le 22 février jusqu'au 9 mars. — Il y avait, en 1515, un *Thomas Seyvert*, archidiacre du Rousset, chanoine de l'Eglise de Mâcon, qui a composé en latin un *Pouillé* de cette Eglise, dont il existe une traduction à la suite d'une Histoire inédite de Mâcon conservée dans la Biblioth. de cette ville. N. de M. Ragu.

(4) Voyez ci-dessus les Publ. de 1622, où nous avons cité un long passage de ce livre sur *Estienne Dolet*.

gal de l'Eglise de Lyon, fonctions qui lui laissaient assez de loisirs pour se livrer à ses études favorites. Son *Anacrise des Bibles* parut en 1625, et l'année suivante vit éclore ses *Inventaires généraux* ou *Lieux communs sur chacunes des vies des Saints de l'un et l'autre sexe* (1). Mais de tous les ouvrages de notre savant théologal, celui qui est maintenant le plus recherché, est sa *Chronologia historica.... Lugdunensis archiepiscopatus*, publiée à Lyon en 1628. C'est par ce livre, qui lui mérita d'être placé au premier rang des historiens ecclésiastiques de notre ville, qu'il termina sa laborieuse carrière, en s'écriant : *Laus Deo.*

Octobre 22. G. Patin écrit à Falconet :

« Il est mort, ce matin, un de nos médecins, nommé *Jouvin*, âgé de 65 ans; il n'étoit pas de ces grands arbalétriers qui en tuent tant, car il ne voyoit guère de malades; il étoit fils d'un riche marchand, receveur provincial des décimes en la généralité de Lyon.

Novembre 5. Mort d'*Alexandre de Rhodes*, jésuite, né en 1591. « Il sortit de la Maison » de Lyon pour faire éclater les victoires de » l'Evangile dans les vastes provinces du Ton- » quin, et plus loin que le héros du même nom » n'a conduit ses armées triomphantes. » *Voyage de M. de Rouvière*, p. 102. Voyez la notice dans la *Biogr. univ.*, et les *Mém. d'Huet*, p. 189 de la traduction de C. Nisard.

Décembre 4. Mort, à Paris, de *Jacques Sarrasin*, sculpteur, né à Noyon, vers 1592. — A son retour de Rome, où il demeura dix-huit ans, il s'arrêta à Lyon, où il fit dans la Chartreuse de cette ville, un *S. Jean-Baptiste* et un *S. Bruno*, qui en sont un des plus singuliers ornements. » Perrault, *Hommes illustres*, II, 216 ; voyez aussi Clapasson, p. 151 ; *Lyon anc. et mod.* 1, 576.

Même mois 11. Roger *Joseph de Damas* est reçu chanoine-comte de St-Jean. — Il fut doyen après *Charles de Besserel*, et mourut le 21 mars 1715 ; il était fils de Claude de Damas, chevalier, seigneur du Rousset, et d'Huguette, fille de Claude Besserel, chevalier, seigneur de la Bastie. — En 1684, *César de Rochefort* lui dédia son *Dictionnaire général et curieux*, où se trouve un certain nombre d'articles extrêmement graveleux.

Même mois 27. Mort d'*Eléonore Buatier*, née à Lyon en 1590. En elle s'est éteinte l'ancienne famille des Buatier, qui a donné neuf conseillers de ville, de 1598 à 1568.

Même mois. Le Consulat accorde aux Jacobins mille livres pour le portail de leur église. — Sous la préfecture de M. *de Chabrol*, l'église fut démolie ; il n'en resta d'autres vestiges que le portail, qui a été employé dans une maison de la rue de Sully.

Même année. Suliman-Aga (1), ambassadeur de la Sublime-Porte, se rendant à Paris, s'arrête à Lyon. La scène plaisante à laquelle donna lieu la visite que lui fit le Consulat, a fourni à Lamonoye le sujet d'une pièce de vers datée de 1660, et qui a pour titre *Le Salamalec Lyonnois.* Le Turc, qui joue un rôle dans cette facétie, ne serait-il pas celui dont le Consulat fut le parrain (2). Voyez ci-dessus, 2 mars.

Il existait, au milieu de la place des *Terreaux* une ancienne pyramide carrée terminée par une croix. On la transporta, cette année, sur la place de N.-D. de Fourvière, et on la remplaça par une fontaine jaillissante à trois bassins (3). — Vers le même temps, le P. de *Bussières* fit les inscriptions qui furent placées sur la fontaine de l'Hôtel-de-Ville. Voyez la *Basilica lugdunensis*, p. 54.

Guillaume Nourrisson (4) restaure l'horloge de Saint-Jean, construite en 1598, par *Nicolas Lippius.* Voyez sur la voix vibrante du coq perché sur le dôme de cette horloge, le Glossaire des *Noëls* de Lamonoye, au mot *Hin, ha*, et les notes d'Amanton, sur *le Festin du Roi-boit* de Bullet, dans l'*Annuaire de Dijon* pour 1827, p. 108 de la 2e partie ; ci-après, 20 oct. 1660.

Mort de *René Gros de Saint-Joire*, littérateur, né vers 1570. Voyez sa notice dans la *Biogr. Michaud.*

On peut, ce me semble, placer à cette année le séjour que *Mathieu de Montreuil* fit dans le midi de la France. Il était parti de Paris avec le cardinal Mazarin, qui se rendait à l'île de la Conférence, pour assister aux préliminaires du mariage projeté de Louis XIV avec l'infante d'Espagne ; il arriva à Marseille le 4 mars, deux jours après le Roi; mais il paraît qu'à son retour, après le mariage du roi, il fit quelque séjour à Vienne, à Lyon et dans plusieurs autres villes d'où sont datées les lettres dont il publia le recueil en 1666. Celle qui suit est adressée à Mademoiselle*** « J'ai reçu, lui dit-il, votre lettre datée de Lyon le 12 aoust 1660, qui commence par *Monsieur* avec beaucoup d'espace ; j'y fais réponse par celle-ci datée de Paris le vingtième du même mois, qui commence par *Mademoiselle*, avec un espace encore plus grand, car il s'en faut de bien que vous me deviez autant de respect que je vous en dois. Vous vous êtes persuadé sans sujet que j'en ai manqué pour vous;

---

(1) Voyez sur cet ouvrage et sur le précédent les Publ. de 1623 et 1624. Voyez aussi, pour la *Chronologia hist.* les Publ. de 1628.

(1) C'est lui, dit-on, qui introduisit à Paris l'usage du café. Voyez le *Dict. de Trévoux*, au mot *café*, et le *Moniteur* du 25 juin 1854.

(2) Ce fut sans doute ce même turc qui, vers le même temps, ouvrit, sur la place des Cordeliers, une boutique où l'on vendait du thé et du café.

(2) Ménestrier, *Eloge hist.*, Clapasson, p. 115.

(4) Il est appelé *Nourrissat* dans la *Biogr. de l'Auvergne*, par P.-G. Aigueperse ; mais la faute a été corrigée dans l'abrégé de cette biogr. publié en 1850.

mais quand cela seroit, une lettre désobligeante devoit-elle pas effacer de votre mémoire *trois ou quatre cents pages de nouvelles* qui m'ont donné tant de peines, et à vous tant de plaisir? N'est-ce point que comme dans votre *petite ville*, on vous a souvent traité de Divinité, vous croyez avoir droit de ressembler à Dieu, qui, pour un seul péché, laisse damner quelquefois un pauvre hermite qui a blanchi quarante ans sous le cilice au fond d'un désert?…. Après tout, si j'ai été assez malheureux de vous fâcher par mes lettres, cela ne m'arrivera plus, et, sans mentir, tout le monde trouveroit que j'aurois tort de veiller toutes les nuits pour vous déplaire….» — D'autres lettres sont adressées à cette inhumaine; et tout me porte à croire que la *petite ville* quelle habitait est celle de Vienne. Montreuil, dans une précédente lettre (p. 554) lui avoit dit : « Vos chaînes me paroissent légères depuis que j'ai vu les leurs (celle des forçats); j'aime encore mieux être esclave à Vienne qu'à Toulon…» C'est enfin de cette précieuse et de la même ville qu'il s'agit dans ces vers (p. 504).

> «…. Mes efforts n'y font rien qui vaille :
> Que maudite soit sa vertu ?
> Je ressemble à Cogne-Festu :
> J'avance moins que je travaille.
> Dans Lyon, Marseille, Avignon,
> J'ai toûjours fait le compagnon ;
> Et dans cette *villaine ville*
> Où j'ai perdu ma liberté,
> La sotte aussi bien que l'habile
> Joint la sagesse à la beauté….»

Je terminerai cet article par un passage extrait d'une lettre à la belle Viennoise (p. 571 : «…. Les Espagnoles découvrent leurs épaules (c'est leur gorge derrière) sans hyperbole jusqu'à la moitié du dos, et au contraire la cachent pardevant jusques au menton….» Voyez sur Montreuil, l'*Estat politique du Dauphiné*, par Chorier, tome 2, p. 262; Les *Mém.* de l'abbé de Choisy, livre 7e, et ci-dessus, 15 mars 1657.

Advis aux criminalistes sur les abus qui se glissent dans les procez de sorcélerie (*sic*), dédiés aux magistrats d'Allemagne,.. par le P. N. S. J., théologien romain : imprimé en latin pour la seconde fois à Francfort en l'année 1652, et mis en françois par F. B. *de Velledor*, M. A. D. A Lyon, aux dépens de l'autheur, et se vend en rüe Mercière, chez *Claude Prost*. 1660, in-8. — On lit sur le titre de l'exemplaire de la B. de Lyon : «Ce livre m'a été donné par » M. le médecin *Bouvot*, mon oncle et son au-» theur. CL. F. TALBERT (1). » C'est à cette mention que l'on doit de connaître le nom longtemps ignoré du traducteur de l'ouvrage du P. *Spée*, mention qui n'a pas échappé aux savants auteurs de la *Biblioth. des écrivains de la C. de*

Jésus (t. 2, p. 577). Quant au nom de *Velledor*, et non *Villedor*, comme l'a écrit Barbier, chacun sait que dans le 10e et le 11e siècle, Besançon s'appelait *Chrysopolis*. — Voici un passage de ce curieux livre, extrait du XXe Doubte, « Qu'est-ce que l'on doit juger de la *Torture* ?

«….. Je conclus en disant avec un très-honneste homme de mes amys, non moins véritablement que facétieusement : Qu'est-il besoin, dit-il, de nous mettre tant en peine de treuver des sorciers et des sorcières ? Sus, Messieurs les Juges, en voulez-vous treuver ? faites seulement saisir des Capucins, Jésuites et autres religieux ; mettez-les à torture, ils confesseront ; sinon remettez-les y une fois, deux fois, trois fois, ils viendront au point (1). Que s'ils sont encore obstinez, exorcisez-les, ruzez-les ; peut-être ont-ils quelques charmes sur eux, et le diable les endurcit ; poursuivez seulement, vous les y ferez venir. Si vous en voulez davantage, faites saisir les prélats de l'Eglise, les chanoines, les docteurs ; ils confesseront. Comment résisteroient-ils, les *pauvres gens* nourris dans la délicatesse, dans toutes sortes d'aises ? En voulez-vous davantage ? Laissez-moi faire, je vous feray bien chanter à la torture, et vous, moy par après, et ainsi nous serons tous sorciers. Ou bien croiriez-vous bien estre assez constants pour ne point céder à la violence des tourments si souvent répétés ? O les braves gens !…. »

Bibliotheca Sebusiana,… illustravit S. *Guichenon*….. Lugduni, apud G. *Barbier*, 1660, in-8. — Au revers du titre sont les armoiries du Président *de Lamoignon* auquel ce livre est dédié; mais on ne les retrouve pas dans l'édition de 1666, plus belle et plus correcte que son aînée.

Columbi (Joannis)….. *Noctes blancalandanae*….. Lugduni, ex-typogr. *Jacobi Canier*, 1660, in-8. Voyez les Publ. de 1668, *Columbi Opuscula*….

Decameron de Pace : cui accessere *Epistolae diversae ad varios*, auctore M. *de Pure*. Parisiis, 1666, in-12. — La 2e Ode du second livre contient une invective contre un poète qui n'est pas nommé; on y lit :

(1) On lit dans la 18e des *Déclamations* attribuées à Quintilien : « Omnium quidem, Judices, incertorum » suspiciones pessime semper à corporibus incipiunt, » nec bene de cujusdam moribus illam partem hominis » *interroges* quae non animo sed dolore respondet. » Quoyque ce soit la coustume, Messieurs, d'user de la question pour découvrir la vérité, c'est toutefois mon sentiment qu'on ne la sait jamais par les tourments du corps, et qu'on interroge cette partie de l'homme qui répond seulement par la voix de la douleur » (Du Teil). *Raynouard* se souvenait sans doute de ce passage quand il a dit dans ses *Templiers* : « La torture interroge et la douleur répond. » — *Montaigne*, et ce devait être, avait sur la torture la même opinion que le P. Spée : « C'est une dangereuse invention que celle » des gehennes, et semble que ce soit plutôt que de vé-» rité (l. II, ch. 5)…. » Voyez aussi, sur un paysan espagnol mis à la gehenne, les *Essais*, l. I, ch. 32.

(1) Ce Claude-François Talbert, conseiller au parlement de Besançon, est loué dans le *Journal des sçavans* de 1731, p. 165.

Nec se minorem *Corneliis* putat.
Laudatque sese *Brebovio* parem :
Illius explodens Chimenam,
Illius Aemathium elevando.

C'est à l'occasion de ce rare et curieux petit volume que *Pierre Corneille* écrivit de Rouen le 25 aoust 1660, à l'abbé de Pure, une lettre dont voici les premières lignes : — « Un petit séjour aux champs et un peu d'indisposition à la ville, m'ont empêché de vous remercier plus tost du dernier présent que vous m'avez fait. Je ne suis pas assez récent de mon latin pour me vanter d'entendre tous les mots choisis dont vous avez semé cet ouvrage ; mais je me connois assez en ce genre de poésie pour assurer qu'il y a des strophes dignes d'Horace. Il y en a où vous avez trop négligé le tour du vers qui n'a pas assez de facilité; mais à tout prendre, c'est un très-beau travail, et un dessein tout-à-fait beau de vous écarter de la route des autres. Si vous l'eussiez exécuté en françois, il auroit eu une vogue merveilleuse.... » Quatre autres lettres de différentes dates furent adressées à l'abbé de Pure par l'auteur du *Cid*, et plusieurs lui furent écrites par l'auteur d'*Ariane*. L'amitié des deux frères dut le consoler des sarcasmes de Despréaux. On trouve, entre autres pièces, dans le *Décameron*, deux *Odes* contre les *Prétieuses*, deux autres à la louange de l'abbé *de Marolles*; une *Épître* sur la mort de *Costar*, enfin une *Ode* sur le mariage de Louis XIV.

Discours panégyrique des grandeurs de saint Nicolas de Tolentin, avec un Traité de l'origine, institution, bénédiction et vertu miraculeuse de son pain, par le R. P. *Maurice de la Mère de Dieu*, prieur des Augustins deschaussez de S. Nicolas de Brou. Lyon, *Jean Carteron*, 1660, in-12. — M. *Sirand*, t. 5, p. 51 de ses *Courses archéologiques dans le dép. de l'Ain*, cite ces quatre vers d'un vieux cantique que chantaient jadis, le jour de la fête de l'illustre saint, les jeunes filles de la Bresse :

Saint Nicolas, mariez-nous;
Nous n'irons plus danser à Brou;
Saint Nicolas de Tolentin,
Plutôt aujourd'hui que demain.

Le Grand dictionnaire des Prétieuses (par le sieur *de Somaize*). Paris, *Estienne Loyson*, 1660, 2 vol. in-8. — Une nouvelle édition de ce Dictionnaire, revue et annotée par M. *Livet*, a été publiée en 1856 par M. *Jannet*. Le 1er tome se termine par cet *Avis* de Somaize : — « La ville de *Milet* (Lyon) estant une des plus grandes villes de la *Grèce* (la *France*) et une de celles où il se passe le plus de galanteries, je n'ay pas voulu vous priver du plaisir que vous devez avoir en lisant les adventures de tant d'illustres prétieuses de cette charmante ville ; et comme les mémoires que j'en ai reçus me sont venus trop tard, et que j'avois déjà fait commencer à mettre ce Dictionnaire sous la presse pour satisfaire à l'impatience de ceux qui le demandoient ; j'ay cru que les personnes dont j'ay à parler estoient assez illustres, et les incidents que j'ay à raconter assez remarquables, pour me faire retourner à l'A, B, C. »

L'Apostille de Somaize nous offre une quinzaine de prétieuses seulement ; mais si on y ajoute les neuf prétieux qu'il y a mis en scène ainsi qu'une vingtaine de Lyonnais ou de Lyonnaises qu'il a introduits dans son Dictionnaire, il en résultera qu'il y avait un assez bon nombre de personnes de l'un et de l'autre sexe qui faisaient alors assaut de bel esprit et de galanterie dans les ruelles de notre cité. Plusieurs des noms de la Clef de Somaize sont aujourd'hui complètement inconnus, soit qu'ils appartiennent à des familles éteintes sans laisser de traces, ou à des familles étrangères, soit qu'ils aient des noms de fiefs qui, en l'absence de noms patronymiques, sont fort incertains. Si nous en avons retrouvé quelques-uns de plus que M. Livet, nous le devons à l'obligeance de ceux de nos amis qui nous sont venus en aide, et nous nous empressons de leur en témoigner ici toute notre reconnaissance. Nous avons confondu dans la liste qui suit le résultat de leurs investigations et des nôtres.

BAGORAS : M. *de la Barollière*, conseiller au Grand-Conseil, où les charges étaient semestrielles ; c'était l'amant de Mme *de Turgis*, qui habitait Paris, et de Mme *de Bernou* (Barménide), qui demeurait à Lyon; il courtisait l'une pendant son exercice, et l'autre pendant ses vacances. — Un poète médiocre, *Antoine Noël*, a dédié ses *Nouvelles fleurs du Parnasse*, Lyon, 1667, in-12, à M. *Lanchenu*, seigneur *de la Barollière*, conseiller du Roy, trésorier provincial de l'extraordinaire des guerres et des régiments ès-provinces de Lyonnois, Forest, Beaujolois et Païs de Dombes.

BARMÉNIDE : Mme *de Bernou*. — Mariée à 14 ans, alors elle en avoit 50; son mari, Lyonnais, selon Guichenon, était seigneur de Saint-Didier de Formans, et de Marrieu, Clavel et Rochefort; il se démit de sa charge en 1666, après un exercice de 58 ans. Voyez le *Mémorial de Dombes*, par M. d'Assier de Valenches.

BAZANE : *Claude Basset*, secrétaire de l'archevêché de Lyon. Voyez son art. dans la 2e édit. de la *Biogr. univ.*, et ci-dessus, année 1655.

BLOMESTRIS : Mme *Blauf*, née *Croppet*, probablement la nièce par alliance de Gaspard de Monconis. — C'était une femme de 25 ans, qui avait été mariée très-jeune; sa conversation plaisait si fort à *Pisidore* (M. *Prost*), et celle de Pisidore à Blomestris, qu'ils se donnaient partout des rendez-vous, afin d'en goûter les douceurs sans être interrompus; mais leur bonheur ne dura pas longtemps, car ils se virent traverser par Callistènes (M. *Croppet*), frère de Blomestris qui les suivaient en tous les lieux où ils allaient. Ce malheur fut suivi d'un plus grand pour Blomestris : Pisidore, qui n'avait pu se résoudre à se marier, voyant qu'on lui proposait un parti avantageux, prêta l'oreille à cette alliance et ne la voulut point différer, de crainte que Blomestris n'y apportât quelque obstacle. — On trouve, en 1651, un Hugues Blauf, échevin; mais est-ce celui de Somaize? Un autre personnage de ce nom avait épousé la fille de l'échevin Thomé.

BUSINIAN : Le comte *de la Baulme*, qui, après les gouverneurs de Lyon, occupait en cette ville une des premières places, — peut-être celle de sénéchal. — En 1600, cette place était occupée par Antoine d'Hostun, seigneur de la Baume (v. le P. Anselme, V, 266, IX, 120; Le Laboureur, *Maz.*, II, 435). — Le 10 septembre 1654, Mme de la Baume, comtesse de la Liègue, tint sur les fonts le fils de Jacques Guignard, prévôt des marchands. — En 1659, *Mignard* fit, à Lyon, le portrait du marquis de la Baulme, neveu des Villeroy (1). — Chorier, dans la Vie de Salvaing de Boissieu, parle d'un Pierre de la Baume, conseiller au parlement de Grenoble, et de son fils Antoine de la Baume, jeune homme d'excellent esprit.

CALLISTENÈS : *Odet* Croppet, seigneur de *Varissan* (2), conseiller au présidial de Lyon (voyez ci-dessus l'article Blomestris). — Un J.-A. *Croppet*, qui aurait pu figurer aussi dans le Dictionnaire de Somaize, correspondait avec *Jacob Spon* (voyez ci-après, février 1668). — De tous les noms cités par Somaize, celui de *Croppet* est le seul qu'on ait mentionné dans la *Pétition Clavel*, pamphlet publié à Lyon en 1829, et que l'on attribue à Etienne Blanc, de Saint-Bonnet-le-Froid, et à M.B.C. de Nervaux.

CAMESTRIS : Mme de Camot, courtisée par M. *de Robbio* (Rosomane), lequel étant allé à Paris, trouva, grâces au crédit d'un personnage de haut rang, un emploi considérable, « ce qui » l'obligea de faire céder l'amour à l'ambition.»

CIMACHUS : M. *Carle*, jeune gentilhomme amoureux de la comtesse *de Langalerie* (Damestriane). — La famille Carle était alliée aux *Loubat* qui en prirent le nom. Barthélemy Loubat-Carle figure parmi les trésoriers de France qui assistèrent à l'entrée du cardinal Chigi.

CIRCÉS : Mlle Cabry. — Cette prétieuse « fait » fort bien toutes sortes de pièces galantes ; » elle est fort estimée dans Milet; ses ouvrages » vont de pair avec ceux des plus habiles et » des plus grands hommes de cette ville-là. »

CLORIDAN : M. *Foudras de Contenson*, comte de Saint-Jean. — Le Chapitre de Saint-Jean, comptait en 1660, trois chanoines de ce nom : 1° *Christophe*, qui avait été investi de cette dignité en 1599, mais qui avait dû la perdre en épousant Margüerite d'Albon de Saint-For-

geux ; 2° *Antoine*, reçu en 1626; 3° et *François*, frère de ce dernier, reçu en 1657. L'un et l'autre se trouvèrent à l'entrée du cardinal Chigi. Il serait assez difficile de déterminer quel est celui de ces comtes que Somaize a mis au rang des prétieux. — Les Contenson et les Foudras existent encore dans le département de la Loire. En 1816, un M. de Contenson était sous-préfet de Roanne ; Mlle Emilie-Hortense de Foudras, comtesse de la Garde, native de Charlieu ou d'une commune voisine, habitait dernièrement à Lyon ; un abbé de Contenson, qui appartenait probablement à la famille de l'ex-sous-préfet, fit imprimer à Pise, en 1805 ou 1804, un poème en 14 chants, sous ce titre : *Louis le Bienfaisant* ou le *Roi martyr*. L'ouvrage, faiblement écrit, commence par ce vers : « Sur les bords fortunés de l'an » tique Anagnie. » R.

CORIANE : Mme *Coulton* (1), veuve d'un des principaux magistrats de Lyon qui lui avait laissé beaucoup de biens. Quoique septuagénaire, l'âge ne lui avait point fait perdre l'inclination qu'elle avait toujours eue pour la galanterie ; son esprit la faisait adorer de *Didonius* (M. de *Pierre-Clos*), jeune homme bien fait, doué de qualités capables de le faire aimer des plus belles et des plus spirituelles personnes du monde. Il menait Coriane au Cours et aux jeux du Cirque.

CORIOLANE : Mme *Chartier*, femme d'un trésorier en la généralité de Lyon (*Jean Chartier*, seigneur de *La Barge*). — Cette prétieuse, qui approchait de sa 50e année, était brune et bien faite. Gisimaque (M. *Gueston*) avait soupiré pour elle. Un soir, dans une assemblée où tous deux s'étaient mis à jouer, Coriolane, qui faisait de moitié avec lui, s'écria tout-à-coup, en se tournant de son côté : *Mon cœur, viens voir le beau jeu que j'ai*. Gisimaque rougit pour elle, et tout le monde se mit à rire. Elle voulut en vain réparer une faute qui la rendait la fable de la ville ; bientôt Gisimaque cessa de la voir, et pour rompre entièrement avec elle, il s'attacha à *Gallidiane* (voyez ce nom). — « On serait tenté de croire que *Réné Bary* a eu dessein de mettre en scène Coriolane (Mme *Chartier*) sous le nom de *Berinde*, et Gallidiane (Mme *Giraud*) sous celui de *Floride* (deux noms prétieux) dans ce qu'il lui plaît d'appeler *exem-*

---

ple excitatif de la honte , p. 150-155 de la *Rhétorique françoise.* » P. R.

DAGLANTE : **M.** *de Valiac.* Voyez plus loin l'article DICASTE.

DAMESTRIANE : Mme *de Langalerie,* prétieuse d'une beauté parfaite , mariée depuis peu à un jeune homme qui n'est pas de Milet. — Il paraît qu'après un événement tragique arrivé dans la maison de la mère de ce jeune homme, la famille de Langalerie passa de l'Angoumois dans le Lyonnais (1) — Le siége de Belley, distrait, en 1816, de celui de Lyon , est occupé aujourd'hui par M. Giraud de Langalerie, qui a succédé , en 1857, à Mgr. Chalandon (nommé archevêque d'Aix), et non à feu Mgr. Devie, comme on le dit dans le *Dictionnaire* de M. Vapereau.

DÉLIANIDE: Mme *Desbugné*, vestale (religieuse) de Milet , d'une illustre famille. « Elle serait une des plus belles personnes de Grèce (de France) sans les maladies et les chagrins qu'elle a eus. Son esprit est d'une si grande étendue, qu'à peine se le peut-on imaginer; elle est avec cela véritablement prétieuse , car elle parle juste , écrit parfaitement bien en prose, et fait des vers que tout le monde estime. » — C'est peut-être à elle que le poète Noël , déjà cité , adressa des Stances qui se trouvent dans ses *Nouvelles fleurs du Parnasse* ; en voici quelques-unes ;

> DÉVOTS qu'une ardeur véhémente
> Porte tous les jours au Chasteau (2) ,
> Voyez un miracle nouveau ,
> Une entreprise surprenante :
> Destournez vos yeux tant soit peu
> Au coin de ce bastiment bleu ;
> Le pavillon qui le termine
> Est un ouvrage merveilleux ;
> C'est une retraite divine
> Où vous devez porter vos vœux.....
> IRIS est l'illustre vestale
> Qui dans ce lieu reste toujours ;
> C'est la merveille de nos jours ;
> Elle est ici-bas sans égale ;
> Il est malaisé de la voir
> Sans qu'on éprouve son pouvoir.
> Sa majesté fait qu'on l'admire
> Pour engager sa liberté ....
> LORSQUE de loin je te contemple ,
> Charmant et superbe séjour,
> Je ressens pour toy plus d'amour.
> Que je n'en ay pour aucun temple.
> Pour visiter un si beau lieu ,
> Que ne suis je aigle , pluie ou dieu !
> Je préférerois cette forme
> A l'habit bizarre et mal fait
> D'un moine cagot et difforme
> Qui peut approcher cet objet ...

(1) Un gentilhomme nommé *Langallerie* est mentionné dans les *Mémoires de Tallemant des Réaux* , vers la fin de l'historiette de Mme de Montausier.

(2) « Eglise de Notre-Dame de....., couvent de religieuses.» Note de l'auteur. — Probablement le couvent des dames du *Bleu céleste* dont l'église était sous le vocable de N. D. de l'Annonciation.

DICASTE : **M.** *de la Villardière* , gentilhomme provençal, mieux fait d'esprit que de corps, et comme il n'a pas autant d'écus que de belles connoissances , Daglante (M. *de Valiac*) veut qu'il demeure dans sa maison de Milet. Il fait des vers admirablement , et fait encore mieux de la prose.

DIDONIUS : *Hugues de Pierre Clos* , d'une bonne noblesse de Bourgogne (voyez Le Laboureur , *Maz.* II, 150 , et ci-dessus , l'article Coriane). — Un de ses descendants , mort en 1859 , avait épousé *Alix de Cessiat* , fille de la sœur de M. *de Lamartine.*

DIORANTE : *Jean de Moulceau* , ancien échevin, secrétaire de la ville. « Il a autant d'esprit et de vivacité que l'on peut en avoir, et il ne part rien de sa plume qui ne soit achevé ; mais pour le malheur de ceux de Milet, l'occupation que sa charge lui donne est si grande qu'il n'a pas un moment de temps pour donner de nouvelles preuves de son esprit. » — Son fils, *Thomas de Moulceau,* le remplaça comme secrétaire de la ville , en décembre 1665.

DORDONIUS : M. *du Faisan* , un des plus habiles hommes de la ville de Milet ; il n'ignore rien , parle et écrit admirablement bien en prose et en vers. — Ce personnage nous est tout-à-fait inconnu ; au lieu de *du Faisan*, ne faudrait-il pas lire *de Fésan?*

FILICRITE : Mme *de Fésan* , veuve d'un conseiller au parlement de Dombes , aussi belle que riche , courtisée par M. de Langalerie. Voyez Pernetti , II , 60 ; et le *Mémorial de la Dombes* , déjà cité.

GALLIDIAN : M. *Giraud* , mari de *Gallidiane,* seconde du nom.

GALLIDIANE , première du nom , mère de M. *Giraud,* courtisée par *Gisimaque* (voyez ce nom).

GALLIDIANE , seconde du nom : Mme *Giraud,* prétieuse de 50 ans , dont l'humeur est fort enjouée ; elle a eu longtemps pour amant *Philidian* (M. *de Palerne*) qui cessa tout-à-coup de soupirer pour elle et offrit son cœur à une autre. Gallidian prit aussitôt sa place et l'épousa.

GISIMAQUE : *Barthélemy Gueston,* comte de Châteauvieux , baron de Fromente , trésorier de France en la généralité de Lyon et capitaine penon du quartier de la Juiverie. Il était fils de Philippe Gueston , qui avait été échevin en 1641. — Ce prétieux avait trois mille livres de rente ; il avait brûlé pour Coriane et pour Gallidiane , première du nom.

HILARINE : Mlle *Hébrais* , prétieuse de 24 à 25 ans. — Le grand nombre de ses esclaves n'a pas laissé de lui nuire, puisque, parmi tant de soupirants , elle est toujours demeurée fille ; elle a néanmoins failli perdre une fois ce nom , car Sinesandre (v. ce nom), homme qui a infiniment de l'esprit, en étant devenu amoureux , fit dessein de l'épouser , et passa même un contrat de mariage avec elle ; mais ce déloyal allant à Athènes (Paris), se maria avec une autre. Hilarine se voyant libre, alla aussi à Athènes avec une dame de qualité de ses amies, et « elle y fit ce qu'elle faisoit à » Milet, beaucoup de soupirants, mais point » d'époux.»

Hiphidamante : M. *Herre*, officier au régiment de Navarre, un des trois amants de Palamédonte (v. ce nom).

Lisippe : *Louis de Lesclache*, auteur de traités de philosophie, qu'il colporta dans différentes villes du royaume : après s'être enrichi à ce commerce, il vint s'établir à Lyon, où il mourut le 17 août 1671. Il eut, de son temps, la réputation d'un éminent philosophe ; on peut voir quelle opinion s'était fait de sa supériorité Réné Barry, qui s'excusait d'oser le réfuter sur un point de sa doctrine. Lesclache n'admettait pas que l'indignation pût jamais être un sentiment légitime. — Riballier, dans son livre de *l'Education physique et morale des Femmes*, dit de Mme de Lesclache, qu'elle composa sur la philosophie quelques ouvrages que, par modestie, elle fit paraître sous le nom de son mari. Un de ces ouvrages est probablement celui qui a pour titre : *Les Avantages que les femmes reçoivent de la philosophie et de la morale* (Paris, 1667, in-12). Voyez Moréri et la Biogr. de l'Auvergne.

Marcius : le comte *de Mepeau*, un des servants de Palamédonte (v. ce nom).

Martane, première du nom : Mme *de Monrozat des Alimes* la mère. V. Guichenon, *Continuation de l'Hist. de Bresse*, art. LUCINGE.

Martane, seconde du nom : Mlle de Monrozat, fille de la précédente. Grande taille, grand esprit, environ 25 ans; véritable prétieuse, qui connaît tous les beaux endroits d'un livre; souvent visitée d'une personne de grande qualité qui se nomme Nisander (le marquis de Nerestan);mais comme elle n'est pas de sa condition, il va chez elle plutôt pour avoir le plaisir d'entretenir une personne si spirituelle que pour un autre motif. Elle eut un jour querelle avec un homme d'épée qui, ne sachant pas comment il faut se gouverner avec le sexe, lui dit, comme s'il eût parlé à quelque brave, que, puisqu'elle connaissait tant de personnes de sa profession, elle en exposât un pour la venger ; mais elle lui répondit qu'elle n'avait que faire de hasarder ses amis, qu'elle en était seule capable, et qu'elle n'avait besoin que d'une quenouille pour le bien battre.

Méliane : Mlle *Manlis*.

Melianus : M. *Manlis*, neveu de M. Hervart, contrôleur-général de France.

Mezence : M. *Margat*. — Ce prétieux, bien qu'il soit âgé de 60 ans, fait les choses de la meilleure grâce du monde; c'est l'homme de Milet qui a le plus de génie pour les vers; diverses pièces galantes qu'il a composées en sont la preuve.

Néline : Mlle *de Villeroy*. Voyez ci-dessus, p. 79, et 9 août 1660.

Nisander : le marquis *de Nerestan*. Voyez ci-dessus l'art. Martane et nos *Documents sur Lyon*, au 20 août 1620.

Palamédonte : *Marguerite Laure*, femme de *Dominique de Ponsainpierre*, échevin et capitaine penon du quartier de la Boucherie-Saint-Paul. — Cette prétieuse, qui va du trente au quarante, a plus d'agréments que de beauté. Quantité d'honnêtes gens ont été amoureux d'elle avec autant d'attachement que si elle eût été une des plus belles personnes du monde. Elle s'est vue servie en même temps de Marcius, d'Hiphidamante et de Silénius, tous trois de même profession (hommes d'épée), tous trois amis, logeant en même lieu.

Palimène : *Françoise Pascal*. Voyez ci-dessus sa notice, année 1655.

Philidian : M. *de Palerne*, un des hommes les plus spirituels de Milet. Voyez plus haut, *Gallidiane*, seconde du nom, et la *Biogr. lyonn.*, p. 212. — En 1650, un Jean de Palerne était greffier du parlement de Dombes ; celui de Somaize est probablement *Gabriel de Palerne*, sieur de Sardon, reçu trésorier de France en 1655.

Pisidore : *André Prost*, conseiller du roi en la sénéchaussée. Voyez les Publ. de 1660, *Réjouissances de la paix*, par le P. Menestrier. — M. Livet nous donne *Nicolas Prost*, qui fut échevin en 1665, et pendu en effigie, l'année suivante. Voyez plus haut *Blomestris*.

Poligène : M. *Pontacle*. — C'est un homme d'esprit, estimé des dames pour plusieurs raisons, car il parle bien, fait des vers, et a un commerce de lettres et de galanteries avec les plus agréables et les plus spirituelles femmes d'Athènes (Paris). — Segrais, qui nous a laissé un portrait de ce prétieux, dit qu'il était de *Venusium*, et que le lieu de son établissement était à Milet. Voyez les *OEuvres posthumes* de Senecé, p. 11.

Prospère : *Michel de Pure*.

Rosomane : M. *de Robbio*. — De tous les galants hommes de Milet, il n'y en a pas un qui ne lui cède ; il écrit admirablement bien en prose, et fait des vers avec une facilité inconcevable ; il sait la fine plaisanterie ; il est bien fait de sa personne ; il est brave au dernier point, ce qui m'oblige à le nommer plutôt un homme accompli qu'un galant homme. Voyez ci-dessus *Camestris*.

Saloine : Mlle *Seigneuret* la cadette, « la plus belle personne de Milet, mais encore de toute la Grèce;... elle chante, danse, joue du luth et dessine en perfection;... elle est servie par *Rosomane*. » — Il serait possible, suivant M. Livet, que cette prétieuse fût la sœur de *Louise Seigneuret*, femme de *Gaspard Fyore*, de Marseille, et alors il est à croire que c'est à cette dame qu'aurait été adressée, avant son mariage, la lettre qu'on lit dans les *OEuvres de Montreuil*, p. 517 de l'édit. de 1666.

Silénius : M. *de Sardy*. Voyez plus haut *Palimène*.

Sinésandre : M. *de Saint André*. — Peut-être s'agit-il ici de Pierre de Sève, baron de Fléchères. seigneur de Saint-André, du Coing, président de la sénéchaussée, ou de Nicolas Prunier de Saint-André, qui présidait, en 1680, le parlement de Grenoble. Ce dernier était petit-fils, par sa mère, du fameux chancelier Pompone de Bellièvre. C'était d'ailleurs, suivant le témoignage de Chorier, un beau cavalier et un beau parleur : *Mirabiles dicenti veneres, in vocis sono lepos.* Vie de Boissat, II, 5. Voyez aussi les *Mém.* d'Amelot de la Houssaye, et ci-dessus *Hilarine.*

Téliodante : *Jacques de Thelis*, baron de Chambost, seigneur de Chastel et Thorigny, trésorier de France. Voyez Le Laboureur, *Maz.*, tome II, passim, et l'*Entrée du Cardinal Chiggi à Lyon*, édit. de 1664, in-fol.

Velianus : le comte de Villeneuve. — Il était protestant, mais *Delianide* (Mme Desbugné) eut assez de crédit pour lui faire changer de religion. — Ce gentilhomme est peut-être Jean de Villeneuve, comte de la Bastie et baron de Joux, marié en premières noces à Marie de Baglion, et en secondes à Susanne Orlandini.

Avant que d'en finir avec Somaize, nous croyons devoir joindre à nos extraits la liste alphabétique des prétieux et des prétieuses de Milet qui sont nommés dans son livre :

Barollière (La), Bagoras.
Basset (Claude), Bazare.
Baulme (La), Businian.
Belair, Disimante.
Bernou (Mme de), Barménide.
Blauf (Mme dé), Blomestris.
Cabry (Mlle), Ciroïs,
Camot (Mme de), Camestris.
Carle, Cimachus.
Chartier (Mme), Coriolane.
Contenson (Foudras de), Cloridan.
Cotton ou Coutton (Mme), Coriane.
Croppet, Callisténès.
Desbugné, Delianide.
Faisan ou Fétan, Dordonius.
Faisan ou Fétan, Filicrite.
Giraud, Gallidian.
Giraud (Mme), Gallidiane, 1re du nom.
Giraud (Mme), Gallidiane, 2e du nom.
Gueston, Gisimaque.
Hébrais (Mlle), Hilarine.
Herre, Hidamante.
Langalerie (Mme de), Damestriane.
Lesclache, Lisippe.
Maulis, Mélianus.
Manlis, Méliane.
Margat, Mezence.
Mepeau, Marcius.
Monrozat (Mme), Martane, 1re du nom.
Monrozat (Mlle), Martane, 2e du nom.
Moulceau, Diorante.
Nérestan, Nisander.
Palerne, Philidian.
Pascal (Françoise), Palimène.
Pierre-Clos, Didonius.

Ponsainpierre (Mme de), Palamedonte.
Pontacle, Poligène.
Prost, Pisidore.
Pure (l'abbé de), Prospère.
Robbio, Didonius.
Saint-André, Sinésandre.
Sardy, Silénius.
Seigneuret (Mlle), Saloïne.
Thélis, Teliodante.
Valiac, Daglante.
Villardière, Dicaste.
Villeneuve, Vilianus.
Villeroy (Mlle dé), Nérine.

Histoire généalogique de la Maison royale de Savoye,... par Samuel Guichenon..... Lyon, G. Barbier, 1660, 2 vol. in-fol. — Au premier volume, est un frontispice gravé par *J.-J. Thurneyssen* (1) d'après un dessin de *Thomas Blanchet.* Le portrait de Guichenon (2) est au-devant de la préface; à la suite sont des vers latins et un Sonnet du P. *Menestrier*, à la louange de l'auteur et de Madame Chrétienne de France, duchesse de Savoye, à laquelle l'ouvrage est dédié.

OEuvres choisies du sieur de Balzac... Lyon, *Antoine Offray*, 1660, in-12. — Guy Patin a parlé plusieurs fois de Balzac; le 21 juin 1650, il écrivait à Charles Spon : «.... Pour les OEuvres latines de Balzac, je les ai céans ; elles ne sont pas si bonnes que je l'espérois ; mais une chose particulièrement m'y fâche, c'est qu'à la p. 214, il commence son *Liber adoptivus*, composé de plusieurs bonnes pièces dont il n'est pas l'auteur; tant mieux, puisqu'elles sont bonnes ; mais il devait, à la fin de chaque poème, ajouter le nom de l'auteur. Celle qui est à la p. 213, est de *Muret*, ce que je reconnus en lisant les six derniers vers ; après tout, son françois, combien que trop hyperbolique, est encore meilleur que son latin.... » — Il est assez étonnant que Patin et beaucoup d'autres après lui ne se soient pas aperçus que le fragment d'une Satire publié d'abord sous le nom de *Turnus*, dans le 4e des *Entretiens* de l'illustre académicien, et reproduit dans ses OEuvres latines, p. 194-97, était un pastiche. Cette innocente supercherie a été dénoncée au monde savant, en 1857, par un lettré de Lyon, dans un livre intitulé *Matanasiennes.* Il en est de ce fragment comme de celui que Muret avait donné comme étant de *Trabea*, à Scaliger qui l'inséra dans son Commentaire de Varron; mais ayant reconnu qu'il avait été trompé, il se vengea par une épigramme qui a été ainsi traduite :

De Toulouse fuyant les torches allumées,
Muret ne m'a vendu que de vaines fumées.

Le Parnasse séraphique.... du R. P. *Martial*

(1) Cet artiste, qui était de Bâle, a fait un long séjour à Lyon. Voyez son article dans la *Biogr. lyonn.*, p. 205, et celui de *Constant de Silvecane*, p. 280.

(2) Ce portrait n'a pas été reproduit dans l'édition publiée à Turin en 1778.

de Brives.... Lyon, *François de Masso*, 1660, in-8. Voyez Goujet, t. 17 et 18; et ci-dessus les Publ. de 1655, *OEuvr. poétiques*....

La Prétieuse ou *Le Mystère de la ruelle*,..... par *Gelasire* (l'abbé *de Pure*). Paris, 1656-1660, 4 vol. in-12. — C'est par erreur que M. Depéry, t. 2, p. 250 de son *Hist. hagiologiq. du diocèse de Belley*, a compris ce livre dans son appendice à la liste que Niceron a donnée des ouvrages de J.-P. Camus. Voyez les Publ. de 1656, p. 93, 2ᵉ col., et, au lieu de *Gelasine*, à la 52ᵉ ligne, lisez *Gelasire*.

Les Réjouissances de la Paix faites dans la ville de Lyon le 20 mars 1660. A Lyon, par *Guillaume Barbier*, imprimeur ordinaire du Roy, en la place Confort. 1660, in-fol. figu. — Cette relation antérieure à celle qui suit, fut attribuée au P. Menestrier qui la désavoua. — Le 6 mars 1661, *Jean Alix*, qui, je crois, était un des voyers de la ville, reçut du Consulat 1252 livres pour l'impression du « *livre* » *de la Réjouissance de la paix*, imprimé à 500 » exemplaires. » Il est à présumer qu'il en était l'auteur.

Les Réjouissances de la Paix avec un Recueil de diverses pièces sur ce sujet : dédié à Messieurs les Prévost des marchands et Eschevins de la ville de Lyon, par le P.C.-F. M. (*Claude-François Menestrier*) de la Compagnie de Jésus. A Lyon, chez *Benoît Coral*, rüe Mercière, à la Victoire. 1660, in-12 de 6 pp. non chiffrées (contenant la Dédicace et un Sonnet) et de 74 pp., plus de 52, et enfin de 120 terminées par le privilége du Provincial de la S. de J. (Laurent Grannon), daté du 6 mai 1660. Parmi les gravures dont ce livre est orné, la plus remarquable est celle qui représente la *Cavalcade* faicte l'après-dîné, le 20 mars, à la publication de la paix, dans les diverses places de la ville, en cet ordre :

« Messieurs du Présidial vestus en robes rouges avec Messieurs les Prévost des marchands, eschevins et autres officiers du Corps de ville, vestus de leurs habits de cérémonie, commencèrent à faire publier la paix à la porte du Palais par *Angoulesme*, héraut d'armes, vestu de sa cotte d'armes violette à fleur de lys d'or, avec son émail et son baston fleurdelisé. Aprèsquoy ils marchèrent tous en calvacade en bel ordre par toute la ville.

» Le chevalier et capitaine du guet, noble *Jean-Baptiste Farjot*, seigneur de St-Hilaire, conseiller et maistre d'hostel ordinaire du Roy, ex-consul, marchoit en tête de toute sa Compagnie de trois cents hommes lestement armez, au milieu de laquelle marchoit Noble *Jean-Baptiste de Sevelinges*, escuyer, sieur de l'Estrelle, gentilhomme ordinaire de la Chambre du Roy, capitaine au régiment de Guise, et capitaine-lieutenant de la Compagnie de M. le chevalier du guet. Elle étoit suivie des sergents royaux et huissiers du Siége montez à cheval, portant leurs verges fleurdelisées. Les man-deurs de la ville vestus de leurs robes violettes, à la manche aux escussons de la ville, en broderie d'or et d'argent ; et meslez aux grefliers et autres officiers du Présidial, précédoient les hérauts d'armes, accompagnez de huit trompettes vestus des livrées du Roy et de la Ville. Ensuite paroissoit le Présidial avec le Corps de ville à sa gauche, tous montez sur des chevaux blancs à la housse de velours noir en broderie traînante jusqu'en terre. Ils marchoient en cet ordre :

» Au premier rang : Messire *Pierre de Sève*, baron de Fléchères, de Saint-André du Coing et Limones (sic), Villette et Grelonges ; conseiller du Roy en ses Conseils d'estat et privé, président et lieutenant-général en la sénéchaussée et siége présidial de Lyon ; — Messire *Gaspard de Monconis*, seigneur de Liergues et Pouilly, conseiller du Roy en ses Conseils, et son lieutenant-général criminel en la même sénéchaussée ; — Messire *Hugues Pomey*, seigneur de Rochefort les Sauvages et Rancée, conseiller du Roy en ses Conseils, prévost des marchands.

» Au second rang : M. *Marc-Antoine du Sauzey*, seigneur de Jarnosse, Varenne, La Molière, conseiller du Roy, lieutenant particulier en la sénéchaussée et siége présidial ; — M. *Gaspard Charrier*, conseiller du Roy en ses Conseils, lieutenant particulier assesseur criminel en la mesme Sénéchaussée ; — M. *Marc-Antoine Mazenod*, seigneur de Pavesin, premier échevin.

» Au troisième rang : M. *Isaac Congnain*, escuyer, conseiller du Roy en la sénéchaussée ; — M. *François Chapuis*, seigneur de la Fay et l'Aubepin, conseiller du Roy en la sénéchaussée ; — M. *Charles Rougier*, aussi conseiller du Roy en la sénéchaussée, second eschevin.

» Au quatrième rang : M. *André Prost*, escuyer, conseiller du Roy en la sénéchaussée ; — M. *Daniel Cholier*, escuyer, conseiller du Roy en la sénéchaussée ; — M. *Jacques Michel*, seigneur de la Tour de Champ, troisième eschevin.

» Au cinquième rang : M. *Jean Vidaud*, seigneur de la Tour, conseiller du Roy en tous ses Conseils, et procureur en la sénéchaussée et autres juridictions royales de la ville de Lyon ; — M. *Barthélemy Ferrus*, conseiller de sa Majesté, contrôleur des rentes provinciales en la généralité de Moulins, quatrième eschevin.

Au sixième rang : M. *Gaspar Grolier*, escuyer, advocat et procureur général de la ville ; — M. *de Moulceau*, escuyer, secrétaire de la ville.

» Au septième et huitième rang : Messieurs *Charles Couppé*, *Benoist Grimaud*, *Antoine Gaillat*, et *François Stouppa*, enquesteurs.

» Messieurs *Severat* père et fils exerçoient la charge de Major dont ce dernier avoit la survivance (1).

(1) C'est par erreur que nous avons dit plus haut (p. 54) qu'un sieur *Morel de Voleine* était major de la

» Leur marche se fit au milieu de la Bourgeoisie rangée sous les armes dans les places où elle formoit une double haie, et on alla dans cet ordre à la place des Terreaux, devant l'Hôtel-de-Ville qui étoit gardé par M. *Grolier*, seigneur de Casau, capitaine de la ville et forces d'icelle, qui commandoit sa Compagnie de trois cents arquebusiers, au milieu desquels la paix fut publiée par M. *Léfve*, greffier, après que le héraut eut fait crier *Vive le Roy!* On fit de même dans les places des Cordeliers, de Bellecour, de Confort et de S. Jean. La deschargé de la mousquèterie suivit cette publication dans tous les quartiers, outre le carillon des cloches et le bruit des mortiers et des canons.

» On vit, au temps de cette publication, deux beaux arcenciels qui parurent assez longtemps, et qui furent des témoignagnes éclatants de l'approbation que le Ciel donnoit à cette action; et d'illustres présages du bonheur de la paix (1).

» Le lendemain, jour des Rameaux, le 21 du mois, fut destiné aux actions de grâces qu'on rendît au Ciel pour une faveur si signalée. On chanta, à l'issue des Vespres, le *Te Deum* dans l'église cathédrale, auquel assista Mgr. nostre archevesque, qui officia avec M^rs les Comtes. Le Présidial; le Corps de ville, les trésoriers et les esluz y furent présents. La fanfare des trompettes qui retentirent dans cette église avec la descharge des boëtes et des canons, ouvrirent les cœurs à la joye; les fontaines de vin qui coulèrent durant cette réjouissance, donnèrent occasion à tout le peuple de boire à la santé de Sa Majesté, et de noyer dans cette liqueur toutes les amertumes des maux passez. Ces fontaines étoient toutes à quatre tuyaux qui sortoient d'autant de mufles de lion.

» Sur les neuf heures du soir, Mgr. l'archevesque assisté de M^rs les Prévost des marchands et eschevins, mit le feu à la machine dressée sur le Pont (du Change), tandis que douze Penonages sous les armes en gardoient les avenues et bordoient les deux quais de la rivière.... Le succès de l'artifice exige qu'on loue l'adresse du sieur *Bergeret*, artificier ordinaire de la ville....

» Le lundi 22, M. *de Forestier*, escuyer de la grande escurie du Roy, tenant Académie royale en cette ville, parut sur la carrière dressée en la place de Bellecour avec trente gentils-hommes montez sur de très beaux chevaux. Ils coururent la bague en présence de Mgr. nostre Archevesque, de M^rs les Prévost des marchands et Eschevins et de grand nombre de seigneurs et de dames de considération.

ville; c'est M. *de Severat* père qui remplissait alors cette fonction. La Mure, p. 190 de son *Hist. eccl de Lyon*, cite un *Jean de Severat*, religieux de l'abbaye d'Ainay, qui était, en 1671, titulaire du prieuré de S. Sébastien, prieuré qu'il avait rétabli et réédifié à ses dépens.

(1) Voyez ci-après, au 20 mai 1793.

Voicy les noms de ceux qui coururent pour le prix donné par le Consulat :

» M. le Baron *de Roussillon*, de Bourgogne; — M. le comte de *Wallerskirken*, de Vienne en Autriche; — M. le Baron *de Querrière*, de Vivarez; — M^rs de *Champerny*, *de Gressoles*, et *de Sevelinges*, pages de Mgr. l'Archevesque; — M. le Baron *de Fredeville*, d'Auvergne; — M. le comte *de Saltzbourg*, de Vienne en Autriche; — M. *de Guillaumat*; — M. *de Chasteauneuf*, du Comtat; — M. le Baron *de Sainte-Hélène*, fils du comte *de Valdisère* en Savoye. — M. *de Vedrine*, d'Auvergne; — M. *d'Auxon*, Comtois; — M. *de Buralier*, Lyonnois; — M. *de Villeneufve*, Provençal; — M. *de Fourbin*, Provençal; — M^rs les barons *de la Bussière*, Lyonnois....

» M. *de Sevelinges*, page de Mgr. l'Archevesque, fut celui qui gagna le prix d'une très-belle espée et d'un fort riche baudrier.

» La lice fut ouverte sur les deux heures après-midi.... On fit trois courses; huit trompettes animoient cette action, et fanfaroient agréablement après chaque dedans..... Les gentilshommes qui se trouvoient autour de la carrière étoient :

» Mrs *de Luzy*, de Bourbonnois; — *de Rochebonne*, Lyonnois; — *de Chavanieu*, Lyonnois; — *de Chanzay*, de Beaujolois; — *de Saint-Hilaire*, de Normandie; — *de Viterole*, de Dauphiné.... »

On trouve, p. 37 à 46, les noms des Capitaines penons, lieutenants et enseignes des 38 quartiers de la ville de Lyon.

Les vers latins et français que le P. Menestrier a semés dans ce curieux volume, sont en assez grand nombre; toutes ces pièces ont pour sujet le mariage du Roi, et les avantages de la paix; nous ne reproduirons que celle qui est à la page 90 de la 3e partie.

SONNET POUR LA NOUVELLE REINE.

Sur les rives du Tage, à l'ombre de l'olive, *Térèse*, un jour, de l'eau contemploit le courant, Quand les derniers rayons du bel astre mourant Vinrent toucher les bords de l'onde fugitive.

A peine au bruit des flots elle estoit attentive Que le soleil parut d'un éclat différent; Elle y vit le portrait d'un prince conquérant, Et de petits dauphins se joüer sur la rive.

De ce nouveau soleil ressentant la chaleur, Elle fit aussitôt son portrait sans couleur Sur le coulant cristal des eaux de la rivière.

L'astre la vint baiser, et, terminant son tour, Dans les yeux de Térèse il lajssa sa lumière, Et ses feux dans son cœur firent naistre l'amour.

Cet autre Sonnet *sur le Mariage du Roi*, a pour auteur *Antoine Noël*, lyonnais ou dauphinois, que nous avons déjà cité, et qui publia, en 1667, à Lyon, un recueil de vers sous ce titre : *Les Nouvelles fleurs du Parnasse:*

Louys, rendoit déjà sa victoire parfaite,
Les lions terrassez éprouvoient sa valeur,
Lorsque, dans son triomphe, il ressent sa défaite,
Et, parmy les vaincus, rencontre son vainqueur:
Dès le premier regard que Thérèse lui jette,
Une belle tendresse assaillit ce grand cœur,
Et le feu qui l'anime aux desseins qu'il projette,
Cède à l'aymable effort d'une plus douce ardeur.
C'est alors que l'on vit ce foudre de la guerre
A ses puissants appas soumettre son tonnerre:
L'Amour, s'écrioit-on, a vaincu le dieu Mars.
Et celuy dont jamais les plus puissantes testes
N'avoient dans les combats pu borner les conquestes,
Thérèse l'a dompté d'un seul de ses regards.

Le Triomphe des âmes du Purgatoire, par le R. P. *Alexis de Salo*, prédicateur capucin, traduit de l'italien en françois, par L. *Garon*. Rouen, *Viret*, in-12. — Ce livre, qui nous avait échappé jusqu'à présent, n'est pas un des moins curieux que Garon ait mis au jour. L'édition que nous annonçons doit être au moins la 5ᵉ ; nous avons eu sous les yeux la 5ᵉ, publiée à Lyon, chez Pierre Bailly en 1637; elle est dédiée à Clément de Note, général des Capucins, par le libraire *Louis Muguet*, qui semble s'attribuer la paternité de cette traduction qu'il avait sans doute faite avec Garon. Quoi qu'il en soit, on ne peut se dispenser d'y reconnaître le style négligé de l'auteur du *Chasse-ennuy*; on en jugera par cet échantillon :

«.... En quel crédit doivent être les indulgences, et l'estime que les fidèles en doivent faire, cela nous est enseigné par le miracle suivant opéré par le moyen du Bien-heureux frère Berthold, prédicateur très fameux de son temps, qui se lit en la 2ᵉ partie des Chroniques de S. François: Ce bon père avoit pouvoir du Pape, toutes les fois qu'il preschoit, d'octroyer à ses auditeurs quelques jours d'indulgence ; une fois il concéda dix jours de pardon à ceux qui avoient ouy sa prédication, laquelle finie, une pauvre vieille damoiselle lui demanda l'aumosne, à laquelle il respondit : « Ma sœur, » je n'ay aucune chose en ce monde pour vous » donner; toutefois je ne vous dénieray point » ce qui sera à mon pouvoir.... Recevez dix » jours d'indulgence parce que vous avez ouy » ma prédication, et vous en allez vers un tel » banquier, et changez au poids de l'argent » ce que je vous donne pour remédier à vos » nécessitez. » .... La pauvre damoiselle s'y achemine avec foy, et offre au banquier de vendre au poids les dix jours d'indulgence, lequel, en souriant, luy dit : « Pour combien » les voulez-vous donner ? » La damoiselle respondit : « Pour ce qu'elles pèseront. » Le banquier en fut content, mais pourtant en se moquant de l'offre, et ayant pris ses balances en main, la damoiselle mit avec les paroles dix jours d'un costé, disant : « Je mets icy les » dix jours d'indulgence que le Père Berthold » m'a concédez. » Le banquier met de l'autre costé un réal;.... la coupe où estoit l'indulgence ne s'eslevoit aucunement. Alors ce mescréant commence à quitter ses gausseries, et continue à mettre de l'argent dans la balance, et en met jusqu'à ce qu'elles demeurassent égales, dont il y en eut suffisamment pour subvenir aux nécessitez de cette pauvre damoiselle. Le banquier converty et diverty de son erreur, demeura très-dévot à ce sainct Père, et crut à ses indulgences.... »

On sait que Garon se mêlait aussi de faire des vers ; en voici quatre qu'on lit sur S. Dominique, p. 55 :

Pour haire, il portoit ceinte une très-dure chaîne,
Et trois fois, chaque jour, il flagelloit son dos;
Pour soy, pour les pécheurs, et pour tirer de peine
Les âmes des bas-lieux, et les mettre en repos.

Voilà donc un livre de plus à joindre à ceux que l'on doit à Garon (1). Il est encore une facétie que je crois pouvoir lui attribuer ; elle a pour titre :

Merveilleuse prognostication nouvelle et véritable, composée par *Arnaud Monsang*, grand mathématicien du Roy Artus et meilleur praticien de Bacchus. A Lyon, par *Pierre Grimgand* (2). M. DCXVIII. In-8 de 8 pp. — Sur le titre est une vignette où l'on voit au milieu du soleil, de la lune et des étoiles, un astrologue tenant une sphère; on lit ce vers sur un ruban qui traverse la vignette :

Astra regunt orbem : *Virtus* (3) dominatur astris.

Au verso, est une dédicace dont voici la suscription :

« L'Autheur, à sire et frère mon compagnon, mondict seigneur maistre Guillaume de Fonte, chevalier de S. Alary, capitaine de cinquante pipes de vin, comte de Gamarde, baron de Chasteté, seigneur souverain de la Lune. » — Cette dédicace se termine ainsi : « Je prie Dieu vous donner dix mille livres de rente outre les meubles. Vostre humble curedent Monsang. » — Voici quelques passages de ce pastiche de Rabelais :

« Amy lecteur, j'ay si bien contemplé par cy-devant les planettes, que j'ay appris à faire les plats nets, en mangeant tout, et n'y laissant rien.

» Ceste année, ne sera qu'une lune, encore ne sera-t-elle pas nouvelle, car il y a longtemps que Dieu l'a créée, et n'ayez peur que le loup la mange, car elle est logée trop haut.

» Il y aura éclipse de bourses.

(1) Voyez sa notice dans la Biographie Michaud, par M. Weiss, et dans la Biographie Didot, par M. Gustave Brunet. J'ajouterai que *Anne d'Urfé* fit imprimer à Lyon, en 1608, chez *Louys Garon*, un livre d'hymnes qui se vendait chez *Pierre Rigaud*, en rue Mercière, au coing de la rue Ferrandière. Voyez *Les d'Urfé*, par *Auguste Bernard*, p 108.
(2) Probablement le nom défiguré de *Pierre Rigaud*.
(3) *Virtus*. Ce mot surchargé d'encre est douteux. — L'exemplaire que j'ai eu sous les yeux m'a été communiqué en octobre 1859, par M. Richarme, un des plus ardents dénicheurs de raretés qu'on ait vu à Lyon depuis la mort du fameux bibliopole *Antoine Raynal*.

» Il y aura plus d'eau que de vin.

» Les aveugles n'y verront goutte.

» En Caresme, il y aura grand procès entre le lard et les pois.

» Le tonnerre fera plus de bruit que les éclairs.

» Il fera bien froid quand il gèlera.

» Il y aura plus de bestes que de picotins d'avoine, et grande rareté de chardons, à raison de l'abondance des asnes à courtes oreilles.

» Les pots à...... que l'on jettera du soir par la fenestre, seront cause que Fi sera en usage, etc., etc.

Vita (De) Patris Cotoni, è Soc. Jesu.... Libri tres, autore *Petro Roverio*, ejusd. Soc., Lugduni, apud *Matth. Libéral*, typographum, 1660, in-8. — Le permis d'impr. a été donné par le P. *Laurent Grannon*, provincial dans la province de Lyon. — Le portrait du P. *Coton* gravé par N. *Auroux,* est au verso du 4ᵉ f. des pièces liminaires: — On a dû remarquer, d'après le titre de ce livre, que le nom du P. Coton n'a qu'un seul *t*; c'était d'ailleurs ainsi qu'il l'écrivait. La véritable orthographe de son nom rend tout-à-fait exacte la plaisanterie faite au sujet de sa grande faveur près d'Henri IV : « Le Roi, disait-on, a du *coton* dans les oreilles. Chacun sait aussi que ce monarque dont le juron habituel était *jarni-dieu*, le changea, à la prière de l'estimable religieux, en celui de *jarni-Coton*. — «.... Joseph Scaliger, qui haïs-
» soit fort les Jésuites, disoit que leur Société
» devoit plus au P. *Coton* qu'au P. *Ignace*,
» parce que celui-ci avoit à la vérité fondé la
» Société, mais que le P. Coton l'avoit ressus-
» citée, qui est un plus grand miracle que de
» l'avoir faite.... » Lettre de Patin à Falconet du 1ᵉʳ février 1661.

ADDITIONS ET CORRECTIONS.

P. 1. Voyez sur la mort de Louis XIII , Joly sur Bayle , p. 194.

P. 6. Je suis revenu sur l'auteur du distique *Aetna haec Henrico* , etc. , au 16 août 1659 ; j'ajouterai que M. Dubois , t. 74 , p. 85 de la *Biographie universelle* , le donne à Marc-Antoine Millotet , poète dijonnais , mort en 1636 , et que , à la fin de 1792 , on y substitua momentanément celui-ci :

   Civibus haec Mavors vulcania tela ministrat ,
    Tela tyrannorum debellatura furores.

P. 31. Les vers de Sarazin sur le Rhône se trouvent dans le Discours de Ménage sur les Œuvres de ce poète , p. 25 de l'édition de 1656 , in-4.

P. 43 , note 4 de la 2ᵉ col. Voyez sur Laffemas , les *Historiettes* de Tallemant des Réaux , ch. 206.

P. 61 , col. 1 , l. 5. Au lieu de 118 , lisez 318 , et ajoutez que Lamonnoye , dans une de ses lettres au président Bouhier, rapporte que le P. Perry le regala d'une Ode de sa façon.

P. 68. Je laisse aux lecteurs bénévoles le soin de rétablir le texte des notes de cette page , en leur demandant grâce pour l'imprimeur.

P. 75. Le premier vers du distique sur Gassendi doit être lu ainsi :

Gassendus moritur, *Sophie* luget, ingemit Orbis.

P. 78. *Agathonphile.* — Françoise Pascal a pris le sujet de cette tragicomédie dans un roman publié sous ce même titre par J.-F. Camus , évêque de Belley. Voyez sur ce roman , l'*Esprit de S. François de Sales* , par M. de Baudry , t. 1 , p. xvij et lxxxviij ; Bayle , *Œuvr. div.* , t. 1 , p. 680 , note 2.

P. 91. Les vers qui commencent cette page doivent être lus ainsi.

Suscepisse juvat, quam sustinuisse decorum est ;
Turpius et cessat quo coepta superbius , urbe
Indignante, domus : tu laxos urbe penates
Ut facili statuas opera ; nec prodigus aurum
Effundas, villae felicibus utere donis.

P. 93. *La Porte françoise....* — Voyez Joly sur Bayle , art. *Lancelot.*

Même p. l. 52. Au lieu de *Gelasine,* lisez *Gelasire.*

P. 109. Voyez sur Geoffroy Tory , Joly sur Bayle , p. 764.

Même page., l. 1 de la deuxième col , au lieu de *où* , lisez *on.*

P. 110. Les trois premières lignes de la première colonne doivent être placées entre la 6ᵉ et la 7ᵉ ligne de cette colonne.